战略与经济研究书系
总主编 陈 波

北京市高精尖学科"战略经济与军民融合交叉学科"建设项目
中央财经大学战略经济与经济战争模拟仿真演练中心建设项目
中国财政发展协同创新中心 2014 年重大协同创新任务
"应对重大国家安全挑战背景下国防经费与国防经济系列理论与现实问题研究"支持项目
中央财经大学国防经济与管理研究院双一流和特色发展引导专项学科建设项目

战略与经济研究书系

STUDIES OF STRATEGY & ECONOMY　战略安全

INTERNATIONAL SECURITY:
THE CONTEMPORARY AGENDA
(Second Edition)

国际安全的当代议程

（第二版）

〔英〕罗兰·丹罗伊特　/著
（Roland Dannreuther）

陈　波　池志培　等/译
池志培　闫仲勇　/审校

社会科学文献出版社
SOCIAL SCIENCES ACADEMIC PRESS (CHINA)

International Security: The Contemporary Agenda (Second Edition)

译　者

主　译：

　　陈　波　　池志培

参　译：

　　导　论（池志培）

　　第一章（池志培）

　　第二章（池志培）

　　第三章（陈　波　郝有香）

　　第四章（郝有香　周春秀）

　　第五章（陈　波　周晓玲）

　　第六章（侯　娜）

　　第七章（郝朝艳）

　　第八章（章　晟）

　　第九章（王沙骋）

　　第十章（王沙骋）

　　第十一章（刘建伟）

　　结　论（刘建伟）

审　校：

　　池志培　闫仲勇

总　序

随着中美战略与经济对话、中印战略经济对话会等的屡屡开启，战略与经济字眼越来越多地进入人们的视野。

本质上，战略与经济涉及国家、双边、地区和全球的安全与经济等多重议题。宏观上，安全与经济密不可分，经济是安全的基础，安全是经济的基本保障，一个冲突的社会、缺乏安全保障的国家难以有可持续的经济发展；相反，没有强大的经济支撑，安全终究也是"无源之水"。微观上，从安全预算到战略规划、从防务产业到安全提供、从防务费用到安全能力、从恐怖动因到经济制裁等诸多方面也都有安全与经济的层层交叠……

为全面、准确反映国际社会战略、安全与经济这一交叉领域最新认知与研究成果，也为了系统反映和加强我国在此领域的认识和研究，我们组织出版了这套"战略与经济研究书系"，此书系初步设计包含战略安全、战略规划、战略评估、防务经济等子系列，每个子系列里交叉含专著、译著、研究报告等，我们期望通过本书系的出版，大大提升我国在此领域的研究水平和国际对话能力……

是为序。

陈　波

中央财经大学

国防经济与管理研究院

二〇一六年六月

译者序

《国际安全的当代议程》由英国国际问题专家罗兰·丹罗伊特撰写。本译作基于原书的第二版。这部著作很好地结合了关于当代国际安全问题的理论分析框架以及最重要的现实议题，不管是刚刚入门学习国际安全的读者还是较为资深的研究者都能从中获益。

一

丹罗伊特1994年毕业于牛津大学，获得了国际关系研究的博士学位。他的博士论文写的是苏联和巴勒斯坦抵抗运动的关系。后来他的研究聚焦于俄罗斯、中亚和中东的安全问题以及能源安全。他的研究横跨了传统和非传统安全、冷战及冷战后，可以说恰好完整地亲历了安全研究的后冷战转型。他曾任伦敦威斯敏斯特大学的助理副校长（2019年卸任），此前亦曾在爱丁堡大学任国际关系教授并在包括国际战略研究所（International Institute for Strategic Studies）在内的智库中任职。

《国际安全的当代议程》（第二版）一书的起点是冷战的结束。冷战的结束极大地改变了国际安全研究的话语和议题领域。在冷战时期，人们聚焦于核武器、战略安全、大国之间尤其是两个超级大国之间的冲突与缓和，"国家"在这个研究话语体系中居于核心的地位。而在后冷战时代，随着世界大战威胁的减弱，人们更关注非国家实体的安全，包括个体、少数群体以及那些传统上被认为是"低政治"（low politics）的话题，比如水资源、移民、气候变化、贫困、疾病。同时，由于科技特别是信息技术的发展，网络空间安全等也日渐受到瞩目。当然，并非每个学者都欢迎这种转变。丹罗伊特将学者分为两类："传统主义者"和"扩大主义者"。这两种称呼很好地表明了学者各自的观点。前者担忧议题过度放大使得安全研究变得无所不包而失去了聚焦，并不恰当地将原本是军事战略领域的思考滥用于非军事领域。后者则担忧忽视了人类社会所面临的日渐增多的非军事威胁会将人类社会置于受威胁之地。本书则从实用的角度出发，具体问题具体分析而不愿意在抽象层面争论这个问题，更关注对特定问题的论证质量。由此，丹罗伊特也拥抱了对安全研究的"扩大主义"。毕竟，新的研究议题也能带来更多知性层面的乐趣。

丹罗伊特也探讨了作为安全研究者角色的复杂性。安全研究者既要捍卫自己研究的客观性，又要意识到这种客观性的限度和主观的一面；既要从国际化和全人类的角度看问题，又要意识到自己不可避免地会带有自己所属文化的影响。最后，安全研究者也需要意识到安全只是人类所珍视的价值的一种，这种价值与其他的人类价值（如自由、繁荣）的取舍要受到严格的审视，以使人做出道德上合理的选择。

二

《国际安全的当代议程》（第二版）一书包含了两大部分：一是理论分析框架，二是一些具体的研究领域。

对冷战结束转型感兴趣的读者，应该会对第一章感兴趣。丹罗伊特着重谈了三个他认为最重要的变化，即大国冲突威胁的减少、国际安全威胁来源以及世界权力格局的变化，包括单极格局以及中国的崛起。作者很好地将各种主要的理论论证串联和展示出来，包括核武和平、经济相互依赖、民主和平论等。这种对不同理论视角的把握和梳理是本书的一大亮点。

国际关系的研究者对于本书前一部分涉及的分析框架应该不会太陌生（见表1）。表格的横向维度是一种方法论取向，从纯理性主义到囊括人的主观意识以及社会学等其他学科洞见的建构主义，再到更为激进的解释性建构主义。这也体现了国际关系理论在20世纪90年代的建构主义转向。文化、规则、规范、身份等更为主观的要素都进入安全研究的视野，对原来的理论家认为不言自明的前提进行了解构。作者欢迎这种转向，认为这种转向丰富了理论也给原来被忽视人群和议题更大的声音。表格的另一个维度则是从现实主义到激进主义，这些也是国际关系学者熟知的名词。这个维度体现了对国际社会变革可能性的理解。现实主义对于人类与社会革新的程度往往持更为怀疑的态度，而激进主义往往会表达一种更为乐观的对世界变革和人类解放的信念。

表 1　分析框架

	理性主义	"传统"建构主义/历史社会学	解释性建构主义
现实主义	新现实主义 进攻性现实主义	新古典现实主义 防御性现实主义	
自由主义	新自由主义	人的安全	后现代主义
激进主义		历史唯物主义 马克思主义	批判性安全 后现代主义

冷战后国际安全的研究沿着这两个维度有了诸多的发展，更多的理论被提出。也许由于作者身处欧洲，这种理论的多元性也体现得更多。在美国的国际关系和国际安全研究中，理论视野往往比欧洲更为封闭，从研究生的培养方案到主要的杂志也几乎不涉及更为激进的理论。因此，本书对批判性安全、后现代主义等理论的介绍无疑是一个很好的补充。这些激进的批判理论往往来自对语言和文化现实的反思，表达对人类解放的渴求。当然，这些理论比起大家耳熟能详的现实主义、自由主义等要更为晦涩，可能需要读者对当代哲学解释学、语言哲学有所了解。丹罗伊特对各种理论的良好把握以及用相对易懂的话语表达出来的能力在第二章中体现得淋漓尽致，很好地平衡了复杂性与可读性。

笔者在求学期间也曾跟随 Richard Ashley、Roxanne Doty 等人了解了一些后现代的国际安全理论。有两个问题让我对这些理论产生抵触心理。一是它们往往都容易陷入相对主义的困境。比如"安全化"的理论是否意味着任何议题都可以被塑造成国家安全议题？常识告诉我们，并非如此。而且，理论也无法区分出不同安全议题的轻重缓急。二是后现代主义或其他的批判理论往往显得激进有余、现实性不足，没有可操作的变革方案。因此，批判者总是可以以一句"TINA-Principle"（即现实也许并不那么好，但是你们并没有可行的替代方案）来做回应。所以虽然对这些理论的探索丹罗伊特表达了欢迎，但他也认为现实主义是一味很好的清醒剂，让人们有更为现实的期许。激进理论派需要一些更为脚踏实地的建设性的思考。当然，《国际安全的当代议程》（第二版）对这些理论的不足之处的探讨要远比译者的这点想法更为充分和深入。作者对现实主义规范性的解释也令人耳目一新，现实主义并非反道德。

三

在书中谈论具体议题的第二、三、四部分，丹罗伊特考察了一些比较传统的研究，比如第三、四、五章关注战争、冲突、同盟等。当然这与冷战时期的大国冲突有所不同，内战和干涉战争占了主导。第六、七、八章则涉及生态、水资源、石油资源以及移民安全。最后的第九、十、十一章则讨论了非对称威胁，即国际恐怖主义、大规模杀伤性武器以及网络空间安全。

丹罗伊特对具体问题的讨论很好地结合了历史与理论。针对冷战后新的战争形式，即第三世界国家内部的战争以及干涉战争的泛滥，他在分析中结合了历史社会学家关于国家形成的理论。以查尔斯·梯利为代表的历史社会学家，从"国家发动战争，战争造就国家"的角度阐释了近代欧洲国家间战争对国家形成的决定性作用。而许田波、赵鼎新等也将这个理论用于解释中国的强国家传统。第三世界国家的建立往往是外界强加的结果，并且由于现代国际体系对国界的规范，第三世界国家缺乏西方现代国家经历的那种历史过程而没能形成一个统一的权威，从而导致内部冲突频发。这种历史性解释远比那些理性主义的抽象解释更有说服力。

对冷战后形成的干涉主义，丹罗伊特也进行了历史感很强的分析，并对其中涉及的各种因素与不同观点进行了清楚的展示。在对干涉合法性的讨论中，他系统阐述了干涉的机会、限制因素以及干涉以后的应对因素。冷战的国际环境给干涉提供了更多的机会，一是大国冲突可能性的降低，使得大国不那么担忧与小国的战争会带来冲突的升级以致发生大国战争；二是由于意识形态对抗的结束，各国对人道干涉立场的认同度更高，因而授予联合国更大的权力。但是这些支持更多国际干涉的声音也受到了各种约束，包括国内的支持、资源以及许多第三世界国家的反对。同时，干涉的成功往往需要长期的投入，美军在阿富汗与伊拉克的困境就很好地说明了这一点。重建国家与国家建设是一个漫长的过程，单纯的军事行动是远远不够的。

丹罗伊特对于集体防务（collective defense）和集体安全（collective security）的分析更为传统，主要展示了现实主义者与自由国际主义者之间的争论。集体防务乃是像北约那种实施联合防御的军事同盟，而集体安全则是一个安全联合体，在这个团体内国家之间放弃以武力解决问题。东亚国家在推进安全共同体上做出了更多努力。一般而言，现实主义者总是更为悲观地认为国家对和平的承诺往往是虚假的，只有依靠物质实力的平衡或者霸权才能真正实现安全与和平。自由国际主义者更为乐观地看重国际制度的作用。建构主义者则相信规范对于国家行为和身份认同的塑造作用，强调建立真正安全共同体的可能性。

对于环境安全等这些非传统安全议题，丹罗伊特的论述也很好地体现了理论与现实的结合。关于环境安全的论述中，他展示了环境悲观论与乐观论的不同论证。人类是否有能力真正地解决当前的环境问题？同时，环境恶化是否会带来更多的冲突？这些我们乐于轻易得出结论的问题，实际上并不那么简单。这些问题的复杂性在第六章中得到了充分的展示。关于环境因素与冲突的关系，在接下来的对石油和水的讨论中可以看到更为详细的分析。

移民安全与我们当前的国际政治密切相关。多个地区的冲突导致了近年来最大的难民潮，并由此引发了一系列的政治动荡。人们出于对移民流入的担忧尤其对安全问题的担忧而产生了严重的排外情绪。第八章集中呈现关于国际移民等问题的不同观点。移民作为安全问题是一个典型的"安全化"议题（第二章）。对移民现象的种种担忧具有合理性，但是接收移民也有道德和利益上的合理性。真正的选择并非介于完全拒绝和放任两端，而是在考量现实因素后审慎进行。同样，这一章也充分展现了不同理论观点和问题的复杂性。

最后一部分对恐怖主义、大规模杀伤性武器（尤其是核武器）以及网络空间等新的安全空间的讨论一如前面的章节，对现实情况的分析和理论上的细致爬梳给读者提供了一个细致的研究地图，也使得译者的复述和总结显得多余。

在每一章节的后面，丹罗伊特还提供了供进一步阅读的书目和有用的网络资源，这对于想做进一步了解的读者而言大有裨益。

四

冷战后的国际安全发生了巨大的转型，但是，近年来国际社会的变动又使得人们忧心人类是否会回到大国争夺的冷战时代。尤其是特朗普上台后，2017 年末发布的《国家安全战略报告》已经迫不及待地宣布一个大国争夺的时代再次到来。美国的国家安全学界也进行了一轮对于中美是否进入新冷战的讨论。多数学者还是比较乐观地认为中美之间不会发生新的冷战，毕竟与苏联不同，中国已经深深地融入世界经济体系，美国与中国利益的复杂纠缠使得任何像冷战对抗那种简单的战略再无实施可能。但是，这种观点可能忽略了美国的国家安全战略很大程度上受到其军工复合体的影响，这个利益集团是整个社会中最为自给自足的，它们的利益并没有与世界相互依赖，并且它们能从冲突中获得更大的利益。不管怎样，我们当前的世界正处于"百年未有之大变局"中。如果大国冲突重新占据了国际安全的中心，那么国际安全的新议程也许又会被旧的议程覆盖。但是，有些议题，比如环境问题与新科技带来的国际安全影响很难为大国争夺所代替。毕竟，我们的时代与美苏冷战时代已经大不相同了。

在这个大变局时代，《国际安全的当代议程》（第二版）一书的分析带给我们的启示将会更有意义，毕竟在"动荡的年代"里，人们的认知和行动更为依赖主观的判断和敏锐的洞察。

本书的翻译是集体努力的结果。除在翻译时仍任教于厦门大学的章晟以外，其他译者均为中央财经大学国防经济与管理研究院的教学科研人员。全书由陈波、池志培主持翻译，最后由池志培、闫仲勇进行统稿校对。

从事过翻译的人都知道翻译是一项非常难以让人满意的工作，而阅读翻译作品的感受往往难以与阅读原文带来的知性上的愉悦以及语言具有的美感相比。因此，译者在此希望读者给我们的翻译多提批评意见，也鼓励有能力的读者阅读原著。

池志培　于北京昌平沙河

2019 年 2 月 22 日

诚挚地献给 Agnès

目　录

第一部分　分析框架

第四部分 不对称权力结构与不对称威胁

图表目录

图目录

表目录

致　谢

感谢 Jamie Allinson 对第二版的编辑和专业性支持，尤为感谢其撰写了新的一章——《网络战与新安全空间》（第十一章），并对第二章安全研究的核心部分进行了更新。Jamie Allinson 现在在威斯敏斯特大学政治与国际关系学部从事博士后研究和教学工作。

导论　新安全议程的挑战

　　国际安全这个主题在冷战后一直热度不减。与更传统的国家安全概念相比，国际安全这个概念自身就是冷战的产物，该概念表达了这样一种认识，即在相互核威胁的年代国家安全只能通过国际合作和最低限度的共识来实现。对那些致力于寻求消除全球毁灭的相互威胁的人而言，挑战和责任都相当大。不过，过往曾有明确目标的专业努力。国际安全研究的关注点在于：清晰地界定敌人，不管来自东方还是西方；对致命军事力量的使用和威胁使用；担心不受控制的军事冲突升级到核（战）层级。历史想象中充斥着意识形态对抗和 20 世纪全面战争的记忆，战争带来难以名状的残暴和数以百万计生灵的死亡，势必需要避免对全人类未来可能造成毁灭性打击的第三次世界大战。国际安全研究曾事实上与军事战略和治国之道同义。那是"战略研究"在知识界占据主导的时代。

　　冷战的结束彻底破坏了这种目的明确性和知识分子努力的一致性，苏联的解体使军事和核的两极对抗退出了战略的核心地位。如同国际关系的许多其他研究一样，国际安全研究失去了关注点和许多过去看似稳固的基础。将国家与安全等同的假定受到许多来自不同角度的攻击：一些学者认为个体安全至高无上，而国家对个体安全而言更多是威胁而非保护；另外一些人将次国家社群、种族或身份群体，以及对全球经济或环境的威胁置于安全关切的优先地位。国际安全研究的范围和主题以同样扩张的方式剧增，虽然对暴力冲突的恐惧从未完全消失，但对非军事威胁，诸如环境退化威胁、经济不平等与长期贫困、艾滋病等疾病、跨国犯罪与国际移民的关注越来越多。

　　这种更为多元、看起来混乱和冗长的"安全研究"主题领域被不同地解读为或是深度知识混乱的证据或是知识解放的行为。传统主义者试图捍卫冷战时期战略研究的成果，谴责安全研究的领域过度扩张"摧毁其智识统一性，而使其面临更难对任何此类重要问题给出答案的困境"（Walt, 1991：23）。劳伦斯·弗里德曼（Lawrence Freedman）也表达了类似的广泛担忧，他发现无论是在传统学者还是在许多左翼和激进的批评家那里，都有将"本计划用于应对军事威胁的概念框架"用于处理大范围非军事问题的危险（Freedman, 1998：51；亦见 Deudney, 1990）。扩大主义者和其他新安全议程的热情支持者却拒绝这些担心，强调关注和考虑非军事威胁对国际安全的好处。早在 1983 年理查德·厄尔曼（Richard Ullmann）就认为将军事威胁优先化的传统倾向"传达了虚假的现实"，"会导致国家过于关注军事威胁，而忽略其他也许更为有害的危险……，导致国际关系的普遍军事化，长期看来只会增加全球不安全"（Ullmann, 1983：129；亦见 N. Brown, 1989；Mathews, 1989；Haftendorn, 1991）。

目标和目的

传统主义者和扩大主义者间的争论经常被描述为对安全概念意义的争论（Little, 1981；Buzan, 1991, 1997），但它仅是关于安全研究次级学科边界的合适定义的、比较狭隘的学术关注而已。事实上，"安全概念是争论核心"的说法是受到质疑的。大卫·鲍德温（David Baldwin, 1997）令人信服地论证了将安全视为"获取价值时没有或只受到很低程度威胁"是相当空洞无意义的解释——除非它清楚地说明使用的语境、确定了什么价值被保护、为谁保护以及反对了哪种威胁。由此，一个安全问题是否确定应该被纳入安全研究，应该不是先验决定而只能通过特定案例的安全关注所带来的经验情况来确定。本书采用这种更实用的方法，少集中于抽象理论，而更多致力于论证可靠的经验细节，以及增强在讨论推动国际安全新的优先议题上的相对力量和视角上的说服力。

2　　本书的指导思想是带来后冷战时代重新思考国际安全的知性愉悦和活力，选择主题的关键标准是论证质量和这些论证对我们理解外部世界和当代国际安全带来挑战的方式。这并非为逃避理论的复杂性或忽略主要的理论争论，而是为了将理论分析与当代关键议题相结合，而这些当代议题对我们的日常存在和更广泛意义上的国际政治有直接意义。聚焦于"当代安全议程"的"新"也不是为了赶时髦，将"新"与感知到的某些威胁相关联并不是说这些威胁独一无二或史无前例，而只是说它们在冷战时期通常被忽视或忽略，并在后冷战时代变化的国际环境中迅即显得"新"和突出。实际上，"当代安全议程"的"新"常常是对更深层的历史连续性的重新发现，它们被冷战时的战略局限性和特殊性忽略或边缘化。从这个意义上说，本研究支持和欢迎对安全研究的扩展，使其从冷战时过于狭隘的生存关注中解放出来，与国际关系其他部分和其他学科知识更紧密地结合。

然而本书也无意包罗万象，对一本书而言这也是不可能的，除非愿为了广度而牺牲深度。当然对一个作者而言也是不可能的，一个人的知识范围和专业必然有限。主题选择完全在我个人，它当然与我个人的知识兴趣和关注有关，但选择也受提供当代国际安全的真正总览这一愿望所指引，将注意力集中在那些以持久重要性和引起更广泛兴趣而打动我的议题和论证上。我的目标是提供不可避免是个人的但也对动态和演化中的主题有洞见的总览。

内　容

本书有四个主要部分。第一部分是关于冷战结束以来国际安全变化的本质和条件的一般概览，第一章认为从那时起对国际安全的理解和理论化有三个主要变化，包括：

- 大国之间发生大战的预期显著降低；
- 全球关注和注意力从东西转向南北，同时不断增加对国家作为唯一或最有效安全提供者角色的质疑；

3

- 从两极体系到更不确定的美国作为主导力量的单极体系的变化，也伴随着多极化的兴起，其中最值得注意的是中国的崛起。

第二章概述了国际关系理论如何提供概念和分析洞见去理解这些国际安全领域变化的动态。本章重点考察了国际关系研究中越来越受欢迎的建构主义、自由国际主义和批判学说，这些尤其引起国际安全的主观和意识维度转变。但是，有论者认为历史社会学方法和现实主义规范传统提供了对国际社会剧烈转型过分乐观预期的有益修正。

接着的三个部分直接针对第一部分提出的问题和议题，提出了更为经验性和具体的分析。第二部分关注后冷战背景下的战争、干涉和安全联盟等核心议题，考察了完全不同的新型战争形式——所谓的"新战争"已出现的断言（第三章），人道主义干涉规范的提议（第四章），以及关键盟友和安全共同体在冲突和战争管理中的作用变化（第五章）。这些是后冷战的主要议题，反映了对在撒哈拉以南非洲及世界其他地区出现的种族和宗教引发的冲突的担心，以及对军事干预合法性和有效性的复杂争论，诸如在索马里、科索沃和利比亚的军事干预，涉及诸如北约（NATO）和联合国（UN）这些安全组织。

第三部分涉及环境安全的广阔领域，在后冷战时代这是特别有活力和创新性的研究和关注领域。第六章提供了环境安全概念和内容的概述，接下来一章延展了这些一般性关注，用案例法比较研究了围绕水和石油的争夺对国际安全的影响。第八章讨论了最富争议的"新"安全问题之一——国际移民的安全影响。

第四部分亦即本书最后一部分聚焦"9·11"恐怖袭击的影响以及国际恐怖主义问题（第九章）、大规模杀伤性武器（WMD）扩散（第十章）及对网络战争的恐惧（第十一章），深入当代安全议程的主要方面。再者，虽然这些议题没有一个是全新的，恐怖主义和大规模杀伤性武器已存在很长时间了，而信息的控制和使用一直都很关键，"9·11"事件和后冷战时期4 的国际发展动态确实带来了与以往不同的新担忧和恐惧。

安全分析者的作用

在深入研究这些实质性主题前，需要自我反思一下这个任务的本质和限制。不管是从定义还是从理解角度而言，国际安全本质上都是困难和复杂的现象。一些非常基本的问题必然会被提出并要求做某种解释（不管回答有多不完美）：专业安全分析者能起什么作用？该学科归属科学还是归属艺术？人们希望保有客观性但因时间、空间和文化的局限，所有的判断不可避免带有主观性？安全分析者应该服务于那些掌权者，还是充当强有力且不知疲倦的批判者，成为边缘者和无权者的捍卫者？这些基础性关注和议题即是这章其余部分的重点。

安全分析者作为科学家

冷战时期，战略研究群体中确实有视自己为科学家和提供无偏向技术专业意见的"认知社群"倾向（Adler & Barnett, 1998）。他们那时的关注主题是相对固定和不变的威胁，认知上的挑战则是如何最好地描述这个外在威胁环境，推动最有效和最合适的应对。但在整个冷战时期这个自称的科学客观绝非没有受到挑战。斯坦利·库布里克（Stanley Kubrick）的电影

《奇爱博士》最为精彩地刻画了这种挑战，在电影里与片名同名的英雄〔据称取材于著名的核战略家赫曼·卡恩（Herman Kahn）〕，是核战略、个人不安全感和将科学客观性置于军工复合体利益下的非理性、非道德的逻辑化身。在学术研究中，这种对主流战略研究的怀疑发展成为另类的激进观点，最明显的是在围绕安全的批判研究中，其抛弃了科学客观性，宣称将研究议程集中在揭示国际安全政治强力架构后潜藏的权力结构和利益上（例见 Booth，1991；Krause，1998；Wyn Jones，1999）。

但是，不能指望安全分析者做客观论述或不能提供对外部现象严谨理解的偏激断言并不为本书所支持。这并不意味着本书为粗糙的经验主义背书，相反它追随康德捍卫将外部世界视"似"为真的需要，因为若非如此就只有相对主义了。但激进主观主义的方法确实正确地揭示了安全不仅是"外在威胁"，外在威胁也是"内在威胁"的成因，后者离不开主观解释和理解。如此，国际安全是建构的现实，它通过必然交互的过程形成，在此过程中的互相感知和主体间的理解框架锻造形成了一致或相冲突的国际行为概念。阿诺德·沃尔夫斯（Arnold Wolfers）在其关于国家安全的开创性论文中较好地把握了这些相冲突的客观和主观元素："尽管未来进攻的概率永远不可能'客观地估计'，客观和主观意蕴之间、术语内涵的可能差异在国际关系中举足轻重，它肯定仍是主观评价和推测的事。"（Wolfers，1952：485）

沃尔夫斯更进一步的核心洞见是安全不应被认为是人们或有或无的绝对价值。苏联的确希望获得虚幻的"绝对安全"，其中包含的镇压、失去自由、侵犯人权以及失败的经济发展等方面的成本众所皆知。因此，某种程度上的不安全是其他社会价值得以实现的必要条件。安全最好被理解为相对价值，其中有不同程度的安全与不安全。安全分析者的作用是尽力寻找和推动两者之间最适度的平衡。

但对传统战略研究的激进批评确实凸显了夸张的或过于强调安全威胁的根深蒂固的趋势或倾向。正如在军事规划中，安全研究中有强调"最坏情况"的操作文化，其中小概率但潜藏灾难性的后果成了关注的中心。冷战时期关于如何"赢"得核战争的战略争论反映了这种悲观和看起来非道德的心态。这种将安全研究变成"悲观科学"的倾向也与安全分析者反映资金提供者的利益兴趣诱惑有关。更不要说政府，人们都知道政府往往夸大安全威胁以使民众注意力从国内问题上移开。

安全分析者作为无畏怀疑者，"向权力说出真理"并揭露其夸大外部威胁的行径，当然是关键角色。但也有在另一个方向走得太远的危险，并对安全环境过于乐观，因此低估了潜在的严重安全威胁。政府通常试图强调它们能处理的安全威胁，而忽略那些同样严峻却更棘手和无法应付的威胁。此外，被视为安全策略的"绥靖"的历史教训也需谨记，主观愿望有时希图忽略真正的威胁。自由主义意识形态和思想经常会与此"同谋"，自由主义往往把社会暴力和侵略解释为一种非理性，将其同权力政治和国家主权的过时观念连在一起，并假定和平最终会从自由规范和价值发展中自然"长出"，因此有时自由主义很难想象或理解有些个体或团体可能以非常理性的原因去参与暴力冲突（见 Keen，1998）。南斯拉夫 20 世纪 90 年代初连续的分裂战争为冷战后过于乐观的国际和平预期或"历史的终结"（Fukuyama，1992）提供了第一份强力解毒剂，"9·11"事件只是更有力地证实了这一点。

安全分析者作为国际主义者

国际安全这个主题也提出了这个问题，即安全分析者在视角和视野上能有多"国际"。自省的安全分析者必然要清楚反思的可能性，而不仅仅是批判性介入和质疑、歧视和害怕其社会阶层或文化背景，这在某种程度上是难以避免的危险。哲学家托马斯·内格尔（Thomas Nagel）认为没有"无源之见"，试图界定"永恒"看法，即恒定不变的观点，注定要失败（Nagel，1986）。作为社会动物，我们都无可否认地被我们因袭的文化倾向、传统和特定的社会化过程塑造。我们生在或长在特定的价值群体中，它帮助决定了我们理解和解释现实的方式。我是来自西欧边缘地区的白人这一事实无可置疑地影响了我对国际关系的看法，地理、历史和文化已然形成了不列颠乃至欧洲独特的安全概念，而这无疑又影响了我自己的看法。

然而，安全分析者（应有）雄心超越这些局限。在国际安全领域，要认识到没有拥有特权的"西方的"观点或概念，而是有多个概念（或理论），不仅来自第三世界也可能来自西方内部。相应的要求是要认识到国际安全与国家安全相对，其必然是多维度的复杂现象而非简单分类。一个简单的例子是能源或石油安全问题，这在第七章中会做进一步探讨。在学术文献中，有一个几乎不被质疑的假定即能源安全意味着西方石油进口国的安全或它们对（石油）供应安全的担心。但对能源安全问题也有许多其他维度需要考虑，其中最值得注意的包括石油出口国的安全关切，以及资源和石油丰富国家经常产生的显著的内部不安全的复杂方式，将世界上数以亿计的没有石油或其他廉价和安全的能源供应的穷人的不安全和担忧排除在外也不会令人满意。而且，综合性安全分析应该包括对全球环境以及最明显的全球变暖等这些由石油需求快速增长所带来环境问题的考量。甚至更基本的问题，即石油最终是否会耗尽，以及现代化石燃料文明非常依赖的廉价石油时代会否走向尽头，作为非常重要的长期安全关切也不应被忽视。

因此安全分析者需要尝试提供多维度和国际化的视角，将其他人的安全观点和视角考虑进来，而不是忽略他们的一套价值和文化取向。托马斯·内格尔很好地将这个挑战描述成需要"将我们的偶然性、局限性和我们在这个世界上的所在与超越性的雄心一并考虑，而不管我们成功实现它的概率有多小"（Nagel，1986：9）。

安全分析者作为道德家

"认识到我们自己的偶然性"的一个方面是理解国际安全政策就如国家安全和其他安全政策一样本质上是规范性实践。如上所述，假使安全是相对价值，紧接着就会有相对"其他价值"而言该赋予安全多少"价值"的问题，这本质上是道德或规范性问题。阿诺德·沃尔夫斯再次很好地解释了这个维度："国家安全政策在特征上主要是规范性的，它理应表明国家政策该如何以快速、理性的方式被接受，或以最好的道德（水准）或最少的邪恶而实行。"（Wolfers，1952：483-4）

这个规范维度视安全为许多相互竞争价值的一种，将国际安全坚定地置于政治中。这与一些当代安全观的本质相悖，这些安全观往往将安全与政治分离，安全本来是用来结束政治争论的。这种对安全的理解内含于"安全化"这个概念中（第三章有更充分的讨论），在这里，安全表现为移向"'恐慌政治'王国的运动，在那里与正常不一致的政治规则被用来论证秘密且在其他地方都是不合法的额外的行政权力和行为的合理性"（Buzan，1997：14；亦见 Waever，1995）。这当然是比较合理的定义，它强调了安全政策如何使价值优先典型化，以及将稀缺资源合理分配以实现这些价值。但它的缺点是将安全范畴局限于例外或关乎生死的事务中，将其限定在一般政治话语不可或缺的日常组成部分中去使用。在实践中，安全关注渗透

于政治：无论是对个人安全的单个关切，还是对公司和大型组织的安全关
8 切——食品、能源或水的供应安全，以及确保外部边界安全。这些安全关
切有许多在政治的现实世界得到处理，事实上也并非必然产生特别的反应，
如动员军队，但这并不能"先验地"否认它们与安全关切的相关性。

更一般的提法是安全分析者应该时时清楚安全和其他被认为对"好生
活"至关重要的其他核心价值之间的复杂关系本质上是对政治规范的挑战，
至少在某种程度上安全分析者需要与政治哲学家一样保持参与，这是因为
安全这个价值总与其他价值既矛盾对立又相互依赖，最显著的是与自由、
繁荣和正义价值（之间的这种关系）。

安全和自由之间的联系和平衡可能是最明显的，对所有认为不应因为
安全需要牺牲公民自由的人而言也是合理关注。但任何安全分析者都不难
发现且重要的是，对安全的追寻以自由为代价。公民自由在强调安全时被
侵蚀，甚至在和平和自由民主社会中，安全力量也明显比其他政府部门更
少对问责和透明的要求做出回应。过分的安全措施破坏了自由，因此要捍
卫和保护自由就不得不接受一定程度的不安全。肯尼思·沃尔兹（Kenneth
Waltz）很好地表达了这一点："国家如人们一样，不安全与自由程度成比
例，如想自由，就要接受不安全"（Waltz，1979：112）。但将安全视为不断
侵害自由的力量却是不完整的理解。政治哲学家们已经注意到安全本身也
是自由的前提条件——如果一个人想要避免霍布斯（Hobbes）所形容的
"无用自由"自然状态的话。在自然状态中无政府状态导致普遍的不安全，
人人都要担心其生活和生存。安全-自由的关系因而是复杂的，政治理论中
很多的实质争论，诸如消极和积极自由之间的区分，是关于自由与社会中
个人安全之间兼容程度的争论。在这方面安全分析者不得不做出实质性判
断，试图找到安全可以增加自由而非成为自由阻碍的点。

安全和对所有社会而言都是核心价值的对繁荣的追求间的关系同样复
杂，它们相互依赖。不安全、冲突和战争无疑都是经济价值的"杀手"，
安全措施必然成为非生产性的经济成本。但是，如同保护自由价值一样，
改善经济前景的预期，有赖于允许商品、服务和人员的相对自由流动，需
9 要相当程度的不自由。全球化所依赖的自由贸易信条，本身就是反对国家
建立妨碍自由的安全壁垒。有的国家如苏联在军备上花得过多，最终（必
然）会付出高经济成本。但也需要认识到经济相互依赖——在当代化身为
全球化，（对安全的）影响尚不明确。正如它有利于诚实和生产的商业活

动，却也增强和扩大了全球黑帮和国际恐怖分子的能力和不利影响。此外，经济自由化和定期放松管制引起经济危机，这会造成全球性负面影响，诸如 2008~2009 年的金融危机。

安全和全球繁荣间有更基本的相互关系。全球贫困和不平等状态与不安全间相对不那么有争议，发展和安全在一定意义上是相互支撑的过程，社会越富裕就变得越安全，自由主义思想再一次假定经济自由化有利于政治民主化进程，这强化了"自由和平"论。但这些关联亦比传统智慧主张更受争议，全球化和经济自由化自身孕育了显著的社会不安全，并潜在地强化了军队和安全部队等非生产性和非自由的力量。

"价值拼图"的最后一部分是安全与正义间的。这是安全分析者所要面对的可以说是规范性挑战中最关键和最紧迫的，因为它最清楚地体现了国际安全、全球结构内在的不平等。这里的矛盾存在于两种主张之间：一种主张是克服国际体系中的不正义，尤其是财富和政治权力上的巨大不平等是国际安全的前提，另一主张则是将对国际安全的需要置于国际正义之上。这种矛盾是国际关系"英国学派"传统的核心，因为对赫德利·布尔（Hedley Bull）和他的许多追随者而言，对秩序的需求，也即暗示国际安全比正义吁求有更高优先级。正义吁求就本质而言不利于国际安全，因为只为正义而正义将导致地区冲突和不稳定（见 Bull, 1977）。这种后果主义伦理观被大国用来证明其绝对优势力量的合理性，认为其力量是履行维护国际安全责任的必要前提。然而，相反的视角认为这种支撑霸权领导主张的结构性不正义正是国际不安全的深层次来源。根本悖论是正义与秩序的持续矛盾，国际政治不正义同时是不安全的来源和国际安全的必要先决条件。 10

关于国际安全研究……

综上，对国际安全领域的分析者而言主要的挑战是要同时做出经验性和规范性的关键论断，该挑战在于同时对认识本质的和主要的安全威胁及关切的现实（进行）理解。对重要性和优先性做出判断并不会掉入夸大或低估的陷阱，重视多维度特征。对于安全政策如何不仅能满足国际安全需要，且能增加其他诸如自由、繁荣和正义等核心价值这个问题进行道德判断确实是个大的苛刻挑战，但这也正是国际安全研究值得以及令人兴奋的原因所在。

研究和讨论问题

1. 为什么冷战的结束引起了国际安全议程的扩大？
2. 你认为作为安全分析者，其主要角色和挑战是什么？
3. 安全和自由潜在冲突的领域有哪些？你能提供什么例子吗？

网　站

www. e-ir. info：面向国际关系专业学生的领先网站，也是关于近期争论和当下分析的好网站。

www. ciaonet. org：哥伦比亚大学国际事务在线——国际关系研究和理论的综合的网站，1991 年起发表涉猎广泛的学术研究文献。该网站需要机构订阅。

11　www. worldmapper. org：有用的地图收集网站，地图可按人口、收入、财富和暴力等主题绘制。

第一部分

分析框架

第一章　冷战后的安全思考

　　某些事件定义了历史的关键转折点，结束一个时代并开启完全不同的不为人知和不确定的新时代。冷战的结束无疑就是这样的一个历史节点，它始于 1989 年，当时一系列的民众革命"解放"了东欧国家、"撤除"了"铁幕"，削弱了苏联，让这个曾经不可一世的帝国解体。在战略环境发生根本性变动的情况下，安全分析者自然抓住机会去批评性反思冷战结束对国际安全研究的意义和影响。本章检视了对冷战研究假设和原理诸多质疑中最激进的三个。第一，对当代战争变化特征的争论，尤其是认为大国之间大规模战争威胁看似消失了或大大减少了。第二，注意力从东-西转向南-北的影响，以及对"国家"承担安全提供者传统义务的怀疑不断增加。第三，两极世界的结构变化以及由此带来的对国际政治力量、安全和合法性间关系的影响。

　　这些关注、争论及其所造成的争吵很显然都与冷战到后冷战时代的转型紧密相关。大规模战争威胁的减少、对发展中国家以及国家脆弱性的持续关注，以及如何应对出现了唯一全球霸权（国家）同时又有新兴大国出现的难题，这些都源于冷战结构的崩塌。但冷战抓住的有时还不是最重要的国际安全动态变化机制的某一个维度，至少另两个全球性的过程和长期发展需要加上——全球化相关的物质变化以及有助于更长期进程的理念和规范变化，后者导致"帝国主义"失去合法性且合宜国际行为的道德法则的根本变化。

上述这两个动态演变都不能很好地融入冷战的结构或时间节奏中。

　　试图给出全球化的时间的做法是有争议的，争论点在于其究竟是 20 世纪的现象还是源于 19 世纪或更早（见 R.Jones，1995；Hirst，1997；Hobson，2004）。但在 20 世纪晚期，人们一般认为全球化最新一个阶段在

20 世纪 50 年代获得了初动力，而后除了 20 世纪 70 年代的经济下行外，不管在冷战时还是在冷战后全球化一直处在持续的上升轨道中。结果带来国际商品和服务贸易量的指数级增长，带来旅行和交流机会的改变，以及区域和国际机制、制度的扩张，且其中许多专为满足全球化需求而建。冷战结束只是促进了全球化进程并创造了新机会。事实上，冷战的主要影响是将全球化限制在西方，因为苏联在东方强加了自给自足经济。而且苏联未能应对全球化的挑战至少是导致其最终命运的部分因素（见 Wohlforth & Brooks，2000-1）。冷战的结束只是进一步加速了全球化并给全球化发展提供了更广阔的舞台。

绘制更为细致的诸如帝国主义的去合法化过程的标准变化时间表更难。冷战与众不同，因为第一次两个主要的霸权角色美国和苏联都有意把自己定为反帝国主义者，并支持原为欧洲所控制的殖民地国家的民族解放运动。这使国家的数量从 1945 年《联合国宪章》签订时的 51 个增加到目前的 193 个。这本质上使国际安全安排变得复杂，并给了原来在国际争论中被排除在外的国家和人民发出"声音"的机会。它也给出了规范性共识，即帝国主义不能再被视为合法的治理形式。这反过来又对国际体系中大国的行动和政策给出了重要限制，如果不是在现实中，那也至少在理论上增强了弱国的诉求主张。分析者试图寻找相似的日积月累的理念变化，如 20 世纪人权和民主规范的扩展，是否对国际关系实践也有类似的激烈影响（关于民主部分见 Diamond & Plattner，1996；人权和人道主义干预见 Finnemore，2003，以及 Wheeler，2000）。

大国和平原因的争论

冷战的相对不重要和其他的物质、精神上潜在的重要变化，体现在人们所看到的关于大国间大规模战争威胁减少的原因的争论。一般认为冷战结束本身是表征而非和平的单独原因，大规模战争威胁是现代欧洲的长期特征，冷战的"开启"同样是基于这样的基本假定，即爆发毁灭性的战争是永远可能的。冷战的历史独特性并不在于其进行的方式而在于它结束的方式，不同于更早期的争夺欧洲主导权的霸权斗争，冷战对抗以和平的方式结束而未诉诸战争，这打破了丘吉尔所说的基本准则："当人们在说没有什么是靠战争来解决的时候他们是在胡说八道，历史上没有什么东西不能通过战争解决"（引自 Gilbert，1983：860-1）。那么如何解释这种严重的意识形态对抗的解决呢？（Halliday，1994：170-90）正如弗莱德·哈勒代（Fred Halliday）所言，是因为全面的社会、政治和经济冲突本质上采取了和平的方式吗？（Halliday，1994：170-190）这对理解后冷战时代的战争的可能性有什么更根本的教益？

需要说明的是，并不是每个人都确信冷战的结束标志着战争与和平条件的根本改变，有些人坚定地坚持传统（现实主义的）博弈规则并认为战争预期的减少只是历史暂时脱离常规，传统大国军事竞争最终将报复性回归（见 Mearsheimer，1990；Waltz，2000）。这些批评者也往往指向中国以及中国将来能带来多大潜在的军事威胁的争论（D. Roy，1996；Munro，1997；M. Brown et al.，2000）。相对于那些相信至少国际体系中经济和政治最强的大国和地区如美国、欧洲和日本，现在都史无前例地、奢侈地享受着历史的（和平），而无须相互准备战争的人而言，不质疑中国的人是少数。这在欧洲感受得最明显，一般认为欧洲一体化的进程使得原来是敌对成员国间的战争变得没了现实可能性。对看到国际政治结构背景关键性变化的那些分析者而言，关键的问题是（导致这些的）根本原因是什么？（见 Van Evera，1990-1；Jervis，1991-2；Mandelbaum，1998-9）

战争的政治功用的弱化

思考这个问题的一个好的出发点是从卡尔·冯·克劳塞维茨（Carl Von Clausewitz）的核心洞见开始，即战争是最典型的政治行为而"不仅仅是一个政策行为，是真正的政治工具，是以其他方式进行的政治交往的继续"（Clausewitz，1984〔1832〕：87）。战争是有目的的行为而它的理由和逻辑是通过它的政治功用来定义的。克劳塞维茨也是最早一批认识到在政治革命 17 和大众民主的时代，政治目的的实现变得更为困难的人。他自己作为普鲁士军人与法国的革命的大众军队战斗的经历使得他看到，现在"战争，不受任何传统限制的约束，将它所有天生的狂暴释放"（Clausewitz，1984〔1832〕：593）。在这一点上，克劳塞维茨是 20 世纪全面战争的预言者，在这种战争中整个社会都被动员起来为国家战斗、为了"对手无条件投降"的目标而战。某些技术的进步，特别是铁路和机枪的发明，极大地增加了战争的血腥和残酷程度，它们使得将更多的士兵投入战场成为可能，然后更有效率地杀死他们。社会学家查尔斯·梯利（Charles Tilly）做了一个估算，战斗死亡人数从 16 世纪的每年 9400 人增加到 20 世纪前半叶的每年 29

万人（Tilly，1990：74）。

约翰·穆勒（John Mueller）认为两次世界大战这种全局性和血腥性教训正是"战争过时了"的主要原因，人们普遍认识到战争在大国关系的处理中已经失去其政治功用（Mueller，1989，2004）。对其他的分析者而言，如马丁·范·克里费德（Martin Van Creveld）认为，这是核武器发展的结果，人们逐渐认识到无法在政治上论证发动一场全面核战争的合法性，这些使得大规模跨国战争的可能性降低，并极大地逆转了四个世纪以来战争规模不断扩大的趋势（Van Creveld，1991a）。如此，关键的转折点就是苏联领袖之一尼基塔·赫鲁晓夫（Nikita Khrushev）推动的"和平共存"以及接着的超级大国之间的缓和。肯尼思·沃尔兹（Kenneth Waltz）扩展了其中潜在的逻辑，认为"核武器越多越好"，因为这种核武器扩散将在全球再现超级大国间的稳定态势（参见第十章以及 Waltz，1981）。许多人对这种对核武器的乐观主义并不认同且持保留意见，这反映了更广泛的对将持有核武器与和平相提并论的怀疑（Sagan & Waltz，2003：ch.2）。"铁幕"两侧的军事计划者们继续准备一场核战争的事实同样也触发了对核武器和平效应的不恰当好感（Kissinger，1957；Freeman，1989：87-114）。但现实主义理论认为核武器的确普遍改变了那些拥核国家的战略优势、增加了在反击进攻战中的防御优势。这也反过来阻止了侵略并总体上减少了所有国家面临的安全困境（Lynn-Jones，1995；Van Evera，1999）。

和平经济收益的增加

18　　与战争的政治效用减少相对应的论证是和平的经济收益增加了。经济高度相互依赖的和平效应是自由主义思想的基础信念，从亚当·斯密到大卫·李嘉图，自由贸易和经济融合被认为除了经济利益还有政治利益。二战后欧洲一体化进程的设计师们正是为这样的信念所驱动，而非自负地认为仅靠两次世界大战的恐怖就足以避免人们再度陷入传统欧洲的敌对。他们确信和平需要从物质上建构，通过建立紧密的经济联系和相互依赖来使得通过武力解决政治冲突变得非理性（Haas，1958；Monnet，1978）。类似的主张也越来越多地用来断言全球化的动力，全球经济联系强化减少了军事力量和占领领土所能带来的好处。理查德·罗斯克兰斯（Richard Rosecrance）将此描述为"贸易世界"的兴起，其将最终超越传统的"军事-领土"世界（Rosecrance，1986）。

然而，对假定的贸易与和平之间的联系仍有争议。经典的例子是第一次世界大战：与当时的自由主义者诺曼·安吉尔（Norman Angell）的乐观主义相反，两个贸易上最相互依赖的国家英国和德国发生了冲突（Angell，1912；Waltz，1988）。有的研究也表明军事占领在经济上有好处而并不一定如自由主义战争批评者经常描述的那样是经济负担（Mearsheimer，2001：12；也参见 Labs，1997）。全球资本主义趋于遭受周期性的经济危机和陷入衰退，如 2008～2009 年的金融危机，而这会加剧国际紧张。对全球化更为激进的批判者则强调支配和强制的权力关系如何成为看似非政治和非暴力的经济扩张（新自由主义）全球化的隐含语境。甚至对欧洲一体化，也需要批判性地认识到，这是美国积极支持的进程并且依赖美国的外在安全保障（Joffe，1984；Lundestad，1998）。这使美国不仅保卫欧洲不受苏联入侵，也使欧洲其他国家安心而不遭受德国复仇性侵略。没有这种大范围的安全保障，欧洲国家特别是法国就不大可能有足够的信心走向欧洲一体化。

然而，在论证经济互相依赖的好处和大规模战争作为工具增加的成本和损失时，大国和平的理论将会更有力。战争带来的相对成本和收益在整体战略算计上的变化肯定对欧洲大陆的转变有帮助。这最终也扩展到苏联，苏联的精英逐渐意识到他们的相对权力因他们不能与更广阔的世界相融合而受到破坏。这一切的必要前提是基于包容和整合原则去重组与西方的关系，而不是基于自给自足和军事对抗。因此，经济进程是和平的重要力量。 19

走向民主和平？

然而，俄罗斯等持续存在的威权主义、民族主义现象以及对区域国家的霸凌削弱了我们对这些国家的战略文化已经将包括大范围冲突在内的战争排除在（政策）选项之外的信心。这给如下论证似乎提供了基本支持，即和平国家间关系的最重要的先决条件是出现民主的共同体。这个论证似乎也为民主国家间很少发生过相互战争这个经验事实所进一步证明（Doyle，1983a，1983b；Russet，1993；J. Ray，1995；Brown，Lynn-Jones & Miller，1996；Russett & Oneal，2001）。民主和平论通过把握后冷战时代的精神和乐观主义而名声大震，确保了它不仅在学术圈而且在政策制定者和世界领袖中都大有市场。这个理论也从 20 世纪 70 年代起民主国家的数量增加中获得了可信性，而这场民主的扩张在中东欧民主化之后达到高潮（Huntington，1991）。冷战的结束使得康德主义的"民主和平"的梦想似乎从未如此接近实现，特别是在传统上战乱不断的欧洲。

　　有三种大体的论证尝试给和平如何从民主中发展出来提供更完整的因果解释。第一种解释强调了自由民主政体的制度约束防止其发动大规模冲突。其中的因素包括权力的分立、政治体系内的相互制衡以及任何发动战争的行为都需要争取大众的支持。所有这些都与独裁者或威权领袖的做法形成对比，后者可以潜在地基于他们个人的冲动秘密和快速地发动战争（Russett，1993：30-8；也参见 Lake，1992）。第二种解释聚焦自由民主政体与威权政体不同的规范和价值。这里的论证是自由民主政体习惯于通过妥协、谈判来解决冲突并且在国内事务中尊重法治。当民主国家与其他民主国家接触的时候，这些规范和习惯也延展了，而且对相同政治价值的共
21　同支持排除了武力的使用（Doyle，1986）。第三种解释强调了这些互相尊重的规范和价值如何形成一种共同的超国家认同，这种认同在民主国家之中巩固了共同体和共同目的的感觉。这种"价值的共同体"被认为在欧洲以及欧洲与美国之间特别明显，而高度制度化的欧洲与跨大西洋安全共同体得以建立（Risse-Kappen，1995；Kahl，1998-9）。

　　民主和平论通常包含了经济相互依赖的和平效应的论证（Russett & Oneal，2001：ch. 4）。但是，正如前一部分的经济论证仍存在反论证一样，一个更简单更简约的解释是反对苏联威胁的残酷现实以及美国的约束力量是西方民主国家间保持和平关系的主要原因（Layne，1994；Farber & Gowa，1995）。自由国家本质上是和平的论调也因它们经常武力干涉发展中国家而被强力质疑（Lake，1992；Reiter & Stamm，1998）。类似的，在冷战时期美国和其他西方国家经常试图推翻发展中国家的民主政体，如在智利或伊朗。以这种批判的眼光考察，民主和平论有不那么友善的方面，即其为发达国家强制将发展中国家置于从属地位以及训诫它们提供了"满意"的意识形态论证（Barkawi & Laffey，1999；Duffield，2001）。

　　尽管有这些批评，一个似乎可信的事实是自由民主政体在主要国家的巩固已经改变了人们对它们之间发生战争的态度以及论证。这部分地是由战争次数减少的效用以及和平增加经济好处的感知所驱动。但民主的扩张和巩固自身推动形成一个更为共识化和同质的政治体系，其中人们更接受政治现状。在西方，反民主的系统性威胁在内部外部都已经弱化了，在内部由"意识形态的终结"所宣布（Kirchheimer，1966），在外部则是通过更多的合作。与 20 世纪早期相比，现在恶性民族主义已失去合法性，而不同

民族的种族优越论也不再引起同样的共鸣。特别是在欧洲，领土边界已经失去了它们的情感力量，所以阿尔萨斯-洛林的命运或者德国领土的"沦陷"已经不再能折磨欧洲的领导人们（Vasquez，1993；M. Anderson，1996；Huth，1996）。因此，"后英雄"时代已经极大地减少了早期对战争的狂热崇拜以及对战士的美化。

大国和平的含义

通过强调大规模国家间战争减少的可能性有多个原因，对世界和平与战争的前景的理解成为可能。内部和平条件在经济发达的自由民主政体中 21 体现得最为明显，例如美国、欧洲各国和日本，在这些国家中，人们对现行的自由主义秩序总体上满意，并相应地认识到通过暴力处理它们之间的关系是不合法的。对于强大的新兴国家，如俄罗斯、印度等，那样的规范性变化发生的证据则比较少，领土诉求与对自身国际地位的不满仍旧持续。在这些国家中，战争成本过高以及参与世界经济的好处成了考虑大规模军事对抗时的更大制约。

但是，总体上大国和平稳健运行是理解当代国际安全的重要因素。它的确也应该带给人们一定程度的信心，即传统模式的病态民族主义的国家冲突已被打破，并且在世界的核心地区可能已被控制。但这也不应带来自满。第一，要考虑预测未来发展的那种困难以及任何自由或大国和平的长期持久性。甚至那些自由和平的乐观支持者，如弗朗西斯·福山（Francis Fukuyama），也忧虑现代自由社会的理性主义和物质主义是否能瓦解非理性的观念，如民族骄傲这种强大共同体的整合纽带（Fukuyama，1992）。罗伯特·库珀（Robert Cooper）以同样的自由主义怀疑精神认为虽然"战争可以毁灭国家，但和平可能会毁掉社会"（Cooper，1999：25）。战争也被认为是一把双刃剑，战争的威胁和外在"他者"的推动有助于形成强大和团结的社会（Schmitt，1976；Hartmann，1982）。欧洲反移民思潮和其他排外的压力暗示过去的原始价值和情绪远没有消失。2008~2009年的国际金融危机导致的经济衰退只是加剧了这些负面的全球浪潮。

第二个重要的限制是冷战结束和大国和平意识并未去除国际政治中对威胁的感知及恐惧。著名社会学家如乌尔里希·贝克（Ulrich Beck）以及安东尼·吉登斯（Anthony Giddens）确认了个体和群体在面对"世界性风险社会"和"失控世界"时不断增加的焦虑（Beck，1999；Giddens，1999）。

这些新感知威胁值得注意的地方在于它们连接到发展中国家的多种方式。这里有明显的可感知的变化，即冷战时候的东西分立逐渐地被后冷战时代的南北分立所代替。这个大众感知的和安全研究中的战略注意力转移正是当代国际安全研究中一个重要的发展。

从东西之分到南北之分：国家成了问题？

大国和平理论本身暗示着在发展中国家中战争威胁的残余根源仍在。在贫穷的发展中世界，核武器的战略逻辑和缓和效果并不适用，在那里技术落后却杀戮有效的卡拉西尼科夫来复枪或大砍刀造成了最多的死伤（Institute of International Studies，2005）。阻止发动战争的经济动机也没有那么强，特别是当价值连城的资源也可以被抢劫的时候，动用暴力就有了充分的经济理由（Keen，1998；Collier，2000）。在政治上趋向威权主义或者不稳固的民主制，后者使得社会间的冲突加剧而不是缓和（Snyder，2000）。但是，甚至在发展中国家，传统的跨国战争的例子也大大减少。但这被复杂和长期的内战所抵消，如同在西非和中亚一样，内战带来了长期的区域不稳定（Hironaka，2005）。针对这些国家，"失败国家"的概念被提了出来，现代国家的韧性和可持续性则受到质疑（Zartman，1995；Milliken，2003）。

南北这个维度之于当代国际安全的中心性在这本书剩余的许多部分表现得十分明显。在第二部分，一个中心的问题即是在当代被注意到的战争几乎只发生在发展中国家——在"混乱之地"，与发达的"和平之地"形成对比（参见 Goldgeier & McFaul，1992；Singer & Wildavsky，1993）。本书第三部分关注了环境恶化、对自然资源的争夺以及人口的差异增长，这些方面的主要挑战和潜在的威胁来源也同样被认为是在发展中国家，至少对那些在发达国家中的人而言是如此。在最后一部分对国际恐怖主义和大规模杀伤性武器扩散的关注也显然集中于发展中国家，特别是"9·11"之后。总体而言，冷战的结束见证了对那些地区关注的增加。这些地区——包括东亚和中亚、中东，以及撒哈拉以南非洲——被前国防部长①兹比格涅夫·布热津斯基（Zbigniew Brzeziński）称为"危机之弧"。

然而，对粗略的南北之分并不能太过认真而是需要做下验证。这些都

① 应为国家安全事务助理。——译者注

是不准确和不完美的指称，而南北国家在许多方面都是较深地互相依赖的。正是在欧洲中心——南斯拉夫——发生了冷战以后最为暴力的冲突，而这意味着"混乱之地"可能存在于北方国家。类似的，传统上被视为南方国家一部分的拉美国家间的相对稳定意味着和平存在于"民主"北方之外（Hurrell，1998）。南方显然是一个非常异质的群体，不仅存在多元的文化，也有财富上的差距。它们内部增长潜力的差距已经非常大且还在拉大，比如在东亚和撒哈拉以南非洲或中东之间。在北方国家中，战略文化和视野的根本差别在 2003 年伊拉克战争中大西洋两岸的美国与法德之间的混乱中显现出来（参见 Kagan，2003）。"南-北差异"显然是对国际关系粗糙的、潜在的误导性描述。

话虽如此，南-北的类别化在分析上仍有用处，即可作为后冷战时代概念化的解释工具。有两个原因使然：首先，南北之分揭示了重要的结构性经济不平等，包括对数以亿计的人持续的剥削，使其陷入贫困，这本身就是全球不安全的重要的根本原因；其次，这个区分确认了重要的文化差异以及北方核心国和南方边缘国不同的国家形成道路。

经济不平等与国际安全

冷战时期，战略的中心被归于亲资本主义和亲社会主义的意识形态阵营划分。同时也有其他的以社会经济标准划分的穷国和富国的世界版图，但它的战略意义往往局限在那些更为激进和左派的传统中（如 Frank，1967；Wallerstein，1974a）。1500 年，欧洲和亚洲在财富上是相似的，而美洲在经济上是边缘的。到 1990 年，先进的工业国家，特别是美国、欧洲国家和日本与撒哈拉以南非洲或南亚等的国家相对，且前者攫取了不成比例（有人会说是肮脏的）的财富。对 2015 年的财富分布的估计突出了东亚的经济成功，尤其是中国，因此推倒了认为发达国家处心积虑地使发展中国家贫穷的依附理论的简单决定论。当然，一直以来阻止发展中国家完全"赶上"发达国家的力量依然强大（Hall and Zhao，1994）。在 20 世纪，只有日本成功地从第三世界决定性地进入第一世界，今天的中国很大程度上还是一个发展中国家。看到这一点是有益的。

持续极端的财富不平等的内在道德不正义性是难以否认的，并且在国际层面被发达国家间或认识到。例如，从联合国千年发展目标中可以看到，其中包括 2015 年之前使极端贫困人口减半（Annan，2000）。但是这种道德义愤以及其带来的反应是否应该转化成一种特定的关注，即这种不平等是否代表了一种对国际安全的威胁，是有疑问的。在冷战结束后认为贫困和不平等有安全影响的论调获得了支持，这从人的安全概念的流行可见一斑（见第二章的进一步讨论）。但也有反论证，即贫困和经济不平等，虽然自身是可憎的，但跟冲突和不安全没有直接联系。一个最近的例子就是国际恐怖主义分子，那些"基地"组织追随者，往往来自受教育程度更高和更西化的中产阶级，而不是穷人阶层。

虽然这个论证限定了贫困和冲突之间的直接因果联系，但它并没有排除许多其他的贫困和不平等带来国际不安全状况的更细微和非直接的途径。其中可能有三种途径。

第一种与绝对贫困的真实情况有关，有超过 10 亿人生活在绝对贫困当中。对许多人来说，生活根本就是不安全的，因为他们面对外界的冲击缺少必要的保护并具有内在脆弱性。他们所处自然环境的微小变化，如当环境恶化威胁到干净水源或者主要能源的获取时，那就可能是生死攸关的大事了（参见 Homer-Dixon, 1991; Dalby, 2009）。这一人群中相当多一部分人陷入贫困和不安全的一个主要原因是地方性的社会暴力、国内冲突和战争。由于战争肆虐，逃离家园、失去工作的一贫如洗的难民是这种长期不安全的国际性标志（Dowty & Loescher, 1996）。难民身份也确认了道德义务，要求人们给这些受害者提供保护，让他们自由进入《日内瓦公约》的签约国（参见第八章）。对这些难民而言，回归正常生活和降低贫困的可能性的关键在于停止暴力和塑造安全的环境。没有这种安全，发展是不可能的。国际安全和发展由于这些方式不可避免地联系在一起。

第二种关涉从贫困到富裕的过程和道路。虽然安全是发展的必要条件，但发展不必然带来安全。事实上，正如卡尔·波兰尼（Karl Polanyi）在他的关于欧洲工业化的开创性著作（1944）中所言，发展一直都是一种扭曲的、破坏性的和导致社会不稳定的力量，带来不平等、个人疏离和社会冲突的显著增加。发展所提供的安全和稳定是发展过程的最后才能得到的奖赏，但中间的安全风险和挑战时常被遗忘，就像 20 世纪 50 年代过于乐观的现代化理论的预测以及 20 世纪 80~90 年代的新自由主义所开的政策药方（So, 1990：17-87; Stiglitz, 2002）。自由主义、马克思主义和欧洲过去的法西斯主义之间的意识形态斗争根本而言是发展过程中的破坏性后果所带来的争论（参见 Mazower, 1999）。在二战后发展中国家面临类似情况，既要管理发展的过程又要试图控制发展所带来的多种互相冲突的挑战（Huntington，1968）。

第三种强调了主观的而不是绝对客观的对贫困和不平等感知的安全影响。冲突理论的一个主要看法即是相对剥夺而不是绝对剥夺是引发冲突的最重要决定因素（Gurr，1970；Finkel & Rule，1986）。类似的，那些发展中的国家和社会往往最强烈地感受到全球财富和政治权力分配的不正义。中国和印度有机会通过反对帝国主义的支配和种族歧视来主张自己的权利。这个对抗性态势可由毗邻欧盟成员的苏联加盟共和国和中东国家短期无望加入欧盟的情况进一步说明（参见 Zielonka，2001；Dannreuther，2004）。这些国家一般来说并未遭受许多撒哈拉以南非洲国家那种绝对的贫困，但是相对于欧盟成员国而言它们是贫困的，人均 GDP 只有欧盟的十分之一。这可能导致欧盟和这些国家间的互相憎恨和恐惧加剧。对那些处在繁荣和自由之外的人们而言，欧盟被认为是个排外的机构，目的就是给移民和贸易设置障碍。对那些欧盟成员国内的人而言，这些穷苦的邻居可能被看作犯罪、非法移民、种族冲突以及恐怖主义的主要来源，并因此是欧盟安全的明显的潜在威胁。这些恐惧和相互忧虑，为巨大的不平等和地域上的邻近所驱动，带来了更广泛的区域不安全，并促成了 2011 年被称为"阿拉伯之春"的大众反叛。

文化和政治的多元性与国际安全

正如南北之分是在经济意义上被定义的，在后冷战时代也有一个日益重要的文化上的维度。之所以如此，部分原因在于资本主义与共产主义的意识形态分歧不再那么重要，许多地区性和国际性冲突中的种族-文化根源变得更为突出。后冷战时代的南斯拉夫地区或北高加索地区的分裂战争更多源于宗教-种族因素而不是意识形态。文化的日渐凸显也与人们对一种广泛感知到的全球化文化趋同性力量的防御性反击有关。一个明显的例子即是，1979 年伊朗革命之后中东伊斯兰运动兴起，引入了有意识地反西方的本地化伊斯兰秩序。在亚洲，类似的反动可以从对所谓"亚洲价值"的推动中看出，"亚洲价值"被推广成与西方价值截然不同并在很多地方优于西方价值的存在（Mahbubani，1992）。在西方，这种防御也是很明显的，其中最有争议的是萨缪尔·亨廷顿（Samuel Huntington）的"文明冲突论"，在他那里，南北之分被等同于一种"西方对其他"的文明冲突（Huntington，1993）。

亨廷顿（1996）后来更为细致地发展了他的论证，以图证明西方文明的奠定比现代化时期要早几个世纪。他由此认为没有必然的规律会让非西方国家在实现现代化时更为西方化。事实上，他认为更多时候，反而是相反的情况成为现实，"根本而言，世界的许多地方变得更现代化的同时却在非西方化"。这个论证体现了对文化在理解国际政治中所起作用的这个重要争论中的一派的观点。亨廷顿的逻辑类似于"本质论"对文化的理解，这种理论认为文化代表了不同的和不可比较的意义系统，自我包含并在本质特征上保持不变。这种理论尤其见于那些认为伊斯兰文化是中东经济和政治上失败以及该地区存在广泛的反西方情绪主要原因的人身上（参见 Ajami, 1998; Lewis, 2002）。从这个角度看，"反恐战争"是文化战争，西方文化需要被保护以应对反西方的文化敌人（Pipes, 2002）。

但对文化在国际政治中的作用也有一个不同且不那么阴暗的理解。按照这种理解，文化处于不断变化和演进的历史进程之中。对于后殖民的发展中国家而言主要挑战是一样的，不管是中东还是其他地方，都要成功适应现代国家的殖民遗产以及西方主导的国家体系。在这种理解中，文化并非不重要，但是相比于本质论的理解而言，这里文化被认为是更为动态的、演化的和具有适应性的。例如，这包括承认有许多不同形式的伊斯兰文化，当代的伊斯兰运动更多只是一种特定的对现代性状况的适应，而不是向中世纪神学秩序的回归（参见 Kepel, 2002; O. Roy, 2004）。当然，本土文化在对现代国家和国际体系的要求的具体及特定回应中起了关键性作用，但是需要认识到一点，即所有发展中国家面临的这个挑战，在本质上其相同性是超过文化上的不同性的（Halliday, 1996: 27-30）。在这个语境中，南北差异也有反映，但不在于其强调了文化或文明的分离，而在于它如何认识欧洲殖民统治的持续遗产，殖民统治将西方发展出来的民族现代国家和国际体系治理的理论强加给非西方国家。这个遗产以多种方式严重且持久地影响国际安全（参见第三章关于它如何继续影响当代战争本质和过程的论述）。

国家的"问题"

这也带来了作为独特文化的界限的制定者的国家作为假定的安全保证者的角色问题。类似于文化被认为是引发冲突的重要原因，国家自身也逐渐被污名为对国际安全的威胁。这最明显地见于人的安全和批判安全研究的方法中，而这些在下一章中将得到更为详细的讨论，这一章的主要批评对象是传统的安全研究将国家等同于安全提供者。为论证这一点，它们认为被遗忘的很关键一点是个人而非国家的安全应被保护和守卫，认为国家和政府经常成为主要的压迫者和施害者。这种对国家的怀疑也延伸到对非国家实体的更为积极作用的认识上。跨国活动者组织和非政府组织在通过禁止使用地雷的《渥太华公约》中所发挥的作用是最经常被提及的例子，被用来说明非国家行为体如何避开和制约更为保守和易引发冲突的国家角色（Price，1998）。

对历史敏感的南北分立角度隐含着对这种国家中心安全观有两种完全不同的基础论证。第一种主要与北方发达的工业国家的经验相关，在这些国家中，集中化同质化的民族-国家不断地被全球化的力量从上至下地削弱，以及被次国家的区域主义力量自下而上地削弱。人们认为这将使国家不断地远离本质上对专政和不公正力量的垄断使用，并使其权力向区域和国际性组织转移，诸如转向联合国、欧盟或更分散的跨国活动家大众网络。第二种是非常不同的南方语境。在这里，问题点不在于主权不断侵蚀而在于国家失败，它们甚至一开始就不能行使主权且对暴力使用没有真正地垄断。罗伯特·杰克逊（Robert Jackson，1990）将这称为"半国家"现象，29 主要集中在但又不全是在撒哈拉以南的殖民地国家，它们被外国正式承认主权，但缺乏内部主权的根本特征，如领土控制。这种国家只是纸面上的而不是真正意义上的，前现代国家中的非国家政治组织形式以及群体特征填补了政治真空。在这个语境中"国家"通常更恰当地被描述为一种社会力量，或一群打劫匪徒中的一个，只是有了压迫自己的民众却不受法律制裁的显著战略优势。失败或崩溃国家的概念指出了南方许多国家在发展出合法和响应民众需要的政府上的长期失败。

但是，这两类国家被如此解构的过程是否意味着国家已经过时了，或已经成为提供安全的不合时宜的工具了？更强大的北方国家也没有显露出将最终控制权让渡给国际或区域组织的任何迹象。这反映出联合国在行动上的弱势。类似的，对"9·11"的反应也意味着，虽然人们认识到对于"基地"组织，国际上的集体响应是重要的，但是应由国家而不是非国家机构或组织来协调和指导这种应对。

对南方弱国和失败国家问题，人们日渐认识到需要有更为一致的国际应对以使其履行对国民的"保护责任"。对此将在第四章里更详细地进行批判和讨论。后冷战时代国家崩溃时建立的国际托管机构数量有所增加，让人联想到老"国联"的管辖体系。但是，需要注意的是这些管理机构总是被定义为"过渡的"，试图去建构而不是取代现代的民族国家。虽然如北方一样，在南方人们对国家也有普遍的不满，但是现实的长期替代一般而言并不可信。外部控制，即便是由看似中立的一方如联合国实施，长期来看也缺乏合法性，因为这些力量不可避免地被看作帝国主义的某种形式而无法获得当地的合法性。类似的，前现代社会、经济和政治组织形式可被看作有吸引力的对"国家"的替代，但它们也有各自的缺点，因为从历史上来说国家提供且持续提供了更为长效的解决方案。丽萨·安德森（Lisa Anderson）很好地把握到这个挑战，注意到"在过去国家的形成是艰难、成本高昂且痛苦的工程。而未能形成国家的失败证明这个过程更加艰难、成本更高和更痛苦"（Anderson，2004：14）。

30 现实是国家的双面的存在。由于它的专制力量、发动人员和资源的能力，它有能力不只是给外国人也给它自己的人民带来巨大的痛苦和暴力。国家无疑是现代历史上最为致命的杀伤力量。但国家也提供了在日益分化的世界里共同体自我认同的可能性，这个过程使权力实施得以驯化和合法化，并成为已知的最可靠的推动稳定和繁荣的框架。也许会有一个时间节点，到那时国家已经实现它的历史职能，并提供了相当程度的和平与稳定，以至于它可以被抛弃，正如西欧一些人所论证的那样。但是这远非世界上多数地区的情况，相反，它们面临的挑战依然是建立国家以解决前现代政治体系的不安全问题，以及国家形成过程中的病态问题，同时去培育实现更为长久的安全和繁荣的条件。

从两极体系到帝国、霸权和多极化

对国际安全的关注从东-西到南-北的转向也反映了更为宏观的全球权力平衡变化。在冷战时期，柏林墙是世界分裂成东西两个相互竞争阵营的标志——西方以美国为首，东方以苏联为首。苏联阵营的瓦解和苏联作为统一国家分裂后，世界体系的两极格局就无可挽回地遭到破坏了。

什么体系取代了这个冷战结构的问题被置于许多讨论的核心位置，人们争论权力和权威目前何在。对此有两个主要的视角。第一种认为美国作为剩下的唯一超级大国，成为国际政治中的主导性力量，而没有其他国家或地区可以有效制衡它，因此对这个体系最准确的描述应为单极甚至是帝国体系。第二种则认为虽然美国无疑是国际体系中最强大的行为体，但是其他主要的组织或大国，诸如欧盟、日本、俄罗斯、中国和印度都对全球经济和政治秩序有所贡献，因此对这个体系最恰当的描述应该为多极体系。这些不同观点之间的权重取舍往往随着国际政治更宏观的发展而变化。在20世纪90年代，至少在某些欧洲国家中有某种期望，即欧盟可以成为一个结构不同的强大国际成员来制衡美国的支配地位（Kupchan，2002；也参见Bretherton & Vogler，1999）。"9·11"后，美国看起来取得了主导权并明确地坚持自己的全球领导者角色，其他国家则看起来失去了对它全球力量投射的抑制。在干涉伊拉克战争失败以及2008~2009年经济危机之后，美国以及更广泛而言的西方看似不那么强势，比起中国以及其他新兴国家如印度、俄罗斯和巴西这些快速增长的力量出现了相对的衰落（Pape，2005b；M. Brown et al.，2009；Mandelbaum，2010）。特别是中国的良好发展前景看起来日渐明晰，中国或将成为未来权力平衡的关键（Mahbubani，2008；Zakaria，2008）。

对那些认为按照现实主义预测美国已然利用它不受阻碍的主导权获得了更大的权力，并更强有力地维护它作为唯一超级大国特权的人而言，美国的特权对于国际秩序而言是好是坏尚无定论。沃尔夫斯（Wohlforth）和他的同僚布鲁克斯（Brooks）一直都支持单极化的现实及其可持续性，即没有现实的中短期竞争对手；单极秩序是可取的（Wohlforth，1999；Brooks & Wohlforth，2008）。沃尔夫斯和布鲁克斯认为利用新现实主义和霸权稳定理论，体系中出现一个不受挑战的力量是有利的，这可以减少国家间的竞争并因而减少大国战争的风险。基于冷战后美国霸权下的安全，他们认为其增强了国际稳定。这种对美国霸权的善意看法反映在21世纪头十年中期的一个争论上，即日益霸权化的美国是否以某种意味深长的方式进入了一个新的帝国主义时代，类似于历史上的不列颠和罗马帝国（参见 M.Cox，2004；Ferguson，2004；Johnson，2004）。

对其他人而言，美国夺取主导权有更多负面或复杂的后果。最显而易见的是它导致了骄横的过度扩张，带来了外交政策的失败，比如在伊拉克和阿富汗。它也带来了华盛顿对国际机制和机构日益增加的怀疑或拒斥，认为它们潜在地限制了美国的自主和自由行动权。联合国、围绕气候变化的《京都议定书》、国际刑事法院、多种多样的军控协议以及北约等都不同程度地受害于美国不愿意限制其主权独立性。恰如基欧汉（Keohane）注意到的一个反讽，"美国，第一个发起对主权概念的共和主义的批评，现在却变成了它最坚定的捍卫者"（Keohane，2002：743）。对许多分析者而言，正是这种明显的权力傲慢成了加速美国霸权衰落和如中国这样可信的竞争者崛起的主要因素（Mann，2003；Nye，2002；Calleo，2009）。

一种不同的观点认为，最好将布什政府时期最受尊崇的"单边主义"视为美国历史的例外情况。约翰·伊肯伯里（John Ikenberry）一直认为基于1945年后西方秩序的美国力量在更宏观和长期背景下，是建立在同意这个自由主义原则之上的而不是专断的强加；是建立在国际合作制度基础上的而不是军事力量制衡；是建立在对自由贸易的推动而不是重商主义上的（Ikenberry，2001，2011a）。他认为正是这种对自由制度主义的承诺决定了美国作为全球大国的根本基础和合法性。与布什政府不同，克林顿和奥巴马政府重申以此作为美国外交政策的核心目标。在这种对美国力量投射的更长期考量中，现实主义对世界是单极还是多极的关注不太合时宜。关键的问题是是否仍存在多边主义的世界秩序，由美国引导和建设，又或者世界是否会退回到20世纪30年代保护主义和战争倾向盛行的体系中。在伊肯伯里看来，中国和其他亚洲国家的崛起应被视为一种机会而不是威胁，因为这些国家逐步地融入而不是挑战西方的自由国际秩序（Ikenberry，2011b）。

许多更宽泛的议题可以从这个一般的争论中发现。首先，体系是否最好以单极或多极来描述。一个共同的认识是美国仍是一个极为强大的国家，特别是其拥有史无前例的军事力量——它的军事支出比紧跟其后的20个国家的总和还多，如图1.1所示。但是就算最为乐观的评论家也认为这种无上的地位不会永久保持，其他国家特别是快速发展的亚洲国家正在赶上。问题不在于是否而在于什么时候这个"单极时刻"会结束，而美国需要与这些新兴大国分享它的全球责任。有个普遍的认识是现在经历的时期可被称作取得"大整合"的时期，像中国和印度这种国家最终将像在前现代时期那样取得它们享受过的与西方平等的地位（Northrup，2005；Zakaria，2008）。

其次，当尝试去构建权力在国际体系中如何分配的问题的理论时，在权力作为一种特性和权力作为一类关系之间做出区分就很重要。综合衡量军事、政治和经济资源，从严格量化的角度来看美国也许是最强大的国家，但是权力需要将资源转化成关系——简单来说，就是让别人实现他的意志。

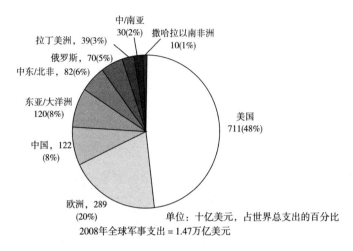

图 1.1　2008 年美国与世界的军事支出

33

来源：Center for Arms and Control and Norprdferation。

如伊肯伯里、奈（Nye）及其他学者有力地证明，正是这种关系性的力量在国际政治中起关键作用，且一般而言通过同意和相互妥协比通过强制和使用武力更能有效地保证目标实现（Nye，2004，2011；亦参见 Baldwin，1989；M. Barnett & Duvall，2005）。关键的问题是，凸显美国国力的单边实施的、具有局限性的"反恐战争"的失败是否已经严重破坏美国的权威和合法性，又或者奥巴马政府推动的回到多边主义道路上的改革能否成功修复美国的全球声誉抑或其他国家对美国的信任。

最后一个问题已然引发了越来越热烈的争论，即在 21 世纪头十年中国经历了极为快速的增长，如何使中国融入全球的权力结构？现在已经变得越来越清楚的是中国将成为对美国霸权最显著的挑战。这在西方的分析者中引发了漫长的争论。一方面，有学者按照现实主义的逻辑认为中国不可避免地代表了对美国乃至更宽泛的对西方的一种威胁，延续了新兴大国试图挑战和完全改变原有权力结构的传统路径（Mearsheimer，2001：401；Kaplan，2010）。经典的历史案例是德国崛起并在 20 世纪带来了两次世界大战（Swaine & Tellis，2000）。另一方面，也有学者按照自由国际主义的逻辑认为中国不断增加对全球经济和政治体系接触以及融入，逐渐且不可阻挡地推动自身将西方的规则和实践内化（Oksenberg & Economy，1999；Johnston，2003b）。在全球化时期，中国和美国都是对方最大的贸易伙伴，按理应走向合作和相互依赖而不是冲突和战争。

这个被称为"中国威胁"的争论仍远未结束（对争论的概述参见Friedberg，2005；Deng，2008）。在中国内部也有证据表明关于中国崛起为大国的未来定位的争论越来越多（Shambaugh，2011）。其中也有"鸽派"和"鹰派"之分，一方认为美国帮助中国进入全球的经济体系——即便是不情愿的，另一方认为美国精心策划试图排除和破坏中国崛起。再一次，问题的关键不是中国是否会在国际事务中获得大大增强的角色，而是这个角色会被如何定义以及推进。

关于冷战后国际体系权力分配这个一般的总括性问题的最后一个角度经常被忽略。这个角度认为受现实主义影响，关于双极和多极体系的讨论以及关于霸权和帝国的讨论很大程度上是时代错乱。前面注意到一个事实，20世纪一个重要的发展就是使帝国主义失去合法性，美国与苏联冷战时支持过一些原殖民地的独立运动。结果是，帝国的时代已经被民族国家的时代所取代，而重建帝国的企图不可避免地会在某个时候受占领军有非法的帝国主义野心这个断言所破坏。且如曼恩（Mann）所言，在21世纪头十年中期广泛传播的"新帝国时代"的观点是"内在不一致"的（M. Mann，2003）。当代国际体系的权力分配现实是它已被分散到一种自18世纪以来从未见过的程度。这可以从这样的事实中看出：国家的数量从1945年的51个增加到2011年的193个，而且这些国家都有一定的能力去抵抗或者抗衡国际体系中更为强大的国家。最明显的例子是在阿富汗，尽管美国和北约军队百般努力，这个世界上最穷的国家依旧顽固地不受招抚。权力的分散也延伸到许多非国家行为者那里，比如恐怖组织以及国际犯罪集团，这些组织或集团在国家边界内或者跨越国界行动。

由于伊拉克和阿富汗的形势发展，（人们）自然会将反抗、暴动和帝国的傲慢等问题看成显然是地球上最强大的国家美国所专有的。但是对伊拉克和阿富汗的占领，不能被单独看成潜在地复兴帝国主义的唯一例子。在1999年的科索沃、1995年的波斯尼亚和2011年的利比亚，美国和欧洲紧密合作以类似的强制手段去强加它们想要的政治结果。在更为多边主义的层面，联合国承担了重建许多国家和建立一些看似不确定的"过渡政府"的责任。有些人将这种行为看成一种"联合国帝国主义"。对所有这些行为者而言，帝国主义的一些复兴看起来是解决（问题）的办法，在本质上，这些国家的问题是违反了国际规则，或者说是蓄意拒绝遵守国际规范的国家对国际安全的挑战——不管是通过非法获得大规模杀伤性武器来对本国公民人权进行重大侵犯，还是蓄意支持国际恐怖主义。这又一次证明明显的"无力者"给国际安全带来一些最为严峻的挑战。

结　论

在许多方面，帝国的诱惑与反帝国主义时代现实之间的张力确定了当代国际安全的一些主要挑战。这一章论证了冷战结束后的三个主要转变，而这些转变显著地修正了我们对国际安全的理解。首先是认识到大国之间战争的威胁已大大减少；其次是最严峻的安全挑战在发展中国家以及南-北国家中相互作用；最后是两极格局解体，美国仍是最强大的国家，但是其在将力量转化成政策时遇到困难，有其他国家"挑战"美国的霸权。

本质上，这些国际安全变化的不同方面反映的是仍未解决但可能得到解决的国际政治最核心的部分，即内部的张力问题，国际体系之内的力量不平等是国际安全和全球不安全的诱因。美国宣称获得霸权领导权反映了其对"大国"对维护国际秩序有特殊责任这个传统的理解。这个逻辑意味着美国作为唯一的超级大国对管理国际体系有着特殊的责任，而集体受益于美国提供的公共产品的弱小国家应该认识到这一点并有合适程度的遵从。隐含在这个说法中的是，美国是其中最大的受益者，国际体系中的力量不平等应被尊重并保持，因为正是这种不平等维护了国际安全。但是，正如弱小的国家经常指出的，假定大国的特殊责任也能同样被理解为这些国家论证自身无限扩展其特权及维护保守的国际秩序的合法性。也正是这种系统性的不平等以及更富裕和强大国家对其不那么幸运的同伴看起来的漠不关心，激起了国家间的对立和全球不安全。价值、道德、合法性以及国际关系理论特别关心的权力不平等这些基本问题是下一章的主题。

扩展阅读①

一些冷战后最有影响力的对国际政治的反思和预测包括：福山（Fukuyama）的自由乐观主义，见《历史的终结》（1992）；文化和政治悲

---

① 较为知名的和已在中文世界被广泛阅读的作者和著作提供中文译名，其他的著作及其作者将原文转述，方便读者查找。余同。——译者注

观主义，见亨廷顿（Huntington）的《文明的冲突》，发表于 1993 年的《外交事务》杂志上，以及罗伯特·卡根（Robert Kagan）的 *The Return of History and the End of Dreams*；罗伯特·库珀（Robert Cooper）的欧洲后现代主义视角，见 *The Breaking of Nations*（2003）；关于战争和和平的全面考察，见 Philip Bobbitt 的 *The Shield of Achilles*（2012）。

关于战争的变化的本质，最有趣和敏锐的论述来自 Martin Van Creveld 的 *On Future War*（1991），也参见 Mary Kaldor 的 *New and Old Wars*（2012）以及著名的 Herfried Munkler 的 *The New Wars*（2005）。对民主和平论的全面收集，参见 Michael Brown、Sean Lynn-Jones 以及 Steven Miller 合编的 *Debating Democratic Peace*（1996）。一个关于最近的战争与和平文献的出色综述参见 Robert Jervis 的 "Theories of War in an Era of Leading-power Peace"，发表于 2002 年的《美国政治评论》杂志。

关于南方国家政治和安全的好的概述，最好参阅 Christopher Clapham 的 *Third World Politics*（1995），以及 Muhammed Ayoob 的 *The Third World Security Predicament*（1995）。关于贫穷和不安全之间的关系，Thomas Homer-Dixon 的 *Environment, Scarcity and Violence*（1999）以及 *The Ingenuity Gap*（2001）被证明是很有影响的，在本书第六章中也会更详细地讨论。卡尔·波兰尼的经典之作 *The Great Transformation*（1944）以及亨廷顿的《政治秩序与变革社会》（1966）提供了关于现代化转型困难的有力看法。法里尔·扎卡里尔（Fareed Zakaria）的 *The Future of Freedom*（2002）以及 Jack Snyder 的 *From Votingto Violence*（2000）凸显了持续的紧张和障碍。关于文化问题以及传说中的西方与伊斯兰之间的文明冲突，参见 Fred Halliday 的批判性评估之作 *Islam and the Myth of Confrontation*（1996），Sami Zubaida 的详细论述 *Islam, the People and the State*（1993），以及 Peter Mandaville 的 *Global Political Islam*（2007）。

关于如何理解冷战后美国的外交政策，最有力的分析和对单极秩序的辩护来自布鲁克斯和沃尔夫斯所著的 *World out of Balance*（2008）。支持更为自信专断和单边主义的美国的论证可以参看 Max Boot 的 *The Savage Wars of Peace*（2004）以及 Niall Ferguson 的 *Colossus*（2004）。作历史反思和为多边主义美国作辩护的论证可在约翰·伊肯伯里（John Ikenberry）的著作 *After Victory*（2001）、*Liberal Leviathan*（2011）和奈的 *The Paradox of American Power*（2002）以及 *The Future of Power*（2011）中找到。更为激进的批评可

见 Michael Mann 的 *Incoherent Empire*（2003），Chalmers Johnson 的 *Blowback*（2002），以及 David Calleo 的 *Follies of Power*（2009）。Mick Cox 提供了关于美国帝国主义争论的日常更新（参见 Cox，2004，2005）。

关于中国崛起及其对美国以及更宽泛而言全球秩序的潜在影响，参见康灿雄的 *China Rising*（2007）；法里尔·扎卡里尔的 *The Post-American World*（2008）；以及邓勇的 *China's Struggle for Status*（2008）。学术圈对于中国争论的一个好的综述参见 Aaron L. Friedberg 的 "The Future of US-China Relations"，载于 *International Security*（2005）。关于中国国内对其外交政策的争论，参见沈大伟（David Shambaugh）的 "Coping with a Conflicted China"，载 *Washington Quarterly*（2011）。关于中国崛起的国内挑战的分析，参见 Susan Rice 的 *China：Fragile Superpower*（2007）。

研究和讨论问题

1. "大国和平"的原因有哪些？是政治、经济还是规范的因素在解释这个现象的时候更为重要？
2. 全球经济不平等和国际不安全之间的关系是什么？
3. 美国有多强大而中国给美国的权力带来了什么挑战？

网　站

www.isn.ethz.ch/isn。国际关系和安全网络——世界性的智库、大学非政府组织和国际组织的网络。内有大量的研究论文、政策摘要以及其他链接。

www.foreignaffairs.com。来自《外交政策》杂志的精选文章——了解当前外交政策问题讨论信息的一个好渠道。

www.cia.gov/library/publications/the-world-factbook。关于全世界的国家和非国家行为体的历史、人民、经济、政府以及军队的信息，由美国中央情报局提供。 38

第二章　冷战后的安全理论

　　本书到目前为止的论证给安全分析者们设定了一个具有挑战性和苛刻的角色。他们需要维持和平衡科学家、国际主义者以及道德家三重角色，而与此同时冷战时期熟悉的安全环境已经让位于后冷战时代的不确定和不可预知的动态。不可否认的是当代的安全分析者有着历史优势，不用那么将战略关注点放在大范围的大国战争威胁之中，但是这种优势也被不断增强和激进化的南方国家的一些发展趋势抵消。在这些国家中，环境和人口的压力、内战，对南北关系中的不平等的憎恨，以及世界权力分配变化和集中于美国已然带来一系列新的国际安全的紧迫挑战。正是在这种战略图景激烈变化的背景下，安全分析者自然地转向国际关系研究中的主要理论传统去寻找启发。这些理论的主要作用就是从看起来变化和发展的国际发展中发现规律性、持续性和长期机制。

　　然而，国际关系理论的复杂性和数量激增可能是令人困惑的，如同其所尝试解释的现实一样难解。区分两类理论研究就有用了，第一种是解释性理论，即尝试去解释为什么特定的事件或发展会发生。如果更有野心的话，这种理论也可能会宣称有预测能力。但事实上，在国际关系中这种理解未来的期许由于不能预见关键的转变而遭到挫败，这些关键的转变包括冷战的结束和跨国恐怖主义的兴起（关于未能预见冷战结束的失败讨论，参见 Gaddis，1992：3）。更为适中和现实的期许是，解释性理论应该提供关于过去事实为何发生的有力解释，以便我们可以回过头去理解为什么看似不可能的事情会发生（Krause & Williams，1996a：243）。第二类是规范理论，这类理论的野心超越了解释事情如何，而是基于恰当国际关系行为的特定道德假设以及对变化可能性的现实评估，提供事情应该如何的有说服力的解释。

　　这个关于理论研究的本质的分析、区分可以帮助我们更好地理解近年来的主要理论发展以及它们对国际安全的意义。表 2.1 提供了一个难免粗糙的对研究安全问题的主要国际关系理论大概的分类。表格的横向分为理性主义、"传统"建构主义/历史社会学以及解释性建构主义，确定了方法论以及研究国际关系的元理论的主要类型。但重点是这并不是泾渭分明的三个框架，而只是一个连续体上的不同点。这个连续体的一端是理性主义理论，源自还原主义、理性选择理论的抽象逻辑以及主体驱动的战略互动机制。另一端是受社会学启发的建构主义理论，即更有说服力的"理念主义"解释，说明如何通过主体间的相互理解和建构来完成相互现实建构。纵向分为现实主义、自由主义以及激进主义，这些是国际关系学者更为熟悉的领域（参见 Doyle，1997；Walt，1998）。同样，这些类别不应该被看成固定的、无法比较的，而是代表了一个连续体，一端对国际政治中的规范变化可能性持更具怀疑性的观点，另一端则更为乐观地理解这种可能性并有一种紧迫感。

表 2.1　国际关系理论和安全研究

	理性主义	"传统"建构主义/历史社会学	解释性建构主义
现实主义	新现实主义 进攻性现实主义	新古典现实主义 防御性现实主义	
自由主义	新自由主义	人的安全	后现代主义
激进主义		历史唯物主义 马克思主义	批判性安全 后现代主义

40

　　这一章主要论证了在后冷战时代对国际安全的理论化研究有两个重大的转变。首先是下一部分的讨论，描述了对国际安全研究的理解从流行的理性主义到建构主义的转变。新现实主义的理性主义虽然仍是有活力并被传承的理论传统，但是它已失去一些在冷战时期的突出性，并不得不与建构主义理论相竞争。建构主义认为观念、身份和规范在国际安全的动态重构中扮演了更为核心构成性的角色。其次，也即第二个转变是转向更加非国家化以及更为激进的对变革可能性和需要的评估，冷战的结束被视为强化了普遍和"普世"的国际安全理论。与国家安全相对的人的安全的概念的直接定义、流行与凸显反映了这种变化，同样，与新现实主义类似，现实主义作为一种规范传统，虽然仍有很大影响，但也已败于自由主义和批判性理论。

理论方向的转变体现了一个连续体上的移动，而不是某种库恩式的范式转换，后一种情况意味着理想主义的方法和现实主义遭受了毁灭性的声誉丧失。总体而言，理论的发展最好被理解为交互的对话而不是不可化解的冲突。这一章的核心论证是这种对话及其向建构主义和世界主义方法的显著转移，是有益的且受欢迎的。建构主义强调了安全批判性的主体和主体之间的维度。世界主义，如在人的安全或批判性安全研究中所显示的那样，对提醒我们关注穷人、被排除的和边缘人的苦难，以及国家行为通常通过多种途径导致全球不安全而言是关键的。

虽然认同这些变化，但需要做出三个限定。首先，建构主义批判存在滑向激进相对主义的危险，在这种相对主义中国际安全被理解为仅是个建构和诡计，因而可以被升华和超越。有观点认为历史社会学的见解可以阻止这种反基础主义和理念化的趋势。其次，对世界主义的承诺有过度夸大国际利他主义存在的可能性以及人道主义前景的危险。现实是世界的发展是由混合了利他主义、人道主义和自私的国家利益的混乱机制所驱动的。最后，有论者认为作为一种规范理论，从社群主义的自由道德传统中而来的现实主义提供了对如此过度乐观期待的重要节制。

从新现实主义到建构主义

冷战作为一种国际结构看似完美地符合现实主义和由肯尼思·沃尔兹出版的《国际政治理论》（1979）所开创的新现实主义理论框架。它自身提供了对新现实主义三个关键前提的样板式印证（Mearsheimer，1994-5）。首先，冷战的分立反映了现实主义之于国际体系是无政府的假定——国际社会中包含了多个主体却没有一个在其上的权威或者"利维坦"。用雷蒙·阿隆的话来说，冷战体系是异质而不是同质的，因为有两个完全对立的关于政治秩序和国内合法性的理论（Aron，1966：99-104）。重要的国际合作因苏联和美国及其盟友持有如此不同的价值观和世界观而变得没有必要（Halliday，1994）。其次，新现实主义假定区分系统中个体的关键特征是看它们之间的相对实力，特别是它们可能施予对方的破坏和伤害，而这反映在冷战期间各国执迷于战争威胁和大规模的军备建设上。最后，现实主义声称国家害怕和不信任其他国家的动机，而国际体系终究是"自助"的，这似乎已被东西方之间持续的猜疑充分证明。而且，对合作的有限尝试，比如 20 世纪 70 年代的缓和以及后来的崩溃，看起来验证了"安全困境"这个现实主义的概念，在这种困境中，无政府状态以及不信任破坏了合作，即便各方在最初是出于善意和非侵略性的（参见 Jervis，1978；Glaser，1997）。

在安全和战略研究中，新现实主义明显占了主导地位。它的这种理论上的主导地位在其他国际关系理论中并不必然存在，比如在国际政治经济学中，新现实主义解释起经济相互依赖和全球化来就颇有困难。新现实主义主导的领域是它最为关注的核心领域——国际安全。这对冷战时期的安全研究有许多影响，它意味着研究的核心关注在于准备、使用或威胁使用武力，因为武力是国际政治的终极手段，正如在北约和华约之间的日常核对峙中所清晰看到的（参见 Walt，1991）。非军事威胁是对这个领域核心关注的危险的偏离。人们通常对将战略优先给予非国家行为体表示怀疑。人们论证说，新现实主义反映了冷战时期对保守的国家主义秩序的规范式承诺，而世界需要这种秩序来保持战略稳定和东西方之间的平衡。

将冷战与新现实主义并置对于安全分析者而言也有特定的专业好处。它提升了他们在公众那里的重要性，并使得他们获得了优厚的研究资金，同时也将科学信誉给予了这个承诺提供关于如何发现威胁、如何避免战争和保持和平的有预见性见解的理论框架。沃尔兹以他少见的谦逊认为新现实主义并不假装知道所有的事情，但它确实知道"有些大而重要的事情"（Walz，1998：384）。这提供了在冷战时期特别紧急事情上积累知识的野心的基础：影响国家去制衡或者追随对立国家的因素（Walt，1987；Schweller，1994；G. Snyder，1997；Powell，1999）、关于如何制造一个可信的威慑问题（Gray，1979；Jervis，1984；Powell，1990）、攻防优势变换对国际体系的稳定的影响（Quester，1977；Jervis，1978；Posen，1984）。

新现实主义与冷战的结束

冷战的结束远未使新现实主义沉寂。新现实主义的假定和贡献成了关于单极体系意义的讨论中心，这个讨论也涉及单极体系是否可持续或是否不可避免地走向多极制衡（关于单极体系，参看 Wohlforth，1999；关于多极体系，参考 Waltz，2000；Pape，2005b）。新现实主义也决定了关于冷战时期盟友或北约未来命运的很多讨论的议程，表达了对它们在相当长一段时间内的命运与可行性的怀疑（Mearsheimer，1994-5；G. Snyder，1997）。如前一章所述，新现实主义关于攻防平衡的研究提供了关于核时代大国保持和平的原因的重要见解（Lynn-Jones，1994；Van Evera，1999）。现实主义也经历了显著的复苏，特别是在"9·11"之后的美国。美国在2002年发布的《国家安全战略报告》有明显的现实主义味道，强调建立"有利于和平的权力平衡"，宣示了单边先发制人的合法性，以及受现实主义启发的对多边和国际机构的怀疑（White House，2002；亦参见 Dannreuther & Peterson，2006）。

但是，单一、内部毫无争议不是新现实主义的理论传统，观点对立的"进攻性"和"防御性"现实主义理论都试图成为新现实主义的正统（Brooks，1997）。约翰·米尔斯海默是"进攻性现实主义"最为著名的支持者，认为按照新现实主义的原则，国际关系是国家不停地害怕对方、尝试通过使权力和控制最大化来减少这种害怕的一个竞技场。按照米尔斯海默的观点，大国本质上是进攻性的，因为"国家往往侵略性地思考其他国家即便它们最终的目的只是生存"（Mearsheimer，2001：34）。对于米尔斯海默以及这个学派的其他人而言，国际关系是一场无情的竞赛，其中国家无休止地试图使其权力最大化并准备好去进攻，因为这种做法会持续带来政治和经济优势（Mearsheimer，1990；Labs，1997；Zakaria，1998）。

但是，新现实主义的创始人沃尔兹提出了非常不同的看法，他最初的理论基础认为国家不仅为米尔斯海默所言的"权力最大化"动机所驱动，也为"维持在体系中的地位"的动机所驱动（Waltz，1979）。事实上，沃尔兹一直认为国家一旦维持了生存，就并不总是无限追求权力或是不停地准备战争。这个立场代表了不同的"防御性现实主义"学派，它们认为巩固和稳定权力制衡中的历史经验提供了国际安全的重要来源。于是，防御性现实主义学派对于冷战结束不久的欧洲未来比进攻性现实主义者有明显更为友善的预期。米尔斯海默预言欧洲会迅速回到大国争霸，而防御性现实主义者史蒂芬·范·埃弗拉（Stephen Van Evera）认为欧洲"为和平准备好了"（Mearsheimer，1990；Van Evera，1990-1）。

但是，防御性现实主义在更大的经验有效性上的所得却牺牲了新现实主义的一些核心假定。特别是，在防御性现实主义者的论述中有种倾向，即为了引入非物质因素比如信念、理念以及意识形态和国内政治角色，放松了国家能力分布决定国家行为这个假设。所以史蒂芬·沃尔特就联盟形成作了开创性分析，认为国家寻求盟友并不只是为了制衡他国的敌对力量，也是因为感知到这些国家带来的威胁（Walt，1997）。在扩张战争的原因上，杰克·施耐德也论证说，大国经常错误计算了战争的好处，因为强大和非代表性的国内精英让"帝国的神话"继续下去（J. Snyder，1991）。为了理解后冷战时代的种族冲突，史蒂芬·范·埃弗拉强调"沙文主义的神话制造"是以煽动身份为基础的内战的重要起因之一（Van Evera，1994）。在所有这些理论中，通常来自国内社会力量的理念、感知和意图在解释权力政治和冲突机制中起了中心作用，而这使得有时又被称为新古典现实主义的防御性现实主义在方法论的光谱中被推向更靠近建构主义的一端。

可以看到，进一步针对新现实主义的内部批评来自自由制度主义或新自由主义（参见 Keohane，1984；Oye，1986）。新自由主义试图证明即便我们接受了新现实主义的核心假设，并接受了同样的理性方法，国际合作仍然可以超出甚至最具"防御性"现实主义者所能接受的程度。尤其是这个论证认为国家随时间推移可以被引向寻求让所有人受益的绝对收益，而不再总担心这些收益的相对分配。新现实主义一贯认为对相对分配的担忧弱化了制度性合作的前景（Powell，1991；Snidal，1991）。新自由主义在国际安全领域总是不如在国际政治经济学领域那么有影响，而这主要也是因为区域和国际集体安全机制的相对弱势。但是，在冷战结束后，即便没有了苏联的威胁，北约仍在继续，这看似印证了制度化的合作可以比特定制度创立的条件存续更久，即使该制度创立是由现实主义考量所驱动的（参见 NcCalla，1996；Lepgold，1998）。

建构主义转型

然而，在 20 世纪 80 年代后期，冷战结构崩溃引发了戏剧化事件，在许多分析者看来新自由主义与新现实主义一样过时且问题缠身。有种观点认为面对国际关系中正在发生的巨大变化，所谓的"新-新"① 争论是个日渐贫瘠的知识领域（参见 Baldwin，1993）。如同戈尔巴乔夫在外交政策中推行"新思维"一样，新一代国际关系学者看到了对国际关系理论化方式进行哲学革命的需要。这导致了国际关系中建构主义的兴起，这个思潮主要源自社会学，但是其哲学基础可以追溯至康德的唯心主义哲学，以及受康

---

① 指新现实主义-新自由制度主义。——译者注

德启发的维特根斯坦（Wittgenstein）及其追随者约翰·奥斯汀（John Austin）和约翰·塞尔（John Searle）的语义哲学，后者的核心关注是语言结构如何建构了我们的社会现实（Wittgenstein，1953；Austin，1962；Searle，1995）。建构主义的核心理念是拒绝不受质疑的客观外在事实，以及认识到需要将世界视为通过共同意义和主体间理解来相互建构的社会存在。

国际关系中的建构主义转型的革命性在于它激进地质疑了新现实主义和理性主义国际关系理论的基本假设，尤其是无政府状态、主权以及战争不可避免这些核心假设。亚历山大·温特（Alexander Wendt）的一篇开创性文献对无政府状态的概念进行了建构主义的批评，试图否定无政府状态作为客观既定国际事实或国家间互动的结构前提这个观念，而认为其是历史性的以及社会建构的，国家有时以这种方式互相解释和理解它们之间的接触和互动（Wendt，1992）。主权的概念也被类似地解构，类似的论证称主权这个概念并不是国际关系中的永恒特征而是历史性的，对什么是"国家的"和"国际的"共同理解经常会变（参见 R. Walker，1993；Spruyt，1994；Bierstecker & Weber，1996；Ashley，1998）。如前一章所述，建构主义提供了民主和平论出现的解释，将之视为欧洲和跨大西洋集体身份的产物，它超越和升华了导致冲突的狭隘国家身份（Risse-Kappen，1995；Kahl，1998-9）。

这种建构主义的方法以其更浓厚的对外在现实的社会化理解被证明对冷战后的安全研究影响很大。首先，建构主义以其对主观观念和主体间理解的关注给予理念、感知影响和建构国际现实以更大的重要性。正是戈尔巴乔夫推动的一些观念，如"防御性防御"、共同的"欧洲家园"或是在核武谈判中的"零选项"等观念的显见力量以独特方式启发了对冷战结束替代的建构主义的解释（Koslowski & Kratochwil）。建构主义关注规则和规则的建立，类似于给看似缓慢演进和更为长期的规范转化提供更为可信的解释，比如帝国主义的去合法化（Zacher，2001），推翻种族分离制（Klotz，1995），或是国际人权机制的出现（Finnemore，2003）。可以看出，建构主义不仅针对国际关系的结构提出了更为灵活和动态的理论，也赋予主体驱动的变革以更大的空间，在这些空间中"认知共同体"和"道德开创家"可以直接影响国际事务，甚至在他们不为国家权力所支持时（Adler & Barnett，1998；Keck & Sikkink，1998）——禁止使用地雷运动中关键的个人和非政府组织起了核心作用，这经常被视为这种现象的范例（Price，

1998）。

　　建构主义的第二个吸引人之处是它给予身份和文化以重要性。在冷战之后的安全研究中，由于冷战中意识形态的对抗已经为身份驱动的冲突所取代，文化和身份成了越来越占主导性的关注。理性主义解释可以说明在竞争和对立的身份群体之间冲突如何出现（Posen，1993），但它难以解释这些身份如何形成或潜在地如何变化或者修正。理性主义对种族冲突解释中的这个缺口是人们通过整合建构主义的身份形成理论来填补的，特别是关于民族主义社会学理论的见解，其中如恩斯特·盖尔纳（Ernest Gellner，1983）和本尼迪克特·安德森（Benedict Anderson，1991）很久以前就说明民族身份是现代的产物，并不代表某种不变的原初本质。这种对以身份为基础的冲突的建构主义理解认识到精英操纵的关键作用，也将身份理解为流动的和有多种潜在样式，这极大地推动了对后冷战时代冲突的分析，比如对南斯拉夫的分析（参见 Obershall，2000）。

　　对文化以及文化差异性的关注对后冷战时代的国际安全研究有着更重大的影响。冷战的紧迫性减少了达成反苏联战略共识的需要，但冷战后西方国家之间非常不同的国家安全文化的存在就变得极为明显（Katzenstein，1996）。建构主义研究对这种现象提供了解释，如德国、日本这样的国家在它们特定的历史经验和国家文化的影响下发展出谨慎、内向以及不干涉的安全规范，从而放弃了其政治军事实力原本能支撑的军事大国地位（Berger，1998）。欧盟难以发展出有效的安全和防御政策，与相对立的国家安全文化的存在直接相关，这些文化包括英国和法国的"外向型"干涉主义、德国和欧洲其他不结盟国家的"内向型"非军事化的政策。文化是研究大西洋两岸对伊拉克战争严重冲突的立场的一个核心关注，有些人认为美国和欧洲在意识形态上的分化已经到了它们对国际安全的基本看法本质上不相容的程度（Kagan，2003）。

　　最后，建构主义进一步的吸引力在于它提供了一种从"国家与安全相等同"的看法中跳出来的方式。这特别影响人的安全和批判性安全研究方法，在下文中我们会更详细地讨论。建构主义研究对于启发人们对欧盟和欧洲一体化进行理论反思特别有吸引力，提供了一种解释该区域次系统转变的角度，说明了主权国家如何以集体形式存在而不仅仅是多个国家堆在一起（参见 Koslowski，1999）。这也因此给了建构主义国际关系理论在欧洲的强大的支持基础（Waever，2004）。所以，最有影响的将建构主义的方法和方法论结合起来，发展出安全研究的中观理论——安全化理论——的尝试，出现在欧洲就不是偶然的。

安全化——它的长处和局限

"安全化"（securitization）的概念以及由其得出的"非安全化"（desecuritization）概念最初由丹麦的和平研究共同体创造出来，特别是奥利·维夫（Ole Waever）的研究。"哥本哈根学派"的核心建构主义见解是对安全威胁从客观的分析转向研究其内在产生和建构的多样和复杂方式。维夫将奥斯汀和塞尔的语义哲学中"言语行为"的概念加以改造用于安全研究。他论证道，有些事情被认为是安全问题构成了尤其包含安全化过程的"言语行为"，其中问题表现为"对特别指示对象构成了存在性威胁"（Waever，1989）。巴里·布赞（Barry Buzan）将这个定义中的"存在性威胁"加以提炼，认为其意指"要求以特别的手段或紧急行动去处理"，这意味着它从政治领域转到了安全领域（Buzan，1997）。与这个更为主观的安全概念相连的推论是安全领域被扩展至传统的政治-军事安全领域之外，延展为"哥本哈根学派"确定的五个单独的部分，即政治、经济、环境、军事和社会（Buzan，1991；Buzan，Waever & de Wilde，1998）。因此，安全化的方法与更广泛的后冷战安全议程紧密相连。

47 　　"哥本哈根学派"最为激进的影响是其含蓄地将安全研究的领域民主化。作为精英科学家的新现实主义学者理性地计算多种"外在"的安全威胁，被聚焦"安全化"的安全分析者取代，后者退一步去考察一般大众以及他们的领袖如何"建构"安全威胁和挑战。受这个更为开放和话语化的角色启发，这类安全领域最具创造性的研究集中于非传统安全威胁，如环境、移民或跨国犯罪如何被"安全化"。举个例子，迪迪埃·彼戈（Didier Bigo）试图证明内部安全部队——警察和移民海关官员，如何成功地将移民、犯罪和恐怖主义的联系"安全化"，导致大众对移民的反感和排外主义（Bigo，1996，2002）。正如第六章和第八章讨论的，环境和移民作为后冷战"安全化"过程的核心领域已被安全分析者们确认和探索。因此，"安全化"的方法提供给"新安全议程"潜在的好的理论基础。

　　通过这种方式，"安全化"的理论提供了建构主义方法如何推出重要研究议程的实践证明。它使得安全被文化和历史影响的方式更为明显，也清晰呈现了大众压力与精英操纵如何决定国际安全主体间的理解。它还表明安全不仅是国家的属性，也包含了其他潜在的"所指"，比如基于身份的社会力量、区域和国际机构甚至作为整体的地球。而且关键的是它帮助提供了理解更为复杂和麻烦的冷战后安全环境的路径，在该安全环境中国家间战争的威胁已经为对更为诡谲的跨国安全威胁的恐惧所取代。

　　不过，受建构主义启发的"安全化"方法也有一定的局限性。第一个问题在于安全多大程度上能被当成主观建构的对象。"安全化"是个纯粹的、与任何外在现实无直接关联的"言语行为"的论证设定了很强的主观主义认识论。这个极端相对主义的逻辑结果是没有任何一个关于安全的论述比同类更有特权。事实上，许多国际关系建构主义理论采用了激进的解释主义或后现代立场，其中没有一种安全话语可居于另一种之上（参见，比如 Der Derian，1990；Campbell，1992；R. Walker，1993）。维夫像大多数"传统"建构主义者一样，与这种强解释主义保持距离，但他所属的"哥本哈根学派"致力于"去安全化"的论证只能基于外在的对自由主义的意识形态承诺，而不是基于"安全化"理论的一部分（Waever，1995）。但是维夫正确地指出保留一些对不同安全话语做出判断的根据是至关重要的，所 48 以过度夸大或低估安全威胁的危险能够被恰当地处理和确定，正如第一章所提及的那样。

　　"安全化"方法的第二个问题是它往往将安全价值分离——将政治领域和安全领域分开。正如第一章所论证的，这将在很大程度上剥离安全问题的道德争论，使得安全被压制并不一定是恶的事情，安全只是一种人类生存的重要价值，要跟其他核心价值如自由、繁荣和正义做一平衡。"安全化"对确定具体的安全威胁是否被夸大而言是有价值的工具，但是相应的"去安全化"工程并不意味着安全关注不再是那个特定问题的重要方面。"安全化"（和"去安全化"）概念展现了黑白分明的现实——事情要么是安全问题要么不是，在第八章论及移民问题时会批评性地考察。

　　"安全化"方法的另一个问题与更为偶然的因素，即欧洲起源和根基有关。也许自然而然的是，其研究议程的欧洲中心（地位）关注反映了对欧洲一体化进程中后现代含义以及传统的民族-国家和国家身份被泛欧规范和身份所取代方式的关心。"安全化"方法的长处已被承认，即在于提出一套欧洲安全话语体系，这个安全话语体系通过把移民、伊斯兰世界或者欧洲大门前的穷人和被剥夺者的形象当作"敌人"而定义。但是它的主体框架指向后现代和后主权的欧洲，包含了严格属于欧洲的历史经验以及欧洲社会对国家以及国家-社会关系的定义，因而对其他地区，特别是对许多非欧洲世界的发展中国家而言相关度有限。

迈向中间路线：建构主义与历史社会学

通过结合和采用历史社会学对国际安全研究方法的阐述，有些建构主义弱点可以潜在地被克服或减少（参见 Halliday，1994；Hobden & Hobson，2002）。特别是与主流和"传统"的国际关系建构主义、历史社会学进行对话和更大的融合的尝试有重大的好处。

第一个原因是传统建构主义和历史社会学都类似地试图在敌对的理性主义和后现代方法中找到中庸之路。在社会学内，历史社会学一直试图在如理性选择理论所代表的大尺度普遍化理论和如后现代主义这样的反基础主义的解释主义理论之间找到出路（参见 Dannreuther & Kennedy，2007）。历史社会学如传统的建构主义一样依然致力于因果解释，以及满足人们对确定和解释产生重要结果的感兴趣的因果联系的智力需要。它在认识论上依然信奉本体实在论——意指并非信奉粗糙的经验论而是认识到个体行为不得不像"似乎"有独立的事实存在那样，否则就陷入了相对主义（M. Mann，1994：2）。但是，按照建构主义的主要见解，历史社会学也认识到事实只能放在特定的理论建构和意义体系中理解，而分析者的主要工作就是给他/她看到的事实提供最有说服力的解释。传统建构主义和历史社会学因而试图从大体上一样的中心化方法论出发，两者相结合会有客观的相互优势。

将历史社会学整合进来的另一个大的优势是它可以中和建构主义偏好以观念而不是物质来解释国际变化的倾向。历史社会学的历史唯物主义根基意味着它特别了解地理与自然资源禀赋的重要性、权力的物质来源多样性以及地理和自然禀赋如何带来政治收益和军事冲突。同时，它也有韦伯主义的根源。历史社会学意识到权力不能被简单地归结为强制能力，而是与如合法性这样的观念因素以及那些试图掌控权力的人的假定的权威性紧密相连（M. Weber，1947：152；也参见 Lukes，1974）。因此，历史社会学强烈地认可观念、规范和意识形态在国际关系和安全研究中的作用，如同建构主义所论证的那样，它处理的现实也是一个社会建构的存在。但是历史社会学对将观念和意识形态视为纯粹无私心的看法保留了客观的怀疑主义，理解到意识形态话语通常很可能是为了实现野心勃勃的精英的物质利益的粗糙实践（Halliday，2005：32-5）。

历史社会学也特别敏感于国家的历史发展和演变，以及国家在不同地区的历史形成中的复杂方式。正如在下一章中要做更具体探究的，历史社会学对国际安全的一个最重要贡献就是它对战争和冲突在国家形成中作用的关注，这特别适用于考察战争形成欧洲国家的方式以及欧洲战争能力如何导致帝国主义将民族-国家体系扩展到世界其他地方（Bull，1984b；Tilly，1985）。在历史社会学中，国家之所以继续被认为是关键的行为者，不仅仅是因为它的专制能力，也源于它与其他社会力量的关系以及它管理和控制这些力量的不同能力。作为知识传统，历史社会学并不像新现实主义理论那样试图将国家具体化或者视其为"既定"，也不试图像后现代建构主义理论那样去升华或超越国家。历史社会学因此提供了认识国家存续的 50 生命力基础，特别是在安全领域，也提供了一种理解现存于世界不同地方、差异很大的国家形式和国家-社会关系的方式。

历史社会学因此提供了一种关键工具来理解国家和国际安全的互动。它对历史过程的敏感突出了国家形成的多种方式，以及国家形成经验方面的持续遗产。将国家分解成它的组成部分是有益的，特别是涉及它与其他社会力量关联与互动的各种复杂方式。作为普遍的传统，历史社会学也提供了一个广泛和包容的框架，使得理性主义和建构主义理论能被包括进来。与冷战后安全尤其相关的更进一步优势是它给了南北冲突根源一个更好的理解。如此，历史社会学给全球发展中国家提供了一种更为现实和不带偏见的理论之声，在那里，国家的两面性——同时是安全和不安全的来源，以及它的不同表现形式能被最有效地理解。

从国家安全到人的安全和批判性安全

所有这些对国家安全的不同方法的讨论如何与国际关系理论中的现实主义、自由主义和激进主义的"三分"传统相关联？部分的解答在区分解释理论和规范理论的过程中可以寻得，正如本章前部分所言。行文至此，我们探索了理性主义、建构主义和历史社会学的方法，提供了安全分析者可以尝试解释国际关系和国际安全性质与发展的不同方法论。被视为国际关系传统的现实主义、自由主义和激进主义思想确实包含了解释，但在国际关系和国际安全应如何研究以及国际领域可能如何变化方面纳入了更强有力的意识形态承诺。在这个意义上，现实主义、自由主义和激进主义本质上是国际关系理论，提供了更完整和规范的关于国际关系领域理论和国际安全的研究。

不可否认，关于如何区别或区分解释理论和规范理论的范围有诸多争论。越靠近建构主义一端，解释理论和规范理论不可能得到清楚区分以及任何尝试解释世界的努力都必然会涉及特定的（尽管是隐含的）规范假设的论断就越强有力。这部分解释了为什么国际关系理论的关键发展反映了前面发现的这些机制，而且对国际安全也适用。在解释性的国际关系理论中有个从理性主义到建构主义理论的过渡，与之类似的是，也存在平行的从现实主义到自由主义和批判性规范国际关系理论的转变。这在支持人的安全和类似的反对国家中心主义批判性安全方法的研究者对传统国家中心安全观的批评中表现得尤为明显。这种反现实主义的理论肯定受到建构主义的强烈启发，但它们更深层次的哲学根源也在于自由主义和激进规范传统，特别是在自由"普世主义"和新马克思主义激进主义中被发现。我们首先转向关于人的安全理论。

走向人的安全研究路径

人的安全的概念可以说是后冷战时代最有影响力的对安全的再理论化，不仅在学术圈，在政策圈中也流行（参见 Tehranien，1999；Axworthy，2001；Commissionon Human Security，2003）。特别是人的安全概念接入利用了广泛流传的观念，即冷战过度强调国家安全而伤害了数以百万计的人，他们遭受苦难或死于国家手中。正如一份影响重大的联合国报告在 1995 年所言，"在过去保护国家安全时常被用来作为危害人民安全政策的借口"（UN Commissionon Global Governance，1995：81）。1997~2006 年任联合国秘书长的科菲·安南，也习惯认为"国家现在被广泛认为是为他们的人民服务的工具，而不是相反"（Annan，1999：81）。人的安全概念，因而与冷战后关于国家主权与干涉的激烈争论，以及关于是否存在保护人民免受国家施虐、使国际责任获得更大认可的规范的争论相呼应（Wheeler，2000；ICISS，2001a）。本书第四章中对冷战后干涉困境的评估，特别讨论了人道主义干涉，主要涉及对人的安全的讨论。

人的安全研究路径流行背后的另一个因素是它给现实主义安全观的悲观和看似狭隘的关注提供了选择。在冷战之后，自由国际主义更为普遍的传统有所复兴，而"人的安全"极大受惠于这个传统（Beitz，1979；

Pogge，1992；O'Neill，1996）。从这个角度看，冷战期间对跨国军事冲突的执迷不仅是时代错位，也是罪恶的傲慢，其忽略了数以百万计陷入贫困、发展不足和内战中人的苦难和不安全。在这个语境中，也许并不奇怪的是，[53] 人的安全概念最早由联合国发展部门——联合国开发计划署（UNDP）所强力推动，而该部门在冷战时一直被边缘化。在 1994 年发布的一份有影响的报告中，联合国开发计划署论证说冷战时期对国家安全的关注模糊了、忽略了更为紧迫的数百万人的安全需求，对这些人而言"安全代表了受保护而不为疾病、饥饿、失业、犯罪、社会冲突、政治压迫和环境危险所威胁"（UNDP，1994：23）。联合国开发计划署对人的安全的关注在这个意义上可被看作受政治因素推动的拓宽安全概念的尝试，所以富裕和强大国家的狭隘的战略关切，特别是在不那么受威胁的后冷战时代，与贫穷和不发达国家突出的不安全相比就显得不那么显著和重要了。人的安全理论因此将发展问题和人道主义转变成明确的安全优先事项，代表了自更为狭隘的冷战时期以来安全概念的显著转变。

　　人的安全方法肯定也有其批评者，特别是一些人认为它缺乏学术上的严谨性（参见 Suhrke，1999；Khong，2001；Paris，2001）。但它对后冷战时代安全研究的实践贡献仍相当大。在广泛的理论意义上，它要求将思考安全的优先性转移到更为普遍和不那么狭隘的国家驱动的方法上，在多数安全议题上带来了有意义的新视角。在第七章将讨论这样一个指导性例子，论证国家间基于地缘政治对水和能源争夺的过度强调，会淡化数以百万计的人无法获得干净的饮用水以及价格低廉的能源这种不安全的紧迫性。这种情形下，人的不安全凸显了常被边缘化的国际不安全方面，特别是与全球权力和财富分配不平等相关的不安全。人的安全方法因其政策相关性和激进主义的研究议程而有着强烈的实践影响。这再次使人们将注意力集中到一些传统的引发暴力的边缘化动力上，比如小型武器的全球蔓延、地雷泛滥、儿童士兵的悲剧和被虐待使用，以及由获得有价值资源的竞争所驱动的冲突（Krause，2004）。

　　不过，人的安全方法有一些重大问题。与自由国际主义以及略为陈旧的集体安全概念相似，人的安全方法发现自身很难避免一种持续的批评，即它的安全理论太泛化和分散（Hurrell，1992；Mearsheimer，1994-5）。第五章中会更为详细地讨论集体安全概念，人的安全方法几乎能把所有问题潜在地变成安全问题，这个问题会削弱安全的含义的价值，使得它失去紧迫性，对行动的集体责任也会被弱化而非增强（Paris，2001：93）。这个危险是，人的安全方法极大地扩展了安全概念，以至于将其跟其他问题的整个集合，比如发展、贫困、健康、疾病和不平等混为一谈，从而事实上隐去这个概念的实质含义，使确定或多或少重要的安全挑战变得不可能（参见 Owen，2004：375）。

一个额外的问题是人的安全有赖于分离出一个普遍的道德领域，其中受苦个体的需求不管在何处都必须被满足，而国家具体的自私战略利益被排除在外。在现实中，这是极为理想主义的。正如第四章中所探讨的，像人道主义干涉这样的人的安全问题很少为人道主义动机所单独驱动，而是为人道主义和战略利益的复杂混合所驱动。同时即便人的安全方法的确反映了更为贫穷和弱势国家及其人民的许多安全关切，当被用作工具来使发达国家的外交政策计划和干涉合法化时，人的安全方法也不可避免地要受到削弱。从不发达国家的角度看，人的安全看似是发达国家手中新帝国主义的另一个意识形态工具（Thomas & Tow，2002）。人道主义机构、发展机构以及援助工作人员有着类似的关切。这里的恐惧点在于，对人的安全推动使得提供人道主义援助的行为政治化和安全化，使得是否提供这些援助取决于是否满足某些特定的安全条件，比如实施反恐措施，而不是严格基于需求。

紧接着的问题是人的安全方法没有也不能提供一个解决国家所有问题的方案。这个问题在第一章中已经讨论过。这里只说人的安全方法往往对国家的两面性一笔带过，即国家既是不安全的来源，也是其公民安全的提供者；尽管国家有种种虐待和屠戮的行为，它依然是政治合法性的主要来源。在这种国家问题的语境中，对人的安全最好的理解是，声讨已然崩溃或是败坏到对其国民发动战争的特定国家的暴虐行径，而不是对国家概念本身的无条件控诉。因此，如果人的安全方法试图以特定的"普世"的替代方案来取代国家，而不是支持失败或将要失败的国家重建以使得其可以拥有最低限度的安全，以及为其公民的利益提供这种安全，那么人的安全挑战就被错置了。

批判性安全作为替代选择①

"批判性安全"（critical security）的方法与人的安全方法一样，都有将

---

① 谨向杰米·阿林申（Jamie Allinson）对这一部分的修改表示感谢。

国家作为安全提供者和核心这一理念问题化的志向。许多批判性安全理论 54
家已经寻求在他们的分析中修订和囊括人的安全（Dunneand Wheeler，
2004），并与人的安全方法一样遵循许多"普世"承诺，也反对现实主义和
国家中心主义的安全理论。但从批判性安全方法对支撑人的安全议程基础
的自由国际主义的怀疑可清楚看到两者的分野。这是批判性安全方法基于
马克思主义传统知识的最为明显的地方。在批判性理论家看来，人的安全
方法的危险与经济方面的新自由主义类似，后者被用来论证发展中国家持
续受发达国家支配的合理性。因为批判性安全方面的理论家们试图突出强
调，人的安全在当权者的手中可能会变成将经济和政治议题安全化并支持
先发制人干涉合理性的工具。

　　国际关系中的批判性安全研究方法具有广泛性和异质性，包含了从批
判性安全研究学派到女性主义和后结构主义者对安全的研究（综述请参见
Krause，1998；Jones，2000）。这个批判性安全研究"批判"了什么呢？用
罗伯特·考克斯（Robert Cox）的话来说统一的主题是，"理论总是为了某
人和某个目的"（R. Cox，1986）。在这种观点看来，现实主义和自由主义是
"解决问题"的理论，为了满足已经建立的政治和社会关系的需要去解决问
题而不是质疑这些关系。相比之下，批判性理论在其宣称要挑战这些关系
和确定它们如何被激进地改变上是独特的。因此批判性安全理论在两方面
吸收了马克思主义的精神遗产，一方面是其"无情地批判所有存在"（比如
根植于国家中的传统安全概念）的志向，另一方面是其为了变革世界而去
理解这种事态的志向。

　　这种传承更多的是在智识态度上而不是在具体的概念上。马克思主义
国际关系理论的各种主体通常以两个特定的维度关注资本主义和国家体系
之间的关系：一方面，扩张的资本主义关系是否趋于走向战争，或走向统
一的"终极帝国主义"，另一方面，南北关系中的从属和支配关系的起源和
本质是什么。大部分时候，马克思主义关注这些总括性关系而不是安全自
身——也许是将资本主义生产关系中的国家安全当作统治阶级的安全视为
当然。这导致了一种解读，即马克思主义需要在其解释中整合一个"现实
主义环节"（Callinicos，2007）——这个建议为那些认为现实主义本质上是
一种不完整的世界政治理论的人所强烈反对（Pozo-Martin，2007：559）。

　　批判性安全理论自身的出发点是安全概念本身，以及为了转化它该如
何挑战和质疑安全的概念。基于此，它大量吸收了安东尼奥·葛兰西 55

（Antonio Gramsci）和受马克思主义影响的法兰克福学派哲学家、社会学家的理论，来理解传统安全概念如何成为人类解放的桎梏。如此，批判性理论家的作用是为了践行"更自由和更自主决定社会"的承诺而去解构这些话语（Booth，2007：43）。这种理论特别强烈地反映在阿伯里斯特威斯学派（Aberystwyth）、肯·布斯（Ken Booth）和理查德·维恩·琼斯（Richard Wyn Jones）的著作中。在这个解读中，安全被视为国家的最高价值，往往被当作压迫的手段而非解放的手段，因为在压迫者和被压迫者之间没有中立之地。进而传统安全武力化的本质实际上使得更多的人不安全，其将资源从解决其他问题上转移出去，或者将那些解决方案武力化，正如美国南部 2005 年遭受卡特琳娜飓风袭击时那样（Fierke，2007：192）。

批判性安全研究因此拒绝了契约论的假定，即在一个霍布斯式的世界里个人放弃自由以换得国家保护：随之而来的是，本应保护弱者的等级结构反过来再生产了强者的力量（Fierke，2007：190）。然而，如果安全被重新理解为从那些强加在个体生命上的束缚中解放出来的话，逃离这个束缚保护自己就是可能的。这种束缚包括战争和暴力的威胁，也包括贫穷、环境恶化等——安全和解放因此是"一个硬币的两面"（Booth，1991：316）。达致这种状态的一个方法是基于尤尔根·哈贝马斯的"交往行为理论"中开发语言的解放潜能（Wyn Jones，2001：18）。批判性安全研究因此将解放概念应用到安全上。

因而批判性安全研究的一个主要贡献是质疑了关于安全的主导理论，并论证这些通常被视为"给定"和普遍真理的理论往往反映了发达国家特定的安全恐惧和关切。批判性的安全理论家进而认为这种理论通常也被用作（责任）推卸机制，让发达国家可就那些本质上是由发达国家所造成的安全问题来指责发展中国家。在第六章中有一个这样的例子，批判性理论家西蒙·达比（Simon Dalby）和乔恩·巴内特（Jon Barnett）认为环境安全的概念被用于将发达国家造成环境恶化问题的责任转移到发展中国家（Dalby，1999；Barnett，2001：86-7）。类似的，也有很有价值的关于后冷战时代将安全与民主相关联的批评性安全理论，其论证说发达国家对民主的关切更多是由减少从贫穷区域来的安全威胁所驱动，而不是因为其真诚地履行对发展的承诺，后者将需要比发达国家所愿意提供的多得多的资源（Duffield，2001）。在这些和类似的方式中，批判性安全研究的方法在揭穿发达国家主导的安全理论的某些虚伪和含混方面起了关键作用。

　　由此，不管是在南北关系中还是在安全概念中，批判性安全研究均保留了对人类解放这个一般概念的强烈承诺。然而，这些理论的第二个支流通过法兰克福学派的后结构主义者（通常被称为"后现代"）如雅克·德里达和朱莉亚·克里斯托娃（Julia Kristeva）的视角考察了安全的传统领域。这些后结构主义者强烈怀疑人类解放的概念，将其视为马克思主义、启蒙运动和进步的"经典话语"（Wyn Jones，2001：12）。与此相反，这些思想家使用了"话语"和"系谱学"等工具来分析安全、战争和外交。比如，琳恩·汉森（Lene Hanson）认为安全是"身份建构的一个特别形式……与主权国家相关联……是一种特定的修辞和话语，将力量和责任给予说这些话的人"（Hansen，2006：34）。这与"哥本哈根学派"的安全方法相似。但是，对汉森而言，威胁和不安全不只是削弱了国家，它们还构建了国家，因为国家只能通过与威胁性的"他者"相对照才能知晓自己（Hansen，2006；也参见 Campbell，1992，1998）。进而言之，自我（国家）和他者（威胁）之间的相互建构不是发生在物质场域而是在文本之内和之间（Hansen，2006：3）。没有预先给定的身份能使自我与他者在互动中安全：身份和过程是同一的（Hansen，2006：20）。这种身份建构过程的一个例子是"9·11"后将穆斯林与暴力、恐怖主义和不安全相连，相对照的是西方国家为了民主和自由抵御"威胁"（Fierke，2007：89）。

　　后结构主义和女性主义在安全的研究上有很强的交叉（参见 Hansen，2000；Fierke，2007），具体来说是这样一个观念：安全是个话语和实践过程，而不是可以获得或者没有的东西（不管是解放还是威慑的能力）（Sylvester，2002，1994）。女性主义理论对安全研究的贡献在于发现了安全男性化的逻辑和语法（Tickner，1992；Steans，1998）。卡罗尔·科恩（Carol Cohn）对冷战时期核话语中的男性形象的解构是个特别令人震撼的例子，它指出了高层的安全政策是深深地植根在性别和男性特征的概念中的（Cohn，1987）。战争和暴力一直依赖男性暴力和女性被动顺从的区分，男性战士和女性非战士的区分，让女性的角色边缘化和被忽略（Elshtain，1987；Enloe，1990）。安全研究的两分法——内部/外部、保护者/被保护者——紧密地映射了男性和女性的性别化画面，使得国家的最高价值被建构为男性，而其位于女性价值之上，从而对外交和安全政策有切实影响（Hooper，2000）。尽管女性跟男性一样被卷入并成为武装冲突和不安全的 57 受害者，但安全的性别化问题依旧（Fierke，2007：191）。

女性主义者还会补充说，性别不仅仅是附加在安全研究上的，在其他分析中忽略了性别并不能使其性别中立，认识到这一点也很重要。相反，为了准确和严格，所有的学术研究都必须将世界政治的性别本质考虑进去（Sjoberg，2010：2）。性别不是一个身体事实或者只有女性才有的东西，它意味着"社会实践和关系的集合"，与其他的身份相交互，决定了"男性"和"女性"意味着什么（Khalili，2001：476）。男性不是生来而是被训练去打仗的，而这些训练围绕着一套有关强壮和暴力的话语，要么指向保护女性化的空间"家园"，要么是通过将敌人女性化去羞辱进而支配敌人（Fierke，2007：59）。这些观念在安全研究的话语和实践中不断地再生产。甚至在那些在概念上更具批判性的方法中，女性通常是被勾画为不在场的。吸收了性别理论家朱迪斯·巴特勒（Judith Butler）的研究，琳恩·汉森展示了为什么"哥本哈根学派"不能够认识到根源于性别的不安全，因为女性被忽视了，因而在这个方法的基础——"言语行为"的方法论——中不可见（Hansen，2000：300）。

女性主义极大地拓宽了安全研究的经验范围，特别是探索了女性在战斗、战争和冲突解决、维和、战争中的性暴力以及性别安全化中的作用。后两者被证明是特别重要的研究领域，因为联合国安理会 2000 年 1325 号决议试图将性别角度纳入维和行动：许多女性主义者批评了这个决议，认为它在和平与安全方案中采用了大体上是量化的方法，关注不断增加的女性数量和女性被提及的次数，而不是探究二元化的性别思考给予特定的政策特殊考虑的方式（Whitworth，2004：120）。战争中的性暴力，男性、女性和儿童都是受害者，用以反映"性别歧视的话语，无可争议地支持了强奸的发生……这与其他的权力关系一起构成了内在于军事化和武装冲突的男性暴力环境"（Baaz & Stern，2009：498）。在"9·11"之后的时期，女性安全研究考察了性别、种族和阶级身份的"交叉性"（intersectionality）——比如，特定的女性主义修辞如何用来动员对"反恐战争"的支持，或是美国女兵对伊拉克战俘的性别化虐待（Khalili，2011：1482）。

由于其所弥漫的基于宗教身份的敌意，并由"我的自由"的仇恨所驱使，"9·11"后的安全图景尤其提供了建立在身份结构和差异方面安全概念充分发展的空间——建构安全理论。"全球反恐战争"时期也激发了批判性研究的一个支流，引入了晚近的欧洲政治哲学概念，特别是从米歇尔·

福柯和吉奥乔·阿甘本（Giorgio Agamben）那里汲取营养，而这两个人的著述看起来特别适合一种强化却分散的监控和不安全的情形。

为再次避开批判性安全研究对解放的公开承诺，这些学者专注于将安全视为一种特别的"生物-政治"实践，"主权的权力"在"例外状态"下使用（概要可参看 Dillon & Neal，2008；Reid，2006）。"生物-政治"一词来自福柯的"生物-权力"概念：现代国家对人群的规训实践是将生物实体置于监狱、学校、医院、军队等机构中。现代社会生活以安全机构为特征——监控、惩罚、管理的机构，让人同时在个体解剖层面和在统计上有风险意义的"人口"层面都是可管理的（Dillon & Lobo-Guerrero，2008：271）。然而，不似解放思想家，福柯主义者未使自由的个体与压迫性的结构相对立。现代个人事实上是由这些过程所建构的：按照福柯的说法，"自由无非是与安全制度相连的发展"（Dillon & Lobo-Guerrero，2008：265）。甚至，现代国家的关键特征是主权的权力通过这类实践创造生命——也制造死亡。在阿甘本的著作中，主权在于国家宣布平常法律之上的"例外"状态力量。但没有法律，这种宣布又不可行——国家权力的延伸可以使得某些个体仅仅是躯体（"赤裸生命"）而不是公民（参见 Agamben，1998）。

这些观念在"9·11"袭击以后与"新常态"的观念有着强烈的共鸣，因为此时政治不得不重新以安全之名设置或悬置（Agamben，2005；Butler，2004；Neal，2008；Reid，2006）。阿甘本认为"例外状态作为最初结构，在这个结构中法律通过自身悬置包围了生存存在"，它对生物-政治的影响在布什总统建立军方委员会去关塔那摩湾这样的地方审讯犯人的实践中体现得"很明显"。确实，这些地方的犯人代表了"无遮蔽"或"不安全"的生命，被简化为没有公民权的躯体（Butler，2004：8）。国家因而通过给予或者夺取生命像上帝一般操控安全，而国家与个人都不可忽略。

批判性安全研究的方法虽然多种多样，但是都为安全研究贡献了不同的视角，将关注点从国家中转移，包含了迄今被边缘化和被剥夺公民权的个体的声音，并引入了对明确解放的规范承诺。但是批判理论自身远非没有批评者。也许"传统"的安全分析者做的最简单批评即是，即便批判性安全研究拒绝了解决问题的理论，但仍有问题需要解决。更为传统的安全分析者可能会认为虽然尖锐地分析了当前体系的问题，但是批判性安全研究的方法对于解放了的世界会是什么样的回答仍然模糊。如果批判理论按照"它——也即我们——自身在现实世界政治中面临的挑战"的标准来衡量自身（Wyn Jones，2001：19），那么，传统的理论家可能会问，难道引导自身去通过可识别的和已有的途径解决那些挑战有错吗？

还有一个对批判性安全研究的可能是更强有力也更激进的批评。这个说法认为由于将解放与一般的安全等同，批判性安全研究抑制了真正的解放潜能（参见 Aradau，2004；Peoples，2011）。不管经典的马克思主义作为理论和政治体系有什么错漏，它的确确认了谁需要解放自身（工人），从哪里解放（资本主义）及通过哪种手段（对资产阶级革命的阶级斗争）。批判性安全研究有时似乎主张从所有的威胁、暴力和一般的不幸中解放出来。但是这进一步让批判性安全理论回避了以解放之名行暴力之实的问题。科伦巴·皮波斯（Columba Peoples）指出了"痛苦的前景……对解放性改变的承诺"甚至会要求使用暴力，因而对某些人是不安全的（Peoples，2011：1115）。"顽皮"的批评者可能会以激进知识分子斯拉沃热·齐泽克（Slavoj Žižek）的方式提出，为了严肃对待从"系统性暴力"（Žižek，2008：2）中解放出来（的主张），批判性安全研究不应该只是解构安全威胁，而应该尝试变成威胁。

走向现实主义的道德批评

即便是在解放的理想中暴力也是不可避免的，这将我们带回到更为传统的对国际政治中权力结构以及如何超越它的关注。现实主义经常是批判性安全理论的批判目标。实际上，考虑到现实主义假定了国家的优先性和自私的国家利益的无上性，一般假定现实主义作为一种理论明确来说是反规范的、本质上非道德的。毋庸置疑，关于这一点有许多的论证，如在现实主义那里有个古老的传统，从马基雅维利、霍布斯到晚近的卡尔·施密特和约翰·米尔斯海默的政治哲学，其中国际关系被定义为完全是追求政治和军事优势，而道德考虑只起了最小作用甚至不存在作用。

但这并未充分反映现实主义思想和思想家的范围（现实主义的不同变体参见 Gilpin，1984）。许多现实主义者是非常关注道德的公民，特别是像神学家雷茵霍尔德·尼布尔（Reinhold Niebuhr），他一直意识到"在社会需要和敏感的良心命令之间有着看似不可调和的冲突"（Niebuhr，1932：257）。汉斯·摩根索，这位现代现实主义的"大祭司"的确在国际关系理论中批评了道德，但这些可看作对某种特定道德的批评——他称之为道德主义，而不是针对整个道德。最近对摩根索的一个重估显示他有意识地寻求替代卡尔·施密特的阴暗悲观主义的理论，去阐发一种不完全归结为暴力的政治（M. Williams, 2004）。类似的，亨利·基辛格，这个典型的自觉实行现实主义的外交政策的执行者也认识到美国社会所基于的道德原则是美国外交政策形成和行为中不可避免和不可分割的一部分（Kissinger, 1998：812）。更一般地说，这样一些现实主义者常常参与论争，在这些论争中他们主张自己认为可以改善国际事务中的行为的政策（Desch, 2003：419）。在这一方面，E. H. 卡尔从现实主义出发对自由理想主义所作的著名批评中提到：政治科学的一个悖论是"成为一个一以贯之和彻底的现实主义者是不可能的"（Carr, 1964：89）。

卡尔的见解很大程度上含蓄地承认了大多数现实主义者不将自己视为反自由主义的，即便是在国际关系领域。相反，现实主义的清醒主要表现在关注特定形式的自由主义——广泛适用的现实主义。现实主义者传统上提供了另一种后果主义伦理，整合了对慎思和实用主义的要求。这里强调的是在国际政治的无政府状态下，在没有一个"利维坦"来奖善惩恶的情况下，需要对道德目标的意图和非意图后果完整考虑。按照现实主义的批评，如果不将这些限制考虑进去，则不仅无力按想要的方式改变世界，还会使事情变得比原来更糟。在这一方面值得注意的是现实主义者提出了最严重的一些警告去反对越南战争（Morgenthau, 1975）和晚近的伊拉克战争（Mearsheimer & Walt, 2003），而这正是基于察觉到的自由主义过度扩张的危险。

现实主义隐含的对自由主义的规范承诺——虽然通常只是暗含的、来自自由主义的社团主义传统（Vincent, 1986；Rawls, 1993；Miller, 1995），包含对康德自由国际主义的普遍主义的拒斥，以及对休谟的道德主观主义的接受，在后者那里道德行为的可能性乃是由我们的道德同情心所促进或抑制的。在这一方面，自由主义者将规范的优先性给予了个体生活的国家而不是其他国家，这是我们对自身生活并在其中享有生活意义的团体拥有更强同情心和道德承诺的自然反应。一个明显的现实结果就是比起外国人，国家领导人给予本国人利益更高的优先度。确实，这排除了利他主义、人道主义或者改善国际行为和增加国际团结的可能性。但是，正如将要在第八章讨论的，当遇到关键的安全问题时，比如决定哪个人受欢迎或者被拒绝成为新公民时，国家仍旧是个精英主义和排他主义的行为者。类似的，61

当需要决定应对远方的灾难或是某人门口的灾难的时候，优先权几乎永远是给更近的那个（参见第四章）。

现实主义的世界观认识到了多元而非单一的道德世界。不同的社群无论多么不完美地分割成了多少国家，有分歧的道德和理解都是他们特定的文化、历史和发展道路的自然结果。在这里，现实主义的看法与历史社会学的看法有某些重要的类似。对现实主义者而言，国际体系和政治主权及领土完整的道德价值在于它们提供了一个最低限度的可接受框架，使得不同的有时甚至相敌对的道德共同体可以共存。这并不意味着不同文化被锁定在不相容的价值系统中，且必然导致"文明的冲突"和缺乏跨文化的对话和共识。但它的确揭示了一种阐释普遍和永恒真理的自由国际主义，实际上往往只反映了特定群体的道德观，且是最有权力的群体的道德观，并因而导致这个群体对国际社会道德碎片化的致命忽略。在这个意义上自由国际主义可以被转换成新帝国主义。

结　论

总之，现实主义被理解成了独特的道德传统，与历史社会学起了类似的作用，即给自由主义和激进传统理论的发展增加额外的深度。人的安全和批判性安全方法的确给当代安全研究提供了显著和重要的见解，常常吸收建构主义的方论论见解，也丰富了我们对当代国际安全的理解。因此，现实主义和历史社会学的反批判不是为了推翻批判性安全的激进良知，特别是国际财富的深层次不道德不平等的现实，抑或否认人类推动和捍卫人权的安全责任；也不是为了否认国家经常是个人安全最残酷的侵害者，将安全当作压迫而非解放的工具。相反，现实主义和历史社会学是作为谨慎的提醒，提醒国际安全的争论和发展如何在典型的政治框架中展开。安全研究不能从对物质优势和意识形态优越感的竞争中分离出来，也不能从在文化、发展上以及历史过往和记忆中分裂的世界政治现实中分离出来。这也是一个至少在可见的将来，不管安全还是国家都不大可能超越或升华的世界。正是这个混乱的现实使得安全分析者作为科学家、国际主义者和道德家必须尝试去平衡安全需要与其他如自由、财富和正义这样的核心价值间的相互竞争。这是本书接下来更为关注现实问题的章节的任务。

扩展阅读

对国际关系中的现实主义、自由主义和激进传统最好和最全面的考察，可以先从 Michael Doyle 的 *Ways of War and Peace*（1997）入手。了解国际关系理论晚近发展的一个很好的简要文献是 Jack Snyder 发表在 *Foreign Policy*（2004）上的"One World, Rival Theories"。

关于国际关系理论中的理性主义和建构主义的争论，最好的研究起点是阅读重要的新现实主义文献，如 Kenneth N. Waltz 的 *Theory of International Politics*（1979）、John J. Mearsheimer 的 *The Tragedy of Great Power Politics*（2001），以及重要的批评现实主义的文献，如 Alexander Wendt 的 *Social Theory of International Politics*（1999）。关于不同种类的现实主义思想，特别是关于"防御性"和"进攻性"现实主义，参见 Stephen Brooks 的"Duelling Realisms"，载于 *International Organization*（1997）。关于所谓的"新-新"争论，参见 David Baldwin 的 *Neorealism and Neoliberalism：The Contemporary Debate*（1993）。新现实主义方面最新的著作可以参考 Fareed Zakaria 的 *From Wealth to Power：The Unusual Origins of America's World Role*（1998），建构主义的则可参考 Margaret E. Keck 和 Kathryn Sikkink 的 *Activists beyond Borders：Advocacy Networks in International Politics*（1998）。

研究安全化方法的重要文献是 Barry Buzan、Ole Waever 以及 Jaapde Wilde 的 *Security：A Framework for Analysis*（1998）。对这个方法的批评可以参考 *Cooperation and Conflict* 杂志的专题讨论。对国际关系中不同传统历史社会学的总览，参见 Steven Hobden 和 John Hobson 编的 *Historical Sociology of International Relations*（2002）。更为一致的论述可在 Fred Halliday 的 *Rethinking International Relations*（1994）中找到。

关于人的安全和联合国的讨论，可参见 Edward Newman 与 Olive Richmond 的 *The United Nations and Human Security*（2001）。了解对人的安全的研讨可在 *Security Dialogue* 杂志的专刊中找到（Bugessand Owen，2004）。Roland Paris 的"Human Security：Paradigm Shift or Hot Air?"，载于 *International Security*（2001），提供了一个良好的对人的安全方法的范式转换的考察。对于批判性安全，若将之理解为一种很宽泛的范畴，可参阅 Keith Krause 和 Michael C. Williams 编的 *Critical Security Studies：Concepts and Cases*（1996），以及 Karen Fierke 的 *Critical Approaches to International Security*（2007）。

63 了解更狭隘定义的威尔士学派批判性安全研究的内容，可以参考 Richard Wyn Jones 的 *Security*, *Strategy and Critical Theory*（1999）。

研究和讨论问题

1. 社会建构主义如何挑战现实主义和新现实主义对国际安全的理解？

2. 安全化理论如何帮助我们理解国际安全的本质和机制？你能提供什么例子？

3. 批判性安全研究"批判"什么？

4. 人的安全方法提供了更好和更道德的方式来理解国际安全吗？

网 站

www. carnegiecouncil. org。卡内基国际事务中心道德准则理事会，由安德鲁·卡耐基（Andrew Carnegie）1914 年创立，目标是成为世界上关于国际事务的规范思考和伦理决定的核心资源提供者。

www. hsrgroup. org。人的安全研究小组，试图跟踪人的安全的全球和区域趋势。它提供了不同的关于人的安全的出版物，包括一年一度的人的安全报告。

www. prio. no。奥斯陆和平研究所，一个领先的和平研究机构，采用批判性或更为激进的战争与和平研究方法。它研究国家、群体和人们之间和平关系存在的条件。

"新战争"与干涉

第三章　理解当代战争与不安全

在当代国际关系理论中，一些最为激烈的争论力图寻求对所谓"新战争"现象的理解和回应。正如第一章讨论的，后冷战时代的历史特性是，它前所未有地被认为不会受到大国之间大规模战争的威胁，至少在近期或今后更长一段时间是这样。但这样一个在很大程度上不存在第三次世界大战威胁的、看似和平的时代并不意味着战争的苦难已经消失，战争实际上是以新的、残酷程度并未减少的方式存在。这在图 3.1 和图 3.2 中表现得很明显，从图中可以看到，虽自 20 世纪 60 年代起国家之间战争的发生率在下降，但与此同时，国家发生内战的数量却显著上升，在 20 世纪 90 年代早期步入后冷战时代时达到峰值。

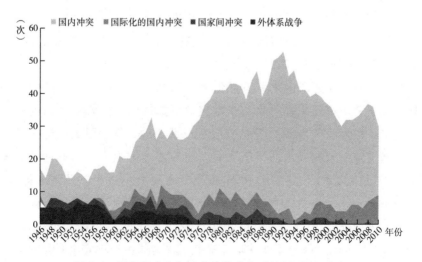

图 3.1　国家间冲突和国内武装冲突（1946~2010 年）

来源：Lotta Themnér and Peter Wallensteen, "Armed Conflict, 1946‒2010", *Journal of Peace Research*, 48/4（2011）：525‒36。

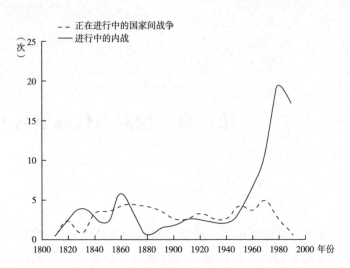

图 3.2　国家间战争和内战（1816~1997 年）

来源：Hironaka（2005：38）。

　　这些国家内部战争的特征是在战争和冲突中相当残忍和对基本的人道主义原则几近漠视（Enzensberger，1994；Ignatieff，1998）。当代战争的内涵正在发生变化，越来越多的暴力冲突伴随着血腥的内战，这偏离了传统克劳塞维茨式的经典战争理论，因此许多时事评论员用"新战争"来描述这些冲突（Gray，1997；Kaldor，2012；Münkler，2005）。"新战争"的表述往往设定一个南北二元对立、由大国和平操纵的发达工业化世界的"和平地带"，以及无处不在的冲突和内战显现的欠发达世界"混乱地带"（见Goldgeier & McFaul，1992；Cooper，2003）。

　　如前面章节所述，国际关系理论界对这些内战所带来的严峻挑战的回应已经成了自由国际主义复兴和推动前章所描述的人的安全理论提升的一部分。自由国际主义者和"普世责任"以此为念，推动形成人道主义干涉规范，遭受这些自相残杀冲突伤害的人们的苦难衍生了一种通过干涉来结束战争的道德义务，这在下一章中将进行更充分的讨论。另有证据表明，在这些战争中作为主要受害者的平民和非战斗人员推动了禁雷、削减童兵招募、阻止小武器扩散的人的安全运动（UNDP，1994；Suhrke，1999；Dunne & Wheeler，2004）。很多国家显然无法为国民提供安全，其政府的行为经常成为本国人民遭受暴力的源头，这对将国家等同于安全的看法提出了更尖锐的质疑。

这样的理论回应对于就这些内战残酷性构建适当的政策响应机制而言是至关重要的。但对"新战争"现象的结构性根源，它们没能提供一致的解释和理解。前面章节认为，历史社会学的解释有帮助，因为它将这些后冷战时代更广泛的国家、国家与社会关系的不稳定等置于宏观的历史演进背景下，尤其是对发展中国家而言。本章试图证明这些战争的出现是这些不发达国家经历的更广泛不安全的显示。主要的论点在于，"新战争"所体现的这种不安全盛行与不发达国家的特性以及不发达国家形成的不同轨迹紧密相连。

趋向历史社会学的解释

正如第一章讨论的，历史社会学从整体来看是包罗万象的，它包含而不是排除构建当代国际关系理论的其他方法。这种包容性同样适用于对"新战争"现象的各种解释。学术文献中主要有三种解释。第一种解释，可能也是影响最大的一种解释认为，不同于冷战时期，基于意识形态差异的冲突逐渐减少，而种族的、民族的、宗教的甚至是文化方面的公共认同问题逐渐增加（见 Huntington，1993；Brubaker & Laitin，1998；Saideman，2001）。后冷战时代南斯拉夫和苏联解体引发的战争，促使人们以历史积怨来解释这些冲突的残酷以及以种族文化的差异代替共产主义意识形态（Kaplan，1994a；Kaufmann，1996）。

第二种流行的解释更加强调全球化的动态影响，认为全球化是"新战争"和基于身份认同的冲突背后的决定性因素。在这个分析中，主要是全球化导致了与之互补的碎片化的进程，不管是国家、身份还是文化（Duffield，1998；Kaldor，2012）。与此同时，小武器、毒品和贵重矿产（如钻石）、石油和木材等的国际贸易这些"负面"的全球化被视为内战助推器并维持了强大且自给的战争经济能力（Keen，1998；Berdal & Malone，2000；Renner，2002）。

第三种解释更多关注政府治理和制度能力的问题，它强调这样一个事 69 实：在内部大多时候发生这些冲突的国家，为其国民提供安全的制度和实践已经"崩溃"或完全"失败"。研究者和国际决策者在探求对当代冲突的理解时，"失败国家"现象越来越受到关注（Esty et al.，1995，1998；Zartman，1995）。这导致了经常提到的"和平地带"和"混乱地带"划分。

尽管它有助于阐释当代战争的许多关键性维度，但是这些解释也都有各自的缺点和问题。在最基本的层面，一些人对"新战争"中的"新"存有疑问，认为历史上中世纪晚期、现代欧洲早期有许多殖民或帝国战争与之雷同（Kalyvas，2001；Münkler，2005）。另外，其他人注意到当代的许多内战事实上根源于冷战，这与冷战与后冷战的明显分期相矛盾（Hironaka，2005：4-5）。

认为应以历史宿怨来理解这些冲突的观点受到了挑战，分析者认为这些战争背后的大多数龃龉本质上是由精英和同时代人造成的。例如，与流行的看法相反，巴尔干战争并不只是塞尔维亚人和克罗地亚人的宿怨复活，正如杰克·施耐德所注意到的，"塞尔维亚人和克罗地亚人在20世纪以前从来没有战争"（Snyder，2000：18）。认为"新战争"可以简单被视为全球化现象的复杂结果的观点也遇到了类似批评。有观点认为，纯粹的经济主义和决定论无法解释在撒哈拉以南非洲和任何其他地方大多数战争复杂的历史根源（Cramer，2002；Berdal，2003）。此外，许多对"失败国家"概念化的研究以及对北方强国、南方弱国、"失败国家"间的绝对区分过于简单化。相反，"新战争"的现象需要被放在更宏观的安全"连续区"中——从相对安全状态到逐渐不安全，再到纷争。现实中不管北方国家还是南方国家都有许多不同，一个撒哈拉以南非洲、中东或亚洲其他国家没有卷入内战的事实并不意味着其必然是和平和安宁的：内部、外部不安全的深层原因经常需加以识别、发现。

这里采用的独特的历史社会学解释试图整合这些不同解释框架下的见解，同时针对它们的局限和缺点进行修正。本章采取的方法有赖于区别北方国家和南方国家形成的经历方面的差异——北方国家依赖现代国家的欧洲开拓者，南方国家的形成则主要取决于外部压力和力量，即欧洲列强的扩张。第一部分认为北方国家目前的相对稳定很大程度上是早期欧洲战争的遗产，这些战争以及由此引起的持续不断的大规模征服带来的长久威胁促成了强国的出现、代议制的政体和社会内部的相互抗衡，呈现了所谓"民主和平"自相矛盾的根源。

第二部分给出核心论点，即南方国家形成的历史和遗产与北方国家不同，这是对南方国家处在更广泛不安全状态中的主要解释变量。尽管南方国家历史发展有各种不同，但其共同之处是都有来自外部国家强加的政府经历，以及不得不在外部势力强迫和控制下进行地区和国际活动的经历。至少在一定程度上，这样的后果是，南方国家在形成过程中的遗产导致了弱小和名不副实国家的出现，在这些国家，国家-公民关系缺乏协同而倒向侍从主义（clientelism），它们仅部分或有限地一体化融入地区和全球经济进程。

但这种分析并不依赖构建一个单一的"南方"（国家叙事），其发展简单地由外生力量决定。南方国家的轨迹显著不同，一方面连续受到现代化之前本土遗产的显著影响，另一方面南方国家构建各自发展战略有不同的路径。表3.1列出了本章的主要结论，虽不那么精确，但它旨在说明只有在极端弱小和"失败"的国家，军阀统治和"新战争"现象才会大量出现。许多国家可能表面上稳定，实际上它们仍遭受相当大的不安全困扰，只能用严厉的国内镇压才能维持，这就是那类"执政官"国家。还有第三种南方国家，它们是那些正在"全球化"、势头强劲和协同发展的国家，这些国家的安全关切正日益从国内镇压转向外部投射。

表 3.1　国家类型和主要特征分类

72

	发达国家	全球化进程国家	"执政官"国家	失败国家
主要特征	高度工业化国家（如美国、欧洲各国、日本）；北方或中心国家	融入全球经济的发展中国家（如中国、印度、巴西、俄罗斯）	通常有内向型专制政体特征的发展中国家	国家制度和结构支离破碎的发展中国家
所处状态	强大	强大中	弱小	非常弱或已崩溃
国家-社会	协同	不断协同	镇压	暴力
全球化	积极、深刻	不断积极、深刻	弱	弱或负面
安全影响	外化的、"民主的"或"核"和平；南方（人道主义的）干涉	不断外化；仅局部"民主和平"，反对人道主义干涉	内化、镇压和内部冲突占主导	军阀统治、内战、"新战争"；大多数人道主义干涉的对象

国家形成与北方国家安全

由上，第一部分探讨战争在欧洲国家形成过程中扮演的角色，以及其如何导致欧洲和更广泛的北方国家走向"民主和平"这似是而非的终点。正是查尔斯·梯利和其他历史社会学家诸如迈克尔·曼恩（Michael Mann）、贾恩弗兰科·波齐（Gianfranco Poggi）和约翰·霍尔（John Hall）所做的工

71　作，最为清晰地展示了战争威胁是怎样在国家形成和现代欧洲国家产生的历史根源中成为关键维度的（Poggi，1978；Hall，1985；Tilly，1990；M. Mann，1993）。梯利的"战争造就国家"观认为，战争的准备和进程对欧洲民族国家的形成和巩固至关重要。他用"有组织犯罪"为例来描述国家形成和战争发动这两个孪生的过程，强调了在新生国家权力中心背后的威权和专断、对领土控制和扩张的雄心，以及对地方自治和异己的侵蚀（Tilly，1985）。此外，这些新生国家本质上处在"霍布斯"式战争主导的战略环境下，它们发现自己在这种战略环境中进行国家权力扩张极其重要。这不只是国家缔造者使内部挑战服从国家权力的问题，在某种程度上，这个过程也是国家精英与外部和全球竞争者争夺控制权和领导权，寻求国家和社会利益并使二者更趋接近的过程。

　　国家统治者和其他社会力量对外部威胁和敌人的看法一致，其利益趋同，这是欧洲国家形成叙事中的主要特征。首先，外部环境极大地促进和推动了新的民族身份认同，这逐渐取代了现代化之前和封建社会时期那些早期交叠的次国家和超国家的身份特征（见 Gellner，1983；B. Anderson，1991）。这个过程当然十分缓慢，且被证明只有部分取得成功，如西欧地区次国家主义和种族认同仍强势存在就说明了这一点（A. Smith，1995）。但是，如尤根·韦伯（Eugen Weber）所强调的那样，正是对德国霸权造成威胁，以及个人时刻准备战斗的经历，最终把深深忠心于外省的农民变成了法国人（Weber，1972）。同样，在英国，正是由于给占主导的新教遗产打造了一个共同的天主教敌人，才很大程度上增进了英国的民族认同，这也可以解释它为什么对爱尔兰仅有有限的吸引力（Colley，1992）。然而，无论这些民族国家在融合进程中面临多少困难，其最显著的成就是赋予了事实上经常通过战争和暴力专断地形成的国家以合法性和自然性，由此产生的民族-国家概念是现代欧洲国家内部合法性和实力的自信表达。

　　这种竞争性军事化环境的第二个结果是，它不仅促进了统一民族国家的发展，而且加强了国家缔造者与社会中其他群体和势力之间的协同互利
73　关系。这部分是由于欧洲早期的战争要求，特别是在持续的技术进步和战争规模发生变化的情况下，国家需要动员更多的资源（Finer，1975；W. McNeill，1983；Parker，1988）。确保这种资源可获得的唯一途径是提高税收水平，并发展必要的官僚机构以管理和获得这些税收。随着时间推移，国家的军事需求自相矛盾地突出了社会中的公民元素，因为国家需要从这

些群体中汲取战争所需的资源。对战争资金至关重要的银行家和资本家是高度流动的，可能随时移动他们的资产，迁移到条件更有利的地方开展营利活动。总的来说，梯利描述的是这个过程的结果，即"国家的代理人与控制有效战争所需资源的公民团体讨价还价，前者在谈判中赋予公民团体可要求国家强制实行的主张"（Tilly，1990：206）。由此产生的国家和市民社会间的紧密互动有助于限制国家的专制权力，为增加公民权利和政治自由奠定基础。国家参与和渗入社会的需要也引起国家权力的全面增加，因为国家与社会的协同合作增加了迈克尔·曼恩所称的国家"基础"权力（Mann，1986，1993）。

这种竞争性国家间体系的第三个后果是对经济发展和资本主义扩张产生影响，正如已经指出的那样：不断要求提高税收水平以资助战争，以及促进创新以提高使用武力的效率和增强杀伤力。高塔姆·森（Gautam Sen）（1984）论证了作战能力需求的国家驱动为何对欧洲的经济发展至关重要，其是资本主义工业化进程中的关键因素。即使是促成福利国家出现的19世纪社会改革，也植根于俾斯麦的普鲁士的政策，社会需要这种改革来动员人力资源投入战斗（M.Mann，1993；Giddens，1997）。在全球化背景下，欧洲各国的政治和经济活力导致帝国扩张，并向世界其他国家输出竞争性的经济和政治制度（Bull，1984b）。其结果是在发达工业化核心和欠发达地区的边缘嵌入了结构性分割，这个分割是在一个在许多分析人士看来比20世纪末更高程度的全球化的贸易和经济体系中发生的。当然，对核心国家来说，全球经济相互依赖一般被认为是积极有益的，是国家权力扩张的组成部分。

总结一下目前为止的论证：国家间战争在欧洲国家形成中起着重要作用，对良好界定、内部合法的国家出现有重大影响，在国家和市民社会形成互利关系、全球互联经济的演化方面也起重要作用。战争当然不是对欧洲现代国家制度产生影响的唯一因素，其他一些因素，如地理、文化和欧洲封建制度的独特形式，都在这个复杂的历史发展中部分发挥了作用。但重要的事实是，一直存在的主要国家间的战争威胁本身就是显著的自变量，尤其使得安全主要由外在的威胁来界定。威胁感知的这种外在化本身就基于国家的逐渐发展，这些国家被认为内部合法，代表了相对同质的市民社会，在国家与公民之间有基本价值观下的社会契约，以及协同、和平的空间。

在第一章中，对各种进程进行了详细的评估，最终将战争几乎是经常的历史转变为目前欧洲内部的和平和"大国和平"的巩固。这被认为是受三个因素的影响：战争作为工具的效用下降、经济相互依存度提高，以及与民主和平论相关的规范自由共识的出现。但也应知道，这种渐进式发展本身就是许多世纪血腥冲突遗留下来的幸事且几乎是预料之外的结果。需要补充的是，这个过程并不是北方国家承诺和平的过程。虽然发达的自由主义国家可能已失去相互开战的"胃口"，但这并不影响它们在南方对持不同政见或滥用权力的国家开战的偏好。人道主义干预做法的出现正为此症，而这与自由主义国家追求和平的观点相违背（见 Lake，1992；Reiter & Stamm，1998）。

国家形成与南方国家安全

现在的问题是为什么南方一般没有复制这种模式，即密集的国家间战争为普遍和平创造条件？正如第一章所述，部分来说，推动这种北方和平的一些因素，特别是战争手段的效用下降和经济相互依赖的增加，已经影响了除西方外的其他一些国家。例如，苏联和崛起大国的经济和政治转型背后的关键因素是精英的认知，它们的相对权力被过高的军事成本和不能融入更广阔的世界所削弱（苏联的情况见 Wohlforth & Brooks，2000-1）。这导致两个国家都做了根本性的改变，即从依据军事作战能力所定义的战略姿态转向采取基于出口导向型增长的战略姿态。

但这仍然留下悬而未决的问题：为什么国家间战争发生率的下降与南方国家残暴的小规模国内冲突升级同时发生？这一节的论点，是再次从历史社会学角度理解南方国家形成的特定轨迹与欧洲或经典模式有何不同，这对持续进行的这种内战的解释至关重要。这个论点的核心在于，南方国家形成过程中主要以内部威胁界定安全，国内精英普遍更多关心来自本国社会内部的威胁，而非外部入侵威胁。类似的，国内的社会力量往往担心其所在国内部的掠夺，而非邻国的侵略野心。对国家精英和其公民来说，他们害怕内乱、镇压和内部威胁，而非国家间冲突的外在威胁（见 Buzan，1991；Migdal，Kohli & Shue，1994；Ayoob，1995）。

这一点对南方国家形成过程而言有两个方面尤为重要。第一个简单的事实是，对南方的大多数国家来说，这个过程是外部强加而不是内部产生的。在极端情况下，许多发展中国家的边界由殖民强权随意、武断地划定。对于设法保持更长历史连续性的其他政治实体来说，国家形成仍然受到外部帝国压力的强力约束。其含义在于，只有一种有限的动力才能造就国家整合和合法性过程，这些过程在欧洲各国向新兴国家转变中是通过战争实现的。在南方国家，国家经常被认为是外部给予的，通常是强制和任意界定的，缺乏明显的内部合法性。非殖民化进程往往加剧而不是解决这个问题，因为它是殖民地国家，它有霸权和强制的起因，而且这被联合国确认为宣称民族自决和政治独立的参考框架（Jackson，1993）。

这种接受殖民统治者"遗赠"的领土现状的意愿是促使南方国家形成的第二个主要特征——反对领土扩张的强制规范。大多数南方国家的特点是，它们一般没有面临欧洲国家所经历的同等程度的生存威胁，大多数国家间争端源于次级或微小问题（见 Herbst，1989，1990；Wendt & Barnett，1993）。不过也有例外，例如在朝鲜半岛、越南和以色列，东西方的对抗叠加在历史性的民族统一斗争之上。然而，南方国家间冲突相对较少，事实上非洲国家的边界通常比欧洲国家更稳固、更持久，尤其是与中东欧地区不断变化和灵活的边界相比较而言。同样，在中东，如果排除以色列-巴勒斯坦问题，边界仍然非常稳定。在很大程度上，这一现实可以直接与北方国家决心在南方以武力推动和实施那些规范以免领土被掠取相联系。

历史上，北方国家维护这一规范可以说经历了两个阶段。第一阶段，主要是在 19 世纪，在欧洲帝国扩张高潮时期，欧洲的帝国力量试图确保其各自殖民地或依附领地不被觊觎，以免欧洲的力量均势被打破。第二阶段，特别是第一次世界大战之后，领土扩张成为大规模战争的主要诱因，禁止使用武力强行获取领土就成为制度化的国际规范（Zacher，2001）。伊恩·拉斯提克（Ian Lustick）已阐明了在 19 世纪和 20 世纪，这种反对领土扩张的规范是如何持续挫败阿拉伯地区领导人及其寻求获得区域霸权国家地位的行为的。无论是穆罕默德·阿里（Muhammad Ali）反对奥斯曼帝国以增强埃及力量的努力、贾迈勒·阿卜杜勒·纳赛尔（Gamal Abdel Nasser）在 20 世纪五六十年代类似的雄心，还是近年萨达姆·侯赛因（Saddam Hussein）的扩张主义行动，都受到北方国家的干预和阻挠（Lustick，1997）。

国家、市民社会与全球化：不安全的产生

南方国家形成的这两个独特方面——外部强加和北方国家反对其领土扩张的强制规范，为大多数发展中国家的演进和发展留下了重要遗产。正是这些历史遗产使得南方更难以建立强大、协同的国家，其安全关切是外向的而不是内向的。然而，这并不意味着完全认为南方各国在帝国或北方国家霸权主义下是被动的行为者，或者否认存在成功抵制北方强迫的民族认同和市民社会的本地传统。而是说，在南方国家形成的历史进程中，伴随许多发展中国家的不安全和冲突的遗产，已经产生了重大的影响和后果。这些分析有三个方面特别突出：什么导致国家的脆弱性；什么导致弱市民社会的趋向；什么导致南方国家难以融入全球经济进程。

脆弱国家

南方国家形成进程的首个一般后果或遗产可以说是趋于脆弱、软弱和人为制造的国家。应强调的是，这是个可能的趋向而非具有确定的必然性，在南方国家存在很多差异。然而，在极端情况下，存在所谓的准国家现象，即一个国家法律意义上具有主权但缺乏内部主权应用的某些基本特征，例如合法使用武力对其领土的有效控制或中央集权（见 Jackson & Rosberg，1982；Jackson，1990）。这些国家主要处于撒哈拉以南非洲地区，但在其他地方也可以找到。产生这些问题的根源往往是这些国家随意切割、创造种族、部落、宗教团体，不能把自己打造成可以自行生长繁荣的经济实体，并且缺乏政治支持和合法性。不干涉的保守准则有助于维持某种程度上被视为破产或失败的国家，如刚果、黎巴嫩和阿富汗。领土现状外部保证的稳定有力地支持了这样一些软弱和人治色彩突出的国家的长期存在甚至扩散，而这在欧洲背景下可能永远不会存在。

然而，准国家现象是一种极端表现。对许多南方国家来说，欧洲帝国主导地位并没有破坏先前明显存在的民族认同和殖民时期当地的文化。然而，殖民者强加以及保守的国家秩序遗产也是面临挫败和丧失权威的主要根源。在阿拉伯世界和伊斯兰世界，现有国家观念是人为殖民的产物，是特意制造出来以消解阿拉伯世界和伊斯兰世界的团结的看法，不断削弱现有国家的合法性，强化了民族统一主义的野心并维持了很强的反西方情绪。这种错误的逻辑在阿拉伯世界领导人中催生了一场比较谁更极端反锡安主

义或哪里是更纯正的伊斯兰的地区竞赛，与其说这与以色列侵略笼罩下的恐惧有关，不如说与来自内部争斗的政治合法性威胁有关（Kerr，1965；Ajami，1991）。

不过，南方国家中的例外是那些曾经面临生死存亡威胁的国家，如以色列、韩国或中国，它们发展成了相对较强的国家，国家与社会之间更为协同（Migdal，Kohli & Shue，1994）。东亚的发展成就至少部分归因于该地区独立国家地位传统的持续增强和活力。

弱市民社会

然而，对大多数南方国家来说，它们并没有因外部压迫（最明显的是受到外部侵略的威胁）而进一步巩固国家力量，紧密相连的后果是未能发展成可以遏制和清算国家暴政的强大市民社会。如上所述，在早期的现代欧洲，在国家间体系的激烈竞争背景下，战争的威胁和准备战争成为强化公民权利背后的关键因素：国家缔造者不得不提供激励措施，例如扩大公民政治自由，通过征税以确保战争所需资源及时到位。在南方国家的历史演变中，国家起源于外部或外在的强加，却反过来将社会强制性工具作为国家遗产保留下来，其主要目的是为国家获取物质资源提供特权（见Clapham，1985；Ayoob，1995）。

为政治权力而展开的斗争往往变成一种零和冲突，在这里，不同的社会群体寻求获得国家强制机构和权力的战略利益，以及这些权力所确保的财富，而不是寻求国家与社会利益的趋同，也未能强化国家基础以及渗透能力。无论哪个社会群体设法攫取到主导地位，接下来其都将国家作为积累个人和特殊利益的工具，强烈压制其他社会群体的诉求。其结果是出现一个占主导的阶级，该阶级不断意识到其对权力掌控的不稳定、在其所排斥但潜在强大的社会群体中缺乏合法性，以及需要依赖强制力来维持统治。对大多数阶级来说，排斥感和对国家的外来性的感知催生了其远离或摆脱看似独断和专制的各种策略。正如非洲一位评论家所说，该地区政治一个最具特色的特征就是"以理性的和平方式在没有政府的地方生存的艺术"（Lonsdale，1981）。

社会融合的失败，社会精英与其他社会力量的疏离感成为那些主要依靠外部租金（不论是贵重自然资源的出口、旅游和外汇还是外部捐献者的慷慨解囊）为政府行为融资的南方国家的独特标记。在第七章将进一步讨

79 论"地租型"国家的概念，该概念最初是在石油丰富的中东国家的背景下发展起来的，但它已有效地扩展到其他地区的发展中国家，包括非洲国家和俄罗斯（Mahdavy，1970；Behlawi & Luciani，1987；Yates，1996；Kim，2003）。它作为模型的主要效用是为看似矛盾的现象提供政治解释，即在相似发展阶段，大多数资源丰富的发展中国家明显在发展的速度和力度上不如资源匮乏的国家（Ross，1999；Sachs & Warner，2000）。

　　"地租型"国家是市民社会疏离和软弱的一种体现，在这些国家，政治权力遵循殖民传统间接实行统治，通过自上而下收买一个复杂的被庇护者的新家长式的关系网络中的地方精英来维护。这种新家长制统治的主要政治目标是在物质上回馈忠实的精英，而非保障整个国家更广泛的发展利益。这些国家从外部获得资源，没有强烈动机直接从社会汲取资源，同样也没有强大的压力来发展更民主和问责制的权力体系（Ross，2001）。在这样的国家，军队经常臃肿且与任何潜在的外部威胁相比都物质充足，是内部控制的重要工具，也是中央国家权力应对内部挑战的保障。这就毫不奇怪了：这些国家有许多本质上是"执政官"国家或"马哈帕拉达"（秘密警察）国家，军事和秘密机构要么实际控制国家，要么紧密融入主要的政治权力结构中（Hurewitz，1969；Picard，1988；Krause，1996）。

　　然而，南方的恩庇侍从政治制度的性质和程度有明显的内部差异。类似于"准国家"的极端状态，在"失败"或"解体"国家，国家-社会关系严重崩溃。在这种情况下，用威廉·雷诺（William Reno）的话来说，国家类似于"影子国家"，它只是一种社会力量，与其他社会力量在公开冲突中争夺国家资源的控制权（Reno，1998）。克里斯·艾伦（Chris Allen）提供了高度结构化的分析来说明非洲"新战争"以极其野蛮的方式针对平民，进行种族屠杀和军阀统治，它们本身就处在侍从主义和新家长式统治制度退化后的更长的连续统一体中。他用"分赃政治"来定义一些非洲国家的政治，"为政治地位和权力而战的主要目标是自肥"（Allen，1995，1999；另见 Chabal & Daloz，1999）。艾伦认为，这种"分赃政治"制度有内部和外在驱动力，诸如过度的腐败和经济衰退，最终可能导致更为极端的版本（他称之为"晚期政治"），在这种情况下暴力冲突和国家解体加剧和升级。"晚期政治"的特征是，政治精英当前的目的是为保有权力"不惜一切代

80 价，包括持续的地方暴力和内战，连同对民主改革的极度恐惧，并反对权力分享"（Allen，1999）。

　　当然，"晚期政治"是由新家长制国家的腐败和罪行导致的国家崩溃的极端表现，但它是通过异常而不是正常情况与"分赃政治"这一更宽泛的形式相联系。更多类型的南方国家包括那些发展出了更稳定的威权和/或官僚政治制度的国家，它们之中产生了显著的权力集中，也对新家长制结构进行了一些有效的管理，并且对侍从主义的最坏的方面有所中和。即使它们缺乏合法性，这些国家也可能特别稳定。

　　典型的"地租型"国家往往属于这一类，它们是控制富油国财富的政体，通常表现出相当的耐久性（见 B. Smith，2004）。正如美国政府接连受挫的案例，尽管遭受两次大的战败和十多年痛苦的制裁，伊拉克的萨达姆·侯赛因仍权力稳固，只有全面入侵才最终使他失去权力。伊拉克政府实际上已与自己的人民在进行战争，库尔德人和什叶派的屠杀表明了这一点，尽管勉强维持并缺乏足够的合法性，其权力结构却有力地抵御了内部颠覆。美英对伊拉克的占领终于打破了这种抵御，但随着内部叛乱的增加，原来的"执政官"国家正有变为失败国家的危险。类似的"地租型"或官僚-专制政体通常缺少生成广义国家发展基础权力所需的国家-社会之间的互动作用，尽管这种"执政官"国家有潜在的稳定性，实际上，这些国家的政治和经济统治仍然是破碎的、间接的并饱受低效率和腐败困扰。正如 2011 年"阿拉伯之春"所显示的，这些国家不能免于遭受腐败和发展失败的后果。

　　但也有南方国家的依附制度被独立的资本主义市场发展抵消，问责制、私有产权和契约权利不断扎根。最常被引用的例子是那些东亚和东南亚国家，如韩国、新加坡。根据权威解释也即彼得·埃文斯（Peter Evans）的观点，东亚经济转型成功背后的关键因素是能产生必要的国家-社会协同（作用），埃文斯将其定义为"嵌入式自治"。用埃文斯的观点，当国家拥有发达的韦伯式官僚机构时，这种官僚机构相对来说不会受到"寻租"社会力量的操纵，而且国家精英紧密嵌入市民社会网络时，这种嵌入式自治的重要优点便表现出来（Evans，1995，1997）。这反映了恩斯特·盖尔纳的见解，他认为市民社会的最佳检验指标在于国家精英的行为和态度，以及这些精英内化其价值观的程度，这些因素制约了他们寻求自我的物质利益，并引导他们推动实现更广泛的社会、经济和政治的整体目标（Gellner，1994）。

经济一体化的挑战

作为殖民地遗产的脆弱的国家和弱小的公民社会也是南方国家在应对经济一体化中，满足经济、政治需求方面面临困难的关键因素。在东亚，国家和社会间协同互动，强国出现，融入全球经济成就明显，这绝非偶然。在其他一些南方国家，新家长制统治和侍从主义政治制度嵌入程度更深，经济一体化被视为更具潜在破坏力，威胁并削弱了构筑政治现状的社会和政治契约。然而，对这种经济一体化的抵制也受到南方国家形成的历史记忆驱动，随着南方被强行纳入欧洲主导的全球经济，南方国家自主工业化随后遇到障碍。正是在这样的历史背景下，南方国家普遍认为全球化有负面作用，正是这种新自由主义的全球力量削弱了后冷战时代的南方国家，为"新战争"的出现提供了条件（Duffield，1998；Kaldor，2012）。

不过，全球化是个本来就难以捉摸和有争议的概念，这种定义和概念方面的问题往往削弱了将全球化与后冷战时代的内战结合起来讨论分析的力量（Kalyvas，2001；Berdal，2003）。然而，如果对全球化现象进行两种区分或剥离，则事实可能更清晰些。第一个来自罗伯特·基欧汉和约瑟夫·奈的研究（2000），他们区分了"深"和"浅"全球化（或全球主义，他们更喜欢用这个术语）。"深"全球主义是大多数评论家在提及全球化时的意思，强调全球经济、社会、政治和文化关系的密集网络。基欧汉和奈引用的"浅"全球主义经典案例是古老的丝绸之路，它见证了欧洲与亚洲之间重要但有限的经济和文化往来。在考察当代全球化时，最明显的"深"
82 全球主义主要在发达的、工业化的三个地区：美国、欧洲和日本。一些发展中国家如中国、东南亚和拉丁美洲的某些国家，正在推动其与全球经济深度依存，但仍然远达不到上述三个国家和地区的依存水平。对南方其他国家和地区而言，现实是全球主义的表现还很"浅"，经常局限在对石油等固定矿产资源的开采。在中东、撒哈拉以南非洲、中亚以及俄罗斯，一旦石油跨国公司和其他国际采掘企业的投资被排除在外，外国直接投资（FDI）则几乎为零。

第二个区别是全球化的"正"和"负"表现。"正"的全球化是指产品和服务的生产、交换和分配的法制化、合法化，作为日常国际贸易的一部分。"负"的全球化是指在禁止危险货物贸易中的"影子经济"——如毒品、轻武器和其他武器、人口贩运、洗钱、非法交易钻石和木材——其中的主要行为者是跨国有组织犯罪和恐怖分子的全球网络（Naim，2003）。正如菲尔·威廉姆斯（Phil Williams）所称，跨国犯罪组织往往将其经营基地放在弱国或失败国家，在那里他们可以拉拢政治领导人，确保有安全避难所，可以由此渗透处在发达地区的目标国（Williams，1997）。国际恐怖分子也是如此，如"基地"组织。阿富汗这个冷战后失败国家的典型，变成国际毒品生产和国际恐怖主义的中心不是偶然的。在这里，"负"的全球化和失败国家间的联系，全球化与国内暴力冲突之间的连接可以最清晰地界定。依赖资源的冲突的普遍存在也严重依赖区域和全球经济联系，以确保交战各方能将各自控制的资源卖到国际市场。

国家形成与不安全形式的变化

迄今为止的争论试图表明，南北国家形成中的不同遗产对理解当代国际安全依然重要。但正如南方国家参与全球经济进程的不同形式所表明的，将南北方国家进行简单二分的做法并不令人满意，南方各国也对规避北方控制和北方强加的国家形成方式这一历史遗产做出了不同反应。特别是，83 南方国家间在相对强弱、国家与市民社会的协同程度，以及适应或抵制融入全球经济结构的方式方面存在相当大的差异。

这种认识使我们返回表 3.1，它试图为当代国家形式的这种多样性提供更为严谨的解释，指出它们的主要定义特征以及与国际安全有关的含义。发达国家、全球化国家、"执政官"国家和失败国家之间的四分法绝非僵化的分类，个别国家可能具有不止一类特征。强国、极弱国或崩溃国间的变化也是连续的，各国位于这个"连续光谱"的不同的点上。这些"理想类型"有助于排序，而不是完全用于描述当代国家的状况。

第一类也即发达国家指北方工业化国家，其形成过程产生了强大的民族国家、国家与社会间的有效协同，有能力从融入全球经济中获益良多。这些国家最终会享受所谓的大国待遇或民主和平，在这些国家的互动中战争不再被认为是可允许的乃至是不可想象的工具。但是，如上所述，这种和平也是建立在几个世纪以来紧张和日益剧烈的国家间冲突的历史遗产上的，也并没有让这些国家停止在南方通过军事或"人道主义"干涉来解决异见、不稳定和人权滥用问题。

第二类也即全球化国家指那些在不同程度上被证明有能力从（正）全球化挑战中受益的南方国家。这种能力很大程度上源于这些国家的内部力量和民族融合，以及它们迎来广泛的发展型增长所必需的国家-社会协同。此类国家主要有中国、东南亚国家、印度、南非和拉丁美洲一些国家。在安全环境方面，这些国家通常可被描述为在安全威胁方面越来越趋向外部化，而在内部威胁稳定的因素则不那么突出——尽管不是没有。由于这些国家中有一些并不是民主国家，即便是民主政体，其制度化程度也往往不高，"民主和平"通常不适用。但对现代战争的成本以及经济一体化带来好处的认知，即便不能消除也确实有助于减少冲突。总体而言，这些全球化国家正处在过渡阶段，在这个阶段，安全性日益外部化，但是它们长期的战略雄心尚未清楚表露。

84　　但与高度发达国家相比，这些国家卷入大规模国家间冲突的可能性更大，特别是在其重大利益受到威胁的时候。这些国家往往也对西方自封的"人道主义干预权"高度敏感并持反对态度，担心这意味着帝国主义行径的重现，并且暗中破坏了它们历经磨难和奋斗获得的主权。

　　第三类是"执政官"国家，这是个包罗广泛的类别，其中包含"地租型"国家、"马哈帕拉达"或秘密警察国家，以及新家长制或"受俸"国家。"执政官"国家的主要安全特征是，国家精英、军队等安全力量更多关心来自国家内部的威胁而非国家外部的威胁。"执政官"国家往往是弱国，有大的种族、宗教或氏族/部族分裂，国家和社会在相互关系疏离和分裂中和平共存。"执政官"国家融入全球化进程往往具有"浅"的性质，往往局限于贵重自然资源的国际出口。在最极端的情况下，这些国家与本国人民开战，如在萨达姆·侯赛因时期伊拉克的情况。然而，"执政官"政权不一定是不稳定的，可以表现出相当的耐久性和长期性。有时，"执政官"国家的首领也可能通过进行外部侵略来"出口"他们对内部不稳定的恐惧，例如伊拉克1980年对伊朗的入侵，它担心这个新的革命国家吸引伊拉克占多数的什叶派的人。

　　最后一类是失败国家，失败国家代表那些在内部和外部联合压力下，已经碎片化和被消解的"执政官"国家。在这些情况下，国家的软弱导致了大规模的种族、地方或区域碎片化，政治则成为暴力的"赢者通吃"的对实质优势的追逐。与全球化的联系主要是"浅"和/或"负"面的，不正当或非法资源的出口带来了以内战和冲突为标志的政治经济学。发生在这些失败国家的战争往往符合"新战争"的描述，中央权力被消解并被军阀混战取代，平民是伤亡的主体，种族清洗和其他极端暴行明显，冲突主要在国内而非国家间。然而，失败国家发生的这种冲突也往往会殃及邻国和地区，导致地区力量支持不同的派别而引起冲突潜在扩散。这些情况也可能潜在牵涉北方国家的利益，无论是战略还是人道利益，因此可能会导致 85北方国家的干预。

结　论

本章旨在为理解当代战争性质提供广泛的历史社会学框架，并就当前关于"新战争"以及北方"和平地带"和南方"混乱地带"间的假想的二分提供更多的见解。本质上，本章认为帝国主义和北方殖民扩张遗产继续对南方国家的性质、形式，以及对这些国家的不安全和战争类型产生影响。特别是，南方国家的人为性和外部强加这两种特征与维系这些国家领土完整的保守国际秩序共同导致这些国家的安全构想主要针对内部威胁而非外部威胁。因此，南方国家的主要挑战往往不是来自其他国家，而是来自社会群体内部的反对派，他们通过否认国家的合法性或否认以国家名义行动的人的合法性来争取权力。

本章还试图确定南方国家对帝国主义带来的国家形成的结构限制做出反应的不同方式。一些国家正在超越这些限制，通过必要的国家-社会的协同成功融入全球经济结构，打造强国。一些国家仅依靠间接规则、侍从主义制度，以及诉诸镇压和强制手段来维持国家完整和维系实行特定制度的政权，并取得了成功。第三类指涉那些被内部压力压垮，因而处于碎片和崩溃过程中的国家。在南方国家的这三种变体中，其安全状况和对区域以及国际安全的影响显著不同。南方国家演变的这种复杂性以及北方强加和主导的持续遗产需要纳入后冷战冲突性质的本质分析中。这个从历史出发的分析还为考虑干涉问题提供了关键（分析）框架，特别是针对后冷战时代人道主义干涉的两难局面，这也是下一章的主题。

扩展阅读

关于"新战争"的一般文献，Herfried Münkler 的 *The New Wars*（2005）观点新颖，是个好的研究起点。另外有影响的还有 Mary Kaldor 的 *New and Old Wars: Organised Violence in a Global Era*（2012 年第 3 版）。其他有用的分析包括 Ann Hironaka 的 *Neverending Wars*（2005）、Martin Van Creveld 的 *The* 86

Transformation of War（1991）、Mark Duffield 的 *Global Governance and the New Wars*（2001），以及 Stathis Kalyvas 在 *World Politics*（2001）上发表的 "'New' and 'Old' Civil Wars: A Valid Distinction?" 一文。关于"新战争"政治经济学的研究，见 David Keen 的 *The Economic Functions of Violence in Civil Wars*（1998）以及 Mats Berdal & David Malone 的 *Greed and Grievance*（2000）。

关于战争和欧洲国家的形成主题，见查尔斯·梯利（Charles Tilly）等的 *The Formation of National States in Western Europe*（1975）和 William McNeill 的 *The Pursuit of Power*（1983）的解释。关于欧洲国家形成的更一般解释，见约翰·霍尔（John Hall）的 *Powers and Liberties*（1985）、迈克尔·曼恩（Michael Mann）的 *The Sources of Social Power*，Volume Ⅱ（1993）和查尔斯·梯利的 *Coercion, Capital and European States, AD 990 ~ 1990*（1990）。关于民族主义与国家形成的关系，见 Ernest Gellner 的 *Nations and Nationalism*（1983）；关于英国身份构建的杰出案例研究，见 Linda Colley 的 *Britons: Forging the Nation, 1707 ~ 1837*（1992）。关于战争与资本主义发展之间的联系，见 Gautam Sen 的 *The Military Origins of Industrialisation and International Trade Rivalry*（1984）。

关于南方国家形成和不安全感产生的问题，Christopher Clapham 的 *Third World Politics: An Introduction*（1985）提供了好的起点，Robert Jackson 所著的 *Quasi-States*（1990）、Mohammed Ayoob 所著的 *The Third World Security Predicament*（1995）和 Joel Migdal 所著的 *Strong Societies and Weak States*（1988）也都提供了重要的研究。关于不同地区战争与国家形成的独特关系，非洲的研究见 Jeffrey Herbst 所著的 *States and Power in Africa*（2000）；拉丁美洲的研究，见 Miguel Angel Centeno 所著的 *Blood and Debt: War and the Nation-State in Latin America*（2003）；中东的研究，见 Steven Heydemann 等所著的 *War, Institutions and Social Change in the Middle East*（2000）。

研究和讨论问题

1. 战争在欧洲国家形成过程中扮演什么样的角色？
2. 南方国家的形成过程如何导致了自身的脆弱性和软弱性？
3. 在南方国家，冷战后的内战和种族冲突在多大程度上与软弱国家和失败国家相联系？

网　站

www.sipri.org。斯德哥尔摩国际和平研究所，致力于研究冲突、军备、军备控制和裁军的国际领先科研机构，它拥有广泛的军费开支和武器转让 87 数据。

www.pcr.uu.se/research/ucdp。乌普萨拉冲突数据项目（UCDP），自1946年以来收集了大量有关武装暴力的信息。

www.humansecuritygateway.com。一个关于人的安全研究的相关资源的在线搜索数据库，在不断扩大中，包含报告、期刊文章、新闻和事实介绍。

www.transparency.org。透明国际，一个领先的反对腐败的国际非政府组织，提供广泛的信息，并对行贿和腐败进行研究，其中包括所有国家的"腐败感知指数"。　88

第四章　干涉的两难困境与挑战

干涉，意味着"直接应用强制军事力量来影响内部冲突的进程和结果"，这是国际政治的常规特性（MacFarlane，2002：103）。但冷战后安全议程的一个新特点是，严格以人道主义为目标的干涉与新出现的人道主义干涉和"保护责任"的规范主张这两个问题如何成为国际话语和争论的中心？其根本原因不难确定，并很大程度上已在上一章中阐述。在主要国家间的战争威胁已经减少，安全挑战多来自与弱国或与失败国家相关联的内战的情况下，主要由北方较强发达国家主导的国际干涉越来越有理由用作对这些战争所造成的人道主义灾难的回应。面对这种直观的、不必要的人类苦难，人道主义干涉的规范是后冷战时期对"需要做什么"的道德挑战独一无二的回答。

问题在于这一新的人道主义干涉规范的主张仍有争议。它明显比任何其他问题都更有争议，在当代国际安全领域充当了在国际争端和智识论辩中制造新裂痕和分化的催化剂。其在 20 世纪 90 年代南北划分中竞相出现，并在 21 世纪初的头十年加剧。如上一章所述，人道主义干涉新规范的想法往往来自北方国家，这些国家有能力特别是有军事资源在这种冲突中进行有效干预——在它们已经摆脱冷战时期两极意识形态斗争的负担后。相比之下，对人道主义干涉概念表示强烈批评的国家主要来自南方，最值得注意的当数"正在全球化"的国家，诸如中国、印度，这些国家形成中的殖民记忆使它们高度怀疑任何看上去旨在使北方干涉主义合法性复活的学说（Gong，1984；Ayoob，2002，2004）。

在更哲学或理论的层面，那些把冷战结束解读为自由国际主义和相关
89 的人的安全理念强化和得到证明的人，将推动人道主义干涉作为国际团结前进发展的关键试金石，他们对人道的主张超越了利己主义和国家利益的

战略非道德性（Habermas，2000；Wheeler，2000；Finnemore，2003；Evans，2009）。尽管如此，这种看法遭到许多批判性安全研究人士，以及更激进的西方批评家诸如约翰·皮尔格（John Pilger）、诺姆·乔姆斯基（Noam Chomsky）的反对。他们谴责人道主义干涉做法是传统帝国主义和西方地缘战略目标的"烟幕"（Pilger，1999；Chomsky，2000：124-55）。基于不同的理论基础，现实主义者质疑国家利益向人道主义规范做出牺牲的程度，并劝人们小心，不要宣扬可能导致帝国过度扩张和失败的干涉主义学说（Luttwak，1999；Mandelbaum，1999；MacFarlane，2002）。

为阻止塞尔维亚中央政权对科索沃阿尔巴尼亚人的镇压行动，1999年北约主导干涉了科索沃，把这些分歧带到了国际争论的前沿。尽管许多人认为这是人道主义干涉规范最引人注目和有重大意义的扩展，但即使最热心的拥护者也不能无视这种干涉的道德模糊性：由于俄罗斯和中国的强烈反对，联合国没有批准制裁，而北约对贝尔格莱德进行的空中轰炸这种使用军事力量的行为则被委婉地描述成具有某种实际道德意义的"人道主义"行径（Roberts，1999）。将科索沃干涉描述为"非法但合理"只会增加这种广泛的不安感和道德模糊（International Commission on Intervention in Kosovo，2000：4）。

的确，现在看来，科索沃因其越来越趋于引起国际不信任而不是增加合作，开始部分偏离人道主义干涉的话语。"9·11"事件以及对聚焦国际恐怖主义的新战略的阐发加剧了这种边缘化。"9·11"事件后，人道主义干涉或在新的战略环境下显得狭隘，或在使其他非人道主义目的干涉措施合法化上有潜在危险。2003年由美国单方面挑起并从人道主义出发追溯其合理性的伊拉克战争，使那些对规范的变革潜力寄予厚望的人产生了深刻的悲观主义情绪和沮丧感（Minnear，2002；Rieff，2002；Terry，2002）。一位从事人道主义研究的学者对此忧虑地说"人道主义干涉的太阳现在已经落下"（Weiss，2004：149）。然而，产生这种悲观情绪还为时过早，2011年，在反对利比亚长期独裁者穆阿迈尔·卡扎菲（Muammar Gaddafi）的过程中，干涉问题再度出现，并导致联合国授权特派团出面干预以保护当地的平民。但与科索沃一样，对这一干预，安理会五个成员国，包括印度、90中国、俄罗斯和德国并非没有争议，它们在关键的联合国投票中弃权（Jones，2011）。

本章的目的不是直接讨论与人道主义干涉相关的复杂法律和道德争论

（有关这些方面更全面的讨论见 S. Hoffmann，1996；Ramsbotham & Woodhouse，1996；Holzgrefe & Keohane，2003）。不错，本章的中心论点是，如果想有效解决人道主义干涉提出的问题，那就要从第二章讨论的规范现实主义传统出发，采取更实际和审慎的做法。从更抽象的人道主义干涉基础合法性法律和道德争论中"脱身"，有助于重新聚焦这样一个事实，即所有干涉，如同其他所有对军事工具的使用，都不可避免地是政治行为。因此，最终干涉的政治后果而非最初做出干涉决策的合法性更为重要。人道主义干涉不能脱离干涉长期存在的问题，以及干涉是否可以带来长久解决方案。

更广泛地说，自由国际主义者的人道主义干涉概念的重大问题是，它促成了在非道德的政治世界与人道主义政治世界之间本质上错误的二分法。实际上，这两者不可避免地交织在一起，战略和政治考虑一直是政策和决策的重要驱动力。这不是将人道主义意图和结果从其作为政治决策和军事结果的一部分中排除，因此，关键问题不在于是否有新的特殊的非政治规范与人道主义干涉出现相适应，而是冷战结束以来国际政治实际是否为通过军事干涉促进人道主义目标实现提供了更大的空间。

本章认为，这方面的经验证据无疑难以说清，但不论是过度乐观主义还是极端悲观主义，它们描述的人道主义干涉争论一般都是有理由的。第一部分旨在提供一个广阔的历史角度，它对当代国际干涉的一般性质和情况，以及从冷战到后冷战时期的变化和连续性的要素进行考察。第二部分概述了 1989 年以来不断变化的干涉规范和模式，这可以看作"学习过程"的一部分，在这个过程中，国际行为者可以更好地理解军事干涉的机会、限制和约束因素。第三部分重点介绍其中一个最重要的经验教训：超越具

91 体的军事干涉行动，看到对通常是弱小和脆弱的被干涉国的长期义务以及这些国家进行"国家建设"的困难很重要。

战略背景：从冷战到后冷战

考察干涉的政治和规范背景的一个方法是找出包括物质和观念因素在内的结构要件，这些因素准许和制约实际的干涉实践，而结构条件为参与或避免干涉提供了政治激励和约束。冷战给出了这样一个独特结构，步入后冷战后，干涉的政治、规范背景结构已经发生了改变。尽管后者肯定在人道主义基础上为干涉提供了更宽松的背景，我们也需认识到对这种行动

的种种制约，它们反映了冷战时期连续性和非连续性的要素。因此，对冷战和后冷战时期干涉结构性前提条件的比较研究，重点关注许可和约束因素，为干涉的当代困境和挑战提供了基本的（观察）视角。

冷战背景

与后冷战时期显著不同，冷战时的干涉背景是包含许可和约束因素的混杂。许可因素主要由所有围绕冷战政治的两极结构驱动，这涉及两种对立的经济、社会和政治组织意识形态模式下的全面竞争和争斗。在雷蒙·阿隆（Raymond Aron）做的有益区分中，冷战国际体系是"异质"而非"同质"的，这意味着有不止一个国内合法性原则（Aron，1966：99-104）。南方发展中国家和新独立国家尤其如此，它们要在两个对立的社会-经济和政治发展模式之间进行选择：一种是将资本主义与民主形式的政府发展联系起来的亲西方资本主义模式；另一种是与其对立的批判的社会主义模式，这种模式实行内向型经济政策和中央集权，以克服国际资本主义制度的结构性不公正（Hunt，1989，Dannreuther，1999）。对这两种具有内部合法性的对立模式的超级大国监护人而言，任何一个暗示其正在考虑替代模式的国家，或内部被拥护这种模式的力量威胁，都可能成为合法干涉的目标对象。由于担心某一国的成功转型触发邻国的"多米诺骨牌"效应，超级大 92 国在世界各个角落的干涉已成为常态化做法（MacFarlane，1985）。结果是，世界遥远地方看似无关紧要的冲突潜在地与超级大国的"高阶政治"交织在一起。正如兹比格涅夫·布热津斯基所作的值得注意的评论："战略武器削减谈判被埋在了欧加登（Ogaden）的沙滩里"，这里指的是 20 世纪 70 年代的军备控制高级别谈判被苏联干涉非洲之角索马里-埃塞俄比亚的战争破坏（Garthoff，1985：651）。

两极冷战结构为超级大国干涉提供了如此充满动力和宽松的背景，这使得其他国际行为体（如联合国和人道主义救援机构）作为干涉角色的作用边缘化。至于联合国，冷战基本上使《联合国宪章》所规定的集体安全授权陷入瘫痪，东西方的意识形态分歧使《联合国宪章》第七章的集体干预条款难于实施。正是由于这种瘫痪，在《联合国宪章》中找不到联合国维和行动的概念，它的提出和发展是专门的且严格限制在为数不多的后冲突情形中，在那里两个超级大国认为引入一个中立的且多边的外来力量符合双方利益（James，1990；Durch，1993）。在冷战背景下，联合国的行动空间本质上受到限制，仅局限于国际政治的边缘，超级大国对联合国的活动的忍耐取决于联合国对传统维和授权的严格遵守，即"同意、公正和最低限度使用武力"（Bellamy, Williams & Griffin, 2010：96）。人道主义组织如红十字国际委员会（ICRC）或无国界医生（MSF），其业务范围涵盖许多超级大国支持的武装冲突，它们各自发展出了类似的中立且由共识驱动的人道主义的概念，而这种人道主义在范围和应用上都是非政治化的。人道主义的概念化作为与政治分离的范畴，在很大程度上是冷战的产物，这与那些面对东西方对抗寻求有限独立行动国家的"不结盟""中立"没有什么不同。

然而，认为冷战结构为超级大国不受控制的干涉提供了不经许可的"请柬"是错误的，事实上，也有别的强国限制或制约这种干涉。一个制约是地区性恐惧，担心相对较小的冲突会升级为超级大国的对抗，以及随之产生核冒险政策危机。在中东，这种威胁最强烈，尤其是 1967 年和 1973 年的战争，导致了超级大国首次尝试以有限但最终失败的合作来解决阿以冲突。实际上，竞争性超级大国的干涉仅限于欠发达国家，与欧洲不同，在那里东西方意识形态分歧依然捉摸不定，美苏两国都愿为其盟友代理人提供有限支持。但这种干涉经过仔细校准以免破坏美苏关系的广泛战略平衡。

另一个制约由美国和苏联都认同的形式上的反帝国主义意识形态所驱动。尽管两个超级大国都主张不同形式的帝国控制，但它们在意识形态上的这点趋同确实直接促进了欧洲帝国的分解，并正式承认在原欧洲殖民统治领土上的自决和独立主权原则。不过，不管这种反帝立场在实践中遭到多大的破坏，它本身就是对超级大国的干涉主义冲动的约束。它限制了超级大国对名义上独立、自认为有合法主张的国家正式控制的程度，除了那些相互承认的作为其"重要利益"的一部分，诸如东欧国家之于苏联。在世界其他地方，超级大国一般都是保守维持现状国家，它们寻求维持现状而不是彻底改变后殖民地领土安排。当它们采取行动时，经常通过"秘密"干涉，试图改变政治态势，而非完全诉诸军事干涉。如前一章所述，冷战时期加强而不是削弱了反对领土扩张的规范，这也强化了南方国家在形成上的困难的遗产。

后冷战背景

理解冷战干涉实践的结构状况为考察后冷战时期干涉的战略环境变化

提供了根本的视角。不可否认很多情况改变了，最重要的是限制了干涉的许可和约束因素的范围。但与此同时，本质上这并没有使干涉的政治和道德上的困境更容易地得到解决。事实上，可以说它们比以前变得更复杂更具争议性。

在许可因素方面，后冷战时期两个相互关联的发展可看作为干涉提供了更多的机会，以及给了这种干涉合法性更大的国际认同。首先是第二章所述的大国战争威胁大大减少的事实。这削弱了冷战时的主要制约因素之一，即担心远距离的冲突干涉可能升级，从而威胁更大范围的国际战略稳定。这从 20 世纪 90 年代南斯拉夫冲突中大国合作干涉可以看出，在冷战时 94 这是不可想象的，南斯拉夫是东西方战略平衡的关键国家。同样，也不用担心在 1993~1994 年对索马里的干涉会以超级大国 20 世纪 70 年代干涉非洲之角战争的方式严重破坏更大的国际利益。也有在这种更宽松环境下的例外，最主要的是那些直接侵犯到区域性强国利益的冲突，例如俄罗斯、印度等，这些国家热衷捍卫它们自认的特权来确定对它们邻近地区外部干涉的形式。对于像车臣、克什米尔地区的冲突，对稳定的更高层级的战略关切大大削弱了多边国际干涉的前景。

第二个相互关联的许可因素是僵化的冷战意识形态分歧的消失。回到阿隆所做的区分，国际体系已从"异质"转向"同质"。在后冷战时期，只有极少国家例如朝鲜和古巴，不认为资本主义是经济组织的最有效形式（Sachs，1999）。冷战的结束也显著增加了采用自由民主政治制度的国家数量（Huntington，1991；Diamond & Plattner，1996）。虽然有较多的国家仍是非自由和不民主的，但引人注目的是现在人们对民主的定义和"是否值得向往"比冷战时分歧更少了（Paris，2004：21）。关于人权的概念也可以看到类似的意识形态趋同，而在冷战时期，自由主义、马克思主义和第三世界对人权概念的解释争论不休（Vincent，1986；Forsythe，1989）。在后冷战时期，这些分歧的严重程度已大大减弱，这在某种程度上支持了广泛的人道主义规范和标准向前演进（见 M. Barnett，1997；Barkin，1998）。

这些后冷战时期的新的许可因素的含义对冷战时期那些最引人注目的被边缘化的国际行为体（联合国和处理武装冲突的人道主义机构）影响巨大。冷战的结束使联合国摆脱束缚，由联合国授权的维和行动爆炸式增长。从 1988 年到 1993 年，联合国成立了二十个新的维和特派团，超过了之前四十年的历史，并提出了一系列新的更为复杂的任务，诸如提供人道主义援助、使士兵退役和遣散战斗人员、监督选举和支持民主化，并承担执行停火协议的任务（有关概述见 Berdal, 1993; A. Roberts, 1993; Tharoor, 1996）。对人道主义机构来说，冷战的结束也有同样的解放作用，减少了它们捍卫其非政治地位和独立地位的必要，因为现在可为人道主义目的找到更大可能潜在的国际政治支持。反过来，这又拓展了其任务、授权以及更广泛的政治参与和支持，这在国际禁雷的跨国运动中突出可见（Price, 1998）。更一般来说，这个更宽松的环境为促进新的或加强干涉规范提供了条件。2001 年国际干涉与国家主权委员会（ICISS）的报告是将这种规范编进法律文件的最有抱负和连贯性的尝试，认为主权应被视为有条件的权力，权力取决于国家对达到人权最低标准的尊重，在没有达到这一标准的情况下，就应当有人道主义干涉（ICISS, 2001a）。该报告创造了"保护责任"（R2P）的概念，2005 年世界首脑会议将这一概念制度化并写入国际实践的协议（Bellamy, 2008）。

然而，至关重要的是要注意到某些相对立的限制因素平衡了这些可能改变干涉背景的更宽容的因素。其中最重要的是冷战和全球意识形态斗争的结束，大大减少了对遥远地区冲突干涉的战略逻辑。也正是在这里，后冷战时期康德全球自由主义思想的吸引力，与规范的现实主义传统以及相关的大卫·休谟道德怀疑论相抗衡，如第二章所述，休谟对人类同情的极限提出质疑。在后冷战时期，干涉的人道主义主张需要使心不在焉的、变幻无常的、有民主倾向的西方公众广泛信服，他们道德上的愤怒感并不总能转换成对惨重代价和牺牲的接受。由于对民众接受成本不菲的干涉缺乏信心，这导致政府优先考虑空中轰炸或地面闪电战的策略，这样西方的军事优势可以以最小的伤亡确保胜利（Münkler, 2005: 120-5）。正如某些评论家所指出的，这种性质的战争具有超现实甚或虚拟的表象（Ignatieff, 2000; Coker, 2001; McInnes, 2002）。干涉可能卷入真正的战斗，在几乎没有很强的战略必要性的情况下，即使只是与许多非洲国家十分业余的武装匪徒交战，去干涉的决定也会变得十分勉强。1994 年，在 18 名美国士兵牺牲后，美国在索马里的维和行动部队迅速撤出，就说明了这种不情愿。1999 年科索沃战争和 2011 年利比亚战争中拒绝考虑派遣大规模地面部队进一步说明了这一点。

在对欧盟的研究中，规范的抱负与实际行动间的差距已被描述为"期望-能力差距"（Hill, 1993）。这种差距对多边国际干涉而言也是显而易见的，在这类干涉中，规范庞大的期望一直受到有能力参与这种干涉的军事力量的有限供给的制约。西方军队，特别是欧洲国家的武装力量，从冷战的防御结构转变为全球干涉所需的新的远征部队结构的进程非常缓慢。正如迈克尔·奥汉龙（Michael O'Hanlon）所指出的，仅有 10 万地面部队（全世界共有约 2200 万陆军）可能用于军事人道主义干涉，远远少于最低预期（20 万人）（O'Hanlon，2003）。国家派遣地面部队的这些弱点必然限制联合国的行动潜力，而由于联合国不允许拥有军队，所以它的行动又极其依赖成员国提供的军队。联合国主导的军事行动一直在努力寻找必要的物质资源来执行被给予的任务。

除了与物质资源有关的这些制约因素外，还有一些更为理念化或有规范意义的制约因素。如上面注意到的，首先是国家在主权概念上的规范的融合，这是人道主义制裁干涉的基础。值得注意的是，国际干涉与国家主权委员会及其推广的"保护责任"在亚洲和拉丁美洲受到最大抵制，在这些地方存在对限制不干涉原则蕴含的新帝国主义含义的强烈怀疑（ICISS，2001b：392；亦见 Yunling，2000）。在中东地区，还有一个额外的对西方驱动的干涉主义冲动的失望，即其被视为持"双重标准"，并对阿拉伯专制政权给予无条件支持（Ayoob，2004：110-14）。客观地说，非洲的捐助者和分析人士对国际干涉与国家主权委员会的回应更为积极，但他们也对相比于巴尔干非洲被忽视感到沮丧。从这个角度来看，问题是对撒哈拉以南非洲的人道主义干涉太少了而不是太多（ICISS，2001b：389-90）。

此外，冷战时反帝国主义规范的制约，以及其对后殖民地领土安排的保护，在后冷战时期只做了部分修正。当然，由必要因素而非选择驱动的苏联和南斯拉夫联盟共和国的解体就是某种认可。但这要有强大的决心以平衡和阻止分离主义进一步（发展），如车臣问题。在非洲，虽然重新划定该地区效果不佳的国家边界的好处已被更公开地讨论，但这一方面的实际行动，诸如承认厄立特里亚从埃塞俄比亚分离出去，仍是例外情况而非规则。更一般的情况是刚果民主共和国的悲剧，在那里，尽管有有限联合国授权的国际干预，但仍有约 540 万人在多次内战和跨国战争中丧生，人们普遍认为它是不正常的失败国家（International Rescue Committee，2008）。 97

诚然，"国际托管"体系在对饱受战争蹂躏的社会进行一系列干涉后建立起来，一些人断言，它与 20 世纪早期的"委托管理"或"托管统治"安排惊人相似，是新时代的帝国主义。这当然是后冷战时期最有趣和富有争议的发展之一，下面将就细节作进一步讨论。但是，这里可以指出的是此类安排通常不愿被编入法律条文或制度化。正如一位评论家所注意到的，"'国际托管'可能成为国际生活永久性或经常性特征的想法本能上被认为是危险的，因为它破坏了已建立的当代秩序主权平等的原则"（Mortimer，2004：12-13）。因此，反帝国主义的规范仍是对国际体系激进重组的强大观念制约，这个体系横向划分了被界定或自我认定的民族国家。

冷战后干涉记录

总的来说，冷战结束为冷战期间严重受限甚至缺乏的人道主义干涉开辟了空间。关于人道主义干涉的争论反映了这种新的包容的环境。但后冷战时期的经验也涉及面对国家利他主义行为时存在局限性这个残酷的现实，即便是在面对触目惊心的人类苦难的时候。这涉及对那些限制因素的认识，这些因素持续限制和使干涉行动复杂化。在这个意义上，后冷战时期可被看作对干涉可能性与限制性的"学习过程"。这个"学习过程"可被进一步分为三个主要阶段：第一阶段，1988~1994年，对多边干涉前景最初颇为乐观，随后经历一系列失败和理想幻灭；第二阶段，1995~2001年，采取了更务实的态度从而显著削弱了联合国的作用；最后，2001年至今，经历了"9·11"事件，到2011年对利比亚的干涉，其间干涉的战略环境已大大改变。

从扩张到幻灭：1988~1994年

自20世纪80年代末苏联外交政策奉行"新思维"开始，多边干涉的前景发生了根本改变。当时苏联领导人戈尔巴乔夫强调，联合国在超级大国合作的新时代最终可以承担其维护国际和平的责任。自20世纪80年代末起，通过监督起源于冷战时期的一些冲突的解决，联合国证明自己有能力应对这一挑战。80年代后期，联合国监督苏联军队从阿富汗撤出、南非部队从纳米比亚撤出，然后承担了纳米比亚向完全独立成功过渡的责任。在中美洲，联合国在成功监督1987年"埃斯基普拉斯和平计划"执行方面也发挥了类似作用，最终结束了尼加拉瓜（1989年）、萨尔瓦多（1992年）和危地马拉（1996年）的长期内战（Child，1992：112-34；亦见Paris，2004）。

但1990~1991年的海湾战争才是联合国作用最显著的复兴，促使其重回国际政治的中心舞台。这并非预料中必然发生的事：英国首相撒切尔夫人最初主张采取更单边的干涉，而这将使联合国边缘化（Dannreuther，

1992）。但美国总统布什并不认同这个主张，他利用联合国构建广泛的反伊拉克联盟，并获得外交和军事战略的国际合法性。这最终导致联合国第 678 号决议成功通过（1990 年），授权使用武力解放科威特。战争刚刚结束，联合国安理会通过第 688 号决议（1991 年）开创了另一个先例，该决议认定伊拉克政府对伊拉克平民，特别是北部库尔德人的镇压本身就是对和平与国际安全的威胁。虽然这项决议没有明确认可用武装干涉来减轻伊拉克人民的痛苦，但它确实为将人道主义关切视为国际干涉合法性的依据提供了关键的开端（Greenwood，1993：35-7；Teson，1997）。

　　海湾战争给予联合国核心地位，以及对后冷战时期多边合作潜力的重新认识，预示了一个对联合国干涉主义相当乐观的时期。乔治·布什宣告了当时以联合国为中心支柱的"新世界秩序"，联合国秘书长布特罗斯-加利（Boutros-Ghali）发布了题为《和平纲领》的报告，为联合国维和行动的范围和复杂性提供了雄心勃勃的新议程（见 Bush，1991；Boutros-Ghali，1992）。回想起来，很容易将这样的言论看作天真的乌托邦主义的证据，并在十年后终于发现自己的狂妄自大。但忽视联合国在这一时期通过发挥更为进取的作用而取得成功的证据在某种程度上可能是不公平的。例如，在莫桑比克"ONAMUZ 行动"监督了交战军队的遣散、200 多万流离失所平民的重新安置和 1994 年举行的全国大选，总体上开启了民主和经济自由化的和平进程（Reed，1996）。在柬埔寨，长期而言，联合国柬埔寨过渡时期权力机构（UNTAC）在国家政治领域引进民主文化确实不算成功，但在和平协议监督方面还是取得了成功，结束了长期不稳定和暴虐时期（Berdal & Leifer，1996）。

　　不过，20 世纪 90 年代中期维和行动遭遇了四次重大失败，这无疑严重损害了联合国整体的可信度，它们是在安哥拉（UNAVEM Ⅱ 行动）、索马里（UNASOM Ⅱ 行动）、波黑（UNPROFOR 行动）和卢旺达（UNAMI 行动）的维和（Mayall，1996；Shawcross，2000）。这四个不同的行动结合在一起反映的是，联合国在这几个维和行动中面临着远比其他相对成功的维和行动更复杂和多变的冲突。如前一章所述，基本的背景是战争性质的变化，这一变化越来越多地与软弱国家和失败国家联系在一起，武装割据的扩大往往掺入冲突，很少或根本不考虑人道主义原则。人们希望的是联合国根据需要修改其边缘化的维和传统做法，使其有能力处理这些更复杂的冲突。基于这样的考虑，"更广维和"或"第二代维和"的概念衍生出来，旨在纳入执行和平的要素，同时保持联合国对一致同意和公正的传统依赖（Mackinlay & Chopra，1992；Ministry of Defence，1995；Ginifer，1996）。

事实上，联合国（维和）传统做法中的这种言语上的野心与现实中微小变化的混杂被证明易受立场顽固者的攻击。在安哥拉，联合国监督下的选举进程突然停止，当时反政府的"争取安哥拉彻底独立全国同盟"（UNITA）领导人乔纳斯·萨文比（Jonas Savimbi）直接拒绝接受全国选举的结果，后来联合国也无力阻止 1992 年底重燃的战火。萨文比漠视联合国背后的重要因素是，他（以及他的对手）可以依靠安哥拉的充足自然资源，例如钻石和石油，而不依赖他以前的超级大国庇护人，为战争找到资金（Le Billon，2001a）。在波黑，战争的经济力量也是将联合国边缘化的重要因素，但这种战争经济也叠加在尚未解决的种族和公民的深度分裂中，这加重了冲突的暴虐性和强度。在波斯尼亚，联合国发现其传统的维和行动规范，即便经过了修正，在"没有和平可维护"时丝毫不起作用。对联合国波黑行动"无能"的惩罚接着就来了，被指定由联合国保护的"避难所"斯雷布雷尼察在 1995 年被塞尔维亚部队控制，造成了 5000 多名穆斯林遭到屠杀（Gow，1997）。

如前所述，在索马里，联合国使团的人道主义目标为两个因素所严重拖累，一是国内的无政府动乱，一是国内军阀提高了卷入冲突中的外来力量所付出政治代价的能力。拿美国来说，当美国寻求主动对付其中一名军阀穆罕默德·艾迪德（Muhammad Aideed）的破坏性手段时，华盛顿的政治承诺因 18 位海军陆战队员的死亡而动摇。这反过来又导致美国对联合国和更广泛干涉的期望落空，引致总统决策指令 25（PDD-25）为美国的参与设定了更加严苛的条件（Berdal，1994；Weiss & Collins，2000：103）。美国对多边和平行动执行的抗拒至少部分是因为，联合国驻卢旺达特派团未能更有效地采取行动阻止 1994 年那场造成 80 多万平民遇害的种族灭绝事件。然而，失败的起因不仅在于主要资助国缺乏政治意愿，而且如迈克尔·巴内特（Michael Barnett）记载，也需从联合国自身的政治文化中寻找原因（Barnett，2002）。1994 年 1 月，联合国特派团指挥官已经向秘书处警告了大屠杀的可能性，但随着危机的发展，联合国（却）决定减少而非增加（维和）力量（见 Feil，1998）。

而且，不仅联合国发现难以适应这一新的战略环境，人道救援机构和救援工作人员在此期间也有自己的信任危机。和联合国一样，他们发现后冷战时期给予了他们更多的参与机会，但它们都是在国内冲突中，一般更为复杂和危险。他们敏感地怀疑各国对他们的行动给予的支持，实际上不过是为了找到一个比军事干涉成本低的方法来阻止争斗和人类遭受苦难。但对有意主张和遵循这一逻辑的人道主义行动者而言，军事干涉似乎违反了人道主义基本原则（见 Minnear，2002；Rieff，2002）。更恶劣的是，人们认识到无论政治或意识形态信仰如何，无私提供人道主义援助的传统可能使冲突自行持续下去并加重人道主义危机（M. B. Anderson，1999；Barnett & Weiss，2008）。这在卢旺达发生的冲突中再度出现，援助组织失去了"他们近乎是宗教信仰一般的不会做任何错事"的信念（M. Barnett，2003：406-7）。1994 年底，无国界医生组织的援助人员发现他们向刚刚实施种族灭绝行动的人控制下的卢旺达难民营提供了援助。据其中一个援助工作者提供的深度评述，无国界医生撤出扎伊尔东部是由于认识到人道主义行动可能在某种程度上"成为一个为恶魔服务的技术角色"（Terry，2002：2）。

收缩与复兴：1995~2001 年

1994 年是联合国（维和）命运和人道主义动力跌落谷底的一年。1995 年在波斯尼亚战斗的结束与和平解决方案的成功执行是摆脱这场危机的第一个标志。它涉及对早期思想的两个重大修正。第一是承认联合国不是缔造和平或维持和平的恰当或有效的组织。在波斯尼亚，考虑到需要一个更强烈的国际反应后，联合国的权威被授给有能力规划和执行复杂军事行动的区域性组织——北约（下章进一步讨论）。第二个转变是承认南斯拉夫的内战体现的不仅是人道主义灾难，而且也是对区域和国际安全的政治-战略威胁。1994~1995 年，美国和主要的欧洲国家意识到重大战略利益受到威胁，这些担心包括欧洲的难民危机，这导致欧洲做出重大政治承诺，推动改善条件以使难民返回。它们也担心种族清洗和群体暴力的循环往复可能会绵延到巴尔干其他地方。但也许最重要的是，人们感觉到这种冲突会对美欧关系造成大范围的破坏，因为有关冲突可能撕裂跨大西洋联盟。结果是，跨大西洋联盟和后冷战时期的北约的威信都受到影响。

从战略和人道主义出发认为军事干涉势在必行的这种新认识，为执行波斯尼亚冲突的解决方案提供了必要的先决条件。美国特使理查德·霍尔布鲁克（Richard Holbrooke）提供了总体战略，认定塞尔维亚是主要的侵略方，故为克罗地亚和穆斯林的进攻提供物质支持，并授权北约进行空中轰炸以给塞尔维亚施加压力，最终使其屈服而结束冲突（Holbrooke，1999）。由此产生的"代顿和平协议"本身就是务实的现实政治，它正式保护了波黑的领土完整，但也牵涉塞尔维亚控制领土和克罗地亚-波斯尼亚的领土分割问题（Bildt，1998），不管协议是多么得不完善，至少其终止了战斗（McMahon，2004-5）。

北约领导的波斯尼亚行动的意义在于为后冷战时期的多边干预树立了新的样板。在一定程度上，它使联合国的作用边缘化，联合国在世界各地部署的维和人员数量从 1993 年的 7 万人减少到 1996 年的不足 2 万人（Bellamy，Williams & Griffin，2010：109）。它还使 1994～1997 年批准的维和行动以及维和执行特派团大幅减少。新的规则是，只有在有明确的战略和政治理由的情况下，人道主义目的的强力干涉才会发生，区域霸权国家或组织而不是联合国将优先确保对此类行动负责。因此，由尼日利亚主导的西非组织——西非国家经济共同体（ECOWAS）——承担了对利比里亚和塞拉利昂干涉的责任（Adebajo，2002）。1999 年在东帝汶，澳大利亚是唯一有能力对抗整装待发的民兵和印度尼西亚武装力量的强力军事力量，保证了东帝汶的最终独立。尽管如此，在科索沃事件中波斯尼亚的模范作用最为明显：欧洲国家和美国的领导人决定通过北约采取军事行动，以确保结束科索沃阿尔巴尼亚人的苦难，并防止冲突升级成像在波斯尼亚发生的那样进而破坏他们的广泛战略利益（Dannreuther，2001）。问题在于，这使战略和人道主义目标交织在一起，人道主义从属于政治战略，可能会被认为是为了自己的利益并潜在地威胁了如中国、俄罗斯这些国家，而它们在任何情况下都倾向于怀疑西方的意图（Yunling，2000；Buckley，2001）。

至少部分地由于这个原因，科索沃危机看似戏剧化地绕行联合国，却又吊诡地与联合国的维和行动的复兴同时发生。1999 年，联合国授权了四个新的特派团，前往科索沃（UNMIK）、东帝汶（UNTAET）、塞拉利昂（UNAMSIL）和刚果民主共和国（MONUC）。这种复兴反映了一种迟来的认识，即认为联合国在制度规范上有一定的优势，特别突出的是赋予国际行动合法性的能力，而其他更为临时性的特别安排，包括运用区域组织，都缺乏（这种能力）。此外也有对联合国获得某些（维和）行动能力的乐观认同，这些是在诸如莫桑比克和柬埔寨等地过渡时期和冲突后和平建设管理进程中看到的。因此，一旦战斗结束，联合国对科索沃和东帝汶的过渡和国家建设进程负起全面责任，就有了明确的实际理由。

在非洲的塞拉利昂和刚果民主共和国的两个（维和）行动是由更深层次的考虑推动的，这在一定程度上反映了西方战略不干预的道德限度。卢旺达的教训是，联合国的声誉再也经受不起因履行国际责任不力而受到影响。尽管非洲为发展本土的（军事）能力作出了努力，但非洲缺少像在欧洲乃至亚洲和拉丁美洲等的区域组织相同程度的凝聚力和军事能力（Boulden，2004）。此外，非洲是在后冷战冲突中最致命和最危险的地方。问题在于，正如卢旺达和索马里的教训都表明的那样，非洲大陆通常不涉及西方的战略利益，所以类似在波斯尼亚或科索沃的强力干涉是不可能实现的选项。结果联合国秘书处面临艰巨的任务：向安理会提出足够的干涉议案以确保联合国被视为履行其职责，同时将政治支持和军事能力不足的风险降到最低。

结果是，联合国安理会确实授权联合国维和部队返回非洲，但在成功或失败的相对前景上很难做到平衡。塞拉利昂的情况说明了这一点，当时维和行动前景不明，直到 2000 年英国军队进行单边干预（才见成效）。在 103 刚果民主共和国，联合国维和行动发现其并不能对即将造成国家分裂的多次冲突施加大的影响，这些自 1998 年开始的冲突已造成 500 多万人丧生，是二战以来最致命的冲突。联合国重返非洲的情况因其决定不干涉的冲突的数量增多而进一步变糟，其中包括苏丹，在过去十年的内战中有 200 多万人丧命，直到 2005 年联合国维和行动（UNMIS）才最终获得通过。

从"9·11"到利比亚和叙利亚：干涉的新环境

2001 年对美国的恐怖袭击无疑使国际干涉的背景发生了重大变化。第九章更全面地讨论了这一转变的性质、原因和影响。本章主旨，如上所述，也即许多评论家关心的关键问题，是探讨"9·11"后的安全环境如何彻底改变从人道主义干涉转向战略上所必需的干涉之间的平衡（Weiss，2004；Farer et al.，2005）。但考虑到本章的中心论点，政治战略利益和人道主义之间不是简单的分割，整体情况可能看起来更模棱两可。另外，2011 年看似成功的利比亚干涉主要是人道主义基础占主导地位，国际社会对有相似专制制度的系统侵犯人权的叙利亚的摇摆和不作为，说明了干涉的核心困境远未解决。

从消极方面讲，"9·11"事件肯定增强了对单边干涉的偏好，这在科索沃事件中已有部分预兆，特别是美国采取了如 2002 年《国家安全战略报告》所规定的新特权，"先发制人行使自卫权"（White House，2002：6）。美国也明确认为，干涉的战略背景已扩展至世界任何存在国际恐怖主义潜在威胁的地方，或旨在获得大规模杀伤性武器（WMD）的那些"流氓国家"。反过来，这往往将注意力从造成大多数人道主义灾难战争发生的非洲转向中东和亚洲，那里是国际恐怖主义威胁和潜在大规模杀伤性武器扩散的主要发生地。2003 年的伊拉克战争似乎也给了人道主义干涉规范致命性损害，因为该战争后以人道主义为由的辩解通常难有说服力。

104　　事实上，对"9·11"事件改变了国际关系和美国现在可以参与到军事干涉转型战略中的信念并未持续多久。没能给伊拉克和阿富汗带来稳定与繁荣，使得美国和欧洲的政治意愿锐减，奥巴马总统加速从这两个军事行动中进行战略撤退。2010 年底发端于突尼斯的"阿拉伯之春"表明，即便在政治停滞和腐败专制使政权显得僵化的地区，政治变革和革命也可能在内部产生。处处被鄙视的利比亚独裁者穆阿迈尔·卡扎菲可能会通过大清洗击溃突然出现的对手，这种威胁导致联合国通过决议允许北约军事干涉以停止平民伤亡。2011 年间，北约为反叛分子成功推翻卡扎菲政权做出了贡献。在多年对人道主义干涉前景持怀疑态度后，这似乎是对其基本逻辑的证明。但是，国际社会对叙利亚事件的分歧使这种温和乐观主义也受到破坏，俄罗斯在 2011 年和 2012 年反对对阿萨德政权采取任何同类行动。

　　另一个后"9·11"时期的发展是软弱国家或失败国家越来越被视为战略和人道主义挑战，这是美国和欧洲存在共识的领域，正如美国《国家安全战略报告》和2003 年《欧洲安全战略报告》所表述的（White House，2002：1；EU，2003：4）。这给了在这些国家进行干涉的新的战略理由，而以前这些冲突被认为是"极遥远的"，很少或没有战略利益。这在阿富汗可明显看到，在战略地图上消失了 15 年且成了无政府和血腥冲突的极为"虚弱"的国家后，2002 年干涉才到来。在后"9·11"时期，如果一个人道干涉行动预计有正面效果，则可以在更大的战略情境中为其提供论证，如在非洲就可以设想那里有恐怖主义渗透。一般来说，后"9·11"时期的情况也没有使联合国边缘化到伊拉克战争时那种看似无足轻重的程度。到 2012 年初，联合国在全球范围内部署了 120000 多名维和人员，其中一大部分部署在有相对大规模维和行动的少数几个非洲国家，规模甚至超过历史顶峰时期的 20 世纪 90 年代早期。当然，联合国的维和状况可能没有大幅改进，但它仍继续参与国际事务，特别是在处理非洲持续不断的战争和其他危机方面仍未受到限制。

后干涉：国家重建的挑战

后 "9·11" 时期对软弱国家或失败国家面临的安全挑战的重新关切也 105
与干涉问题上的另一个争论的重大转变有关。在 20 世纪 90 年代，这主要集
中在干涉的具体决策的对错上，伊拉克战争后，越来越多的议题是干涉之
后怎么样，如何应对国家重建的挑战。对美国而言，这是尤其重要的政策
再调整，正如众多评论家所指出的，长期被忽视的 "冲突后重建" 议题已
成为华盛顿外交政策问题的 "今日精选" （Eizenstat, Porter & Weinstein,
2005：134）。当然，这个新的兴趣很大程度上来自美国对阿富汗和伊拉克
干涉后的国家重建的糟糕规划，但这也反映了对人道主义干涉困境和核心
挑战更为根本的反思。

在一定程度上，对干涉后重建或和平建设问题缺乏关注与人道主义干
涉规范争论范围的相对狭窄有关。这部分可从 "正义战争" 传统争论的哲
学根源基础出发作出解释，其中 "正确意图" 的前提被给予重要关注，因
此考察的关键是干涉力量的意图是否可被认为是 "人道主义" 的（Farer et
al. , 2005：226）。如较早前讨论的，人为地将人道主义干涉限定在人道主
义范畴而非战略考虑占主导地位的情况，排除了由 "不纯" 的战略动机引
发人道主义结果的可能。这反过来又将干涉是否正义的道德决定 "压缩"
至干预决策的那一瞬间，而不是基于干涉带来的更广泛更长期的后果和影
响。在这里，现实主义对人道主义干涉的批判有自己的哲学关注点，它们
运用谨慎和后果主义伦理，认为这种干涉不管在特殊情况下看起来多么正
当，最终对国际秩序仍造成了总体上负面的影响。

然而，这种后果主义伦理的现实主义应用并未提供人道主义干涉争论
的权威解决办法，其问题在于干涉从未发生的情况下如何进行反事实推断。
比如，科索沃干涉是正当的——因为它使科索沃的阿尔巴尼亚人免遭种族
灭绝的威胁，还是被证明是失败的——因为随后大部分塞尔维亚人被强制
移民，该省并未成立可持续发展的行政机构？这些问题没有简单的答案，
因为不可能用不干涉的情景重现历史来更好地理解可能发生什么。然而，
后果主义伦理强调的是，干涉者必须对干涉后发生的事情承担责任。这正 106
是美国国务卿科林·鲍威尔（Colin Powell）在 2003 年伊拉克战争即将来临
时试图给乔治·W. 布什（George W. Bush）灌输的论点，但最后徒劳无功，

当时他警告说："一旦你进入了伊拉克，那就是你自己的伊拉克了。"（Woodward, 2003）从长远看后果确实是严重的，因为在伊拉克的例子中，如果干涉最终导致了血腥的内战，像在黎巴嫩发生的那样，那将严重削弱早先干涉的正当性。另外一种情况是，如果伊拉克成功过渡到民主轨道，那么事后会证明干涉确实合理。在利比亚，进行有限干涉支持反叛力量以推翻卡扎菲政权最终被证明是有道理的，尽管在问到利比亚将来的发展是否走向稳定和繁荣时，人们仍然意见不一。

因此，人道主义干涉的对错越来越多地与"和平建设"的长期需求和国际"过渡管理"日益增多的现象紧密相连。表 4.1 提供了这些"过渡管理"的清单，强调了准帝国托管惯例复活的明显趋势，在这种情况下，外部力量（"国际社会"）对领土或国家有效行使主权，直到可持续的主权自治条件出现。正是在这个政策领域，安全与发展研究议程趋同，共识出现，即发展的基本前提是内部冲突终止以及作为安全提供者的国家重建（Duffield, 2001）。该逻辑的含义是，如果提供安全的国家根本不存在，外部行为者在这些领域有义务承担临时责任，直到国家能进行可行的重建之时。人的安全和可持续发展两个概念之间的紧密关系是这种安全-发展趋同的表现。

表 4.1　过渡政府

地点	持续时间
纳米比亚（联合国过渡协助组，UNTAG）	1989~1990 年
西撒哈拉（西撒特派团，MINURSO）	1991 年~
柬埔寨（联合国柬埔寨过渡权力机构，UNTAC）	1992~1993 年
莫桑比克（联合国莫桑比克行动，ONUMOZ）	1992~1994 年
索马里（第二期联合国索马里行动，UNOSOM Ⅱ）	1993~1995 年
波黑（联合国保护部队，UNPROFOR）	1995 年~
安哥拉（第三期联合国安哥拉核查团，UNAVEM Ⅲ）	1995~1997 年
东斯拉沃尼亚地区（联合国东斯拉尼亚、巴兰尼亚和西部锡尔米乌姆过渡行政当局，UNTAES）	1996~1998 年
中非共和国（联合国中非共和国特派团，MINURCA）	1998~2000 年
科索沃（联合国科索沃临时行政当局特派团，UNMIK）	1999 年~
东帝汶（联合国东帝汶特派团，UNAMET）	1999~2002 年

续表

地点	持续时间
（联合国东帝汶援助团，UNMISET）	2002 年～
塞拉利昂（联合国塞拉利昂特派团，UNAMSIL）	1999～2005 年
（联合国塞拉利昂综合办事处，UNIOSIL）	2005 年～
刚果民主共和国［联合国刚果（金）特派团，MONUC］	1999 年～
［联合国刚果（金）稳定特派团，MONUSCO］	2010 年～
阿富汗（联合国阿富汗援助团，UNAMA）	1999 年～
利比里亚（联合国利比亚特派团，UNMIL）	2003 年～
伊拉克（联合国伊拉克援助团，UNAMI）	2003 年～
布干维尔岛（巴布亚新几内亚）（联合国布干维尔观察团，UNOMB）	2004～2005 年
科特迪瓦（联合国科特迪瓦特派团，MINUCI）	2004 年
（联合国科特迪瓦行动，UNOCI）	2004 年～
海地（联合国海地过渡时期特派团，UNTMIH）	1997 年～
（联合国海地稳定特派团，MINUSTAH）	2004 年～
布隆迪（联合国布隆迪行动，UNUB）	2004～2006 年
所罗门群岛（UNEOCT）	2010 年～
南苏丹（联合国南苏丹特派团，UNMISS）	2011 年～

注：感谢埃利萨·兰达佐（Elisa Randazzo）协助制作此表。

107

　　然而，对于转向实际国际托管实践的长期影响尚未达成共识。迄今为止的结果有好有坏，很像通常的维和行动，规模最大、代价最高的干涉在波斯尼亚、科索沃和东帝汶，确实停止了战争并进行了持续的国家建设实践，但在东帝汶的相对成功并没有在波斯尼亚、科索沃予以复制，对后两者尽管花费甚巨，但冲突根源仍有待解决。在非洲多个（维和）行动的资金一般要少得多，因此危险（状况）逆转和重现的可能性一直存在。在这方面值得注意的是，2000 年以后发起的一些（维和）行动多安排在利比里亚、布隆迪和塞拉利昂等国家，即联合国早先离开的国家。同样，在阿富汗和伊拉克，国家重建进程的前景仍然易受到内部反对和暴力冲突根源的影响。

　　对一些评论家来说，这个好坏不一的记录为国家建设提出了忠告并约束其雄心。埃米泰·埃茨奥尼 （Amitai Etzioni） 提供了由外国势力进行国家建设的总的历史记录，并呼吁"自我克制"，认为少量明显成功的案例 （最明显的是第二次世界大战后的德国和日本） 是规律的例外，这一"寻求战胜盛行的社会力量和长期建立起来的社会结构和传统的过于雄心勃勃的社会工程"通常会面临失败 （Etzioni，2004：15）。持类似观点，金佰利·奇斯克·马滕 （Kimberly Zisk Marten） 认为，由国际治理者输送自由民主是个错误的观念，国际特派团对自己的安全行动应有所限制，让当地行为体设计自己的政治经济制度 （Marten，2004；另见 Mueller，2004）。但其他评论家，如西蒙·切斯特曼 （Simon Chesterman） 坚持认为问题"不在于过渡管理的殖民主义特征"，而是"有时还不够殖民主义" （Chesterman，2004：

108 12）。类似的，罗兰·帕里斯 （Roland Paris） 认为伴随相应增加的政治意愿、财政资源和对国家重建的长期承诺，需要更多而非更少的国际参与 （Paris，2004）。他和埃茨奥尼、马滕确实认识到，国际上大多数的国家建设行动及对其向自由民主和自由市场经济迅速过渡持太过乐观的态度，重复了 20 世纪 50 年代现代化理论的错误。但帕里斯依旧认为，如果在进行自由化之前更加重视建立有效的政治制度，则可以避免这些失败 （Paris，2004：179-211）。

这里没有篇幅来更全面地评估这场争论。但可以说的是，这种向事实托管的转变无疑是干涉问题最显著的发展。几乎没有人公开欢迎或赞扬一个殖民主义或帝国主义的新时代，但在后"9·11"语境中，超越正式国家主权和带有国家重建长期计划的干涉意愿肯定变得更为迫切和可以接受。实际上，主要的关注点在撒哈拉以南非洲，人们认识到"国际社会……如果要使非洲最弱的国家成为和平和民主的力量，就要进行国家建设" （Lawson & Rothchild，2005：235）。

但将这些发展与早期关于干涉的可能性与制约的讨论联系在一起，这种已然形成了较为宽容初级帝国主义的环境的看法需要与对对立的制约因素的认识相平衡。首先，这意味着承认南方国家形成的多样性、复杂性和继之而来的诸多困难，如前章所述，过去的遗产导致国家常常是脆弱的，国家和社会越缺乏协同，其融入全球经济的进程越有限。50 多年的开发援助和雄心勃勃的国家建设活动的教训是我们没有准备好应对更复杂的国家贫困情况，特别是在撒哈拉以南非洲地区 （Fukuyama，2004；Lancaster，2005）。当这些根本的困难与最富裕民主国家的战略忽视和缺乏耐心交织在一起时，北方富裕国家投入大量资源的意愿受限于距离这些国家很远而采取行动可能不会立即带来政治红利等问题。尽管人道主义干涉对此进行了讨论，第二个约束因素是反帝国主义问题仍是首要的和主导的国际规范。即使受到联合国提供的国际合法性光环的保护，干涉力量面临的危险是它们始终被认为是外来的帝国主义侵略者，特别是那些注定要失去一些或全部特权的精英阶层和社会群体（会这么看）。在伊拉克的案例中，驻伊联合 109 国总部被反叛力量当作蓄意攻击的目标就说明了这一点。

结　论

本章试图提供后冷战时期关于干涉的主要困境和挑战的概述，特别关注了在人道主义干涉方面充满生机但颇有国际争议的讨论。前一章为本分析提供了宏观背景，阐述了软弱国家或失败国家复杂内战扩散的更深层次的历史根源，以及为了应对人道主义危机而相应增加外部干涉的需要。

本章认为冷战后干涉的背景已经改变，但由于对人道主义干涉规范的讨论与在解决人道主义问题上更混乱的经验现实之间的分离，人们对这种变化性质的正确理解变得复杂了，经验事实的混乱在于，在解决多个人道主义危机过程中部分和选择性的干涉成效不一。这个混乱的现实凸显了更宽容的后冷战环境，这也增强了人道主义冲动。但干涉也受到两种力量的平衡：一是人道主义危机出现在世界上许多全球战略利益减少的地方，这减轻了反干涉主义的压力；二是国际关系中持续的反帝国主义规范的力量。因此，分析认为，干涉最好从人道主义的非政治领域分离出来，并置于更传统的政治领域，在这些政治领域，军事干涉决策必须不断被解释为本质上的政治行为，战略动机和人道主义动机不可避免是相互关联的。

因此，问题的关键不在于是否出现了人道主义干涉的非政治规范，而在于冷战结束以来的国际实践是否为人道主义干涉的后果以及这种干涉的长期战略理由提供了更大的空间。本章提供的证据表明以经验记录来看成功或失败还难下结论，最可能的说法是"陪审团还在商议，尚未有定论"。此外，作出确定性的判断是复杂的，因为成功的标准不能限于直接采取的军事行动，它取决于重建国家的长期发展，这些国家的社会秩序崩溃和国家分裂通常是需要采取干涉的主要原因。越来越多的人认为弱政府本身有助于国际安全，这预示着这种更长期和更现实的看法正在变得更加普遍。尽管有北方国家战略忽视和长期的反帝国主义规范力量的制约，有效进行 110

国家重建的壮志仍存在落实困难，这也表明干涉的困境和模糊性不会消失。

扩展阅读

关于干涉问题简短但有力的概述可参看 Neil MacFarlane 所著的 *Intervention in Contemporary World Politics*（2002）；关于人道主义干涉，见 Thomas Weiss 所著的 *Humanitarian Intervention*（2007）；关于不干涉相关规范和主权概念的经典分析，见 John Vincent 所著的 *Nonintervention and International Order*（1974）以及 Steven Krasner 所著的 *Sovereignty*：*Organized Hypocrisy*（1995）。赫德利·布尔（Hedley Bull）所编著的 *Intervention in World Politics*（1984）也值得一读。

有关人道主义干涉规范当代争论的好的比较可在 Simon Chesterman 的 *Just War or Just Peace?*（2001）一书的评论文章以及 Nicholas Wheeler 强调推广规范的 *Saving Strangers*（2000）中找到，Martha Finnemore 在 *The Purpose of Intervention*：*Changing Beliefs about the Use of Force*（2003）中对规范出现给出了辅助性的历史解释，Mohammed Ayoob 则在 *Global Governance*（2004）中就规范作了界定，并为第三世界的抵制进行了辩护。国际干涉和国家主权委员会的报告 *The Responsibility to Protect*，ICISS（2001）是对此争论最重要和有影响力的公共贡献。Gareth Evans 是"保护责任"（R2P）的智慧灵感贡献者，反映在 *Responsibility to Protect*（2009）中。在 *Responsibility to Protect*（2008）中，Alex Bellamy 给出了概念发展和执行的总体概览。

关于冷战后联合国维和行动的经验记录，William Shawcross 在 *Deliver Us from Evil*：*Warlords and Peacekeepers in a World of Endless Conflict*（2000）中给出了非常具有可读性的解释。Alex Bellamy、Paul Williams 和 Stuart Griffin 在 *Understanding Peacekeeping*（2010）中进行了更学术化的概述。冷战后不断变化的规范和对联合国的影响见 Michael Barnett 在 *World Politics* 杂志中的论文 "Bringing in the New World Order：Liberalism，Legitimacy and the United Nations"（1997）的深刻分析。由 James Mayall 编著的 *The New Interventionism*，*1991-1994*（1996）给出了这一关键时期干涉成功与失败的好的概述。Fiona Terry 的 *Condemned to Repeat? The Paradox of Humanitarian Action*（2002）和 Larry Minnear 的 *The Humanitarian Enterprise*：*Dilemmas and Discoveries*（2002）对人道主义行为者在干涉中面临的类似挑战和困境给出了令人信服的解释。

Michael Barnett 和 Thomas Weiss 在 *Humanitarianism in Question*（2008）中提供了很好的概述。

对冲突后和平建设和国际过渡管理问题日益增长的兴趣反映在最近三本书中：Roland Paris 的 *At War's End：Building Peace after Civil Conflict*（2004），Robert Caplan 的 *International Governance of War-Torn Territories*（2005），以及 Simon Chesterman 的 *You, the People：The United Nations,* 111 *Transitional Administration, and State Building*（2004）。从 Mark Duffield 的 *Development, Security and Unending War*（2007）中可以看到对干涉主义在国际社会中目的和意图的激进批评。

研究与讨论问题

1. 为什么自冷战结束以来联合国维和行动持续复苏？

2. 为什么早些时候对后冷战时期联合国维和的乐观主义在 20 世纪 90 年代末产生了幻灭？

3. 在什么情况下，以人道主义为由进行军事干涉是合理的？

4. 冲突后国家建设的主要挑战和国际社会在应对这些挑战方面取得了哪些成功？

网　站

www. crisisgroup. org。国际危机组织，被广泛认为是致力于致命冲突预防和解决的世界领先独立组织，它发布了一系列有影响力的报告，并出版《危机观察》月刊。

www. un. org/en/peacekeeping。联合国维和部门，提供关于过去和目前维和行动的信息，包括统计数据、报告和其他出版物。

www. responsibilitytoprotect. org：各非政府机构的一个汇总网站，支持和寻求推进"保护责任"（R2P）原则。

www. icrc. org/eng。红十字国际委员会，提供大量有关战争和法律的信 112 息，包括国际人道主义法律的各类条约和当代挑战。

第五章　集体安全、联盟与安全合作

前一章强调，后冷战时代关于干涉的争论，也是对安全合作之最恰当、最有效和最合法形式的讨论。随着苏联解体、科威特解放，许多人希望抑或期待联合国与集体安全的理想能够复苏。到 20 世纪 90 年代中期，联合国试图有效干涉巴尔干（问题）的努力失败，北约这一冷战联盟在其历史上首次进行军事介入，在苏联威胁不复存在的情况下，显示了其重要性。在欧洲，北约挤压其他各种安全制度，最明显的是压制欧盟的扩张野心，欧盟拥有共同外交与安全政策（CFSP）和欧洲安全与防务政策（ESDP）。在亚洲，类似的安全复合体安排也有所发展，那里有美国及其重要盟友之间的传统双边安排和地区多边机制如东南亚国家联盟（ASEAN，东盟）、中国支持的安全倡议如上海合作组织（SCO）等。21 世纪前 10 年，美国在"反恐战争"中明显不再信任国际安全制度，而宁愿选择单边行动或采取更有限的、特别的"志愿联盟"行动。

单边行动受到特殊对待的例子表明，国家并非总是会出于安全目的而决定与其他国家合作。当合作的赌注太高，或合作成本超出预期收益时，国家可以选择不合作，决定单独行动，或仅与少数值得信赖的同盟国一同行动。正如 1982 年在与阿根廷的战争中英国收回福克兰群岛①一样，2003年美英对伊拉克的干涉就是这种合作的一个例子。国家也可以做出不把安全合作纳入安全政策的决定。瑞士长期实行中立主义政策，甚至不是联合国的完整成员（Belin，1956：80-1）。美国素有孤立主义传统，在两次世界大战期间表现明显，它试图避免卷入冲突和"旧"世界的政治阴谋。但它也已认识到，如此脱身的代价是巨大的。正如布鲁克斯和沃尔夫斯所认为

---

① 　即马尔维纳斯群岛，英国称其为福克兰群岛——译者注。

的，即使是最顽固的现实主义者，也承认安全制度的价值；即使是如美国 113
这一国际体系中最强大的国家也发现，"如果不对'这些制度'进行投资，
那么它就很难推进其国家利益"（Brooks & Wohlforth，2008：54）。

　　然而，问题的关键是，投资哪些制度，投资多少，怎样分辨安全制度
之间的差别。本章第一节从理论和概念框架方面来解决这些问题，从长期
存在的、分歧较大的争论中勾勒梗概，该争论集中在集体防务体系之于集
体安全体系的比较优势上。集体防务体系，通常是通过条约和结盟建立，
牵扯一系列国家间的军事与安全合作，以对抗可清楚识别的外部威胁对任
何成员国的攻击。北约常被视为集体防务组织和联盟的典型。集体安全体
系的范围则比较广，既有全球层面、地区层面的，也包括所有成员国的集
体承诺和相互支持，以反对侵略或破坏和平的行为，不管这些侵略或破坏
来自哪里。联合国就是全球集体安全体系的最明显例子。

　　接下来的第二节和第三节分别以欧洲和亚洲各种各样的安全制度为背
景，来评述这些更为广泛的理论问题。选取欧、亚为背景的主要考虑在于，
它们都有多重密切联系的安全制度，既有契合传统的集体防务联盟结构，
也有集体安全的元素。严格来说，认为联盟和集体安全相互排斥是不对的。
北约在后冷战时期的转型是最值得注意的欧洲转型实例，即从集体防务态
势转向更趋近集体安全的态势。在亚洲，类似于美国和其盟友之间的传统
双边联盟与安全合作的新形式同时存在，如东盟地区论坛（ARF）和上海
合作组织，就是这种联盟与新兴安全共同体复杂混合的证明。

从集体防务到集体安全？

传统上，安全合作被视为均势行动的一个功能。但把均势看作一个形式主
义的概念是错误的。赫德利·布尔正确地把均势鉴别为国际体系必不可少
的机制，它不只是力量的机械集聚，而且表达了道义和规范目的（Bull，
1977：101-26）。历史上，作为机制的均势代表了对宗教战争的进步，而宗
教战争给中世纪晚期的欧洲造成了极大的破坏（Maurseth，1964）。均势概
念建立的基础是对一个等级秩序以及宗教和政治强加的一致性的根本拒斥。
均势包含这样一种认知，即改革后的欧洲秩序与其说是等级状态，不如说 114
是无政府主义状态，在此状态下，国家拥有主权，独立自主地决定自己国
内的政治、宗教和社会事务。因此，均势是这样一种体系，这种体系试图
阻止专制秩序的回归，抵制体系内任何一个国家或国家集团在道义和意识

形态上处于至高无上支配地位的要求。均势的目标是阻止权力集中，权力集中可能诱惑国家或国家集团重建专制体系。对均势作用的这种理解仍很有影响力。罗伯特·佩普（Robert Pape）提出这种思想，即各国当前正在寻找"软平衡"，以对抗"单极"美国可见的扩张主义和专制主义野心，这一思想是对传统概念的当代表达（Pape，2005b）。

均势是现实主义和新现实主义理解国际关系的核心。沃尔兹断言，如果说国际政治中有别具一格的政治理论的话，那么它就是均势理论（Waltz，1979：117）。均势是必需的，因为按照现实主义的假设，国际体系是无政府状态的，它建立在自助原则基础上，在无政府状态下，没有国家能够真正信赖别国的意图，国家的首要责任是确保生存。按照沃尔兹的观点，在国际体系中体系单元存在差别的主要原因是力量的相对分布。可持续的均势是指在这种均势中能最大限度确保国际稳定、最小化战争发生的可能性。很多现实主义思维聚焦在对国家可行的选择上——或者通过权衡利弊，或者以占优势的力量顺应潮流，最大限度地确保其国家利益（Christensen & Snyder，1990；Schweller，1994）。还有个类似的争论是哪种均势更持久、更稳固——是否在两级、多级或单极世界，体系更稳定（参见第 1 章）。

对现实主义者而言，联盟是有利于实现国际安全合作目的的均势的制度化表现（Morgenthau，1993［1948］：197）。联盟这种制度与均势相匹配，受到现实主义者的欢迎，尽管他们普遍怀疑国际制度的效力。对现实主义者来说，当联盟成立反对明显确定的外部威胁或力量集中时，它是有效的，因为外部威胁为成员国协调其军事和防务提供了一个强有力的共同目标（Wolfers，1959；Walt，1987）。正如冷战期间北约非常显著地证明的那样，联盟在某种程度上能带来军事融合与操作互通，这是任何其他安全制度所无法比拟的。对现实主义者而言，联盟的总体上的有效性还在于其内部构成往往反映了联盟间的力量分配。这可在北约内部再一次看到，美国的力量霸权得到了其他成员国相当程度的认同，因此它们接受这种安排：在欧洲的北约最高指挥官（SACEUR）的位置永久为美国将军预留。

然而，现实主义者并未幻想联盟对成员免去成本。格伦·施耐德（Glenn Snyder）指出，安全困境并没有通过联盟的成员资格得以解决，而是以新的、更微妙的形式表现出来。一方面，联盟义务导致"害怕被牵扯"，即在不涉及其国家利益时，国家可能基于联盟义务被迫进行军事行动。另一方面，又有相对立的"害怕被抛弃"。基于"害怕被抛弃"，有国家会担心当其处于危急情况时，其他国家不履行条约义务来对它进行救助（Snyder，1984，1997）。冷战期间，北约的历史就杂乱地充斥着如上恐惧与担心。例如，对欧洲搭美国的军事和安全保证"便车"，而不"分担"防务和军事开支的行为，美国不断表示愤慨（Olson & Zeckhauser，1996）。对像法国这样的国家来说，担心就更多了，因为美国霸权意味着，联盟是为满足美国的需要而非欧洲的需要而构建，从而削弱了欧洲的独立与自主（Kissinger，1965）。

按现实主义的说法，联盟本质上是短暂的临时现象，它们随国际体系中力量分配的迁移而盛衰。冷战期间，北约与华约因为表面上看来稳定的两级力量分配显得特别持久、特别令人印象深刻。但到冷战末期，不仅华约解体了，而且现实主义者也一般预计，北约最终也将分崩离析，因为没有了明显的外部威胁来确保联盟稳固（Mearsheimer，1990；Waltz，1993；Walt，1997）。在多极体系中，联盟形式化、制度化程度低，均势同样不稳定。正因如此，沃尔兹认为，与两极体系相比，多极体系总体上更不稳定、更易于引发冲突。按照正统的现实主义思维，单极体系也注定是短暂的，假定均势起作用，其他力量必定会打破这种力量集中态势，寻求新的均势。为此，基于稳固的均势及与之相配的联盟结构，后冷战时代的稳定似乎前途渺茫。

集体安全选择

但是，这些现实主义的假定，包括认为联盟是安全合作最有效、最可取形式的观点，远没有得到普遍接受。一个常见的批评认为，作为强权政治或实力政策的表现，联盟与其说是对战争的补救，不如说它实际上是战争的诱因，这也是自由国际主义者理解第一次世界大战起因的核心所在。按照 116 这种分析，正是欧洲精英们对均势的病态迷恋，以及他们制造的越来越复杂的联盟义务，触发了战争，而这又是所有欧洲国家都不愿卷入的。正如恩斯特·哈斯（Ernst Haas）的中肯主张，均势概念是有歧义的，多种不同的解释都可能潜在附着于这个概念中（Haas，1953；亦见 Claude，1962：11-88；Little，2007）。正是概念不严密，再加上政治领导人以不同的方式解释均势的性质和要求，最终诱发了不安全和不信任。另外，对均势的追求本身并不排除对战争的需要；事实上，发动战争很可能还是为了最大限度维持"均势"（Bull，1977：101-8）。历史上，波兰是均势的十足受害者，为了在欧洲列强之间维持均势，波兰遭受了一连串的分裂。总的来说，自由主义对均势政治的批评是，它让体系中强国的支配地位得以永存，压制弱国，使战争合法化以维持现状。

正是对诸如此类的传统强权政治不再抱有幻想，对均势和整个复杂的联盟体系也不再抱有幻想，这为安全合作完全不同的形式——集体安全——的提出，提供了动力与灵感（有关历史回顾，参见 Finkelstein & Finkelstein, 1966）。与联盟不同，集体安全制度尽可能包容，其成员资格对所有国家开放（见表5.1与联盟体系的比较）。集体安全的运作不取决于对预设敌人和威胁的识别，每个国家都可能成为潜在的侵略者。集体安全是对抗对体系和支撑体系核心原则的暴力攻击的集体保险。其中最重要的是"和平变革"观念，它意味着不诉诸武力解决争端。因此，集体安全不似均势政治那样寻求维持战争制度，而是试图超越战争制度。在集体安全体系中，只有在合法仲裁、武器管控、外交等和平变革制度失败或侵略行为发生时，才使用武力。在此情势下，集体安全体系责令所有成员国给予被侵略国援助，集体反抗侵略者。这种集体义务建立在和平不可分割的假设上，（认为）对和平的任何威胁都是对整个集体安全体系的威胁。因此，它要求国际共同体在协调一致的（基础上）集体反应。这种反应是自动反应，以压倒一切的力量来抵抗对体系的任何严峻挑战，进而期望"以和平手段解决争端"深入人心并制度化（Claude, 1956: 223 ~ 260; Wolfers, 1959; Kupchan & Kupchan, 1991）。

表 5.1 集体安全与集体防务比较

	目标	成员	威胁	偏好手段	持久性	内部结构
集体防务（联盟）	维持均势	有限、排外	外在、确定	军事	临时	霸权
集体安全	克服均势并培育安全共同体	开放包容	内部、不确定	外交和最后的军事（手段）	持久	平等

作为应对战争与维持和平的全新体系，集体安全的理想往往在剧烈的冲突和战争过后出现。第一次世界大战后国际联盟的创建、第二次世界大战后联合国的建立，都是受到对既存安全体系安排失败的启发，希望集体安全的理想制度化（Northedge, 1986）。冷战结束以后，人们同样希望集体

安全体系自然而然地结束东西方之间的冲突。但经历最初的乐观之后，随之而来的类似国联和联合国这样的制度未能实现最初的设想，使人们对集体安全更不敢抱幻想，并质疑其有效性。前一章已提到冷战后在相关问题以及 20 世纪 90 年代中期多个重要的维和行动中失败后人们不再抱有幻想。

集体安全的概念在较为理论化的背景下也经常遭受批评，特别是来自现实主义的批评。米尔斯海默的集体安全"虚假承诺"论如今获得广泛支持，尽管他的分析与早期现实主义者，诸如摩根索、卡尔做出的评论有很多共同之处（Mearsheimer，1990；Morgenthau，1993 [1948]；Carr，1964）。这些批评通常有三个主要组成。第一个是，（认为）集体安全概念是"理想主义"建构，它取决于对国际体系运作的错误理解。从现实主义的视角看，集体安全的问题在于，它假定世界本身是和谐的而非存在利益冲突、国家愿意彼此信任而非彼此猜忌、集体责任与义务超越且优先于国家利益与关切。在现实主义者看来，这些条件很少能满足；或者即便满足了，也会导致建立在集体安全假定基础上的安全设计不可避免地走向失败。第二个缺陷是，集体安全原则往往增加而非减少干涉和战争的可能。这是由于，安全不可分割的自由主义观念必然意味着，世界遥远地区发生的较小冲突在形式上和其他任何冲突一样重要，也同样需要做出集体反应。结果是，每一场局部的争端都有可能被国际化，并导致需要国际干预的事件激增。第三个缺陷是，集体安全体系不愿事先鉴别威胁，往往导致国家在这些威胁变得真实确切时准备不足。典型的历史案例是民主国家未能对纳粹德国的扩张野心做出迅速、充分反击。正如米尔斯海默所注意到的，危险在于"如果安全是每个人的责任，那么将没有人对它负责"（Mearsheimer，1990：36）。

对集体安全的此类现实主义批评似乎多到令人信服，已经引起人们对集体安全实用性的普遍怀疑。当然，现实主义突出了伊尼斯·克劳德（Inis Claude）所谓的风险，克劳德总体上是赞同集体安全的，他称它为"本质上教条的理论体系"，强调要用"更务实的办法"来应对国际体系"环境多种多样、偶发事件频频、情况相互关联"的特征（Claude，1956：254）。但正如克劳德所一直主张的，集体安全的智识构建上有明显瑕疵这一事实并不意味着该概念对国际安全合作的性质和形式没有实质性的影响。事实上，它是激发人们从根本上思考安全合作制度化的源泉，即便它在实现集体安全的全部理想时不可避免地失败。类似的，现实主义批评本身也没有证明

118

对强权政治永久支配的现实主义选项是有效的，最多也就是证明了相互争斗的联盟体系的起起落落。

集体安全思想持续鼓舞人心的例子是，世界各地确认了多个"安全共同体"，在不同程度上它已超越均势的传统逻辑。"安全共同体"是指从根本上同意使用非暴力方式解决分歧的国家共同体（Adler & Barnett，1998：30）。此类共同体的出现代表了历史的进步，这里共同规范和身份的社会化已引发了通过和平方式解决争端的强烈倾向。"安全共同体"的起初想法是随着卡尔·多伊奇（Karl Deutsch）等人关于 20 世纪 50 年代至 60 年代研究北约的著作和可见的横跨大西洋共同体的出现而出现的，这一共同体已经超越传统的联盟，成了制度化的"价值共同体"（Deutsch et al.，1957）。同样，欧洲一体化进程也被众多分析人士解读为传统上容易发生战争的欧洲均势体系向"安全共同体"的彻底重构，战争在欧盟成员国中已确实变得难以想象（Waever，2006；Adler & Greve，2009）。在亚洲，随着东盟的发展，一些学者已看到新兴的亚洲安全共同体出现（Acharya，2001）。

与集体安全的理想相比，安全共同体的概念要求没那么高也没有那么激进。安全共同体清楚地描述了这样一个世界，在这里安全共同体与其他形式的安全合作共存；这里通常集体防务与集体安全间的逻辑不易作轮廓鲜明的区分（Adler & Greve，2009；Buzan & Waever，2003）。为此，有这样一种认识——正如现实主义者很有说服力的那种主张——均势不能简单被视为过时的、倒退的东西而摒除。要确保和平，就必须在某种程度上准备战争。世界还没有进步到把非暴力方式作为解决争端的本能反应行为模式的程度。但与现实主义思想相反，这种观点也认识到人们真心渴望构建更包容、打破敌友二分的国际体系。它承认我们的人道良知和同等对待世间苦难的严肃性，在这种体系里侵略及诉诸战争将逐渐被和平解决争端取代（Kupchan & Kupchan，1995）。在接下来的两节，将在欧洲和亚洲地区背景下，就集体防务的需要的现实和集体安全预期之间的比照展开研究。

欧洲与北约幸存

欧洲高强度战争期的终结已经屡次催化出安全联合与合作的新思想与新观念。如较早指出的，均势作为制度出现于中世纪末期的宗教战争之后。随着 1815 年拿破仑战争的结束，均势体系在"欧洲协调"中半形式化和制度化，那时主要的欧洲列强寻求通过外交协商与谈判来解决争端、避免战争。该体系后来崩溃，第一次世界大战的野蛮破坏激发了集体安全的理想，其在国际联盟以及二战后联合国的框架下走向制度化。冷战的开始见证了更传统均势政治的回归，见证了起平衡作用的联盟体系以及复杂的、以核力量为基础的威慑体系的形成。

冷战的结束无形中提供了新的"关键节点"，该"关键节点"为欧洲安全合作建构新的且富有创新性的架构提供了可能。最后一任苏联领导人戈尔巴乔夫试图推动泛欧安全结构以取代北约，以欧洲安全与合作会议（CSCE）实践为基础，使华沙条约组织从符拉迪沃斯托克（即海参崴）扩张到温哥华。一些人认为集体安全安排复制了 19 世纪"欧洲协调"的一些特征（Kupchan & Kupchan, 1991）。然而还有一些人看到了欧洲共同体的机遇，迈出新的关键一步，为欧洲事务管理承担政治和军事安全责任。

在所有的这些案例中，没有直接提及结束或取缔北约。一个大致预测是，北约未来的作用很可能完全不同且被大大削弱。按照现实主义的逻辑，在缺乏明显外部威胁的情况下，预计联盟将变得多余（Walt, 1997）。沃尔兹（Waltz, 1993）和米尔斯海默（Mearsheimer, 1990）都曾预言北约会逐渐消亡。实践中，北约已证明与预期相比，它拥有相当强的韧性。冷战结束后 20 多年来，人们普遍承认，北约不仅是欧洲也是全世界最高效的多边军事力量。例如，是北约牵头充当了"9·11"后在阿富汗的干预力量，2011 年它又对利比亚进行了干预。北约的幸存与持续，似乎与现实主义的假设相背离，因而是个需要解释的谜题。

有两个关键因素给出了很好的部分解释。第一个因素与 1989 年至 1991 年这个关键时期有关，那时西方和苏联之间就结束冷战、确保德国重新统一进行了复杂的谈判。北约幸存背后的关键因素是，美国和其包括德国在内的重要盟友们有绝对的决心，来确保其继续卓越。如较早所注意到的，戈尔巴乔夫偏好的是泛欧安全结构，该结构超越并优于北约。西德政府，抱着重新统一德国的更高战略目标，比较难以拒绝苏联关于削弱北约作用的条件。不过，在德国总理赫尔穆特·科尔（Helmut Kohl）的支持和美国总统布什（George H. W. Bush）的领导下，美国坚决要求确保北约在西方安全与稳定方面继续发挥难以撼动的柱石作用（Sarotte, 2011）。正如法国外长休伯特·韦德里纳（Hubert Védrine）所注意到的：冷战结束时大西洋联盟的未来是布什真正关注的"唯一议题"（引自 Sarotte, 2010：113）。那时苏联领导层在这一点上（显然）被误导，或更可能误解了西方的决心，这也是后苏联时期俄罗斯产生挫败感的一个持续缘由（Dannreuther, 1999～2000; Kramer, 2009）。

121　　西方这个最初的决定确保了北约（继续）保持其战略优势，也确保没有全新的欧洲安全制度结构创立。但这本身并不能确保北约继续保持其特权地位，除非它能针对后冷战时代的安全威胁界定其角色和职能。后冷战时代北约复兴背后的第二个关键因素是其超越了冷战时保卫领土的局限目标，而确定了一系列新作用和新职能。这包括最为关键的在北约成员领土范围外使用武力以终止冲突，充当能够提供强制和平措施的行为体，而这正是前章所述的联合国所无力执行的。这一点在北约对南斯拉夫战争的连续干预中首次得到证明。对这些内战的军事干预，第一次是 1995 年在波黑，而后是 1999 年在科索沃，这些干预代表了北约的激进转型，因为直到那时北约都没打过一次仗。这些干预行动也不是轻易采取的，它们更多是由于缺乏更可靠的其他选择，而非北约所预先决定的。欧安组织和欧盟早就发现缺少"止战"的军事手段，而如前章所述，联合国也同样找不到对参战国强制和平的意志与军事手段。正是在 20 世纪 90 年代中期那个时间点，北约军事规划与部署、密切协调经验的比较优势等被决定性地用于强制停火，并把争端当事方带回到谈判桌上。不过，这也与北约从专注领土防卫到试图推进、输出自身价值和利益的某些转型有关。

　　北约干预巴尔干的逻辑后果是，北约至少在部分程度上从作为冷战时单一针对抵御或反击苏联入侵的严格的集体防务组织的化身，日益转型为集体安全组织，该组织试图推进欧洲、欧洲-大西洋地区更广泛范围的安全（Duffield, 1994-5; McCalla, 1996; Wallander, 2000）。安全制度的这种混杂形式包含复杂、微妙的"平衡术"：要维持北约内部集体防务的历史性的优势，包括军事整合的遗产、武器的相互可操作性和集体使用军力的能力，但又不能确定一个明确的敌人。同样，北约需要以更广泛、更包容的方式促进安全，这反映了欧洲安全环境剧烈变动。不过，它需要不从属于如欧安组织、联合国这类既存集体安全制度的组织并克服决策弱点。

　　这一复杂的"平衡术"已给北约带来了一系列的艰难挑战。第一个挑战是成员资格问题。随着苏联的解体和东、中欧的自由化，冷战集团最初限制成员资格的条件很难保留，特别是在东、中欧国家强烈表示把加入北约作为它们"回归西方"象征的情况下。冷战结束以来，北约成员国的数

122 量从 15 个增加到 28 个，从巩固欧洲和平与安全、扩大欧洲-大西洋安全共

同体的角度看，北约证明了它（存在）的合理性（Talbot，1995）。实际上，北约扮演了欧盟扩大过程的先驱，欧盟扩张大体上沿用了北约扩张的路径。但是，北约的扩大只是局部的，最引人注目的是不包括俄罗斯，且除了三个波罗的海国家外，苏联其他加盟共和国也不包括。乌克兰、格鲁吉亚等国也已表达了在未来加入北约的兴趣。

　　毫不意外，俄罗斯很不情愿地看到北约幸存并逐渐侵入俄罗斯的边界，并且从不接受北约自身已经转型为集体安全组织的说法。从莫斯科的角度看，北约的持续存在加速并固化了俄罗斯作为威胁的看法。北约的存在并没有调和和超越冷战分歧，反而扩大了北约势力范围内的国家和不属于北约势力范围内的国家之间进一步的、新的分歧（M. Brown，1995；Dannreuther，1999~2000）。俄罗斯的这一主张也得到许多中东欧的新北约成员潜在的支持，它们遭受苏联"侵入"的历史经历意味着它们仍会把抵御和反击俄罗斯扩张主义作为（北约）组织的核心功能。对那些老的北约成员国而言，在对俄罗斯前景的认识上存在一些模棱两可的东西，这就是如果真正能使其转型为稳定的民主国家，那么俄罗斯最终可能会加入北约；潜在的担心是任何诸如此类的扩大都将会使北约变成如同欧安组织那样的不起作用的"清谈馆"。这些有关北约的目的和意义的外交争论并不仅仅局限于使领馆和会议场合。2008年俄罗斯干预格鲁吉亚，结果"吞并"了格鲁吉亚的部分领土，其干预背后的重要因素是，它决心为北约扩张划条"红线"，强力震慑格鲁吉亚加入（北约）联盟的愿望（Asmus，2010）。因此，均势政治作为一种力量又回到俄罗斯-北约的关系中。

　　后冷战时代北约面临的另一个更内部而又确实复杂的问题是，如何进行联盟内的责任与成本分摊。大家普遍认识到，欧洲要从全球东西方对抗的中心位置，转变为更稳定的安全地区，需要欧洲国家比冷战期间发挥更大的作用、承担更大的责任，以管理好其自身的安全，冷战时它们更多是依赖美国霸权对抗苏联。有关责任与成本分摊的想法并不单由美国倡导，而美国现在的全球安全关切更多地聚焦于亚洲如中东等非欧洲地区。上述想法某种程度上也是欧洲国家的意愿，欧洲国家试图在共同外交与安全政策和欧洲安全与防务政策的制度化下促进政治、军事、经济一体化（Howorth，2007）。最初对北约同欧洲安全与防务政策能否共存、如何确保这些制度彼此相互补充而不是相互削弱，有很多争论和担心。在美国和诸如英国之类的欧洲国家有很多人担心欧洲安全与防务政策会挑战北约的首要地位、削弱跨大西洋团结（Kagan，2003；Sangiovanni，2003）。实际上，担心北约会被共同外交与安全政策、欧洲安全与防务政策逐渐削弱已不是主要问题。尽管责任与负担的再平衡将确保联盟的欧洲支持者与美国支持者之间进行公平、平等的工作分配，但一些小规模的军事作战也取得了相当大的成功，后者不会引起责任与负担的再平衡（Anand，2010）。2011年北约干预利比亚，几乎没有讨论欧盟参与干预的问题，就说明了这一点（Anand，2011）。

这些内部的紧张状态也反映在外部行为的矛盾和挑战中。1995年对波斯尼亚的干预决定表明，北约已经越过其成员国的边界进行行动——在北约的术语里这被称为"域外"行动。这个问题而后变为北约的集体安全责任到底有多广，特别是其地理边界达到什么地方。问题在于联盟内成员国对此问题分歧很深，考虑到其他国家，可以分为三个阵营（Noetzel & Schreer，2009：215-16）。一些国家如美国、英国，有时候再加上法国，寻求改革北约，使其呈现更全球、更远征的形式。而以德国为最重要国家的第二个阵营最不倾向支持北约进行外部干预，认为北约应继续立足于欧洲。第三个阵营如较早提到的，意欲使北约的作用回到主要应对俄罗斯引发的威胁上。北约成员国在国家利益和安全文化方面的重大差别，造成了它们很难获得一致同意和协调行动。在阿富汗，北约的军事行动面临严重困难，那里只有盎格鲁-撒克逊盟友也即美国、英国与加拿大愿在塔利班控制的活跃暴动区部署部队。法国和英国充当了在利比亚开展军事行动的急先锋，但德国和其他一些国家拒绝卷入。最引人注目的是"9·11"后美国得到北约其他成员国异口同声的支持，但随后美国又决定不依靠北约进行"反恐"战争。所有这些导致北约遭遇了相当的挫折和组织的部分瘫痪。

这里强调了北约面临的各种各样的紧张和挑战，但不要过度悲观也很重要。如较早前主张的，没有人强制国家通过全球或地区安全制度进行合作，在所有此类制度中，国家主权起着主导作用，尤其是在还没到最危急时刻或立即面临可见的威胁时，相互矛盾的国家利益、集体行动失败及次优反应便会产生。北约不但设法存活了下来，而且在后冷战时代，一定程度上还发展壮大了。在很大程度上，这是因为北约代表了集体防务和集体安全能力的联姻，北约在完全不同于冷战时期新的地区和全球安全体系中扮演了独一无二的角色。

亚洲成为新兴安全共同体？

欧洲与东亚在安全文化、安全合作的水平与强度上存在重大差异。从制度化程度、军事一体化和城外部署的军事力量产生的效果看，北约是独一无二的安全组织。大西洋联盟在经济和政治层面得到欧洲一体化进程的补充，欧洲一体化进程包括区域内国家实质上的主权共享，在欧盟内建立了强有力的超国家机构。欧洲"民族国家"当然没有消失，传统均势因素 125 也没有完全消失（Milward，2000）。尽管如此，欧洲已出现紧密结合、充满活力的安全共同体，该共同体深深地植根于（欧洲）经济、政治和军事领域的多边合作实践。因此，欧洲国家与北美国家之间的战争日益变得不可思议。这是欧洲历史演进中的根本性转变，而欧洲传统上几乎是战乱不断的地方，20 世纪引发了两次世界大战，几乎毁灭了欧洲文明。

东亚没有发生如此彻底的、根本性变革。地区国家间的领土争端、意识形态对抗、长期存在的敌意仍是地区安全复合体的显著特征，在许多分析人士看来，该地区的安全合作前景相对黯淡。在库珀（Cooper，2003）看来，东亚不属于在欧洲最为明显的后现代、后主权世界，而是属于迷恋于威斯特伐利亚国家体系的传统"现代"世界，这种情况下战争的可能性总是存在的。在现实主义者看来，后冷战时代亚洲的环境更接近 19 世纪的欧洲实际情况，而非 21 世纪的欧洲，该地区的竞争已然"时机成熟"（Friedberg，1993-4；Zakaria，1998）。中国的快速崛起增加了地区的普遍不安全，按照米尔斯海默的观点，崛起大国的历史经验是它们必然挑战现状，这种挑战不可避免地要造成政治、军事上的竞争与冲突（Mearsheimer，2001：402；Swaine & Tellis，2000）。根据现实主义者的说法，所有这些地区不安全反映出亚洲地区的安全制度相比欧洲较弱。弗里德伯格（Friedberg）写到，如果欧洲地区制度是"字母汤"，那亚洲的区域制度只是"薄稀饭"一般的制度餐（Friedberg，1993-4：22）。

在这些悲观主义分析中，尽管有许多分析无疑是有用的，但它们没有正视东亚安全合作发展的复杂性。当均势和实力政治逻辑成为地区政治的关键要素，以及某种程度上比欧洲环境下更强时，那里也有达成一致的、雄心勃勃的构建制度化安全合作的尝试，该合作明显拒绝现实主义逻辑，寻求增进联合、相互依赖和安全合作。来自东南亚的地区领导人已把所谓的东盟方式视为地区合作的范本，包括合作规范的开创和牢固确立，如不干涉原则、不使用武力原则，但没有欧洲常见的复杂法律框架和制度（Acharya，2001：64；Stubbs，2008）。中国在安全理念上采用了相似的语言与辞令。中国支持上海合作组织的发展壮大，它与俄罗斯以及一些中亚国家为此进行了大量的政治、外交努力，该组织与传统联盟完全对立，其更多遵循集体安全制度，以应对中亚非传统安全挑战（Aris，2009b）。如图5.1所示，亚洲政治与安全组织的制度版图确实非常复杂，不过其最重要的基石是东盟。

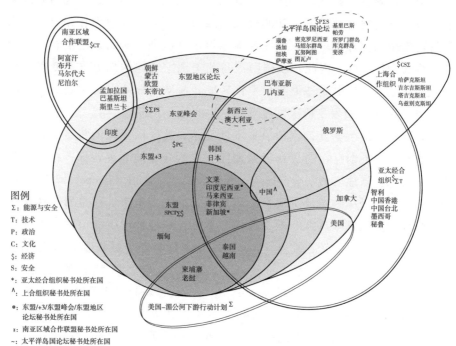

图 5.1　亚洲安全共同体

来源：美国国务院。

在学术圈里那些热闹地讨论发展非现实主义的亚洲内部的地区性安全共同体的主张到底有多少是认真的？以阿查里雅（Acharya）为首的很多建构主义国际关系学者认为，这代表了安全实践与原则的真正转型，它已对地区安全文化产生了现实持久影响（Acharya，2001，2003 - 4，2004；Johnston，2003b）。建构主义和自由主义学者也认为，这并非限于东盟成员国，实际上也改变了中国的安全观点和行事方法，中国日益参与安全合作规范交流，按照美国副国务卿罗伯特·佐利克（Robert Zoellick）的话，中国逐步成为地区与国际事务的"负责任的利益攸关方"（Johnston & Evans，1999；Johnston，2003a）。其他一些学者则在相当大程度上持怀疑态度，他们认为东盟只是个带点光环的"清谈馆"，其兴趣更多在于"过程"而非"进步"。新兴安全共同体的任何理念都掩盖不了该地区普遍不信任、合作 127 有限、地区稳定依赖美国提供的政治与军事均势结构的事实（Liefer，1989；Jones & Smith，2007）。

要尝试在这两种对立的立场间评判，首先必须强调亚洲在历史、地理和文化环境上与欧洲显著不同。其中有三个主要因素，第一个因素是，当东亚作为全球冷战结构的组成部分时，其冷战经历与欧洲完全不同。冷战在亚洲相比在欧洲"更热"，一些地区战争直接卷入超级大国的争夺，最引人注目的是朝鲜和越南。因为亚洲不仅仅有苏联和美国之间的冲突，中国情况更为复杂，冷战结构没有遵循简单的东西方两极模式。另外，冷战在亚洲的结束也有很大不同。苏联的解体导致中国力量的增强，而非削弱，中国实现了市场主导经济增长的成功。朝鲜半岛的冲突，仍是地区不安全的主要原因。因此美国与本地区内不同国家（日本、韩国、澳大利亚、泰国和菲律宾）之间双边军事同盟的网状结构还没有遇到北约在冷战结束时所经历的那种危机。对这些国家而言，尤其是随着中国的崛起，美国对地区安全事务的参与显然也是该地区战略稳定重要的、不可或缺的因素（Ikenberry & Tsuchiyama，2002）。

第二个不同是文化与身份的不同。在欧洲，北约作为联盟把美国整合到欧洲的安全框架中，如多伊奇（Deutsch）最初所认为的，这是在共同的价值观以及某种程度的共同身份基础上的多元安全共同体构建过程。由于效仿北约的东南亚条约组织（SEATO）的失败，亚洲没有发展起诸如此类的多元安全体，这反映了美国和亚洲国家间缺乏历史与文化归属感。即便基于政治、经济和安全原因，与美国紧密联系是战略必需，在地区内仍有这样的感觉，即"西方"的价值观与"亚洲"的价值观有明显的不同。也有国家担心与美国的认同太强会疏远中国且加剧与中国的紧张状态，逐渐削弱中国与地区其他国家间的历史、文化纽带。 128

这些文化上的差异同东亚与欧洲的第三个主要区别有联系，而且本质上是发展问题。事实是当西欧国家高度发达、建立先进的工业民主政体时，亚洲国家绝大多数还处在发展过程中。它们有被强制服从、被强制镇压的共同历史经历，它们正在为变成强大国家而努力奋斗，它们也面临经济快速发展的巨大挑战。在这种背景下，该地区政权和政府的主要目标是强化国家主权和政治独立，限制外部力量干涉。对像欧洲那样，打破国家的边界、身份，构建超国家经济与政治同盟，亚洲国家的意愿则非常有限（Narine，2008：424-6）。

所有的这些差异因素意味着亚洲地区安全合作的程度远不及欧洲发达，其基础安全结构有赖于美国通过其轴辐式联盟网络所提供的战略平衡。不管如何，这并没有导致该地区采取宿命论的现实主义悲观立场。如上所述，希望通过东盟建构更具合作性的地区安全体系的制度安排几乎不可能（Stubbs，2008）。就传统均势而言，东盟是一个中小型国家组成的本质上弱小的组织，它的成员并不能匹配区域内大国，如中国、日本、俄罗斯或美国的能力。东盟也还小心翼翼地保持着弱的制度化，坚定执着于主权平等原则和不干涉原则。东盟强调的权力属于非物质的、规范层面的主张，它已经发展为制度性的框架，通过该框架国家间的合作得以加强，但没有像欧洲那样进行法规与制度建设。"东盟方式"推动了非正式的、协调一致的和渐进式的决策，它聚焦于采取增进相互信任的措施，并把这些措施作为构建新兴安全共同体的具有自身特色的、非现实主义的亚洲路径。

东盟和北约的一个相似之处是，冷战结束后，东盟在变化的全球环境中该扮演什么角色成为真正的问题。像北约一样，东盟成员国认为扩大和拓展该组织的活动是确保其生存的最好途径。1994年成立了东盟地区论坛（ARF），它成为中国、印度、日本、俄罗斯、美国与东盟进行地区性对话的首个区域安全论坛。东盟与中日韩"10+3"（APT）对话进程沿用了该形式，它同样试图维系东盟与中国、日本、韩国之间更紧密的交流。这些积极行动的总体目标是，推动地区大国的战略依存，坚定捍卫东盟成员国在国内事务上的主权、不干涉与和平解决争端的核心原则（Goh，2007-8）。

这一战略关键的成功是中国（对其）的态度和行为有了看得见的转变。在20世纪90年代的多数时候，中国对东盟高度怀疑，视其为可能的美国前哨。但在1997年到2001年期间，中国政府越来越认识到这种战略举措适得其反，愈益认识到更有成效的政策是参与诸如东盟之类的地区和多边机构。北京希望通过按此类多边机制要求主动参与规范和原则（协商）来证明（自己），减轻（周边国家）对其实力增长的恐惧。自那时起，中国就成为东盟最强有力的支持者之一，事实上它也是2003年签署《东南亚友好合作条约》的第一个地区外大国（Medeiros，2009：130-1）。"东盟方式"的影响也反映在中国与俄罗斯、中亚国家创立的上海合作组织身上，上海合作组织坚持宣称它不是个对抗外部威胁的传统联盟，而是个应对恐怖主义、分裂主义和极端主义所谓"三股势力"的集体安全安排（Aris，2009a）。

所有这些表面上的积极发展与"双赢"地区安全合作要求，确实需要以关注和怀疑的态度来对待。东盟自身正在增强东南亚小国的集体实力，以便为其更大的地区实力投射更大的力量（Katsumata，2006）。像东盟与中日韩"10+3"一样，上海合作组织无疑也试图将美国排除在外，以推动亚洲地区的秩序（建立），在这里中国而非美国是主要的地区主导者。东盟和其他地区多边机构脆弱的法律制度也限制了它的影响力（Ravenhill，2009）。传统现实主义关注的权力分配以及持续的领土和意识形态紧张在亚洲也比欧洲更为显著。但这些在战略层面更复杂、更不稳定的情况并不意味着缺少更开放安全架构的元素，或如欧洲那样集体防务和集体安全的安排复杂叠加在一起。亚洲和欧洲一样，也在努力寻求在亚洲减弱权力政治的风险和均势的作用，促进经济和政治领域的复合相互依存，使地区国家尊重国 130 际责任规范。

结　论

本章试图找出国家决定参与或不参与多边安全合作的多元、复杂的方式。从理论争论看，历史上那些遵循均势现实主义范式的人和那些推进集体安全自由主义理想的人之间存在大的分野。在均势现实主义范式那里，联盟在维持国际秩序中起着关键作用，而在集体安全自由主义理想者看来，全球安全合作体系是国际和平与安全的先决条件。建构主义学者借由"安全共同体"想法介入争论，"安全共同体"提供了超越传统均势政治的地区安全合作例子。

本章已证实安全合作的现实实践比理论争论所预示的还要复杂、棘手。在欧洲，北约的主要安全制度表面上符合传统的联盟结构，尤其是在冷战期间，当时它的主要任务是应对苏维埃的威胁。但即便是在冷战期间，北约也有诸如联合西德进入欧洲、推广所谓的西方"价值观共同体"等其他功能。后冷战时期，北约的集体安全功能变得愈加突出，联盟已经对巴尔干、阿富汗进行了干预，新近又干预了利比亚。甚至在当前阶段，北约仍继续发挥着残余的制衡作用以对抗俄罗斯，俄罗斯的政治动向仍不确定。在亚洲，均势政治当然在地区安全管控上扮演了更关键、更核心的角色，美国的双边联盟网络是亚洲安全架构不可或缺的部分。不过，在亚洲自由合作安全的思想也被推动并纳入诸如东盟、东盟和中日韩"10+3"以及上海合作组织等的制度中。

很重要的一点是，国家参与安全合作的类型和形式受这些国家的选择及决策的驱动。即使对遵循均势的现实主义逻辑有强烈倾向，集体安全的自由主义理想也有强大的规范力量，这使国家很难忽略它们。不仅如此，历史、地理和文化特质也为理解所产生安全合作的特殊形式和范围提供了特有的地区背景。

扩展阅读

均势概念对国际关系如此重要，以致那些最经典的著作，诸如汉斯·摩根索（Hans Morgenthau）的 *Politics among Nations*（1993［1948］）、伊尼斯·克劳德（Inis Claude）的 *Power and International Relations*（1962）、肯尼思·沃尔兹（Kenneth Waltz）的 *Theory of International Politics*（1979），以及赫德利·布尔（Hedley Bull）的 *The Anarchical Society*（1977）等，对此都有涉及。新近的创新性研究包括：Richard Little 的 *The Balance of Power in International Relations*（2007）、Stuart Kaufman 等人的 *The Balance of Power in World History*（2007）等。

关于集体安全的概念，可在伊尼斯·克劳德的 *Swords into Ploughshare*（1956）一书中找到很重要、很详尽的论述。关于集体安全的历史演进，Mariana 和 Lawrence Finkelstein 所著的 *Collective Security*（1956）一书中有相关概述。有关后冷战时期集体安全的争论见 George W. Downs 所著的 *Collective Security beyond the Cold War*（1994）。约翰·米尔斯海默在《国际安全》（1994-5）上发表的"The False Promise of International Institutions"一文是对现行集体安全概念的经典现实主义反驳。Charles 和 Clifford Kupchan 在 *International Security*（1991）上发表的"Concerts, Collective Security and the Future of Europe"一文对后冷战时代有关集体安全（事宜）提供了有影响的辩护。

关于联盟的重要文献包括 Glenn Snyder 的 *Aliance Politics*（1997）、Stephen Walt 的 *The Origins of Alliance*（1987）。有关北约史见 Stanley S. Sloan 的 *Permanent Alliance?*（2010）。从冷战结束解释北约耐久性的好的概述参见

Wallace J. Thies 的 *Why NATO Endures*（2010）。关于欧盟欧洲安全与防务政策的演进与发展，Jolyon Howorth 的 *Securing and Defense Policy in the European Union*（2007）中有相关论述。罗伯特·卡根（Robert Kagan）在 Of Paradise and Power（2003）中对跨大西洋日益加剧的紧张关系提供了很有说服力的解释。关于东盟和亚洲的地区主义，参见阿查里雅（Acharya）的著作，包括 *Constructing a Security Community in Southeast Asia*（2001）、*Whose Ideas Matter? Agency and Power in Asian Regionslism*（2009）。邓勇（Yong Deng）在 "China's Struggle for Status"（2008）一文中，对中国外交政策的转变提供了很好的概述。伊芙琳·吴（Evelyn Goh）在《国际安全》（2007-8）上发表了非常优秀的论文 "Great Powers and Hierarchical Order In Southeast Asia"，强调了均衡、联合与认同的复杂性。

研究与讨论问题

1. 现实主义为什么把均势看成国际体系的主要特征？
2. 在何种程度上集体安全所提供的一致和有效选择有赖于均势和联盟体系？
3. 根据现实主义理论，作为联盟，北约在冷战结束后应该解体，那么如何解释它又生存了下来？
4. 亚洲与欧洲安全制度的主要不同点和相同点是什么？

网　站

132

www. nato. int：北约官方网站。

www. nato. int/strategic-concept/index. html：提供关于《北约 2010 版新战略概念》的争论和信息。

www. iss. europa. eu. 欧盟安全研究协会，研究欧盟、欧洲安全文化发展以及加强（欧盟）共同外交与安全政策等安全问题的主要智库。

133

www. asean. org：东南亚国家联盟的官方网站。

第三部分

环境、资源与移民

第六章　环境安全

　　环境安全这一概念与冷战的结束尤为相关。将环境与不安全放在一起考虑是将非军事安全问题安全化的第一次重大尝试，因此推动了将（安全）研究重心从冷战时期聚焦国家军事安全转移开来的议程。在冷战白热化时期，环境这一概念作为不安全的重要来源根本没有引起注意。关于国际安全的实质性辩论中，核对抗的威胁是主要议题。核时代的到来仍属于启蒙传统的产物，核弹以最直白、在道德上模糊不清的方式表达了人类对自然的控制，是无畏的技术进步的一个证据。跟过去与自然的原始对抗不同，如今环境已不再是控制和限制人类活动的因素。不安全目前局限于"社会-社会"互动，也就是社会团体之间的暴力威胁，而不是环境威胁社会的"自然-社会"互动。

　　征服自然力量的胜利感在 20 世纪 60~70 年代首次被严重质疑。国际环境运动的出现扩散了"环境危机"即将来临的危机感，这种危机与不受控制的人口增长、不断增加的资源稀缺以及现存的社会和政治机构脆弱有关（详见 Ehrlich，1968；Meadows et al.，1972；Hardin，1998［1968］）。另外一个里程碑式的发展标志是 1972 年在斯德哥尔摩举行的联合国环境问题会议。此次会议第一次承认了环境问题的国际重要性，并建立了联合国环境规划署。随着时间的推移，这种越来越强烈的环境意识和担忧导致人们首次需要重新思考对安全的传统理解，冷战对洲际军事冲突的关注忽略了潜在的影响更大的跨国环境危险（早期表述详见 Falk，1971；L. Brown，1977；Ullmann，1983）。

　　但是，在冷战两极军事格局瓦解之前，这些观点仍然微不足道。在冷战后，对更广泛和更具包容性安全议程的呼吁变得更加迫切（Mathews，1989；Prins，1990；Myers，1993；Renner，1996）。研究资助机构中有影响

137 力的领导人，如杰西卡·马修斯（Jessica Mathews），明确表示要在更广泛的意义上重新定义安全并在安全这一领域促进研究发展，其中包括注意环境变量。20 世纪 90 年代，许多政治领导人，特别是当时的美国副总统阿尔·戈尔（Al Gore）也赞同环境安全的概念，并努力将其纳入美国国防规划和决策（Gore，1992；亦见 Butts，1999）。最终的结果是，从 20 世纪 90 年代早期起持续涌现出智识和学术研究，以确定和证实环境安全的意义和影响，并推动将这些结论纳入西方国家安全和国防机构制定的政策当中（综述可参见 Dabelko，Lonergan & Matthew，1999；Matthew，2002；Brauch，2005；Chalecki，2012）。

但是环境安全的概念一直饱受争议。一些学者坚持认为环境不是安全研究的适当对象。传统主义者认为学术研究的注意力应该继续集中在有意图的社会暴力上，将环境安全包含在内是一种时尚的做法但最终与学术研究无关。更隐晦的批评是，将国家安全的概念应用到环境上是潜在危险的发展方向，因为这会导致对环境问题做不适当的军事化处理的问题，通过政治、经济政策而不是由安全机构来解决环境问题更合适（Deudney，1990；Levy，1995）。这些观点来自更激进的批判理论传统，但是也存在类似的嘲讽式的批评，该观点认为环境安全的概念被用于使富国对穷国的干预合法化，掩盖了结构性不公正，而这种不公正正是环境不安全的根本原因（见 Dalby，1999，2002，2009；Peluso & Watts，2001）。

关于环境安全的广泛讨论有两个主要方面。第一也即本章第一部分的内容，讨论了环境退化对人类福祉和安全威胁的影响程度。关于这个问题的讨论有两个极端：一种是对环境的悲观论，即世界正处于进入灾难性崩溃的"门槛"；另一种是比较乐观的观点，即人类的聪明才智和创新将确保控制和消除环境威胁。环境安全这一概念的相对显著性与哪种观点更能令人信服密切相关。这对作为科学家的安全分析者而言是一个特别的挑战，因为环境不安全的证据在性质上与传统的军队在边界上的威胁非常不同。由于威胁的理论化可能会为了其他目的而建构或者安全化，所以环境安全这一概念也不可避免地高度政治化。

第二也即本章的第二部分讨论的内容，涉及一个更为具体的论证，它认为环境退化是暴力冲突，特别是许多复杂的内战或在世界上不发达地区
138 如撒哈拉以南非洲发生的新战争的直接诱因。这就把"人的安全"和南-北维度引入环境安全这一概念中。另外，环境安全还提出了关于暴力冲突原

因以及如何将环境根源从这种冲突的社会-政治根源中分离的复杂问题。

本章主要论点是环境安全的概念是有确定依据且有用的，特别是在提醒人们了解人类和自然之间关键和脆弱的关系的意义上。但是也需要承认那些对潜在威胁的过于悲观的估计应该适度，现在有种危险，就是过度强调所涉的危险和涉及的威胁，并低估人类消除这些危险和威胁的适应和创新能力。但是话又说回来，在以下三个具体领域中这些适应性和创新能力虽很明显已经较强，但仍然存在潜在不足：第一，如果威胁是全球性和社会性的，经济和政治机构需努力做出有效的国际反应的领域；第二，环境问题起源于贫困和结构不公正的地方；第三，资源争夺包括明确的经济激励，鼓励竞争精英和社会团体使用暴力来获得这些资源的地方。

我们是否处于环境危机的临界点？

第一个需要强调的问题是如何对环境不安全的程度作出适当公正且有证据支持的评估。环保主义者最有力的说辞之一是人类已经处于环境危机的"临界点"，持续、无限制的人类活动必然导致环境的严重恶化，对人类福祉造成灾难性的影响（详见 Homer-Dixon，1991；Meadows & Randers，1992）。地球的"可承载力"处于被破坏的危险之中这一观点为即将发生的危机提供了类似形象（Brown & Kane，1994；Rees & Wackernagel，1994）。总体而言，这样的图像和概念符合当前环境条件下的悲观观点，持该观点的被普遍描述和讽刺为"新马尔萨斯派"。托马斯·马尔萨斯（Thomas Malfhus）是 18 世纪后期的经济学家和人口统计学家，是第一个强调人口增长将超过粮食产量增长而爆发危机的经济学家。然而，悲观的论点受到了更乐观评估者的质疑，而后者通常被称为"丰饶派"甚至是"普罗米修斯"，因为他们相信人类有能力解决环境挑战。虽然所谓的新马尔萨斯派-丰饶派的辩论因其高度的概要性甚至贫乏性而受到批评，但它的确概述了核心的范式差异，而这种差异对环境态度和政策都有重大影响（关于这场争论，[139] 详见 Myers & Simon，1994；亦见 Simon & Kahn，1984；Myers，1993）。

悲观者的观点

悲观的"新马尔萨斯派"路径给环境变化应该被合法地认为是安全威胁这一观点明确提供了更有力的支持。这一路径的基本观点很简单，最初是借由马尔萨斯认为人类痛苦和困惑是不可避免的这一观点提出的，理由是粮食生产速度是线性的，但人口增长速度是指数级的。这种指数增长的概念通过罗马俱乐部经典的《增长的极限》（*Limits of Growth*）（Meadows et al.，1972）得到普及。这份报告提出在五个关键领域——人口、粮食生产、工业化、污染和不可再生资源的消费，从一年到下一年有明显的指数增长的证据，可以比喻性地将这些证据理解为"时间倍增"的过程。

对人口增长螺旋失控的恐惧是更悲观的环境观点的最一致特点之一——这种恐惧随着 20 世纪死亡率急剧下降、出生率持续高涨而加剧（Ehrlich & Ehrlich，1991；Brown & Kane，1994）。结果是世界人口发生了跳跃式增长，从 1950 年的 20 亿人增长到 2011 年的 70 亿人，预计到 2050年会上升到 90 亿人。这使人们担心世界正走向长期过度拥挤，作家保罗·埃利希（Paul Ehrlich）20 世纪 60 年代的畅销书中"人口爆炸"的比喻生动地凸显了这一点：

> 在心理上，人口爆炸在德里的一个极其炎热、臭气熏天的夜晚降临。街道上挤满了人，人们在吃东西、洗漱、睡觉、工作、争论和尖叫，人们在出租车窗口乞求，人们扭打在一起、小便，人们从公交车上下来，人们带着宠物通过街道，人，人，人。（Ehrlich，1968：16）

与之相关的恐惧是，随着人口增加以及人类活动对环境的破坏，可利用的自然资源会极为紧张，以至于最终会无法满足日益增加的需求。1965年，莱斯特·布朗（Lester Brown）认为"不发达地区食物短缺问题可能是未来几十年内人类面临的无法解决的问题之一"（Brown，1965：34）。作为具有影响力的世界观察研究所（World Watch Institute）的主席，布朗一直忧心快速发展的发展中国家，如中国将面临难以养活自己这一看似无法克服的困难（Brown，1995）。工业化、城市化和毁林的过程都被看作造成农田流失、土壤侵蚀和潜在威胁粮食生产的影响因素。这些担忧已经扩展到不可再生资源，而受影响程度最大的是重要的能源资源——石油，其已经在20 世纪 70 年代经历了大幅度价格上涨，并造成政治动荡。自那时起，关于"石油即将枯竭"的忧虑便成了普遍的持续的担忧（Gever，1986；P. Roberts，2004；Homer-Dixon，2009）。对其他贵重金属资源也有相似的预期，比如铜、锌和黄金等金属资源会变得更加稀有。

更悲观的关心安全的论点也突出表明人口增长和不均衡的经济增长加

剧了富人与穷人之间的分化，强化了更严重的全球不平等。这种忧虑不仅是大范围全球财富不平等的确切证据，也反映了富人和穷人之间的差距在日益扩大。联合国开发计划署也强调过贫富差距日益扩大这一观点。20 世纪 60 年代，所有国家最富有的 20% 的人的收入是最贫穷的 20% 的人的 30 倍，这一数据在 1991 年提高到 61 倍，在 2004 年提高到 78 倍。这种不仅在道德上而且在环境上的全球不平等终将不可持续的想法，导致许多环境悲观主义者怀疑由自由市场驱动解决环境问题的方案。加雷特·哈丁（Garrett Hardin）有个著名诊断：正是这种自由放任的政策导致了目前的人口过剩，这种"公共悲剧"只能通过高度强制措施和更强有力的国家干预来克服（Hardin，1998［1968］）。环境安全的倡导者经常表示这个概念的优点正好突出了国家主导环保活动的必要性。

乐观主义者的回应：丰饶与创新

然而，这种悲观的环保主义以及该理论所认为的悲观的未来都是有问题的。也许最突出的问题就是一般来说，大多数的对于未来稀缺和其他可怕发展的令人震惊的预测都未能成功实现。朱利安·西蒙（Julian Simon），作为相对更乐观的"丰饶派"路径的领军人物经常抓住这一点，在 1980 年的某天，他对由他的对手选出的所有原材料设定了 10000 美元的赌注，打赌至少在一年之后，价格便会降低。包括保罗·埃利希在内的一群来自斯坦福大学的环保人士，接受了挑战，并在铬、铜、镍、锡和钨上投下赌注，选择了 10 年的时间框架。但 10 年以后西蒙赢得了该场赌注，即每种原材料的价格都下降了（Myersand Simon，1994）。总体来讲，虽然有过暂时性价格上涨，但是关键原材料一般的价格模式是随着时间的推移，这些原材料普遍会更便宜。这否定了稀缺程度更高的预测，并削弱和侵蚀了一些更为危言耸听的新马尔萨斯派言论的基础（Lomborg，2001：137-48）。在图 6.1 中可以看到这个观点的例子，该图展示了自 1958 年到 2000 年粮食价格下降的一般趋势，虽然在 20 世纪 70 年代石油危机阶段存在价格上涨的现象。在 21 世纪初，石油价格又上涨时，粮食价格也上涨了，这种趋势在图 6.2 中可以看到，但是乐观主义者再一次认为最近一次的价格上涨与 20 世纪 70 年代类似，上涨都是暂时的。

但对悲观环保主义路径更实质性的批评是悲观环保主义倾向于夸大环境变化的影响，低估人类克服物理环境约束的能力。一个很好的例子是人

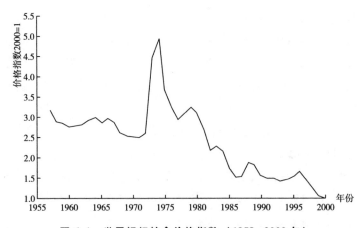

图 6.1 世界银行粮食价格指数（1958~2000 年）

来源：Lomborg（2001，62）。

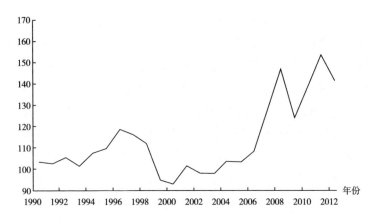

图 6.2 粮食价格指数（1990~2012 年）

来源：Food and Agriculture Organization of the United Nations。

142

口增长。更多的细节会在第八章中讨论，世界人口不是按指数速度增长的，也不是不可控的，而且在 2050 年不会达到 90 亿人（这比之前估计的要低得多）。这不是不言自明的，因为大多数悲观评论家倾向于断言即使保持现在这样的人口密度，世界也是"过度拥挤"的（Eberstadt，1998：35-6）。当前的情况是，现在世界上最拥挤的国家是荷兰，但是荷兰很少说自己人口过密。发展中国家，比如中国和印度的人口，拥有世界上增长最快的速度，但是它们所存在的主要人口问题是贫穷人口过多，而不是总人数过多。

悲观主义的方法也往往忽视各种技术进步的证据、效率的提高和成功的替代产品，而这些时常帮助克服潜在的自然资源稀缺问题（详见H. Barnett & Morse，1963；Ausubel，1996）。当一种资源枯竭时，人类通过创新，以更有效、更精细的方式发现和使用其他能够提供相同效用的资源。正是这种资源可持续的能力使得朱利安·西蒙提出"自然资源是无穷无尽"的观点（Simon，1981：42-50）。举例而言，他的观点意味着即使石油消耗殆尽，虽然石油价格会上升，但人们会努力寻找其他能源资源，比如风能或页岩气。人类进步的历史也是持续不断地创新、充分利用和替换自然资源的历史。

更乐观的环境主义立场也有环境保护方面取得重大进展的证据支持，特别是在先进发达国家。20世纪初期以大范围污染闻名的城市，如伦敦、匹兹堡，现在已经变得干净。工业地区，例如德国的鲁尔河谷周围，一直遭受无节制的空气污染，到了20世纪60年代也发生了类似的变化。

东欧-中欧前社会主义国家为了追求经济进步痴迷于发展高污染重工业，但是现在在环境方面也取得了进步。总体来说，20世纪70年代中期可以被看作历史性的污染中心地带——北美、欧洲和日本——的环保行动发生根本转变的时期。

这种进步表明了一种更一般的模式，而根据这种更一般的模式，环境退化在工业化过程中最严重，但随后可以在更发达和后工业化社会中减少甚至逆转。以此为基础，推广环境保护的关键机制不是政府高度干预而是成功的市场运作，成功的市场运作可以为创新和技术进步提供合适的价格信号和激励（Anderson & Leal，1991；D. Ray，1993；Beckerman，1995）。对面临这些类型的环境限制的贫穷国家来讲，丰饶派的路径更多是通过发展来解决问题，而不是由严格的限制自然带来的不安所驱动。因此，一般提议的更长期的解决方案是自由主义的基于市场的做法和制度，这些制度和做法可以实现必要的经济增长和技术进步，用于解决日益加重的环境问题。

评估这个争论

更乐观的方法在突出许多环保主义者过分强调危机主义的倾向方面起了重要作用。环境安全概念对这种消极预测的依赖程度使得它容易受到类似的批评。举例来讲，杰出的生物学家瓦科拉夫·斯米尔（Vaclav Smil）批评了环境安全概念中的"大灾难范式"背后的"非历史和不平衡"观点（1994：85）。斯米尔强调说如果人们依据20世纪北美和欧洲主导的趋势做一推断，预计也会是大规模饥饿、农田短缺、森林几乎完全被砍伐和煤炭燃烧造成的无法忍受的空气污染。即使在最近20年，完全不可预期的政治和社会-经济变革，比如中国的农业改革进程和欧洲部分国家社会制度的变换，已经显著改善了这些国家的环境条件。因此，如果环境安全这一概念要有显著的知性上的优势，我们则需要认识到，人类社会一直在证明自身有适应解决环境问题的巧思才智。

但是这并不意味着不受限制的丰饶派乐观主义是合理的，或断言环境改变的过程对安全具有显著意义是不合法的。如果把注意力集中在有证据表明人类改变环境、改变约束的能力是有限的领域，环境安全则仍然是有用且有见解的概念。在这一方面有两个很典型的领域。

第一，对发展中国家及其国民来讲环境安全仍然是个关键问题。但环境安全只是发展问题之一，所需要的只是经济改革和执行新自由主义政策，这两个主张是简单的。更基本的潜在问题是在大部分更加贫穷的国家缺乏解决最紧迫环境问题所需的技术和能力。托马斯·狄克逊（Thomas Dickson）比较了克服环境挑战需要的"技术"和"社会"创造力（1999：ch.6；2001）。问题在于许多国家恰恰缺乏这些特性——有效的市场、生产研发中心和强有力的国家机构。正是这些特性培育了"社会"的智慧，这些特性同时也是技术创新的前提条件。土著居民不仅面临社区和社会威胁，也面临快速变化、充满敌意的环境，在即将崩溃的国家中这些问题最为明显。不考虑这些环境因素是否与暴力冲突的原因相关，这些国家人民的环境安全仍然关乎其在急剧恶化的物理环境中蓬勃发展的能力。

即使是有能力解决这些环境问题的国家，它们也不能确定一定有社会智慧把快速发展的经济和环境保护结合在一起。举例来讲，过去20年中，中国经济改革带来高速发展的经济，这不可避免地导致环境退化。但改革的不全面被普遍理解为抑制了处理这一环境危机的有效和更持久的行动（Smil, 1997; Kynge, 2004; Economy, 2010）。对中国而言，作为最大的发展中国家，环境安全是个具有突出意义的概念。

第二，环境安全概念提出某些存在苛刻挑战的领域与某些真正全球化的环境问题有关。在地方或区域一级，正如更乐观的做法所表明的那样，有理由期待将会出现克服人类不当活动导致环境退化问题的集体意愿。正如之前所提到的，老工业中心在扭转地方和区域空气污染方面的成功——在北美、欧洲和日本——是一个引人注目的历史性转变。清洁以前高度污染的欧洲河流和成功地组建地中海的环境保护联盟也同样成功（参见 Haas，1990）。但是也有证据表明，当环境问题超越地方或区域，并在其维度上变成真正的全球问题时，形成集体意志来解决环境问题变得更加困难。水污染的挑战可以例示这个问题。清理莱茵河是相当简单的一件事，这样鱼类便可以重新在莱茵河生存，因为河水始终有活水补充，只需要少数几个国家参与。但是当对象变成地中海时，这个问题就相当复杂了，需要数年才能清理干净。如果地中海持续被污染，很可能所有人的聪明才智和集体合作都不足以清理它们（J. McNeill，2000：148）。

气候变化的挑战

气候变化这一全球环境问题也是一种挑战。虽然当政治意愿存在时，地方和区域空气污染局面可以相对容易地逆转，但是当对整个大气造成损害时，问题就更加严重。现在一般的科学共识是通过燃烧化石燃料，释放二氧化碳气体，人类活动已经通过增加对太阳能量即热能的吸收而改变了大气温度（详见 IPCC，2007；Dessler & Parson，2010；Dessler，2012）。这推动了全球变暖，其中全球变暖会对天气、粮食生产、海平面、疾病传播和潜在的暴力冲突产生影响（Barnett & Adger，2007；Brown，Hammill & McLeman，2007；Welzer，2012）。

但是对于整体问题严重性的共识已经被证明很难转化为有效的实际行动。其中一个原因是难以确定潜在威胁的性质和程度。实际上，我们对地球和其复杂生态系统相互作用的科学理解还很不够（有个很优秀的综述，详见 Smil，2002）。特别是当我们进入一些科学家所谓的人类世纪的时候，人类因为对全球环境的影响已经站到环境的对立面，在那里我们必须预料到与过去相比，未来存在更大的不稳定性（Steffen，Crutzen & McNeill，2007；Dalby，2009）。虽然有共识认为气候变化正在发生，但是很少有可靠的预测能说明确切的影响，也很难说明国家或人民承受的损失（对某些国家或人民来讲可能是潜在收益）的程度和范围是多少。实际上，气候变化是个复杂的人为效应，气候变化正在改变地球的物理、化学和生物学状况。对现实政治而言，这种科学方面的不确定性使得我们很难准确评估风险或威胁，而这种评估可以提供如何在短期到中期内把阻止二氧化碳排放的经济成本转化为更长期的环境效益的精确指示。尤其是在美国，这种科学上的不精确性促成了一场强劲并最终成功的运动，该项运动阻止了1997年《京都议定书》削减要求的执行，其依据是经济成本与环境效益不成比例。

第二个限制针对气候变化进行有效合作和全球行动的原因是全球平等的问题。1997年《京都议定书》承认，目前北方工业化国家的人均二氧化碳排放量仍然高于所有发展中国家，它们必须承担气候变化的历史责任。因此，该议定书规定，只有发达国家才需要强制性减少二氧化碳的排放量，发展中国家不做要求。但是问题是像中国和印度这样的国家有大规模的人口，经济迅猛增长，必然会增加二氧化碳排放量，从而有效地抵消北方国家排放量减少带来的所有收益。这就更难说服所有北方国家尤其是美国去批准这份议定书——在缺少来自南方这些关键国家的更强有力的承诺的时候。然而，南方的发展中国家认为环境问题是在历史上由北方国家造成的，南方国家对于这一看法并不感到内疚，特别是因为北方国家在任何情况下都可能逐渐破坏南方国家在工业化方面的进展。这些全球平等问题的存在继续使得《京都议定书》在2012年底到期时南北方仍难以就全球气候变化行动达成一致协议（Helm & Hepburn，2009）。

公平地说，这一全球级别的集体政治行动不是不可能的，1987年"蒙特利尔议定书"就促成了减少臭氧消耗气体产生的全球行动。在这个事例中，科学证据更加清晰明确，也不存在与气候变化相关的令人担忧的经济计算和全球公平问题。但国际社会也未能达成有效协议来保护物种多样性，这表明气候变化不是一个孤立的例子。生物多样性问题有类似的问题——科学的不确定性、短期经济成本与长期环境效益之间难以实现平衡，以及北方和南方之间的历史性公平问题。这些问题限制了全球在气候变化方面的合作前景（UNEP，2007）。

一般来说，与气候变化和生物多样性等全球环境挑战相关的环境安全概念的功用是预防性的。正如约翰·麦克尼尔（John McNeil，2000）所认为的，现代人类社会已经进行了一次计算过的赌博，其对指数级经济增长以及人类繁荣所带来的前所未有的增长的承诺，最终不会损害我们以高度专业、化石燃料为基础的文明所依赖的复杂的全球生态系统。但正如麦克尼尔所说，问题在于"虽然人类没有这么打算，却已在地球上进行了一个巨大的不受控制的试验"（McNeil，2000：4），虽然该试验没有一个过程是新的，但气候变化问题和物种多样性的减少说明了人类活动在规模和强度方面发生了变化，因此在这两方面我们扭转环境受损局面的社会创造力确确实实面临很大压力。在这个广泛的整体意义上，环境安全代表了标准的非传统安全威胁，这当然需要一定程度的概念扩展，但主要是警告人类资源并非没有极限，我们应该认真对待这场以人类的星球为赌注进行的赌博的安全后果。

环境退化是不是暴力冲突的诱因之一？

然而，环境安全倡导者通常不会把概念局限于这些全球性的、相当不确定的、绝对非军事的挑战上。为了使这一概念更具实质性，并使其更加充分地与传统安全紧密联系起来，已经有研究表明环境变化与无政府状态、多重内战和暴力冲突之间有明确联系，这种暴力冲突的特点是自冷战结束以来其在世界上许多最贫穷的地区爆发。记者和辩论家罗伯特·卡普兰（Robert Kaplan）一直是"环境"应被视为"21 世纪早期的国家安全利益"这一观点最有力的推广者之一，也是诸如"人口激增、疾病传播、森林砍伐和土壤侵蚀、水资源枯竭和空气污染"这些因素将"促进大规模迁移，反过来，这些因素会煽动群体冲突，即使是最富有的国家也不能避免"这一观点的有力推广者（1994b：45）。卡普兰的分析主要侧重于西非，但他还认为，这种黯淡、环境压力和暴力冲突的景象预示着全球未来（Kaplan，1996）。杰里德·戴尔蒙（Jared Diamond）2006 年出版的《崩溃》一书中做出了进一步令人警醒的全球预测，并提供了与由于环境压力而崩溃的历史文明的类比。

卡普兰承认，他的主要新闻和印象派式叙事的灵感来自托马斯·荷马-迪克森（Thomas Homer-Dixon）更严格的学术工作（1991，1994，1999；Homer-Dixon & Blitt，1998）。荷马-迪克森研究环境稀缺与暴力冲突之间的联系历时十年，其得出的结论与卡普兰一致：

环境稀缺……可能造成民间暴力，包括叛乱和种族冲突……这种

暴力发生的概率可能会随着发展中国家许多地区农田、淡水和森林资源的稀缺而增大。稀缺在这种暴力中的作用通常是模糊和间接的。它与政治、经济和其他因素相互作用，产生严重的社会影响，从而产生暴力。（Homer-Dixon，1999：177）

环境退化暴力冲突论

产生这一结论的论证是相对直接的（见图 6.3）。荷马-迪克森将环境稀缺定义划分成三个要素：供应导致的稀缺，这是由可再生资源枯竭和退化，如农田侵蚀或淡水供应减少造成的；需求导致的稀缺，这是人口增长和人均资源消费增加的结果；结构性稀缺，这通常是由资源社会分布的不平等造成的，资源集中在少数人手中。环境稀缺的这三个来源以复杂和不断变化的方式相互作用，但是供应减少最终导致更强大的群体寻求控制和垄断有关资源，而较弱的群体被迫迁移到生态方面更边缘的土地上（Homer-Dixon，1991：97）。环境稀缺会进一步造成农业生产下降、健康问题、社会分裂和政治制度削弱。被迫迁移的人经常加剧迁徙目的地所在地区的种族和群体认同的紧张局势。此外，国家的能力削弱，并且其为了应对不断恶化的局势而进行增税的能力下降，这破坏了国家的合法性并增加了国家的脆弱性。在这种情况下，荷马-迪克森认为，暴力冲突可能出现，或者如果已经存在，会进一步恶化。

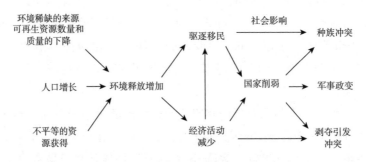

图 6.3　环境稀缺的一些来源和后果
来源：Homer-Dixon（1994：31）。

强调荷马-迪克森的结论比他的一些批评者所阐发的更加谨慎和有限制是重要的（详见如 Peluso & Watts，2001：26）。他并没有声称环境稀缺是国家间冲突的直接原因，而只是国家内部的冲突。荷马-迪克森还强调，稀缺不太可能是暴力冲突的必要或充分的原因，但它加剧这种冲突的程度正在增加。对荷马-迪克森来说，环境稀缺与其他变量结合可能导致冲突（Matthew，2002：112）。因此，他很谨慎地远离危机主义的新马尔萨斯传统。但回顾他过去所持的"许多发展中国家面临'创造力差距'，这种差距使它们无法有效地应对日益增长的环境稀缺"的论点，他的稀缺引致越来越多的冲突的论点对更加乐观的说法提出了挑战。事实上，他坚持认为，真正的问题是，许多发展中国家越来越陷入恶性循环，其中环境稀缺削弱了国家和社会能力，因此环境变化的负面后果是被加强了而不是消失了。正是在这些环境恶化和贫困密切相关的具体情况下，暴力冲突表现为一种潜在的结果。

荷马-迪克森的研究结果毫无疑问是有影响力的。这些研究已经在加拿 149大催生了广泛的研究计划，在瑞士、挪威甚至在北约也有类似的研究项目（Baechler，1999；NATO，1999）。还有证据表明，卡普兰和荷马-迪克森的分析有助于政策制定，特别是对美国克林顿政府时期的非洲政策而言（Matthew，2002：111）。荷马-迪克森的研究项目是如此的卓越，以至于对许多人而言，环境安全的概念与他的名字和论文已经密不可分。

评估此观点

不过，对荷马-迪克森提出的论点也是存在批评的。最突出的批评之一是论题总体上的复杂性。特别是当他和他的同事们将模型应用于特定的案例时，如恰帕斯州的叛乱（Howard & Homer-Dixon，1998）或加沙的暴力（Kelly & Homer-Dixon，1998），他们的结论趋于变得极其复杂，因为存在大量的干预变量，几乎不可能单独分离出特定环境因素的因果作用（Deudney，1990；Levy，1995）。不可否认，荷马-迪克森意识到了这一点，这反映在他作出结论时是很谨慎的。

但也有一个更根本的问题。模型中的一个关键弱点是，在严格的环境和物质之间，以及环境所引起冲突的社会和政治原因之间没有明确分界线。这是一个在初始设计中便存在的问题，因为荷马-迪克森将社会政治因素纳入环境稀缺性的原始定义中。这就是将"结构性稀缺"一词纳入可再生自然资源的需求不断增加和供应不断减少的具体环境因素中，"结构性稀缺"这个词意味着财富的不平等分配。这里的挑战是，难以确定是否存在基于环境因素的任何特定冲突，即难以确定冲突确实是由环境稀缺或社会-政治"结构性稀缺"造成的。

荷马-迪克森在选择案例研究时采用的方法也受到了批评。这里的问题是，在所选择的所有情况下，环境稀缺和暴力冲突已经很明显了。没有一个案例研究包括任何变量的实质性变化——没有显著的环境稀缺问题时也没有暴力冲突或是发生暴力冲突时不存在显著的环境稀缺问题。不参与这种比较研究不可避免地限制了研究结果的意义。可以合理地说，荷马-迪克森的研究计划表明，环境稀缺在某些情况下确实会造成暴力冲突。更不清楚的是，这种因果关系是否普遍存在于所有情况中，以及与其他因素（例如制度类型或贫困）相比，环境的相对重要性是多少，而这些其他因素传统上被视为严重冲突爆发的重要原因。

当大规模的、定量和跨国研究试图测试更广泛的变量和背景时，荷马-迪克森对环境因素重要性的研究往往没有得到证实。温彻·哈格（Wenche Hauge）和唐亚·爱林森（Tanja Ellingsen）完成了对环境变化-暴力冲突假设的最全面测试，并且确实发现环境退化（定义为毁林、土地退化和淡水供应不足）与内战发生概率之间呈正相关关系。但他们还得出结论：与传统风险因素如政权类型、贫困和种族或宗教分裂相比，这些影响的力度很小，相对不显著（Hauge & Ellingsen，2001）。美国政府在20世纪90年代末委托的失败国家任务组被要求分离出全球国家失败背后的关键因素。其得出了一个重要发现，即环境退化和国家失败之间没有直接的可测量的相关性。任务组认为，区分稳定和失败国家的最好和最有效的方法是关注三个因素：物质生活水平（由婴儿死亡率衡量）、贸易开放程度和民主程度。环境变化仅在其显著影响总体生活标准和贸易水平的情况下作为间接原因是重要的（Estyetal，1995，1998）。

超越荷马-迪克森

一些人从对荷马-迪克森的这些批评中得出结论，认为对环境变化和冲突之间联系的研究是徒劳和错误的（Gleditsch，2001）。这是个不幸的结论，但是，前提假定需要做出两个主要的修改。

第一个是从仅仅关注与环境相关的冲突和暴力之间的联系转向关注一个更广泛的框架，承认这种冲突带来妥协、谈判与和平的可能性。当荷马-迪克森注意到没有证据表明由于环境原因，国家之间正在进行战争时，他在一定程度上已经承认这一点。正如下一章关于水的论点所示，预期的水资源战争不仅没有发生，而且基于水的冲突经常带来国家间分歧的消弭和冲突的和平解决。肯·康卡（Ken Conca）和杰富瑞·达比尔高（Geoffrey Dabelko）通过探索环境问题如何被国际维持和平人员有意看重以促进解决国际争端的方式，推动了这一注重和平的议程（Conca，1994；Conca & Dabelko，2002）。他们的论点是，参与复杂政治争端的各方通常更愿意承认 151 他们对生态系统管理的共同责任。因此，启动与环境有关的谈判可以在更长期内促进各方为更广泛的政治和解建立必要的信任和信心。这种通过强制分享有争议的资源来谋求和平的逻辑类似于欧洲一体化经验，在欧洲一体化后，作为打破欧洲洲际冲突和战争模式的象征，煤炭和钢铁被置于超国家实体管理之下。

假定的第二个转变是更加强调即使在环境因素可能明显可见的地方，政治在暴力冲突的发生中也具有首要作用。实际上，有证据表明，遭受严重环境压力的地方群体或是找到适应性的解决方案，例如移民、利用发展援助或民主化的行动，或是被动地接受自己的命运。自下而上的抵抗发展成为一场大规模内战很少发生。从某种程度上来讲，这是因为那些从事燃烧森林或过度放牧于农田的人往往将结果看作自己行动的副作用，或视作发展时不可避免的后果，而不可能去责怪政府。但更重要的是，能发起这种暴力行动的精英们最有可能是从砍伐森林或大坝灌溉项目等活动中受益的人。国家和精英也很容易将这种对环境有害的活动作为历史发展过程的一个组成部分，而将其合法化（J. McNeill，2000）。

即使冲突的物理环境根源至关重要，政治的作用，特别是精英的利益和行动，也需要成为分析的中心。现实是，社会和不同的社会群体经常遭受多重的抱怨，其中许多是环境导致的。但这些抱怨大多数不会导致更广泛的集体行动。而其中一些集体行动变成暴力混乱，主要是因为那些具有增进或维护精英的直接利益的集体行动和动员。此外通常还有一个更深刻的历史背景，长期的剥削和排斥行为是环境压力和稀缺的根源。

2003 年以来苏丹达尔富尔地区出现的种族灭绝冲突便是这方面的一个例子。冲突的根源确实是环境，而且也是荒漠化和农场逐步破坏游牧民和农民之间微妙和相互依存的平衡的影响扩大的后果。在 20 世纪 80 年代，这导致了 1984 年和 1985 年争夺日渐减少的资源的痛苦斗争，且加剧了饥荒（de Waal，1989）。然而，值得注意的是在饥荒后，这些互相竞争的团体如

152 何在国际机构的帮助下成功地找到适应不断变化的环境状况的解决方案。20年之后该地区堕入暴力冲突的最终原因是，由于几种力量的合力，包括国家长期忽视该地区、从邻国引入种族主义的阿拉伯极端主义、苏丹政府内的安全部门对这种极端主义团体的自私的操纵，政府支持种族灭绝运动以镇压地区异见分子（de Waal，2004；Flint & de Waal，2005）。在达尔富尔，与非洲其他国内冲突一样，环境因素是更一般地描述国内冲突的重要诱因，但是社会政治背景和精英的蓄意行动是这些冲突爆发的更为关键的决定因素。

精英、资源和冲突

正是这种对社会精英的兴趣和动机的注意促进了荷马-迪克森的研究最终的重新定向。荷马-迪克森认为，稀有可再生资源的退化和消耗导致暴力的"潜力"比更为丰富的不可再生资源更为明显。但是把稀缺性视为关键变量并作为重点的方向是错误的，精英对某些资源感兴趣不是因为它们是稀缺（或丰富）的，而是它们有价值。有些情况下，一个国家可能拥有丰富的某种资源，例如钻石或木材，但其经济价值（由于全球匮乏）以及为控制它的人提供的权力，使其成为政治竞争和暴力冲突的目标（de Soysa，2000：125-7）。在对 1965 年至 1999 年 47 次武装内战的统计分析中，世界银行经济学家保罗·科利尔（Paul Collier）详细说明了内战与严重依赖有价值商品出口的弱势国家之间具有强相关性。他进一步认为，这种战争主要是由经济激励引起的，最主要是由有权力的精英自身为了满足自身拥有和控制有价值、可掠夺资源的贪欲引起的。他认为，至关重要的是，正是这种贪婪，而不是环境压力、经济不平等或政治剥夺驱动形成抽象的不满（Collier，2000，2003；Collier & Hoeffler，2001）。

科利尔洞察力的重要性在于其强调了在某些社会和经济环境中精英利益与能够直接引发暴力冲突的自然资源之间相互作用的动态方式。这反过来催生了一些试图研究后冷战时期内战的基本政治经济学（Berdal & Malone，2000；Renner，2002；Ballentine & Sherman，2003）。这项研究已经表明，这些冲突中的许多行动者不仅通过这种资源掠夺为其武装叛乱提供
153 资金，而且发现自己会从冲突的持续进行而不是从冲突的解决中获取经济利益。因此，这些血腥和看似不合理的旧式冲突可以有明确的经济理由和逻辑，而这种理由和逻辑对外人而言不一定都是明显的（Keen，1998）。地

理学家菲利普·乐·比隆（Philippe Le Billon）提供了一个更精确的分类法，如表 6.1 所示，在强烈的政治斗争情形下，一定类型的资源及特定的地理位置可能导致某种类型的暴力政治冲突。例如，他指出，集中在固定地区但又位于国家周边地区的石油和天然气矿床将诱发分离主义冲突，而在整个国家分散着的冲积钻石或药物等资源容易被掠夺，这些资源将往往导致暴力反叛和军阀主义（Le Billon，2001b：572－5；另见 Le Billon，2005）。因此，乐·比隆对这些资源也即集中资源和分散资源进行了区分。

表 6.1　资源特点与冲突类型之间的关系

资源特征	集中	分散
	政府编制/军事政变	**农民/大众反叛**
	阿尔及利亚（石油）	萨尔瓦多（咖啡）
	刚果：布拉柴维尔（石油）	危地马拉（农田）
接近	哥伦比亚（石油）	墨西哥：恰帕斯州（农田）
	伊拉克-科威特（石油）	卢旺达（咖啡）
	也门（石油）	塞内加尔-毛里塔尼尔（农田）
	分离主义	**军阀主义**
	安哥拉	阿富汗（玉石、木材）
	车臣（石油）	安哥拉（钻石）
	印度尼西亚：亚齐东部、帝汶岛、西巴布亚（石油、铜、黄金）	缅甸（木材）
远离		柬埔寨（玉石、木材）
	摩洛哥-西撒哈拉（磷酸盐）	刚果（金）（钻石、黄金）
	尼日利亚-比亚法拉（石油）	利比里亚（木材、钻石）
	巴布亚新几内亚：布干维尔岛（铜）	菲律宾（木材）
		塞拉利昂（钻石）
	苏丹（石油）	

来源：Le Billon（2005：36）。

乐·比隆更为复杂的分析说明了环境安全的概念如何确定自然环境及 154资源对暴力冲突的诱导作用和持续影响。合适的总体框架包括认识到尽管资源枯竭和环境退化是发生冲突不可避免的原因，但通常来说这种冲突可以通过适合的战略和经济政治发展来加以控制或解决。但是，在已经出现严重政治分裂和经济恶化的情况下，环境和资源因素在维持暴力内战的政治权力斗争中发挥了重要作用。然而，这些冲突中，政治仍然是最重要的，关键问题是确定环境或资源因素如何带来这样的政治斗争。下一章将会更详细地讨论这个问题，它比较和对照了与水和石油有关的地缘政治斗争中的不安全和冲突的前景。

结论：环境安全和新的安全议程

本章得出的主要结论是：环境安全的概念需要谨慎使用。批评者正确地强调了那种关于即将到来的环境危机的夸张表述所带来的危险，这些言论不加批判并毫不质疑地接受了新马尔萨斯派的假设。我们显然也需要在非传统和非军事背景下考虑环境安全，并认识到解决方案主要不会取决于军事干预。在环境安全概念方面还有一个重要的南-北维度的问题，该问题需要将复杂的平等问题和较长时期的历史遗产都纳入对外政策中，以同时符合南北国家的利益。环境安全的批判理论路径恰当地强调了这一概念被用作反映北方而不是南方关心问题的工具的潜在危险性（参见如 Dalby，2009；J. Barnett，2001）。

尽管有这些危险，这个概念仍具有明显的优点。在基本层面，对环境安全的阐释提醒了我们国际安全和人类繁荣是最根本的生态基础。当然由于其具有威胁性和令人担忧的社会性质，在安全研究中将注意力集中在那些看起来很有直接性的威胁上便是一种自然的、可以理解的趋势。因此，可以理解的是，"9·11"事件和对国际恐怖主义的相关担忧往往使得对环境安全的关心变得边缘化，这意味着在这一领域的研究在 21 世纪会不如 20 世纪 90 年代。但是，对环境安全的持续和长期承诺提醒人们，随着时间推移，人类每天承担自然环境风险的影响具有累积性，并可能带来潜在的重大未来安全威胁。正如上面所论述的，特别是面临全球性环境挑战，例如气候变化和生物多样性时，这种情况更易出现。在这些领域，安全分析者依赖其他人尤其是科学家和经济学家的专业判断，但他们也发挥了独特的作用。

155　　环境安全概念具有价值的第二个领域是突出环境一再成为穷国和发展中国家的主要安全挑战。环境安全是人的安全的组成部分，世界上数亿人不享有基本环境安全的事实是人的不安全的一个关键指标。这个问题显然有很广阔的发展空间，但它也有一个重要的安全方面，即使不总是直接的原因，这种不利的环境条件会为暴力冲突提供肥沃的土壤。

最后，安全研究中重新考虑环境这一行为具有与早期思想传统相联系的价值，其中早期的思想传统建立了环境和安全之间的联系。如前所述，将自然界定为人类事件诱因的自然主义理论在 20 世纪越来越边缘化，因为人们深信自己主宰自然，而且人类的对抗主要由法西斯主义、共产主义以及自由主义等意识形态驱动（Deudney，1999）。类似的，地缘政治的知识性凭据及对环境敏锐的军事战略研究都因与德国和苏联扩张主义的关系而被怀疑。环境安全的概念有助于恢复这些旧的传统，以研究环境因素如何推动社会和政治事件。举例来讲，人们现在越来越重视中东、非洲和亚太地区的特定生态系统如何影响这些区域的具体社会、经济和政治生活，也关注其为区域安全合作伙伴做出了什么贡献。地缘政治本身也重新受到重视，特别是在地理学家那里受到重视，这反过来使得对自然资源不均匀分布如何成为全球不安全的主要根源的研究日益增多（Tuathail，Dalby & Routledge，2006）。下一章将更详细地探讨两种最重要也最有争议的自然资源——水和石油。

扩展阅读

关于人类改变环境的多种方式（特别是在 20 世纪）的一个出色的背景介绍，见 John McNeill 所著的 *Something New under the Sun*（2000）。Ken Conca 和 Geoffrey Dabelko 的 *Green Planet Blues*（2004）提供了国际环境运动的出现、演变和关键成就的补充说明。关于气候变化，Andrew Dessler 的 *Introduction to Modern Climate Change*（2012）提供了一个很好的介绍。在 Dieter Helm 和 Cameron Hepburn 编的 *The Economics and Politics of Climate Change*（2009）中可以找到更详细的经济和政治维度的现代气候变化介绍。

关于丰饶派和新马尔萨斯派之间争论的一些好的阅读文献可以在 *Debating Earth: The Environmental Reader*（1998）和 *International Politics: Enduring Concepts and Contemporary Issues*（2000）中找到。关于丰饶派和新马尔萨斯派辩论的更全面的内容可以参看在 *Scarcity or Abundance? A Debate on the Environment*（1994）中 Norman Myers 和 Julian Simon 之间的交锋。其他有关这个争论的研究包括：持悲观论点的 Robert Heilbroner 的 *An Inquiry into the Human Prospect: Looked at Again for the 1990s*（1991）以及 Garrett

Hardin 的 *Living within Limits*：*Ecology*，*Economics and Population*（1993），丰饶派最近最有影响的论著是 Bjørn Lomborg 的 *The Skeptical Environmentalist*（2001）。

荷马-迪克森在 *Environment*，*Scarcity and Violence*（1999）中提出了环境稀缺－暴力冲突假说，并在 *Ecoviolence*：*Links among Environment*，*Population and Security*（1998）中给出了应用这个模型的案例研究。可以在 Paul Diehl 和 Nils Petter Gleditsch 的 *Environmental Conflict* 中看到支持和反对荷马-迪克森论点的优秀论文（2001）。通过解决冲突来思考环境安全的论证可以参看 Conca 和 Dabelko 的 *Environmental Peacekeeping*（2002）。

关于自然资源掠夺和暴力冲突之间的联系，参见 Mats Berdal 和 David M. Malone 主编的 *Greed and Grievance*：*Economic Agendas in Civil Wars*（2000），以及 Karen Ballentine 和 Jake Sherman 主编的 *The Political Economy of Armed Conflict*（2003）。保罗·科利尔（Paul Collier）等在 *Greed and Grievance in Civil Wars*（2001）一书中提出了关于贪婪具有首要影响力的论点。在 *Fueling War*：*Natural Resources and Armed Conflict*（2005）中可以找到菲利普·乐·比隆（Philippe Le Billon）从政治地理角度的分析；Michael Renner 的 *The Anatomy of Resources Wars*（2002）是对整个问题的一个很好概述。

关于环境安全的概念，在冷战结束之际 Jessica Mathews 在《外交事务》（*Foreign Affair*，1989）上发表的"Redefining Security"可能是最有影响力的宣传这一概念的文章。对于这一概念的最尖锐的批评之一，可以参见 Marc Levy 在《国际安全》（*International Security*，1995）上发表的"Is the Environment a National Security Issue"一文。Jon Barnett 的 *The Meaning of Environmental Security*（2001）和 Simon Dalby 的 *Security and Environmental Change*（2009）从批判安全和人的安全角度来思考环境安全。讨论环境安全的一个很好的合集，见 Daniel Deudney 和 Richard Matthew 等主编的 *Contested Grounds*：*Security and Conflict in the New Environmental Politics*（1999）。

研究和讨论问题

1. 所谓的新马尔萨斯派和丰饶派之间的争论如何影响我们对环境安全的理解？

157   2. 荷马-迪克森认为环境退化与暴力冲突之间存在因果关系的看法是否正确？

3. 自然资源竞争在多大程度上以何种方式导致暴力冲突？

4. 气候变化在多大程度上是个安全问题？

网　站

www. unep. org。联合国环境项目，协调联合国的环保行动，拥有相关的已发表文献、研究、多媒体资源以及条约等丰富资源。

www. wilsoncenter. org/program/environmental-change-and-security-program。伍德罗·威尔逊国际学者中心的环境变化与安全项目提供了研究环境、安全和冲突之间关系的著述和多媒体资源。

www. envirosecurity. org。环境安全协会是一个专门致力于提升环境问题政治关注度的机构，以此来维护保障和平与可持续发展的根本条件。　158

第七章　资源之争：石油和水

　　前一章认为，环境安全在某种程度上可以被看作地缘政治传统的复兴。对自然资源的地缘政治争夺是这种传统的核心，水和石油则是最为重要的资源。淡水是生命的基本必要条件——用于饮用、生产食物和洗涤，它是现代和发达社会的重要组成部分。从理论上讲，石油并不是一种必备商品，因为有其他选择或者替代品，但事实上，现代工业社会严重依赖相对便宜且储量丰富的石油，它为现代生活提供相当可观的必需能源。在 20 世纪，人类凭借智慧和技术创新以各种方式利用水和石油资源，使其成了提升现代农业、交通运输和一般人类福利水平的核心要素。

　　事实上，地缘政治对这两种关键资源的关注一直存在。这部分地是因为它们分布不均衡。在干旱地区及国家，例如中东、中亚、南亚和部分撒哈拉以南非洲地区水资源短缺问题尤为严峻。相比之下，石油储量主要集中在水资源缺乏的海湾国家，尽管在世界其他地区如苏联、西非和美国，也发现了大量的石油。正是这种不均衡的分布，与水和石油的战略重要性结合在一起，导致了地缘政治的紧张。在海湾地区，西方国家对能源安全的担忧已经成了多场冲突和干预的背景——1990 年 1 月和 2003 年的海湾战争，以及 2011 年对利比亚的军事干预就是最新证明。水资源会引发冲突也同样令人非常忧虑，特别是在中东地区（Gleick，1993；de Villers，1999；Zeitun，2011）。1988 年，时任埃及外长布特罗斯·布特罗斯-加利（Boutros Boutros-Ghali）发表了著名的论断："在我们这个地区发生的下一场战争将是争夺尼罗河的水资源，而非政治原因。"（Klare，2001：12）

　　本章要继续探讨前一章的主题和观点，但将更加集中在资源引发冲突的可能性上。选择比较水资源和石油是试图打破大多数文献对可再生资源和不可再生资源及其战略含义所做出的决然区分。事实上，水资源和能源

安全之间存在着许多相似之处和联系，包括有关实物的可获得性和可能的 159
稀缺性问题。水和石油的相互依存关系在可能促进国际合作与引发国际冲
突的方式上也存在着许多相似性。此外，这两种资源都会对安全产生影响，
这涉及多个不同参与方和不同方面，依赖这些资源供给和进口的人士关注
其影响，同时这也是那些上游部门以及/或出口方的合理关切。同时，还存
在一个重要的人的安全维度，它涉及那些无法持续获得充足的饮用水、卫
生设施或现代能源服务的群体。此外，人类利用水和石油对地区和全球生
态系统产生的关键影响为安全图景提供了更为宽广的环境维度。

不过，在对这些资源的争夺如何影响国际安全方面，水与石油确实呈
现出某种关键性差异。本章的观点是，石油的战略意义以及它对地区和国
际稳定的威胁比水资源大得多。但这个论点的核心原因并不是物质上的稀
缺性，或可再生资源和不可再生资源之间的区别。它与政治有关，尤其是
在国际政治经济中，石油最终要比水资源有价值得多。这一政治维度还涉
及特定的自然资源，特别是石油，如何在国内和国际带来不安全的复杂历
史学和社会学遗产。

水资源安全

此处无意淡化全球水资源不安全造成的人类悲剧。据估计，目前在 40
多个国家中有超过 20 亿人受到了水资源短缺的影响；11 亿人没有足够的饮
用水，26 亿人没有可使用的卫生设施（WHO/UNICEF，2000；Nickum，
2010）。也有人预测，到 2050 年至少有四分之一的人口可能生活在长期或经
常性缺乏淡水资源的国家中（Garner-Outlaw & Engelman，1997）。随着全球
人口的增长，为了确保人们对食品、健康和能量的基本需要，对水资源将
出现更大的需求。因为在许多最干旱的地区，水资源经常由处于政治关系
紧张态势中的不同国家所共享，对水资源日益增加的竞争似乎很可能导致
政治和军事紧张关系的进一步恶化。未来，水资源不安全似乎注定会成为
日益严重的问题。

水资源是个极容易触发情绪的话题。它恰好是对人类成就的一种控
诉，我们仍然无法确保世界上每个人都可以使用干净且免费的水资源。一
份联合国关于水资源危机的报告指出，"过去几十年来，每天有 6000 人死 160
去，其中主要是 5 岁以下的儿童。要用比'一场危机'更严重的描述来
指称那些在一天之内有 3000 人失去了生命的事件"（UNESCO，2003；

5）。这是个有益的警示，不应当低估问题的严重性，水资源安全问题是
人的安全和环境安全的重要方面。究其原因，主要是物质上稀缺，但更多
是由于社会经济和发展因素。

水资源有多匮乏？

事实上，水资源稀缺的概念并非如通常所想象的那样是不言自明且容
易确定的。最常用的基准是由马林·弗肯马克（Malin Falkenmark）提出的：
一个国家如果证明水资源可用量少于每人每天 2740 升，就应被视为水资源
缺乏（Falkenmark，1989）。但在属于这个类别的国家中（见表 7.1），有许
多是相对富裕的，它们显然能够解决明显的长期水资源缺乏问题。对于能
源富国，如科威特、阿联酋和沙特阿拉伯，部分的解决方案来自淡化海水，
而它们可用的海水资源几乎是无穷的（Lomborg，2001：153）。新加坡通过
油轮进口满足其对水资源的大部分需求。这两种选择显然都成本高昂，对
大部分较为贫困的发展中国家而言是不可持续的。但这些成本不应当被夸
大，约旦水资源专家蒙齐尔·哈达丁（Munther Haddadin）估计了淡化海水
的成本，对于每年人均可支配收入达到 3850 美元的国家而言，淡化海水是
一种可行的选择（Haddadin，2002：215）。因此这意味着，如果你足够富
有，水资源缺乏并不是个问题；它是较为贫穷国家所面临的问题，且是一
个通过经济发展应当较为容易解决的问题。

表 7.1 长期缺乏水资源国家（人均每天低于 2740 升）
可获得的水资源（每天人均升数）　　　　　　单位：升

	2000 年	2025 年	2050 年
科威特	30	20	15
阿联酋	174	129	116
利比亚	275	136	92
沙特阿拉伯	325	166	118
约旦	381	203	145
新加坡	471	401	405
也门	665	304	197
以色列	969	738	644
阿曼	1077	448	268

续表

	2000 年	2025 年	2050 年
突尼斯	1147	834	709
阿尔及利亚	1239	827	664
布隆迪	1496	845	616
埃及	2343	1667	1382
卢旺达	2642	1562	1197
肯尼亚	2725	1647	1252
摩洛哥	2932	2129	1798
南非	2959	1911	1497
索马里	3206	1562	1015
黎巴嫩	3996	2971	2533
海地	3997	2497	1783
布基纳法索	4202	2160	1430
津巴布韦	4408	2839	2199
秘鲁	4416	3191	2680
马拉维	4656	2508	1715
埃塞俄比亚	4849	2354	1508
伊朗	4926	2935	2211
尼日利亚	5952	3216	2265
厄立特里亚	6325	3704	2735
莱索托	6556	3731	2665
多哥	7026	3750	2596
乌干达	8046	4017	2725
尼日尔	8235	3975	2573
受水资源长期缺乏影响的人口比例	3.7%	8.6%	17.8%

来源：World Resources Institute（1998）。

预测未来水资源的短缺时通常还假设人均需求将会保持不变或者随着人口增长而增加。然而，这忽略了相反的逻辑，即随着水资源缺乏日益严重并因此导致水资源价格上涨，生产率最大化和限制需求的动机也应当会增加。这类似于 20 世纪 70 年代的能源危机和石油价格上涨的情况，它导致了工业国家能耗密度的显著增加，并使工业国家实施了限制石油需求的措施。

实际上，目前水资源管理的实践和机制依然是高度浪费且无效率的，因此可以做很多工作来提高生产率。农业部门是能够获得最大潜在收益的领域，因为它消耗了全球水资源的近70%。以色列再次被正式划定为水资源缺乏的国家，它通过引入滴流灌溉和其他提高效率的措施已经极大地提高了其生产率。桑德拉·普斯特（Sandra Postel）认为，引入滴流灌溉并种植更少的高需水作物能够提升利用效率达95%，而在1991年时，全球灌溉土地中只有0.7%采用了微灌方式（Postel，1999：173；还可参见 Charles & Varma，2010）。通过进口（而不是生产）高需水作物，如进口1吨需要超过1000立方米的水的谷物，位于干旱地区的国家可以进一步缓解它们的水资源短缺问题。这就是托尼·艾伦（Tony Allan）所说的"虚拟水"（virtual water），它显然是干旱地区水资源缺乏的部分解决方案（Allan，2011）。对这样的水资源紧张的国家而言，从农业主导型社会转变为工业化和城市化社会，将大大减少对水的需求，这显然也是一个思路。

此外，水资源不安全又与这样的根深蒂固的观念联系在一起，即水是大自然的馈赠，要收取其全部经济成本在某种程度上是不公平的。低价格的后果是会出现浪费，缺乏保护的动力，以及深植于强大的国内选民中的对水资源补贴和分配变革的抵制。对水资源制定更接近全成本的商业化费率是个重要但政治上敏感的举动，一般不需要取消所有补贴，但这些补贴应以那些真正需要的人为目标。在推进其他市场化措施，如私有化水资源系统或者发展水资源市场时，必须考虑到政府作为持续监管者同样具有政治敏感性和必要性。例如，私有化有助于减少水资源补贴和公共部门债务负担，但它也需要以不加剧贫困和不平等的方式进行管理。玻利维亚在2002年发生大规模群众抗议，反对将科恰班巴供水系统私有化就是没有做到这一点的好例证，该国由于管理不善和腐败造成水费飞涨，居民被要求将超过四分之一的收入用来支付水费账单（Gleick et al.，2002）。总之，尊重获取水资源的权利和提供有效的规制体系对于成功处理水资源缺乏问题至关重要。

因此，国家在这方面的作用和能力是个关键变量。各国所采取的传统做法和政策越来越受到质疑，在过去的半个世纪中，常规方法涉及从地缘政治视角大范围操纵水资源，密集地抽取地下水，建造成千上万的堤坝，并进行大规模的水道改造。这些政策在许多方面非常成功，很多水源性疾病已被根除，灌溉土地面积从 1900 年的 5000 万公顷增加到 1995 年的 2.55亿公顷，这使得多养活 35 亿人口成为可能。但这些政策有其局限性。尽管做出了所有这些努力，仍有超过 10 亿人口无法获得干净的水。但正如我们所看到的那样，这对环境和人类的负面影响也往往是相当大的：广泛的土壤退化、地下水枯竭、强迫迁移和重要生态系统被破坏。来自世界水坝委员会（World Commission on Dams, 2000）的一份颇有影响力的报告凸显了大型水坝建设中普遍存在的低回报、广泛的环境破坏和侵犯人权的行为。苏联政府蓄意利用中亚咸海为棉花生产区提供灌溉，而致其干涸，就是这种地缘政治下的水资源工程致命地忽视更广泛的人类安全成本的典型 163例子。

　　在许多方面，水资源安全问题与前一章节所强调的全球环境安全问题有相似之处。水资源管理的传统做法的局限性已经变得日益明显，国家保障供给安全的简单模式必须辅以更加分散的、以市场为导向的提高水资源生产率和限制需求的政策（Wolff & Gleick, 2002；Charles & Varma, 2010）。这些问题还涉及对人的安全的关切，即关注最贫困和那些无法获取干净水资源的人，并推出适当的政策和发展技术以满足这些需求。此外，需要全面考虑水资源政策的更广泛环境影响，而这往往涉及国家间合作。所有这些措施都需要敏锐且有能力的机构，而且要考虑到能涵盖水资源安全的多方视角，并确保恰当平衡国家干预与市场导向的政策。显然，这些政策在发达国家要比在欠发达国家更加容易实施，因为后者的社会和政治制度较为脆弱。

水资源：导致冲突还是合作？

　　冲突是水源政治不可避免且有地区性的特点。对于任何稀缺且珍贵的资源，其合理分配与使用总是存在争议。冲突在国内政治以及国际维度上都是明显的，在国内，不同使用者，如农学家、工业家、国内一般用户、水力发电厂、休闲娱乐者和环保主义者，在他们之间不可避免地会产生紧张关系。如前面所述，诸如私有化这样的政策很可能造成政治抗议，尤其是在管理不善时。大型水利项目，例如水坝建造，已经越来越成为政治动员的焦点。水资源不可避免地成为国家间敏感的政治议题，特别是在上下游国家之间。与其他资源不同，水资源自然地流经各国边界。据估计，存在着 263 个国际性的河流流域，其中约有三分之一为两个以上国家所共享，有 19 个为 5 个或更多国家所共享。还存在未知数量的横跨国界的含水层（参见 Giordano & Wolf, 2003）。

然而，几乎没有证据表明这些与水有关的紧张关系导致了国内或国际层面的严重暴力冲突。在国内层面，能发现许多事件是与水资源有关的暴动、叛乱，以及故意针对水资源进行的国内起义或恐怖主义活动（参见 Gleick, 1993）。但声称水资源缺乏本身导致了更长时内战的证据并不那么清晰。造成这种结果的原因类似于前面章节提出的观点，即为什么资源稀缺性不会导致暴力的内战。水资源短缺确实会影响穷人和流离失所的人，且毫无疑问会加剧他们的痛苦并间歇性造成叛乱，但它不可能触动精英层的利益，而这些人又是大规模有组织暴动需要动员的对象。水资源，就其本身而言，并未珍贵到足以引发这样的精英层内部暴力竞争的程度。如前所述，水资源缺乏问题很可能潜在地催生创新型解决方案，无论是提高水资源生产率还是人类向城市迁移的措施，尽管这些对较贫穷的发展中国家而言确实是更为困难的。正因如此，水资源缺乏往往能够提高社会适应性与增加合作，而不是造成冲突与对抗（参见 Delli Priscolli, 2000）。

在国家间关于水资源的关系上，走向合作而非冲突的相似动向也是明显的。俄勒冈州立大学（Oregon State University）在 2001 年完成的一项关于水资源冲突与合作的大型研究证实了这一点，该研究跟踪了 1948 年至 1999 年的 1800 项与水资源有关的活动，发现合作事件次数远远超出了冲突事件次数。这项研究还证实，没有现代战争是因争夺水资源而爆发的（参见 Wolf, Yoffe & Giordano, 2003）。联合国粮农组织（Food and Agriculture Organization of the UN）编录了过去几个世纪里已签订的应对与水资源有关问题的许多国际协议和条约，这是令人印象深刻的证据。联合国粮农组织确认了在 805 年至 1984 年这段时间有超过 3600 个水资源与航行条约，其中有 200 多个条约是在刚刚过去的五十年内达成的（FAO, 1978, 1984）。因此，可能的水资源冲突常常导致建立机制，无论是通过法定的条约，还是通常更加非正式且隐含的协议，它们试图清楚地但可能是有缺陷地阐明每个国家在分享河流水源时的权利与责任。

然而，国际水事纠纷可能是严重的，且可能是几十年来政治和军事陷于紧张局势的部分原因（参见 Toset, Gleditsch & Hegre, 2000；Griffiths & Houston, 2008），当一个国际流域中的国家——通常是该地区霸主，单方面决定实施一项无周边国家参与的大型水利项目，而其他国家的利益会受到极大影响时尤为如此。这方面的例子包括埃及在 20 世纪 50 年代和 60 年代计划在尼罗河上修建高坝的做法，导致了它与苏丹和埃塞俄比亚之间多年的紧张关系。土耳其同样在 20 世纪 80 年代引入了它在幼发拉底河上极为雄心勃勃的 GAP 项目，旨在改善土耳其东南部的灌溉情况，但它并没有充分询问并考虑受到影响的下游国家，例如伊拉克和叙利亚。在 60 年代和 70 年代早期，印度单方面在恒河上建造了法拉卡水坝，将更多的水引到加尔各答，但牺牲了孟加拉国可用于灌溉的水资源。所有这些事件极大地加剧了政治上与地区间的紧张态势。这种与水资源有关的冲突也可能并非蓄意为之，例如在中亚，该地区的新独立国家之间缺乏政治互信，无法重新建立苏联时期存在的共同水资源管理机制。 165

然而，即使在这种情况下，与水资源有关的冲突也没有导致完全的军事冲突，并往往只是拖延而不是完全排除最终建立相互可接受的制度安排的可能。有趣的问题是，为什么会存在这样的倾向，即各国寻求以条约为基础的制度性合作解决方案，而不是暴力冲突或战争。产生上述问题的一个重要原因正是水拥有一种共享资源的本质。从理论上讲，上游国家认为一条河流中所有的水资源为其单独所有，下游使用者仅被允许得到一些是可能的。这种专属主权的观念建立在所谓的哈蒙主义（Harmon Doctrine）之上，一些强大的上游国家，例如土耳其，用它来表明它们不愿同意有约束力的多边条约是合理的。虽然在实践中，即使是最热衷的拥护者也难以对这样一种学说进行辩护，因为它背离了国际规范和法律的发展，例如1997 年的联合国国际水道公约明确了需要公平、合作地管理国际跨国界水资源的制度安排。一般来说，上游和下游国家也确实拥有共同利益，因此建造堤坝通过为上游国家提供水力发电，为下游国家增加土地灌溉以及更好的洪水预防，会使上下游国家都受益。这种固有的相互依存使得许多人主张各国应当放弃从占有权角度考虑水资源，而应从所有使用水资源者的需求角度来看待它。这样一种方式必然会促使采用更加合作且整体性的方法（参见 Feitelson，2002）。

第二个因素是更狭隘的军事上的考虑，即发动一场争夺水资源的战争几乎不存在任何实际的军事目的。1967 年阿拉伯-以色列冲突和 1982 年以色列入侵黎巴嫩是由水资源方面的考虑导致的，这种夸张说法造成了关于水资源战争前景的许多混乱理解（Cooley，1984；Bulloch & Darwish，1993；Hillel，1994；Amery，2002）。实际上，所有关于这些战争的严肃、深入的研究都发现战争爆发有更为深刻的历史、政治和地缘战略原因（参见 Libiszewski，1995）。水资源冲突通常更多的是阿拉伯国家和以色列敌对状态这些深层次根源的表现，而非直接原因。水资源说到底也并不是一种足够有价值的商品，足以保证战争所需大量资源。如果假设 70% 的水资源用于低价值农作物，那么最终任何水资源战争所使用资源的价值基本上都会超过这些低价值灌溉型农作物。一位以色列防务分析家曾清晰地表达过这个观点，他公开驳斥以色列曾为水资源进行过战争："为什么要为水资源发动战争？战争进行一个星期所付出的代价可以建造五座海水淡化工厂。没有人失去生命，没有国际社会压力，拥有着可靠的水资源供给而不必在敌方领土上进行防御。"（Wolf，1998：259）

第三个因素是对促进区域性水资源合作安排起到积极作用的外部参与者和制度。水是一片地域，域外国家可以合理地认为这片地域与它们自己的利益毫无关系，因为它们一般没有直接的战略利益，或者对争夺中的水资源没有需求。它还是一片具有功能性的区域，这里预防冲突的前景看上去是相对乐观的。过去的证据表明，在冲突变得根深蒂固之前，域外参与者确实有机会推进水资源协议，这些协议甚至在随后最为激烈的政治和军事争端发生时依然有效。1960 年的《印度河河水条约》（Indus Water Treaty）就是一个范例，它是在世界银行的斡旋下，由印度和巴基斯坦签署的，历经了后来多次的印巴战争（Biswas，1992）。人们也认识到，在政治争端早期未能实施合作协议会导致多年延滞，然后才能达成和解，正如围绕约旦河或恒河所发生的。1999 年尼罗河流域国家倡议（Nile Basin Initiative）就是近年来为确保水资源安全，鼓励区域一体化所做出积极、真正地区性和多边努力的一个很好的例子（UNESCO，2003：315）。

从水资源安全到石油安全

石油和水是非常不同的资源，但在人们普遍表达对它们的关注和忧虑方面存在着相似之处。如同担忧水资源缺乏那样，人们担心石油"消耗殆尽"以及未来会发生石油危机，像 20 世纪 70 年代那样的危机在未来一定会再次发生。石油冲突和不安全与水资源一样，也都与大众意识密切相关，主要关注的焦点地域是中东地区。石油和水或许不相溶，但用政治术语讲，它们似乎是极度易燃的。

石油要耗尽了吗？

自 20 世纪 70 年代石油价格上涨以来，就不断有令人震惊的预测说石油产量已经达到顶峰，未来石油短缺是必然事实（Gever，1986；P. Roberts，2004）。这种悲观预测与地质学家科林·坎贝尔（Colin Campbell）及其同事给出的科学证据是一致的，他们认为全球石油生产已达到或正在接近顶峰。一旦达到顶峰，石油供给将停滞，世界将不得不面对石油供给以相当的速度快速减少的未来（Campbell，1997；Campbell & Laherrère，1998；Simmons，2005）。显然，如果接受这种情景，世界政治、经济和安全的含义将不得不突然与这样的石油短缺和与之相应的价格快速上涨相适应，这甚至将比 20 世纪 70 年代的情况更为严重。如果这是真的，各国政府理所当然应为面对这一重大战略挑战时的极度自负而受到指责（Fleming，2000）。

然而，存在着另一种方法理解未来的石油供给，而且还是相当不悲观的。它采纳更加反马尔萨斯的思想，按照朱利安·西蒙（Julian Simon）的传统观点，也即坎贝尔同样认为的，说能源资源有限或石油储备是静态的，这种假设是荒谬的。相反，如迈克尔·林奇（Michael Lynch）认为，首先应当承认总资源库存可能很大，且可采石油储量不是静态或是独立的已知数量，而是各种复杂因素的函数，包括技术知识、政府政策，且最重要的是石油价格（Lynch，1996）。特别是当石油价格上涨时，石油储量往往会增加，因为石油公司有商业动机去勘探新油田，以及开采那些经济上已变得可行的另外一些油田。石油价格和石油储量之间这种动态关系为全球石油供给提供了非常不确定的解释，它支持更为乐观的观点，即这些石油将满足未来需求，至少在过渡到适当和经济、有效的替代能源之前可以满足需求（Lynch，2002；Maugeri，2004）。

自 20 世纪 70 年代的石油危机以来，石油行业业已出现的实际情况强化了人们对石油行业动态变化的这种不太悲观论调的理解。这些变化主要由位于中东地区的产油国组成的卡特尔（石油输出国组织）所操纵。不过，石油公司的反应是显著增加在非欧佩克国家的石油开采和生产，这些国家的石油储备之前被认为成本太高而无法开采。由于欧佩克国家继续限制生产以维持高价格，它们发现自己在全球石油生产中所占份额下降了，自 1973 年的 56% 降到了 1985 年的 29%。当欧佩克试图重新获得市场份额时，石油价格暴跌。石油公司不仅积极地寻找新储备，也在积极改进它们所采用的技术以降低成本，提高产量。在 20 世纪 80 年代初，人们普遍认为一块油田储量的开采率达到 40% 就很令人震惊了，现在已经提高到70%，甚至 90%。如图 7.1 所示，尽管消费也在全面增长，非欧佩克石油生产增加和技术进步的综合影响使石油储量实际上保持增长。但这看上去似乎是自相矛盾的，在过去 30 年中，不断增长的石油消费实际使得石油更加丰富而不是更为稀缺。

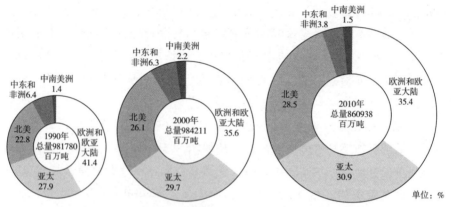

图 7.1　1990 年、2000 年和 2010 年已探明石油储量分布

来源：*BP Statistical Review of World Energy*（*June* 2012）[1]。

168　　　成本的增加也促使能源使用者更有效地使用石油并践行节约。正如相对简单的方法如滴流灌溉能够极大减少水资源浪费那样，人们也采取了多种方法来提高能源利用率。特别是发达国家在使用石油方面已变得极有效率。在美国，以更高效率使用其输入的能源意味着，尽管石油进口在增加，但繁荣美国经济的总能源成本已然下降了，从 1980 年占 GDP 的 2.76% 下降到目前占 GDP 的 1% 左右。在同一时期，德国和法国实际上已经减少了它们的消费量。打破国家控制造成的垄断，开放市场，放松对能源公共设施的管制也促进了能源市场效率的提升（Buchan，2002；Goldthau & Witte，2009b）。限制国内石油需求和促进节约能源的措施，例如引入更高的汽油价格的政策和政府管制以促进节能型汽车的发展，已经成为提高能源利用率、减少石油依赖带来不安全的部分努力。

————————

①　原文有误，应为 June 2011。——译者注

对石油价格上涨和 20 世纪 70 年代能源危机回应的多方面战略的成功肯定了以市场为导向的政策，配合恰当的政府行动和激励，能够满足未来的能源需求。国际能源机构（IEA）持有的主要观点是，存在着丰富充足的石油供给，可以满足预期会加倍的需求量，即从 2008 年的每天 8500 万桶增加到 2030 年的每天 1.05 亿桶（IEA，2012）。然而，我们应当为这些推测加上三个限定条件。第一个是新需求的主要来源并不是发达国家，而是发展中国家，世界人口中有三分之二缺乏或只能偶尔获得现代能源服务（Barton et al.，2004：6）。目前，最大的新增石油需求来自亚洲的发展中国家，如中国和印度，而且这种需求只会继续增加。相比于经济合作与发展组织（OECD）中的工业化国家，这些快速发展的国家的经济活动的能源密集程度高得多，因此其经济更易受到石油价格升高的影响。发展中世界需求的预期增长，很大程度上受到了对汽车需求增加的影响，这意味着在传统石油行业中仍旧存在的"峰值"要比乐观主义者的预测到来的早得多。第二个限定条件是，人们也都普遍认识到，业已增加的石油供给中绝大部分来自中东，而不是非欧佩克国家。未来 20 年面临的挑战是要逐步提升中东地区的生产能力，从每天 2000 万桶提高到 4000 万桶以满足需求的增长。这将导致全球经济变得更加依赖中东地区的石油，亚洲的情况更是如此，因为大部分中东石油流向了亚洲。该地区经常发生的政治和军事危机自然引发了对能源安全的持续关注。

第三个限定条件是环境方面的。前一章指出，气候变化是最关键和最艰难的环境安全挑战之一。石油消费是造成温室效应的最重要原因之一，这凸显了依赖石油可能带来的沉重环境成本。预计到这种环境成本，各国政府对石油以高于其他能源资源的税率征税，以促进本国混合燃料多样化的发展。天然气、核能以及可再生能源都已被证明是更加绿色的能源。随着中国和印度步入大众汽车社会，担心环境是否能够承受由此带来的石化燃料排放是合理的。从这个角度看，更合理的推测是，最后终结世界对石油依赖的将是环境因素，而非物理上的供给短缺。沙特阿拉伯前能源部长谢赫·亚马尼（Sheikh Yamani）打趣地说："石器时代结束并非因为缺少石头，石油时代将终结，但也并非因为缺少石油"（Greider，2000：5）。

石油：能源安全合作

有一种倾向，就像即将到来的"水资源战争"的威胁一样，认为石油与冲突和战争不可分割地联系在一起。20 世纪 70 年代石油输出国组织力量壮大和石油价格高涨与 1973 年阿拉伯与以色列冲突以及 1979 年的伊朗革命同时发生，已经将石油与中东地区的不稳定和其与西方国家的地区冲突紧密联系在一起。石油是其生产国手中的武器，对此的忧惧已植根于西方主流意识之中。在发展中国家，石油输出国组织的兴起已被看成南方对北方主导地位的第一次有效回应，是从贪婪的跨国公司手中重新夺回对其自然资源控制权的一种途径。石油政治和资源民族主义被视为南北冲突的一个总体特征。

170

然而，在南北对抗中北方总是担心受到南方石油输出国的摆布，这种忧虑被夸大了。尽管高调，但阿拉伯国家以石油为武器却十分无效，即使在 1973 年战争中也是如此（参见 Al-Sowayegh，1984）。回想起来，20 世纪 70 年代石油价格上涨和石油生产国权力增强主要是由于供求基本面发生了变化，而并非阿拉伯国家对政治力量的主张，这是很清楚的（Horsnell，2000：7）。此外，自 20 世纪 70 年代以来发达国家所采取的措施已经极大地减少了与政治有关的供给中断可能造成的损害。促进全球市场一体化、供给多样化而不再依赖石油输出国组织，国内燃料结构多样化，提高能源效率并厉行节约，这些连同在国际能源机构监督下建立的战略性储备一起，均为显著降低石油供给中断带来能源安全风险做出了贡献（Goldthau & Witte，2009a）。石油市场几乎没有受到 1990~1991 年和 2003 年海湾战争的干扰。如果说有什么影响的话，那就是政治力量平衡的变化明显有利于北方。因此，主要石油输出国，例如伊朗、伊拉克和利比亚，在 20 世纪 90 年代遭受了政治原因导致的石油出口禁运（Morse，1999：14）。正当 2012 年写作本书时，对能源安全的最大威胁在于，北方有可能与伊朗就其核武器计划进行武装对抗。

用对抗及零和竞争来定义石油政治也存在局限且自我矛盾。如同水资源一样，存在着另一种视角，它强调在上下游之间、在生产国与进口国之间有着共同利益和相互间的依存关系。事实上，这适用于被认为最紧迫的全球能源安全挑战问题：石油价格的波动以及投资是否会满足长期需求的问题（Horsnell，2000：8）。

显然，在进口国和出口国之间存在着共同利益，即石油价格不过度波动。尽管石油市场的一个结构性特征是价格易于波动，因为特别难以保证下游的原油供应满足上游炼油行业的需求，其需求反过来又对整个市场的宏观经济状况极为敏感。石油市场也受到缺少石油生产信息等信息不透明的影响。尽管努力保证价格稳定符合所有人的共同利益，但如何分配调整的成本是个艰难的政治问题。事实上，北方的政府已经减缓了石油价格上 171 涨对其消费者的影响，最明显的做法是通过对汽油产品施加高税收，减弱价格变化的相对影响和变化幅度。相比之下，石油生产国的经济和民众受到了价格下跌的极大影响，特别是那些高度依赖石油出口的国家（Mitchell，2002：265）。此外，欧佩克国家，最典型的是沙特阿拉伯，通过保持可用于应对需求波动的闲置生产能力，扮演了至关重要的稳定角色。这种角色涉及重大的财务成本，同时我们发现，在确保全球能源安全方面，欧佩克主要国家采取的方式要比通常人们所认为的更为合作、更为积极。

确保对石油生产的投资满足未来需求也代表着有关各方的共同利益。石油进口国需要确保投资是充足的以使保罗·霍斯耐尔（Paul Horsnell）声称的"基本的不连续"在供给和需求之间不会出现，而这是 20 世纪 70 年代高价格、石油危机和经济下滑的主要原因（Horsnell，2000：7；还可参见 Andrews-Speed，Liao & Dannreuther，2002）。石油出口国也希望供给满足需求，因为经验表明"基本的不连续"时期的延长会加速用其他能源代替石油的转换过程。然而，将全球石油生产保持在未来需求水平上所需资本是巨大的，仅就海湾国家而言，成本就达 55 亿美元。海湾国家开始邀请它们以前的对手即跨国石油公司提供必要的资本、技术和专家以最大化它们的下游生产，这是更大程度的互信和共同利益的一种标志。或许最重要的能源安全问题是，石油公司与中东欧佩克国家之间这种利益趋同与合作将足以及时且有力地确保到 2030 年中东地区所必需的生产能力翻倍。

存在共同利益和复杂的相互依存在最大的石油出口国沙特阿拉伯和最大的石油进口国美国之间的关系中体现得最为明显。这种关系也是全球能源安全的核心。美国和沙特阿拉伯对于稳定的价格拥有共同利益，在石油价格设定上，不能太高以致损害全球经济、削弱沙特未来在石油方面的利益，也不能太低以致美国国内生产受到损害，并可能使亲西方的石油生产国变得不稳定，这不仅包括沙特阿拉伯本身。沙特阿拉伯通过提供全球最多的闲置生产能力，并有意愿去处罚那些在利益驱动下寻求通过高价格使其收入最大化的其他石油生产国，发挥了促进价格稳定的作用，这使美国受益。沙特阿拉伯 172 本身从美国在波斯湾及更远地区提供的安全保证中获益。这是美国和沙特阿拉伯之间复杂微妙的关系，也是全球能源安全的真正核心所在。

石油：地缘政治和全球不稳定

然而，在这一至关重要的美国-沙特阿拉伯能源关系中，也存在着紧张和压力，这显示出合作的限度，以及地缘政治和对全球不稳定的担忧在国际能源政治中持续所起的作用。至少，在 2003 年美国领导下干预伊拉克的部分理由就是要确保海湾地区有一个新的亲西方富油国家，它将减弱美国对沙特的依赖（Morse，2003；Klare，2004）。对沙特阿拉伯政府来说，正是美国的这种干涉主义及其惹眼的军事存在，激起了国内民众的不满情绪，并鼓动了其伊斯兰反对派，他们意图利用恐怖主义手段来破坏沙特政权（Hegghammer，2010）。外部主要势力的地缘政治野心和众多石油生产国内部的不稳定结合在一起，使得石油对冲突和全球不安全产生了重大影响。正是从这两个方面而言，石油诱发冲突的机制与水资源是不同的。水资源根本没有经济价值来刺激外部主要大国的经济和战略利益，并对本国的不安全产生明确影响。

对一些人而言，理想世界是在国际合作精神下通过自由市场运作获得能源安全。欧盟关于能源安全的绿皮书认为，市场最终可为能源安全提供最便宜且最坚实的保障（European Commission，2001；Andrews-Speed，2004）。然而，现实并非理想世界，石油总是被各国视为对国家安全太重要、太有利可图，而无法仅仅把它看作一件普通的经济性商品。地缘政治、国家间的不信任以及与石油无关的政治冲突影响总是与国际石油政治联系在一起。因此，在中东，美国想要扮演能源安全担保人，最明显的是通过提供波斯湾的安全保障来实现，但它未能解决阿拉伯-以色列冲突，以及它对盟友以色列显而易见的偏袒，都使该野心不断受挫。由于中东地区在全球范围内被视为不稳定和不可预测的，国际上对其他石油丰富地区的兴趣常常导致大国间激烈竞争。20 世纪 90 年代苏联解体后，里海能源资源开放引发了一场争夺权力和影响力的重大地缘政治斗争。这被称为一场新的"大游戏"，其中俄罗斯对抗美国，土耳其对抗伊朗，中国作为一个新兴的全球能源参与者也会进行干预。

中国在应对日益增长的能源安全问题时所面临的困境说明了这一更广泛的地缘政治观点。在 1993 年，中国从石油净出口国成为净进口国，根据它所达到的高增长率，预计其进口将大幅增长。到 2020 年，预计中国将超过美国成为最大的原油进口国。问题在于，中国对石油的依赖日益增长，将不仅使它在面对来自不稳定的中东地区的供给发生变化时更加脆弱，还会增加对美国的依赖，后者为从中东到中国大陆的航行提供了海上安全保障（Lanteigne，2008；Andrews-Speed & Dannreuther，2011）。中国的困境在于，它对石油的依赖可能会导致其屈从于美国的敲诈或战略胁迫。然而，中国在努力降低这种脆弱性，并多样化其供给来源，这也带来了猜疑和冲突这一地缘政治遗产。即使在苏联解体后双边关系回暖了，中国为获取俄罗斯能源储备做出的努力也遇到了阻碍。中国还在与其他急需石油的邻国，例如日本和印度相竞争。经济和政治理性表明，对中国而言，解决其能源安全问题最为有效的方式应当是融入全球能源市场，并积极与其亚洲邻国、美国和石油出口国进行广泛合作（参见 Manning，2000；Salameh，2003；Andrews-Speed & Dannreuther，2011）。不过，中国并不必然会遵循这种方针，且不必然会试图更积极地对外干预以确保其能源需求，这并非不可避免的。

地缘政治的紧张态势和外部主要势力之间的竞争也赋予了石油出口国一定的政治权力和操纵能力。中东政治最显著特点之一是，当地政府一直在操纵外部主要大国的利益之争，以保护它们自己的独立和行动自由。它们要求并往往都能获得慷慨的条款，例如提供先进的军事装备，以便允许得到它们的石油资源。它们还极为抵制国内对广泛经济和政治改革的任何需求，认为能源安全依赖政权的稳定。尽管 1991 年的民主选举被中止且人权记录令人发指，但欧洲多年来一直默许阿尔及利亚的军事政权，生动说明了这种能源驱动型的实用主义。此外，石油输出国可以摆脱西方的经济和政治改革压力，因为它们通常都足够富有，可以避免世界银行或国际货币基金组织所施加的约束条件。然而，最终这种偏好稳定而非改革的倾向仅仅是强化了对长期不稳定的感知和恐惧。2011 年爆发的"阿拉伯之春"已证实，经济和政治变革的压力是无法无限期推迟的，富产石油的国家像 174 其他国家一样容易受到民众反抗的压力。

资源诅咒

不过，外部大国的作用只是故事的一部分，部分地解释了在许多关键石油生产国所发现的不稳定状况，更重要的是导致这种不稳定的内部因素。越来越多的证据表明，一国对自然资源出口的依赖本身就是这种不稳定性极为重要的原因。这就是所谓的"资源诅咒"（resource curse），它并非仅局限于出口石油的国家，还会影响到出口其他在国际上可贸易的初级商品的国家，这些商品有钻石、木材和药品等（相关综述，参见 Ross，2012，以及 Karl，1997；Auty，2001）。"资源诅咒"的主要经验支持是统计数据，自然资源产值占 GDP 比重高的国家普遍有着异常低的增长率（Sachs & Warner，2000）。这种影响不仅仅是经济层面的。迈克尔·罗斯（Michael Ross，2001）已证明，拥有石油的国家不太可能是民主国家。正如前一章已经探讨过的那样，有进一步的证据表明，享有丰裕资源的国家也更加容易发生内战（de Soysa，2000；Bannon & Collier，2003；Kaldor，Karl & Said，2007）。

这种"资源诅咒"，即拥有珍贵资源似乎会招致破坏性的经济发展和政治后果，其原因是非常有争议的（相关综述，见 Stevens，2003）。首先，资源财富会导致消极后果，但这并非不可避免。诸如挪威、澳大利亚和博茨瓦纳这些国家都利用其资源财富使其经济和政治发展广泛受益。但证据显示，促成这种积极结果的难度很大。对此我们提出两个主要原因。第一，从本质上讲主要是经济原因，聚焦于资本密集型领域以及自然资源开发的飞地特性，它往往不会与农业或工业等其他经济领域产生积极联系。例如，不同于遭受水资源短缺的国家，这些国家没有强大动力推动其向制造业和其他工业活动转变。有些学者试图解释为什么在 20 世纪 70 年代和 80 年代资源丰富的拉丁美洲国家落后于资源贫乏的东亚国家，他们往往会指出，拉丁美洲的资源财富有效地阻碍了这些国家转向出口导向型工业发展模式，而正是这种模式激发了东亚经济的活力（参见 Mahon，1992；Wade，1992；Auty，1993）。

"资源诅咒"产生的第二个原因以及更多政治方面的原因，是由"食利国"（rentier state）概念发展而来，这个概念最初的形成与石油丰富的中东国家有关（Mahdavy，1970；Behlawi & Luciani，1987；Chaudhry，1994）。"食利国"概念是指那些通过出口初级商品，以直接获得的资金形成其主要收入的国家。不同于那些不得不依赖社会税收的国家，"食利国"的精英们享有相当程度的自治权，且脱离他们的民众。他们对整个国家经济的更全面发展没有直接或必然的兴趣（关于阿塞拜疆和尼日利亚之间的对比，参见 Bergeson，Haugl & Lundre，2000）。精英阶层的兴趣集中在通过分配租金来交换政治上的妥协和屈服，以使他们的政治优势以及由此带来的经济优势得以永续（Karl，1997）。这种保护主义网络往往会得到内部安全力量的广泛支持，阻碍了市民社会的发展和民主化进程（Ross，2001）。这与名言正相反，成了"没有税收，就没有代表权"。这样的庇护主义社会也往往会导致脆弱的司法制度、产权保护不力和腐败文化盛行。外部参与者，如一些国家或公司发现，难以避免地要通过非透明的经济和政治交易、参与当地的腐败活动获得优先利益，继而削弱国家的合法性。

石油丰富的"食利国"未必都是不稳定的。事实上，它们往往具有保持稳定的能力，能够对抗内部和外部的反对（参见 B.Smith，2004）。萨达姆·侯赛因（Saddam Hussein）在第一次海湾战争失败后幸存下来，实施制裁，之后其民众变得贫困，这些事实证明了石油资源导致的庇护主义和独裁主义的力量。然而，内部政变或如伊拉克那样的外部干预改变政权的威胁，造成了一种不安全感以及对地区不稳定的看法。在某种程度上，国家精英可以获得的石油资源数量对政权的稳定性产生了影响。对那些石油储量有限的国家来说，内部严重不稳定的可能性更为显著。在这样的国家中，获得支持的可能性更为有限，这意味着，虽然中央权力机构对抵抗来自反对派的挑战来说是足够强大的，但对于控制这个国家的周边地区而言却过于弱小了。其后果可能是长期的国内冲突以及持续的内战，如在安哥拉、苏丹和尼日利亚发生的那样。在安哥拉，中央政府保持着对海上石油资源、首都和大部分周边地区的控制权，但它不得不同 UNITA（争取安哥拉彻底独立全国同盟）反叛武装组织进行长期战争，该反对组织通过非法销售钻石为自己筹集资金（Le Billon，2001b）。在尼日利亚和苏丹，中央政府控制所有的资源收入，而当地社区几乎一无所有，才导致了内乱。

因此，与"资源诅咒"相关的强大内部因素导致许多石油出口国和地区不稳定。但外部参与者的"帮助"也必须考虑在内。例如中东、苏联和西非这些石油丰富的地区，从它们获得的外国投资角度讲，石油公司是目前为止最重要的参与者。然而，它们必须与这些国家的政府进行谈判并达成协议。特别是在激烈竞争的市场中，富油"食利国"的精英们要求获得石油收入，人们往往很难避免牵连在与之相关的缺乏透明度和腐败之中。各种各样的倡议，最著名的有基于非政府组织的"公布你的薪酬"运动和英国提出的《采掘业透明度倡议》（Extractive Industries Transparency Initiative，EITI），都在试图解决这个问题。它们试图提高公司和石油生产国政府在资源租金收入方面的透明度，以支持在更大程度上承担责任、增强公民挑战国家政策的力量，并削弱庇护主义行径。一些研究表明，此类举措可能是降低资源依赖型国家之间发生冲突风险的最有成本效益的方法之一（Collier & Hoeffler, 2004）。但在实践中，提高透明度的政治障碍依然存在，很难克服（Shaxson, 2009）。

结　论

牢记水资源和石油在我们的现代文明中发挥的重大作用是非常重要的。现代农业、工业、交通和卫生，以及20世纪中所有主要的繁荣发展，都与操纵和利用世界水资源和石油资源密切相关。因此，获取这些资源不仅仅被视为技术或经济问题，其更是安全问题，这是非常自然的。供给中断的威胁与冲突的可能性是不可回避的战略议题。

然而，作为一名科学家，安全分析人士必须避免未经证实且过度悲观的预测，即摆脱不久的未来将出现短缺，以及这将不可避免地导致冲突的宿命论。对水和石油的过度保护忽视了通过有效规制和以市场为基础的政策的综合作用，利用多种技术和机制，诸如水和石油这样的资源可以被最大化即更加有效地使用。这种悲观预测也忽略了国家间合作的多种方式可能都有与水和能源有关的证据。然而，这些资源分布不均衡引致冲突与不安全感，这一现实是无法避免的。在这里，要求安全分析人士作为国际主义者将水和石油安全的多种观点融合起来：不仅考虑下游/进口国的关切，也要考虑上游/出口国的关切，以及无法轻易获得廉价水和能源供给的数百万人的困境。此外，还有对环境和脆弱生态系统的安全影响。资源安全是个复杂的多面现象。

177　　　但核心及重要的关切与水和石油政治相关联。资源的战略意义在于它们在地方和区域政治的发展，以及在更广阔的国际政治经济中所发挥的作用。在这一层面，石油的战略意义被提升了，它与水资源不同，石油在国际不安全方面造成的特别影响是显而易见的。在这方面，重要的是了解占有石油是怎样导致了压迫性政府、不良的社会发展和脆弱的市民社会。这些国内的不安全感造成了外部参与者对安全的忧虑，由此往往会带来干预的加剧而不是消除不安全及冲突的根源。总之，石油和水资源之间的主要区别是，石油是一种具有价值且在国际上可交易的资源，它有一种特殊能力可以引发国内冲突，削弱国内稳定，并由于外部大国的专横而引发安全问题。

扩展阅读

关于水资源缺乏和灌溉农业问题的一个很好的全面综述，参见 Sandra Postel 的 *Pillar of Sand*（1999）。关于水资源及其对世界政治影响的全面历史，参见 Steven Solomon 的 *Water*：*The Epic Struggle for Wealth*，*Power and Civilization*（2010）。要想了解世界水资源供给分布和对关键议题的讨论，请参考 Maggie Black 和 Jannet King 的 *The Atlas of Water*（2009）。Peter Gleick 等人的 *The World's Water*（2011）及联合国世界水资源评估项目（UN World Water Assessment Programme）的 *Managing Water under Uncertainty and Risk*（2012）提供了关于水资源主题的一系列很好的文章和数据。

在水资源安全问题上，Aaron Wolf 的 *Conflict Prevention and Resolution in Water Systems*（2001）是关于水资源争议的经典论文集。世界经济论坛（World Economic Forum）的 *Water Security*：*The Water-Food-Energy-Climate Nexus*（2011）分析了水资源安全，突出阐释了其中的复杂关系。Peter Gleick 在《国际安全》（*International Security*）（1993）上发表的 "Water and Conflict：Fresh Water Resources and International Security" 一文阐述了水资源成为冲突来源的情况。沃尔夫（Wolf）在 *Water Policy*（1998）上发表的 "Conflict and Cooperation along International Waterways" 一文对这一说法和其他解释提出了挑战。沃尔夫及其同事（Wolf、Yoffe 和 Giordano，2003）在 *Water Policy* 上发表了他们在水资源冲突和存在风险流域项目中的成果 "International Waters：Identifying Basins at Risk"。关于发展中国家水资源政治和紧张局势的很好的总体描述，参见 Arun Elhance 的 *Hydropolitics in the Third World*（1999）以及 Robert Griffiths 和 William Houston 的 *Water*：*The Final Resource*（2008）。对中东更加具体的评估，参见 Mark Zeitun 的 *Power and Water in the Middle East*（2011）。

关于石油政治最好的历史书是丹尼尔·耶金的 *The Prize*（1991），他在最近几期的 *The Quest*（2011）中也发表了论述。关于能源政治有一个很好的总体概览，参见 Brenda Shaffer 的 *Energy Politics*（2009）；更加复杂的分析可见 Timothy Mitchell 的 *Carbon Democracy*（2011）。罗兰·丹罗伊特（Roland Dannreuther）在 *Energy Security* 中阐述了能源安全的概念。更多实证案例研究很好地收录在 Jan H. Kalicki 和 David L. Goldwyn 的 *Energy and Security*（2005）中。Michael Klare 的 *Resource Wars*（2001）和 *Blood and Oil*

178

（2004）强调了能源方面的潜在冲突；Andreas Goldthau 和 Martin Witte 在 *Global Energy Governance*（2009）中提出了合作的可能。对于美国在全球能源政治中的作用，参见 Doug Stokes 和 Sam Raphael 的 *Global Energy Security and American Hegemony*（2010）。Philip Andrews-Speed 和 Roland Dannreuther 在 *China, Oil and Global Politics*（2011）中讨论了中国对全球能源政治的影响。

对于支持和反对"石油峰值论"的文章，可对比 Kyell Aleklett 和 Colin Campbell 在 *Minerals and Energy*（2003）上的"The Peak and Decline of World Oil and Gas Production"一文与迈克尔·林奇（Michael Lynch）同样在该刊物上发表的文章"The New Pessimism about Petroleum Resources"（2003）。英国能源研究委员会（UK Energy Research Council, UKERC）的 *The Global Oil Depletion Report*（2009）广泛分析了"石油峰值论"。对"资源诅咒"的回顾，参见 Michael L. Ross 的 *The Oil Curse*（2012）以及 Terry L. Karl 的 *The Paradox of Plenty*（1997）。关于掠夺自然资源与暴力冲突之间的联系，参见前一章给出的扩展阅读建议。

研究和讨论问题

1. 未来发生争夺水资源的战争的可能性有几何？

2. 为确保全球石油需求得到满足，国际社会会在多大程度上合作或产生冲突？

3. 为什么许多资源丰富的国家会遭受所谓的"资源诅咒"？

4. 你认为石油会比水资源更可能引发战争吗？

网 站

www.water.ox.ac.uk：牛津大学（University of Oxford）水资源安全网络，提供了有关水资源安全的多个研究项目的链接。

www.iea.org。国际能源机构，一家在 OECD 框架下的政府间组织，它收集了有关能源安全和供给的数据、国家简报和多媒体资料。

www.bp.com/sectionbodycopy.do? categoryId = 7500&contentId = 7068481：收录了具有影响力的关于世界能源的年度《统计回顾》（Statistical Review），该网站也提供了有关未来预测的报告，如《2030 年能源展望》（*Energy Outlook* 2030）。

www. carnegieendowment. org/programs：卡内基国际和平基金会（The Carnegie Endowment for International Peace）能源与气候项目（Energy and Climate Program），将从事能源技术、环境科学、政治经济和安全研究的专家汇集起来，为全世界的政策制定者寻找现实解决方案。

www. chathamhouse. org/research/eedp：查塔姆研究所［Chatham House，原英国皇家国际事务研究所(Royal Institute for International Affairs)］主办的关于能源、环境与发展项目的网站，提供多种关于能源安全的报告和出版物。 180

第八章　迁徙中的人群：移民作为安全议题

国际移民很可能是新安全议程中最常被提及但也是最富争议的领域之一。认为移民是一种安全威胁的看法在某种意义上是恰当的，其与全球人口趋势密切相关，其中最显著的是南方国家人口快速增长而北方国家人口老龄化且衰减。历史学家保罗·肯尼迪将"全球人口爆炸"视为 21 世纪政策制定者所面临的最具挑战议题之一，声称"有产者"和"无产者"之间逐步加剧的财富不平等必将引发压垮传统移民管制的"移民大潮"（1993：44）。后来他作出危言耸听的、末日预言式的推断，认为这可能会导致这样的处境："如果大规模移民不至于摧毁所有人，那么富人必须抗争，而穷人必须死去"（Connelly & Kennedy, 1994）。

其他研究倾向于避免如此极端的结论。但已经有一系列的举措逐步将移民纳入安全研究的范畴。1992 年迈伦·韦纳（Myron Weiner）卓有影响地主张移民已经成为"高国际政治"，而且现在应对"全球移民危机"具有政治紧迫性（Weiner, 1992：95；另见 Weiner, 1996）。冷战后难民数量的增加以及大规模强制驱逐和种族清洗的证据，也已将移民提上了安全议程（见 Loescher, 1992；Dowty & Loescher, 1996）。在国内政治方面，身份政治以及种族、宗教和民族分歧的逐步显著使一些偏保守的评论者提出警告：过度移民会威胁社会和国家的完整性（Huntington, 1997；Goldsborough, 2000；Rowthorn, 2003）。随着极右政党的广受欢迎以及对移民和寻求避难者越来越负面的描绘，移民已经成为日趋重要的政治议题，这在欧洲尤为明显（Sarrazin, 2010；Laqueur, 2012）。正如乌尔里克·贝克（Ulrich Beck）所主张的，移民激发了现代社会面对不可预测的、看似不可控的事物时所有的恐惧和焦虑（Beck, 1992：147；也见 Bauman, 1998）。

但恰好因为这种仇外主义的可能性和返祖民族主义的兴起，很多分

181 析者否认移民作为安全议题的正当性。对一些分析者而言，这是从传统现实主义假设中得出的结论，根据这种假设，对安全的研究仅限于对生存的直接威胁，并主要集中于那些试图通过使用暴力来实现政治目标的因素（Walt，1991；Freedman，1998）。按照这个定义，移民明显未能满足构成安全威胁的标准。但这种拒斥并不限于现实主义者。社会建构主义者——特别是哥本哈根学派（参见第二章）——支持扩展安全议程，并原则上支持将移民作为安全威胁的公共讨论。然而在实践上，他们的主要论断却是移民的"安全化"应该被理解为倒退的和向非自由主义的转变，这种转变将移民从政治的恰当领域转移到更不可解释和不常见的安全领域。

　　本章的主要论证是，在恰当的限定下，移民是安全研究的正当领域。本章拒斥这一假设，即移民与安全之间的任何联系都必定导致不自由的政策。但在论证中安全分析者面临一个特别有挑战和困难的任务，即履行本书导论中描述的内在于科学家、国际主义者和道德家角色中的责任。

　　对作为科学家的安全分析者而言，主要任务是全面理解国际移民的动态机制以及推动和阻碍移民活动的因素，并判断是否像很多人所声称的那样存在"移民危机"。这个现象比流行看法所表明的要更为复杂、更为多维。国际主义者面临的挑战一方面在于认识和理解有关移民的具体国家政策和文化观念，另一方面在于要超越国家或区域的视角。移民特别包含了复杂的、潜在引人忧虑的南北维度，在这种维度下北方国家安全导向的单边主义往往压倒多边的南北合作。最后，对作为道德家的安全分析者来说，挑战在于跳出将移民"二分"为安全议题和非安全议题的简单争论。更有趣的实际道德问题是如何平衡对移民安全的关注——移民需被视为现有的世界国家体系所带来的不可避免的结构性后果——与对自由、富强和正义等其他价值的关注，这些价值在民主社会被视为重要价值，而且经常同等程度地促进和限制人民的迁徙。

　　本章分为三个主要部分。首先是通过重点考察后冷战时代的移民发展，评估国际移民的主要动态。第二部分通过考察欧洲移民政策的案例，理解北方国家在实践中采取国际主义策略处理国际移民问题和议题的困难程度。
182 最后一节回顾将移民纳入安全议题的合理性这一议题，并挑战国际移民问题的"安全化"路径。

移民危机有多严重？

首先要注意的一点是，我们正生活在前所未有的"移民时代"——这是有关移民问题最重要的书目的书名之一（Castles & Miller，2009）——这一流行观念至少是有争议的。根据联合国人口司（UNPD）提供的统计数据，2010 年共有 2. 14 亿国际移民，占世界总人口数的 3.1%。其中大约有 2.2%①，即 1050 万是难民。这意味着世界上 97% 的人口没有移民，而是继续居住在他们国家的领土内（Mills，1998）。从历史的角度来看，当代移民比历史上的移民规模要小得多，比如 19 世纪末从欧洲到新世界的大批移民，甚至与时间更近的移民运动，比如 20 世纪 60~70 年代从地中海国家到欧洲的移民相比也是如此。诚然，有些重要的移民运动没有被统计进官方数据。国际移民忽略了领土和国家疆域内的人口流动。举例来说，据估计有超过 1. 5 亿中国人从农村迁徙到了城市，这主要是为了从南方沿海地区的活力中获益（Goldstone，2002：16）。非法移民的数据也被排除了，据估计 20 世纪 90 年代美国有大约 500 万非法移民（虽然有其他估计认为达到了 1200 万），欧盟也达到了类似规模（Jordan & Duevell，2003：67）。

还有一种错误观念认为世界上最穷和最绝望的人正在蜂拥进入更富裕发达的世界。正如罗纳德·斯凯尔登（Ronald Skeldon）注意到的，实际上国际移民在经济上和地缘上是有高度区分的现象。那些有资源和能力突破工业国家设立"障碍"的人，一般都来自他所说的"劳动力前线"，即那些位于"扩张中心边缘"的区域，比如墨西哥之于美国、北非之于欧洲，或者来自早已存在的循环系统，比如巴基斯坦和印度（Skeldon，1997：144-70）。发展中世界的其他更贫穷的地区——比如撒哈拉以南的非洲、中东和中亚——融入全球移民系统的程度都不深，而且由于缺乏经济手段参与国际移民，世界上大部分被强迫移民的人都来自这些地区（Skeldon，1997：73）。难民不成比例地出现在亚洲和非洲（2010 年底是 77%），而非欧洲（15%）和北美（4%）。

不过发达国家有理由认为国际移民趋势对它们构成了特别的挑战甚至威胁。在 2.14 亿名国际移民中，有 1.277 亿是在发达世界，移民占总人口的比例是 10.3%，相比之下发展中世界的比例是 1.5%（参见表 8.1）。近期

①　此处百分比疑有误。——译者注

移民总增长大都发生在发达国家，1990~2010 年北美增加约 2200 万，欧洲增加约 2000 万。如果将近期的增长置于历史的情境中，1950 年西欧是 380 万外国公民的居住地，而现在已经是 6900 万，并且还在增长。

表 8.1 世界和主要地区国际移民数量变化（1970~2010 年）

	国际移民数量（百万）				国际移民占人口比例（%）		
	1970 年	1990 年	2000 年	2010 年	1970 年	1990 年	2010 年
世界	81.5	155.5	178.5	213.9	2.2	2.9	3.1
较发达国家	38.3	82.4	104.4	127.7	3.6	7.2	10.3
欠发达国家	43.2	73.2	74.0	86.2	1.6	1.8	1.5
非洲	9.9	16.0	17.1	19.3	2.8	2.5	1.9
亚洲	28.1	50.9	51.9	61.3	1.3	1.6	1.5
欧洲	18.7	49.4	57.6	69.8	4.1	6.9	9.5
拉美和加勒比	5.8	7.1	6.5	7.5	2.0	1.6	1.3
北美洲	13.0	27.8	40.4	50.0	5.6	9.8	14.2
大洋洲	3.0	4.4	5.0	6.0	15.6	16.2	16.8

来源：United Nations, Department of Economic and Social Affairs, Population Division（2011）；*Trends in International Migrant Stock*：*Migrants by Age and Sex*（United Nations database，POP/DB/MIG/Stock/Rev. 2011）。

总体来说，这表明虽然我们现在并没有生活在可以与 19 世纪末相提并论的移民时代，但潜在的趋势和动态都指向回归那个时代的可能性。在这方面有三个因素是特别重要的：冷战结构的瓦解、全球化动力和全球人口变化的不同。这三种动力的特别之处在于它们引发了对立的进程：一方面，它们积极支持和推动国际移民；另一方面，它们也对移民产生了强烈的抵制和反对。当代国际移民问题的关键在于，尽管移民的机会和欲求在增长，但除非有重要的政治竞争或冲突，不大可能出现吸收这种移民的政治条件，比如 19 世纪末美洲和大洋洲对移民潮的开放态度。

移民与冷战的结束

冷战的结束是这些对立趋势的一个好例子。在很多方面，冷战（至少部分地）是为了人民自由迁徙的原则而斗争。冷战期间，那些试图逃到西方国家的人一般被正面评价为：为了行使他们的自由迁徙权而非对西方安全的潜在威胁

（Hollifield, 2000: 81）。二战后难民管理体制——基于 1951 年《日内瓦难民公约》和联合国难民事务高级专员公署（UNHCR）的设立，得益于冷战的迫切需要，从 20 世纪 40 年代后期至 50 年代早期，它被设计用来协助个人"逃离"共产主义政权（Loescher, 2001）。与此类似，从由超级大国支持的国家自由化斗争或代理内战中逃离的难民，通常会受到正面的甚至英雄般的对待。树立正义的"难民斗士"形象——阿富汗难民/穆斯林"圣战者"是其典型象征——是发展中世界冷战斗争的一个主要部分（Loescher, 1992: 12）。

冷战的结束本来可以被期待为认可和确立这些迁徙的权利。在东半球和南半球肯定有数百万人明显期待东西分野的结束能为移民国外开拓广阔的新机遇。但冷战的结束实际上带来了对国际移民远不如从前友善的环境（Rudolph, 2003: 606）。特别是在西欧，大规模东西移民更多被视为不安全之源，而非对人类自由的积极肯定。欧洲内部的这种排他逻辑也被冷战后南斯拉夫的暴力分裂主义战争所确认，这些战争造成了大量难民，显著导致了难民人数从 20 世纪 80 年代早期的 800 万增长到 1992 年的 1800 万（UNHCR, 2000）。与之类似，在超级大国从发展中世界的大多数冲突中撤离的后冷战背景下，从前英雄的"难民斗士"往往在一夜之间被贬为不道德的非法行为者，被认为延续了毫无意义的种族-民族冲突，而且极有可能犯下了大规模侵犯人权的罪行（Weiner, 1996）。

这些相互对立的动态在冷战后人道主义干涉实践的出现中——第四章对此有更充分的讨论——很明显。这一规范的出现反映了向这种认识的大体上积极的转变，即当国家大规模侵害其公民时——它们的行为导致大规模难民移民——它们不应再声称主权不可侵犯。用杰夫·克里斯普（Jeff Crisp）的话来说，这也代表了一种潜在的认识，即难民的出现与否是很好的"人的安全与否的晴雨表"（Crisp, 2000: 1）。在这一点上，正是逃离伊拉克萨达姆·侯赛因统治的库尔德难民和逃离塞尔维亚"种族清洗"的波斯尼亚人和科索沃的阿尔巴尼亚人遭遇的困境，显著促进了冷战后人道主义干涉规范的发展和对主权的理解，即主权不再完全是司法意义上的，而必须包含国家对公民的责任这一更宽泛的流行观念（见 Dowty & Loescher, 1996; M. Barnett, 1995）。

然而，大体上有益的后冷战发展也有其阴暗的一面。在西方对巴尔干的干涉中，人道主义的冲动混杂了更理智精明的现实主义逻辑，后者的目标是使移民规模最小化并且/或者加速遣返难民——他们基本上是不招人喜欢和不受欢迎的。因此，人道主义干涉也可被视为一个更大控制模式的一部分，这一模式设法限制或预防来自武装冲突和不稳定地区的难民迁徙。联合国难民事务高级专员公署作为负责难民事务的主要机构，通过不同方式试图重新定义自己的角色以应对这些对立的趋势，这突出了其中的道德含混和困难。其积极支持向人道主义干涉转变，承担了保护诸如伊拉克和波斯尼亚这些国家内部的"安全区"和大量"在国内背井离乡的人"（IDPs）——他们严格来讲不是难民，因为还没有跨过国界——新的责任。但这种责任的扩展已经被一些批评者认为潜在地削弱了该机构的首要人道主义责任，即保护难民和确保国家不会逃避它们融合或重新安置合法难民的法律义务。在这些批评者看来，联合国难民事务高级专员公署事实上支持了限制性的政策，并使自己成了削弱国际难民管理体制的同谋（Barutciski，1998；M. Barnett，2001）。

移民与全球化

全球化的态势对国际移民有类似的对立和双向的影响。正如冷战的结束推动了更加统一和表面上自由流动的世界这一观念一样，全球化也同样起到"压缩时间空间"和模糊国家边界的作用，因此确实便利了国际移民。通信和交通的双重革命既使潜在移民更容易了解出国的机会，也使得他们离开祖国变得更为便宜。19世纪时期英国移民通常要工作3~6年来偿还单程的交通费用，与之相比，现在到任何地方的合法旅游一般花费不到2500美元，非法的一般需要1000~20000美元（Martin，2004：405）。全球化通过为潜在移民提供移民信息和帮助他们跨越国界并留在国外，也巩固了迁出地区和迁入地区之间非正式的"移民网络"（Massey et al.，1998）。这些网络又成了人们熟知的"连锁移民"或"移民带动移民"的关键。

与冷战中西方阵营的自由主义人权理论一样，全球化作为一种政治意识形态也为移民提供了进一步的鼓励和支持。全球化的经济假设鼓励从低工资国家向高工资国家移民，因为这会增加分配效率，使得这个世界可以最有效利用可用资源和最大化全球产出（Simon，1989）。从政治科学的视角看，全球化动态强化了那些依赖和鼓励移民劳动力的发达国家中拥有强大政治力量的经济利益集团（Freeman，1995）。服务贸易国际自由化的转变——这可以被视为当代全球化最关键的动态之一——也增强了劳动力流动的重要性。这可从《服务贸易总协定》（GATS）中看出，在这个协定中，限制人们移民的移民法第一次被当作服务贸易的非关税壁垒（Keeley，2003）。正是因为这种全球化导向下的经济压力，欧洲国家远离了 20 世纪 70 年代引入的高度限制的移民政策，转而积极寻求和招募高级技能移民或者英国政府所说的"最聪明最优秀"的人，来弥补日益全球化的服务行业中的劳动力空缺（European Commision，2000；Cornelius，Espenshade & Salehyan，2001；Home Office，2002）。因此，认为发达国家自己不鼓励移民迁徙是错误的。

然而，这种面向合法高技术移民的政策动作总是被限制低技术移民和将未经授权的非法移民视为犯罪的严苛措施抵消。后一种倾向采取的形式是对寻求避难者制定日趋强硬的政策和针对非法移民的更严厉行动（Jordan & Duevell，2002）。这反映了对待全球化的内在矛盾态度。尽管全球化可以被视为推动了互惠互利的劳动力流动，它也被认为助长了不受欢迎的移民和擅自打破国界管控的人口偷渡和非法走私行动。

从发展中国家那些满怀希望的移民的角度看，意识形态与全球化现实之间的不匹配最为令人震惊。发达国家在宣扬经济自由化和全球化理论的同时，又设立了强大的、看似无法穿越的边界来预防人们的自由迁徙，这可能会显得特别虚伪。当全球化加剧了发达世界和发展中世界的经济不平等时，这种虚伪感显得更强烈。正如此前注意到的（参见第一章），全球财富的不平等一直在扩大而非缩小。1975 年高收入国家的人均 GDP 是低收入国家的 41 倍，是中等收入国家的 8 倍；2000 年这一数字分别增加到 61 倍、14 倍（Martin，2004：449）。由于南方国家农业收入的减少——这很大程度上是发达国家补贴和农业保护主义政策的结果，贫穷和强制经济移民的状况进一步恶化。

人口趋势与移民

因此，全球化对与国际移民前景有关的普遍的不安全感起到了助长作用。尽管它强烈鼓励这种移民运动，但它也催生了北方国家对不受控的人口迁徙的恐惧，与之对应的是南方对那些被构筑起来分离"富足世界"与"短缺世界"的障碍的怨恨。这些张力在第三种强化国际移民的主要因素——人口结构——作用下进一步恶化。

预测的人口趋势变化的主要后果是发展中世界比发达世界人口要多得多。最重要的原因是工业化国家已经全部实现所谓的"人口结构转型"——这是一个专业术语，指一个社会从高生育率高死亡率到低生育率低死亡率生活方式的逐渐和看似不可逆转的转变（Chesnais，1992）。不过，"人口结构转型"

不是工业化国家独有的历史进程，而是所有国家要么正在经历要么终将面临的。低怀孕率、老龄化和下降的人口量，是发达国家当前的人口结构事实，正成为或将成为世界其他地方人口结构的未来（Longman，2004；Eberstadt，2010）。这就是为什么联合国人口司的最新预测认为看似不可阻挡的全球人口增长会在 2050 年减缓并稳定在 91.5 亿，而这种增长见证了世界总人口从 1950 年的 20 亿变为 2011 年的 70 亿（见图 8.1）。

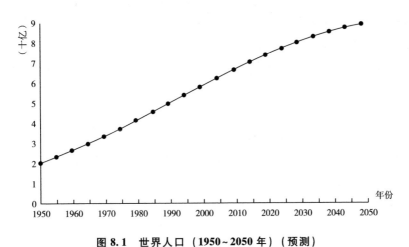

图 8.1　世界人口（1950~2050 年）（预测）

来源：*UN Population Division*，"World Population Prospects：The 2006 Revision," Vol. 3，*Analytical Report*（New York：United Nations，2010），p. 8。

　　但是，全球不同的生育率现状意味着发展中国家将会带来世界新增的 30 亿人口的几乎全部。发达世界和发展中世界的人口分布由此会有极端改变。到 2050 年，发展中世界人口会占全球人口的 85%，而北方国家的老龄化人口会在人口结构上边缘化（Goldstone，2010）。显著的例子是，虽然欧洲目前的人口与中东和北非大致相当，都有 4 亿，但据预测，到 2050 年中东北非的人口将翻倍，达到 8 亿左右，而欧洲人口将保持稳定或下降。与此类似，虽然 2000 年时欧洲和非洲有大致相等的人口，但到 2050 年欧洲将只占有世界人口的 7%，而非洲将占据 20% 的份额（Martin，2004：448）。正如欧洲是 19 世纪移民的主要来源那样，我们可以预计，如果历史重演，非洲将是 21 世纪移民的主要来源。

　　当考虑到这些全球人口结构趋势时，全球移民带来的发展和安全挑战的多维性质就变得更为明显。它解释了发达国家感受到的不安全的主要来源之

188

——担心增长的移民涌入会潜在削弱社会的凝聚力。这种忧惧虽然有其自身的正当性，但仍然需要与对发展中国家的发展和安全的考虑相平衡。伴随着人口快速增长、总体上的年轻化趋势以及大量 15~29 岁的人出现，大多数发展中世界的政府将会为创造所需要的额外工作机会而挣扎。这种挑战的一个事例发生在伊朗，该国需要每年创造 80 万份新工作，但政府只勉强做到创造 40 万份（Vakil，2004：47）。在像伊朗这样的国家，接受了良好教育但没有工作的年轻人通常自然而然地寻求移民来确保他们经济上的未来。

对发展中国家来说，移民不仅是不可避免的，而且是发展过程的一个组成部分（Skeldon，1997：205）。在发展中国家，移民也具有安全维度，因为人口增长与不平衡发展的结合，会导致国家能力的削弱、精英的冲突以及大量不满年轻人的潜在大规模动员。这些都是经典的暴动和革命变革的前提条件（Goldstone，1991，2002）。移民和出口剩余劳动力的能力可能不会为发展中和工业化国家的统治问题提供直接的解决办法。但是欧洲在 19 世纪的经验——当时欧洲正经历人口激增，处于快速的工业化进程中——说明社会压力可以通过将巨量人口输出到帝国遥远的区域得到缓解（Chesnais，1992：165；也见 Bauman，1998）。移民是国家经历令人畏惧、高度冲突的发展过程的一个潜在的重要"安全阀"。

总之，从导致国际移民运动加速的所有主要因素来看——冷战的结束、全球化和转变的人口结构趋势——采取多维和国际主义的路径是关键的，特别是在考察问题的安全维度时。这包括认识到优先对待接收国的安全顾虑很可能有反效果，必须平衡对输出国安全顾虑和安全与发展目标相互连接的方式的重视。这一见解在下一节会更充分展开，这需要以西欧国家和欧盟如何应对移民挑战为例。

欧洲与移民——国际主义的障碍

关于这些推动向发达国家移民的多元趋势所呈现的挑战，西欧和欧盟提供了很好的案例分析。欧洲的文化和民族历史介于北美、大洋洲与日本之间，在北美和大洋洲移民是有意的和反复出现的现象，在日本则与种族纯洁的民族身份认同有很强的联系。我们有理由相信欧洲近年来也面临着移民方面最有戏剧性的挑战。正如国际移民组织（IOM）评论的那样，不论它预期的自我形象如何，"在 20 世纪 90 年代，欧洲成了移民的大陆"（IOM，2003）。欧洲社会自然且正当地关注这一深刻变化的意涵——多种族的现实政治削弱传统单一民族国家的理解，不论后者在现实中是如何不真实。更一般而言，欧洲富裕的核心地区展现出人口数量下降和老龄化的经典症状，其边缘地区的人口则更贫困、更"年轻"而且明显更不稳定和更快速增长。此外，扩大后的欧盟看起来决意要加强对外部边界的控制，这在当下代表了"福利之幕"，它几乎与此前冷战的"铁幕"同样强大和普遍。从这个新帘幕的两侧来看，把不受欢迎的移民排除在外的目标看起来是后冷战时代欧洲地区新的安全理据（Huysmans，2000）。 190

　　尽管有趋于边界封闭的明显动向，这种认识仍然存在，即支持和反对移民的压力是复杂的，有效的政策要求遵循更细致更国际主义的路径。这首先包括承认前往欧洲的移民不能完全被禁止。这部分是因为人权的承诺，比如难民保护和家庭团聚，也是因为欧洲经济需要移民劳动力。一份欧盟的报告注意到，如果欧洲想要将老人与活跃劳动人口的比例控制在 1995 年的水平，那么截至 2025 年欧洲需要 1.35 亿名移民（UNPD，2000）。虽然它们拒绝这种扩张政策，但欧洲理事会和大多数欧洲国家政府已经看出为经济移民开辟合法渠道的需要，包括对 30 年的"零移民"政策的决定性突破（例见 European Commission，2000）。如上所述，欧洲国家现在正积极争抢和保障他们视为未来经济增长关键的技术移民劳动力。

　　但是，除了为移民提供合法渠道以外，还需要认识到对移民的消极控制和安全措施是迟钝的、无效率的手段。它们至少需要得到那些试图应对移民产生根源的积极预防政策的协助。在实践上，这包括寻求与输出移民的主要国加强对话，为它们提供发展支持（Boswell，2003）。在这个意义上，建立"堡垒欧洲"是有反效果的，除非与加强沟通桥梁建设相搭配。进一步而言，这种更复杂细微的政策要求在移民政策上更多进行合作和功能性的、跨国家的配合。这意味着确保移民政策不仅牵涉执法官员，也包含人权、发展和对外政策（部门）的负责人，最理想的是有欧盟区域层面的配合。安全当然是移民政策的一个关键维度，但它只有与欧洲国家的经济、人道和国际发展目标以及责任齐头并进且共同协作才能起作用。

　　尽管在现实中，这个平衡的多维与国际主义的路径一直被倾向更排外路径的政治压力所压制，在公众层面，避难申请的增加、非法移民和人口贩卖的增多，以及移民与犯罪和恐怖主义之间表面上的联系，都强化了移民作为现存安全威胁的感觉。政治回应往往优先考虑由对安全和控制的欲求驱动的单边强加的政策。举例来说，这些措施包括通过加固边界来限制入境，引入对航空公司的运输管制，以及应用严格的签证制度，也包括驱逐外国人和使用诸如"安全第三国"和"安全祖国"的设计，这些设计可以使外国人被遣返，只要他们途经的国家或者他们的祖国被认为是"安全"的。针对邻国和其他主要输出国的政策，往往狭隘地集中于重新准入的同意，而非在更广泛的发展框架下处理移民问题。毫不意外，这种一致往往很难达成，因为输出国没有什么动力协助遣返移民。将发展援助与遣返相结合的有争议的尝试失败了，很大程度上是因为移民汇款的价值通常远大于任何许诺的援助（Kapur & McHale, 2003; Wucker, 2004）。

更一般而言，这些单边强加的和安全导向的政策应对已经产生了很多不希望的或出乎预料的后果。对移民合法入境的排除已使得避难申请显著增加。这不仅使避难的裁决机制超出负荷，而且带来了显著的财政成本。欧洲和其他工业化国家应付它们 60 万份避难申请的花费估计有 100 亿美元，这使得它们提供给联合国难民事务高级专员公署的用于运作和负责 2000 万名移民的 8 亿美元资金显得微不足道。由于对移民合法渠道的限制，欧洲寻求避难者的数量增加了，他们受到的待遇也因此变得没那么慷慨，比如被拘留在类似监狱的环境中，并对 1951 年难民协议采取比以往更严苛的解读。这危及了那些有合法主张取得难民资格的人的福利，也阻碍了那些对他们的幸福真正担忧的人的逃离。对避难的严格限制也意味着秘密的非法移民增加了，与之相伴的是人口走私和强制人口买卖的利润丰厚的市场的发展，其中包括强迫妇女儿童卖淫（Kyle & Koslowski, 2001）。这反过来加深了移民与犯罪关系的流行印象。

这些安全忧虑代表了合理表达的焦虑，控制和排他措施是移民政策不可避免的维度。欧洲面临的挑战是如何既掌控移民的潜在安全后果，比如贩卖人口，大规模非法移民，与移民网络关联的犯罪或恐怖主义，又不削弱那些核心"欧洲价值"，比如对自由、人权和正义的承诺，这些是欧洲自由主义计划的核心。做到这一点要求从更广阔的视角来看待移民，而不是制定狭隘的策略和进行经济计算，后者完全优先考虑国家或欧盟公民的利益。此外，它要求将移民政策整合进更广阔的发展和安全策略中，其目的是最终输出欧洲的自由富强价值观念。

但这一更国际主义的移民政策路径不能被理解为仅带来了短期政治收益。这与"移民高峰"的现象特别有关，这种现象是以下论断的经验证据，即当一个国家发展时对外移民增加，当国家充分工业化和发达到吸引向内移民时移民率才稳定和下降。过去意大利的外出移民和当下的向内移民很好地阐明了这一点。与此类似，美国与墨西哥的经验已经表明，在北美自由贸易区（NAFTA）组织内的推动墨西哥发展的措施增加而非减少了短期和中期的移民（见 Martin，1993）。类似的结果很可能会出现在欧洲和北非移民输出国，特别是在 2011 年"阿拉伯之春"的影响下。当这些国家迈向民主化、改善了它们的经济前景时，它们很可能鼓励更多而非更少的外出移民。处理移民问题、寻求解决"问题根源"的预防政策，必然要长期才能见效，而且不可避免要采取在政治上困难的立场，包括对合法移民相对宽容的规定。

尽管这种预防策略的确会创造政治前提条件，以便为处理避难申请建立更为公正的制度、为那些逃离迫害的人提供保护并提供更宽容的欧洲政策，为移民提供合法机会应该可以减少为了获准入境而利用避难程序的移民数量，因此政府可以更容易聚焦真正的难民的需求。这也应该可以帮助扩大一些欧洲国家的实践，这些国家通过联合国难民事务高级专员公署的重新安置项目接收从主要的难民产生地区前来的难民，而非将保护局限于那些成功突破欧洲高强度控制国界的人，这种控制现在有了被称作欧盟边界管理局（Frontex）的专门机构（Neal，2009）。理想的状况是，这会促使人们接纳吉尔·勒舍尔（Gill Loescher）和詹姆斯·米尔纳（James Milner）推动的全欧盟重新安置计划，该计划的"目标是每年重新安置 10 万难民，为长期难民境况的解决做出重要贡献"（Loescher & Milner，2003：614）。虽然欧洲领导人还没有透露这些慷慨的条款在政治上的可能性，但他们仍同意，存在有说服力的逻辑支持共同的欧盟避难政策。

总体来说，欧洲的例子说明了处理国际移民整体问题的多边主义和国际主义策略的潜在收益和利益。它也突出表明了在区域和全球层面都严重缺乏处理移民问题的国际机制这一事实。关于处理移民问题的全球制度已经有过建议，但由于缺乏关于这种制度的目标共识以及在议题上国家的极端敏感性，它的可行性仍然存疑（关于怀疑，见 Hollifield，2000；关于支持，见 Straubhaar，2000）。但有更多理由期待这些制度在区域层面发展，而且这是欧洲一体化动力的一部分，移民和避难的议题在欧洲已经逐渐被更多地整合进欧盟的制度和政策中（见 Geddes，2008；Boswell & Geddes，2010）。对欧盟及其成员国的挑战在于确保这个多维主义不仅被用于加强安全控制和限制措施，而且要增强处理国际移民的这种策略，它可以确保合法的安全考虑与诸如富强、自由和正义这些内在于欧洲一体化原则的价值相平衡。

回顾移民作为安全议题的合理性问题

在本章开篇我们注意到，移民应该被当作安全议题这一看法饱受争议和挑战。首先是现实主义者的批评——将移民提升为安全威胁纯粹代表了概念的混淆和错误，它不恰当地使用了安全话语和逻辑来处理根本上是社会问题的事情。罗伯特·杰克逊（Robert Jackson）的论述采纳了这一逻辑，他认为移民可能必然会"威胁本土出生人口的集体认同，在更长的时期会扰乱和改变集体认同；但是移民不会威胁到这些国家的日常意义上的安全和生存"（2000：195）。

但负面的立场不限于现实主义的路径。它也潜藏在哥本哈根学派及其安全化理论所采纳的建构主义路径中（见第二章）。这里当然存在更多的歧义，因为这个路径确实认识到移民造成威胁的观念日益普遍。可以注意到的是，安全化已经被特别广泛地应用于移民议题，特别是在欧洲语境下。巴里·布赞、奥利·维夫和他们的合作者将社会安全的概念——根本意义是保护社会群体免于威胁——提到与传统国家安全相等的地位，特别集中于大规模移民对"欧洲身份"的可见威胁（Waever et al.，1993；Buzan，Waever & de Wilde，1998）。迪迪埃·彼戈追随了同样的一般路径，通过考察欧洲的移民安全，他宣称感知到的移民威胁已经被欧洲的执法者——警察、海关和内务部长——愤世嫉俗地用来推动他们的主张，要求在后冷战外部安全威胁衰退的语境下分享更多国家资源（Bigo，1996，2002）。以类似的建构主义方式，热夫·于斯曼斯（Jef Huysmans）探索了欧洲一体化进程与移民安全化之间的联系，将后者描述为一个平行的内部安全计划，通过"将移民作为危险具体化"来合法地将特定范畴的人排除出欧洲一体化机会产生的效益圈（Huysmans，1995：771；也见 Huysmans，2000）。

对欧洲移民实践和话语分析的很多内容只不过确证了上述论证的建议和推荐。在这个意义上，安全化路径在突出强调极度安全导向的政策对欧洲公民自由和人道主义传统产生反效果和潜在危险的多种方式这方面是有价值的。但安全化路径存在问题的地方，以及它事实上反映了现实主义路径的地方，正是它对将移民视为安全议题合理性的根本拒斥。维夫一直断言，哥本哈根学派的规范性目标是鼓励去安全化，由此在更恰当的政治和民主框架而非国家安全框架下来对待诸如移民这样的话题（Waever，1995）。彼戈对关于移民安全话语的拒斥是基于这些话语推动了将移民、失业、犯罪和恐怖主义置于缺乏经验基础的、道德上错误的"安全光谱"上（Bigo，1997）。与此类似，于斯曼斯寻求推动解构主义的身份意识，由此稳定身份的具象化以及公民和外国人的区分可以通过短暂的流浪者的身份来转化（Huysmans，1995）。在所有这些情况下，虽然移民构成威胁在社会建构的主体间确实得到承认，它同时也被这一规范主张所挑战，即这种威胁建构是不恰当的、错误的和道德上不正当的。

　　本章和本书整体上所采取的路径是挑战政治领域和安全领域的分离。相反，安全考量应被接受为政治进程的一个完整部分。这要求将价值看作相对而非绝对的，即包含不同程度的安全和不安全的价值，此外其也是许多价值中的一个——即使是极为重要的一个。在这个意义上，赋予安全的价值不应被自动决定，而是应该在与社会重视的其他核心价值的关系中决定，比如对自由、经济繁荣和正义的承诺。这与移民议题特别有关，在这个议题下安全考量不可避免地被掺杂进经济判断和公民自由、人权的议题，以及与它们相关联的人道主义义务。

　　国际移民的安全维度也有安全化文献往往避免的社群主义基础——追随第二章所论证的经典现实主义传统。从这个视角来看，不论是否可取，对移民的控制代表了国家的核心和基本的安全责任。这些控制的合法性和国家守卫边界的权力，深深植根于基于自决和主权政治实体国际体系的政治存在中。以国家为基础的国际体系——人类被划分和分割为不同的自我构成的国家群体——保证了这些社群有权决定谁成为该社群的成员、谁是陌生人。正如政治理论家迈克尔·沃尔泽（Michael Walzer）所论证的，"我们向彼此分配的首要利好是人类社群的成员资格"，而且即使"富裕自由的国家像精英大学一样被申请者围绕"，它们也有权利"决定它们自己的规模和个性"（1983：32-3）。

　　如果这个社群主义的逻辑被接受，那么将安全考量包括进移民政策的决定和谁被允许或禁止进入特定国家疆域的决定就具有合理性（关于可替代的全球主义视角，参见 Carens，1987 和 Cole，2000）。国家对人口跨越国界流动的失控高度敏感，这是合理的，特别是因为这被普遍看作国家在首要安全责任上的重大失败。类似的，我们可以合理论证，虽然混淆移民与犯罪和恐怖主义是明显不可接受的，但确保移民不会破坏社会完整性，不会潜在地引入或加剧跨国犯罪和/或恐怖主义网络——如果有清楚的证据表明这可能是事实，这是有根据的。因此，安全考量是移民争论的完整和不可避免的部分。正如克里斯蒂安·约普克（Christian Joppke）所直言的，在移民问题上，民族国家由"藐视普遍正义和人权的顽石"构成，而且是"对内包容和民主但对外排斥和非民主的"（Joppke，1999；也见 Brubaker，1992）。

这种现实主义的直率令人耳目一新，因为它清楚展现了安全考量如何在最自由和多元主义的国家成为移民政策的核心。以这种方式，它成为对宣扬后国家公民资格新时代的一种有益的修正，而在这种新时代下，国家限制或决定它们公民资格的能力被全球化和普遍人权制度扩散的双重影响削弱（Bauboeck，1994；Soysal，1994；Jacobsen，1996）。正如欧洲案例已经表明的，国家看起来远未承认它们制度化的、广泛有效的控制边界的欲求和能力的失败。

196 但是社群主义和现实主义对安全导向控制的捍卫尽管到目前得到了辩护，却有它的限度。后民族主义的批评者的确指向了某些限制和削弱排他主义逻辑的发展。他们正确地强调了，安全并不代表处理移民和人类迁徙的唯一背景框架。如果是这样，所有国家都将看起来像苏联，后者禁止出入国家的双向流动，用斯大林的话来说，将它的边界保持在"上锁的状态"。特别是自由主义民主认识到追求绝对安全是自我挫败的。在与移民的关系上，这包括了平衡安全考量与支持经济和政治自由，后者要求很大程度的跨国人口流动。如上所述，存在以鼓励移民增进国家富裕的直接经济因素。但甚至不那么好的非法移民现象也是物资和人群跨国界流动的自由主义制度下不可避免的副产品（Bhagwati，2003）。严格来讲，非常规或"非法"移民的不安全是其他经济和政治自由的必要代价。

此外，后民族主义的批评者正确地强调了人权制度限制国家驱逐某些人的方式。这一本质的最重要外在限制是 1951 年难民公约，它要求国家为那些逃离迫害的人提供保护。国家层面的人权条款，比如关于非歧视的法律，也规范了国家的外国居民行为并为他们提供保护。得到承认的长期居住的家庭团聚权利本身也是持续往发达国家移民的非常重要的保障，尽管在欧洲和其他地方最近已经转向更为严格的政策（Joppke，2007）。

结 论

我们得出的总体结论是，虽然移民不应该被完全当作安全议题处理，这是正确的，但这并不意味着安全考量不是移民一般争论的合理部分。重要的是要超越将移民政策视为在由安全考虑所导向的"防御堡垒"或是不受控制的"打开的水闸"之间选择这种简单化的框架的做法。更复杂的现实是，移民控制的更恰当类比是个网，其中核心的问题是什么尺寸的网眼能够最好地平衡合理的安全考量与社会寻求支持的其他价值，比如经济繁荣、自由和国际正义。

本章试图为国际移民提出的安全挑战性质提供一个概览。这个评估拒斥了由某些国际关系理论提供的危言耸听和夸大其词的预测。国际移民仍是个普遍可控的现象，但潜藏的趋势——特别是冷战结束、全球化和人口动态的压力——仍然指向了更具挑战的未来，特别是由于对移民的全球开放很可能仍然是有限的。本章进一步试图采取国际主义的路径，意识到移民不仅对接收国家也对输出国家构成了安全挑战，而且移民很可能是南北紧张的主要来源。因此，掌控移民动态不仅对国际发展的前景很重要，对国际安全也很重要。最后，本章重新确认了存在关于移民的极重要的规范性争论，其中核心议题是与国家安全考量一致的合理价值应该如何与其他核心价值，比如经济繁荣、自由和正义相平衡。

197

扩展阅读

关于后冷战早期对移民安全隐患的评估，见 Myron Weiner 所著的 *The Global Migration Crisis：Challenge to States and to Human Rights*（1995）和 Gil Loescher 所著的 *Refugee Movements and International Security*（1992）。关于后冷战移民"安全化"的分析，见 Ole Waever & Colleagues 所著的 *Identity，Migration and the New Security Agenda in Europe*（1993）、Jef Huysmans 所著的 *The Politics of Insecurity：Fear，Migration and Asylum in the EU*（2005），以及 Elspeth Guild 所著的 *Security and Migration in the 21ˢᵗ Century*（2009）。

关于全球移民现象更一般的概览，见 Stephen Castles & Mark Miller 所著的 *The Age of Migration*（2009）、Bill Jordan & Frank Duevell 所著的 *Migration：The Boundaries of Equality and Justice*（2003），以及 Ronald Skeldon 所著的 *Migration and Development*（1997）。关于"人口结构转型"的经典分析，见 Jean-Claude Chesnais 所著的 *The Demographic Transition：Stages，Patterns and Economic Implications*（1992），关于德国、英国和美国之间的精彩比较理论，

见 Christian Joppke 所著的 *Immigration and the Nation-State*（1999），关于全球主义的评价，见 Yasmin Soysal 所著的 *Limits of Citizenship：Migrants and Postnational Membership in Europe*（1994）。

关于欧洲/欧盟对移民的更具体的回应，见 Andrew Geddes 所著的 *Immigration and European Integration：Towards Fortress Europe?* （2008）、Christina Boswell & Andrew Geddes 所著的 *Migration and Mobility in the European Union*（2010），以及 Sandra Lavenex 所著的 *The Europeanisation of Refugee Policies：Between Human Rights and Internal Security*（2001）。

关于被迫移民、难民以及联合国难民事务高级专员公署作用的分析，见 Aristide Zolberg 以及 Astri Suhrke & Sergio Aguyao 所著的 *Escape from Violence：Conflict and Refugee Crisis in the Developing World*（1989），以及 Gil Loescher 的 *The UNHCR and World Politics：A Perilous Path*（2001）。关于联合国难民事务高级专员公署面临的后冷战挑战的犀利批评，见 Michael Barnett 完成的 "Humanitarianism with a Sovereign Face：UNHCR in the Global Undertow"，载于 *International Migration Review*（2001）。

研究和讨论问题

1. 为什么移民在后冷战时期越来越被视为一个安全议题？
2. 将国际移民视为安全威胁是否合理？
3. 冷战结束后的欧洲移民政策是否太过严格？

网　站

www.iom.int：国际移民组织官网，有政策文献和移民法数据库。

www.unhcr.org：联合国难民事务高级专员公署官网，该署是负责难民保护的主要国际组织。网站包含了各种出版物、多媒体、数据和实时信息。

www.un.org/esa/population.migration：从处理移民问题的联合国各个部门收集出版物和数据。

www.imi.ox.ac.uk/。牛津大学国际移民中心，促进对推动当前和未来移民进程的多层面力量理解的主要研究中心。

第四部分

不对称权力结构与不对称威胁

第九章　国际恐怖主义与"9·11"冲击

　　2001 年 9 月 11 日发生的恐怖袭击事件，在纽约和华盛顿地区造成了约 3000 人死亡，这起事件改变了国际安全的背景。"9·11"恐怖袭击事件的影响在发达国家尤为显著。正如在第一章所讨论的，冷战的结束宣告了一个漫长的历史年代的终结，在那段时间充斥着大规模国家间战争的持续威胁和军事准备，因此直到"9·11"事件之前，西方工业国家一直对大国和平有着自信。在这个更为缓和的安全形势里，人们可以聚焦其他的难题和挑战，因此安全议程的范围不断扩大，涉及环境恶化、自然资源竞争和移民等话题（见第六至八章）。相比之下，对那些经济上更为落后、政治上不太成熟的地区而言，集体暴力和战争问题仍是其最主要的挑战，如撒哈拉以南的非洲，或者是巴尔干半岛地区，这些地方对北方国家的影响主要在人道主义方面而不在战略谋划方面（第三至五章）。然而，（对西方工业国家的人们来说）暴力和战争只发生在"他人"身上，与"我们"无关。"9·11"最主要的影响是从根本上颠覆了这份自信，这表明在北方最富裕并且看似最安全的地区也会遭受暴力侵袭和死亡。来自大国和平的那份自信被彻底粉碎，而且（恐怖组织的）暴力袭击甚至找到了新的方法从而突破了防卫能力最强的国家的防御。

　　美国最直接地遭到了恐怖袭击，也就自然而然地体会到最为强烈的脆弱感。这一暴力袭击对于公众信念的冲击甚至更为强烈。在 20 世纪 90 年代，一般认为，美国的战略主导权总体上来说对国家是有益的，或者至少是不会造成问题的，但在"9·11"事件中所暴露出来的脆弱打击了这份自信。美国的霸权地位带来的弱点与脆弱与其带来的强大与韧性一般多，使得其现在看来似乎是一把双刃剑。即使在一个强国本土的避难所中，如果弱势一方足够坚定，同时具有足够的创造性，那么，他们也能够绕过最为完备的防御和长期积累的军事力量。这种现象反过来使重新思考安全战略成为美国新的当务之急，同时聚焦如何应对依靠其不对称特性而发展的威胁，以及关注可以使美国，甚至整个北方国家的经济、政治还有军事的优势失效并对其进行包围的能力。

美国 2002 年出台的《国家安全战略报告》彰显了美国政府在一些方面最为显著的努力：一方面明确了美国在国际安全方面新的使命，另一方面正式宣布其将为"反恐战争"而斗争。这份报告被假定拥有和冷战中的遏制政策相同的时效（见 White House，2002；同时见 Dannreuther & Peterson，2006）。真正的考验开始于 2003 年对伊拉克的干涉和占领，相比于 20 世纪 90 年代更加有限的人道主义干涉，这次事件具有更大的争议性。在这之后，美国及其主导的北约在阿富汗地区的命运发生了改变。在对塔利班的初期胜利之后，在 21 世纪第一个十年的后期它们作为军事和政治力量制造了大规模暴动和反扑。计划在 2014 年从阿富汗撤军给出的是"全球反恐战争"的模糊的结尾，且绝非胜利的。

高度重视国际安全的这段时间被证明是安全分析者命运的剧烈改变。一如在冷战顶峰时期，安全研究再度风靡。政策制定者的欢迎和丰厚可观的研究基金将安全分析者迎回。但是在这样一个相对更为良性的学术环境中，仍存在一些风险，其中最为严峻的是研究人员客观性和能力的潜在流失，其中能力主要指对于"9·11"事件之后新安全观的假设和政策效果的细究与质疑。

在本书导论中曾说明安全分析者有三种主要的角色：科学家、国际主义者还有道德家。在"反恐战争"时期，扮演这三种角色是一种苛求。首先，对科学家的挑战是对国际恐怖主义威胁的严重性作出判定，这种判定必然包含着强烈的主观和心理层面因素。在被恐怖主义反复灌输的恐惧中，存在着不可通约的"建构"层面，这种恐惧主要来源于恐怖分子自身，但同时政府人员以及其他一些期望通过"消除"威胁来获利的人也发挥了潜在的作用。其次，国际主义者的挑战在于如何切身体会国际恐怖主义的受害者所经历的遭遇和创伤，同时还要认识到如果存在"根源"，那必定是个多层次问题。这些"根源"能提供有关来龙去脉的各种信息，并能在潜移默化中唤起外界的同情，而非仅仅去裁定这些恐怖活动的合理性。国际主义者的观点同时也要求认识到，在不同的地域人们对"反恐战争"有着不同的感知和理解。例如，在南方许多国家，相对于贫困、国内外冲突、艾滋病、水资源缺乏和环境恶化等更为紧迫的"人的安全"挑战而言,"反恐战争"被经常认为只是件让人分心的事情(Berdal,2005:13-14;同时见 Ayoob & Zierler,2005)。最后,反恐战争给作为道德家的安全分析者提出了特别复杂的规范性要求。在"9·11"事件之后,有强烈的需求去判断大大增强的赋予安全的价值究竟是保护还是削弱了其他核 204 心的价值,特别是自由和公民权利、繁荣和国际正义。

这一章有两个部分。国际恐怖主义在"9·11"事件中达到了高潮,第一部分提供了一个对国际恐怖主义现象性质、发展的概述。恐怖主义作为一种影响国际安全的威胁,其特有的主观和心理层面的因素也被人们了解。同时还存在着反恐阵营可能会无意中模仿其恐怖分子对手战术的风险,进而导致一场危险的暴力升级。为了避免这些潜在的祸乱,反恐的一个关键性目标就是和那些主动或者被动为目标恐怖分子组织提供支持的团体建立信任关系。

这一章的第二部分回顾考查了自 2001 年开始由美国主导的反恐战争,并论证了这场战争的成功显著地为它不能回应更广泛的群体的关注这一失败所限制。在这里我们要提出失败的两种根本原因。第一种是假定,认为恐怖袭击主要是由于对美国和其所代表的价值观发自内心且毫无保留的仇恨;第二种是一种信念,认为美国易受攻击的主要原因是它不愿意去主张与其权力与利益相一致的自由,并受到美国同盟国的各种要求、多边政权体制机制以及国际法的约束。尽管美国总统巴拉克·奥巴马曾试图改变这些关键的失败之处,转向更加多边化和不那么野心勃勃的外交政策,但美国在解决反恐战争所造成的更深层的遗留问题上还是步履维艰,其中又以阿富汗问题最为明显。

国际恐怖主义:性质和病理

安全分析者在处理恐怖主义时进入了一个定义的雷区。一些人将恐怖主义视为无法消灭的罪恶,而另一些人认为由于恐怖主义推进的事业的正义性,恐怖主义是可拯救的,"一个人眼中的恐怖分子正是另一个人眼中的自由战士",这句老话凸显了这种区别。一般来说,与那些弱者、被剥夺公民权利以及遭到不公正驱逐的群体相比,强者,尤其是强国对恐怖主义的看法更为负面。如何定义恐怖主义与如何精确评估国际恐怖主义威胁严重性的难度相当。特别是对潜在威胁给出的基于经验的判断,不可避免地具有一定的主观推测性，如在下个章节所讨论的对于使用大规模杀伤性武器的恐怖袭击威胁的"小概率却高风险性"的判断。另外一个对安全分析者的挑战是要超越对恐怖主义经验而理解不同的各国的历史和文化特点。总
205 而言之，恐怖主义是个复杂且多层面的问题，很难简单地对其定义与分析归类。

对恐怖主义的定义

不过，认识到恐怖主义和自由主义、共产主义或保守主义不同，恐怖主义并不是一种意识形态，而是一种方式，是个很好的出发点。作为政治暴力的一种方式，恐怖主义在意识形态上是中立的（持中立态度）。从历史角度来看，恐怖主义已然成为一种被许多意识形态团体或运动所运用的策略，其中包括国家主义、排斥少数民族的民族主义、宗教和千禧年运动、极右和极左团体以及狂热的单一议题主义者，例如反对堕胎者和维护动物权益运动，这些团体或运动都曾在某些时候以不同形式从事恐怖活动（见Wilkinson，2003）。如同战争一般，恐怖主义的性质和背景都在不断改变和进化。然而有一种特性只为恐怖主义所有，正如雷蒙·阿隆所说，"当一种暴力行为的精神性影响极大地超出了其纯粹的物理效果，它就会被贴上'恐怖主义'标签"（Aron，1966：170）。对恐怖分子来说，直接的物理性目标不重要或相关性不强：意图的目标是更大的政治共同体。其中恐怖分子处心积虑地制造恐惧并造成人们心理上的害怕，企图以此来改变被攻击对象的行为、态度和政策。因此，在缺乏替代性的强制策略，如进行持久游击战的条件不充分或者缺乏时，对弱者而言恐怖主义是个很有效的策略，是一种试图给更强者实施战略强制的手段（见Münkler，2005：100）。

因此，大多数对恐怖主义的定义都突出了那些非国家行为体的角色，例如美国国务院将恐怖主义定义为"由一些地方性团体或者秘密特工针对一些非战斗目标实施的有政治目的的暴力行为"（US State Department，2004：ix）。但是这个定义的规定将其限制于非国家行为体的范围内是有问题的。我们必须记住，从人的安全角度出发，无论是在纳粹时期的德国、军事独裁时期的拉丁美洲还是以萨达姆政权为例的动荡的中东（对萨达姆"恐怖统治"的清楚说明，见Makiya，1998），在上个百年中受到恐怖主义迫害的那些人大部分是国家专制政权的受害者，国家也以秘密的方式支持恐怖组织。在把国家排除出潜在的恐怖主义行为体的同时，我们会遗漏一

些复杂但非常关键的动态机制，即国家经常采用类似恐怖主义的方式打击恐怖主义，这会导致不受限制的暴力的螺旋上升，并使恐怖主义文化悄然入侵并根深蒂固。这种现象在当代的例子有 20 世纪 90 年代的阿尔及利亚，在那里激进的伊斯兰主义者和军事政权在各自的恐怖行为中需要承担相同的罪责，而且在那里随之产生的暴力肆无忌惮地呈螺旋式上升，同样，在俄罗斯，军方对车臣恐怖分子暴力行为的回应本身就具有恐怖主义的色彩（关于阿尔及利亚，见 Martinez，2000；Souaidia，2001。关于车臣，见Politkovskaia，2003；Tishkov，2004）。 206

　　国家和非国家行为体都能在战略和战术上利用恐怖主义。战术上的恐怖主义是更为宽泛的战略上实施恐怖行为的一部分。比如，被巴勒斯坦解放组织和爱尔兰共和军这样的民族主义团体采用的"枪与橄榄枝"方式。这些恐怖活动并不是希望通过自身的行动来改变攻击对象的行为，而是希望在更大范围的军事政治活动中能看到满意的结果。在当时伊拉克暴动状态下，区分游击战行动和恐怖主义活动是个有难度且有争议的问题。然而对于战略上的恐怖主义而言，这个问题是不存在的，对战略恐怖主义而言，只要它们实施的恐怖行为足以得到它们想要的政治结果就可以了。用劳伦斯·弗里德曼（Lawrence Freedman）的话说，所要实现的目标可以表达为"利用暴力行为去影响整个政治系统"（2005：163）。实现这种目标要求采取更具持久性的政治和军事策略，而战略上的恐怖主义正是实现这种目标的一种政治捷径。在第二次世界大战期间，同盟国对德国的战略性投弹正是尝试通过这种捷径，逐渐削弱德国人民意志，从而追求战争的胜利（见 Hastings，1999；Grayling，2006）。从战略性角度而不是从道德角度来看，"基地"组织也在力图实现相似的目标，并认为通过逐步摧毁西方道德意志，可以加速西方从中东撤退。

　　在为恐怖主义下定义的时候，一个能够避免分歧的方式是关注恐怖主义行动而不是关注"作恶者"以及他们相关目标中的正当性因素（Jenkins，1998：v）。在国际上，这种方式已经成功获得了更多的合作和支持。因此联合国已经通过了各种针对恐怖主义的公约，剥夺如劫机（1973 年）、挟持人质（1979 年）以及恐怖主义融资（2001 年）（IISS，2001）这类行为的合法性。这种方式还有一个好处，即为反击恐怖主义威胁确立更加真实有效的策略。关注犯罪行为本身以及恐怖主义行为中的非法性并不要求将所有参与恐怖行动的组织谴责为无可救药的魔鬼，或者先入为主地认为它们的动机都是非法的。当然，简单来说，无论起因是什么，从道德以及法律角度来讲，恐怖主义行为本身就是错误的。众所周知，《日内瓦公约》禁止常规军无区别地将平民当作随机的打击目标。但是鲜有人知道这份公约仍然禁止非国家行为体，比如游击队做相同的事情（1977 Geneva Protocol II）。因此，反恐战略的目标应是牢固坚守并实施这些法律规范。从某种意义上来说，这是一个文明的雄心：试图将某一类作为政治冲突手段的行为从根 207 本上变成不公正的和非法的，从而使恐怖主义与奴隶制、种族隔离和帝国主义一样在国际规范中成为非法。

威胁的严重性

然而尽管有这种道德要求，并没有什么迹象显示恐怖主义正在淡出历史的舞台。更确切地说，自从冷战结束，甚至在"9·11"事件发生之前，相关证据显示，伴随着国际恐怖主义吸引度与能见度的提升，国际恐怖主义现象更加凸显。这种动态变化中最突出的是恐怖事件所具有的更强的杀伤力，布莱恩·詹金斯（Brian Jenkins）从 20 世纪 70 年代国际恐怖主义经历出发，提出"恐怖分子要的是大多数人看、大多数人听，但不是许多人死"的说法（1975：15）。他还认为无差别的杀戮对于恐怖组织而言会有反效果，因为这使得它们与它们从中获得支持的更大群体相疏离。"9·11"事件最主要的影响是彻底根除了这种安抚人心的传统说法。"9·11"事件使国际恐怖主义脱离民族主义，转向公认的宗教恐怖主义，因为宗教恐怖主义更加宏大和末世论的目标在更大范围内使恐怖行动类似合法化（见 Hoffmann，2006；Laqueur，1996；Juergensmeyer，2000）。这也顺带为一种说法提供了可信度：新生的恐怖组织能够获得大规模杀伤性武器，而且几乎没有什么可以禁止恐怖组织使用它们（Stern，1999；Perry，2001）。在 21 世纪第一个十年，尤其是在伊拉克和阿富汗地区，自杀式炸弹袭击事件猛增，总体呈现一种不可逆的上升趋势（见图 9.1），虽说在 2011 年出现了减退的迹象，但这已然成为一种新出现的、更致命的且是非理性的狂热的最 208 有力的标志（见 Gambetta，2005；Pape，2005a；Atran，2006；Pape & Feldman，2010）。

对这幅国际恐怖主义无所不在且具毁灭性威胁的图景需要做一些限定。首先，就像美国政府所公布的，"反恐战争"被明确定义为旨在打击那些具

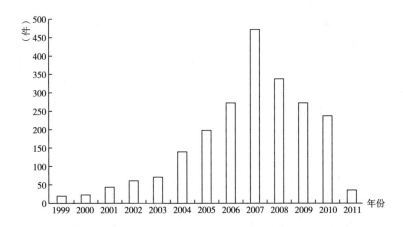

图 9.1 世界范围内年均自杀式袭击（1999~2011 年）

来源：芝加哥安全和恐怖主义项目（CPOST），"自杀袭击数据库"，更新于 2011 年 11 月 14 日，http://cpost.uchicago.edu。

有全球影响力的恐怖分子，因此局限于一国内部的恐怖主义并不包含在内。实际上，这种举措将大部分的恐怖主义行动排除在外；而对一些国家，例如俄罗斯（车臣叛军）、斯里兰卡、哥伦比亚、阿尔及利亚、土耳其、伊拉克以及其他一些地方来说，国内恐怖主义是首要的威胁。总之，除了 2001 年这个异常的年份之外，其他每年死于国际恐怖主义的人均是以数百计而不是数千计，也就是说并不是特别庞大。举个极端的例子，在 1994 年到 1995 年，16 名美国公民死于国际恐怖主义袭击，相比之下，有 59 名公民死于雷电。这种非常直观的比较可能显得不太严谨，但是如果以人类死亡可能性来定义国际恐怖主义的话，相比于非洲"新战争"导致的数百万人受害，或饮用水源缺乏每天导致的新生儿死亡，大多数人会觉得国际恐怖主义的威胁并没有那么严重。

但是国际恐怖主义并不能简单地被归结为可量化的指标。正如前面强调的，恐怖主义威胁的严重性有"建构的"、主体间的以及心理层面的。"9·11"事件的影响在于在美国民众以及其他的发达国家间滋生了一种对其自身脆弱性的普遍恐惧。以"基地"组织为例，在"9·11"事件之后，国际恐怖组织衍生出更为高级的能力，旨在攻击现代社会复杂的全球结构中最为脆弱而关键的环节（Homer-Dixon，2002）。作为组织，"基地"组织并不遵从民族主义恐怖组织传统的等级性结构：它是一个在组织结构上更为扁平的、无组织性的团体，更像是一种网络或是"网络的网络"，它们的能力在形式上类似于病毒，避开传统的防备从而渗入并在其目标社会传播（Arquilla & Ronfeldt，1997；Sageman，2008）。正是"基地"组织晦涩难懂的、具有宗教神秘性质的特征，同时又是组织能力和狂热主义的混合体，使得它成为看似持久的威胁。通过这一切可以看出，媒体的角色是相当重要的，媒体面向更宽泛的受众群体给了恐怖主义行动必要的曝光，而且构造了社会脆弱和恐惧的可视化和象征化的特征（B. Hoffmann，2006：131-55；Nacos，2000；Baudrillard，2003）。

然而，不仅是个体对自己易受攻击而感到忧虑，国家同样对恐怖主义活动的影响异常敏感。但是，这种恐惧更多的是象征性和主观性的，而不是直接和即时的。政府的恐惧在于恐怖主义对国家来说代表着一种直接的战略威胁，类似于一支在一国国界上集结的军队。实际上，恐怖主义行动，尤其是那些战略性的恐怖行动，很明显都是失败的，它们更有可能增强而不是削弱社会的士气和国家的适应力。这种恐怖威胁更多的是一种对规范和道德上的威胁，直接针对国家体系中关键性的根本准则和实践。因此国际恐怖主义打破了国家拥有对暴力使用的垄断权这一基本准则，而且打破了国际人权法的基本原则，尤其是故意违反了不得将平民当成打击目标的那些法律规定。国家最为忌惮的也许类似于"基地"组织实施的那样，旨在蚕食国家的信念，削弱其保护本国公民的能力。面对恐怖主义分子的袭击，难怪国家政权会强烈假设一种现实主义和小社群主义的逻辑，集中全部的精力根除或者大幅度减少那些对它们的权威发起的挑战。

最后，还有另外一个判定当下国际恐怖主义威胁严重性的更深层次的方面，这个方面与形而上学和神学相交叉。"基地"组织的兴起带来的后果之一就是宗教理论，尤其是某些更大的善与恶之间斗争的意识，增强了其在公共显著性和话语中的地位（见如 Berman，2003；Elshtain，2003；Ignatieff，2004；Rengger & Jeffery，2005）。伴随着"基地"组织的活动，神圣、威严结合着盲目自信、偏狭和恐怖的方式让人产生了对人性邪恶的可能性的警醒。从这种意义上来看，"9·11"事件所带来的冲击是"对那些后冷战时期历史终结论所带来过分乐观态度的直接还击"（Fukuyama，1992）。而且，它还警醒人们，以人为直接目标的社会暴力仍是对安全最大的威胁，人类的进步根本无法根除这种现象。但是，对"9·11"事件的回应同样强调了一些潜在的威胁，受害者由于自我偏执以及对善恶斗争的信念，开始模仿他们对手的策略，最终导致了暴力和冲突的血腥升级（Eagleton，2005：12；Gray，2008）。人类学家蕾妮·吉拉尔（Renée Girard，1977）把这称为"替罪羊机制"，通过这一机制，宗教扮演的角色是把人们的暴力欲望和社会间的疏离转移到异境的"他者"身上，通过这种仪式性的牺牲来平息人们对复仇的欲求。此处的威胁来自两方面，恐怖分子和反恐武装都自认为是无辜的受害者，而为了达到预期的复仇目的就使暴力程度升级和惨烈合法化。

对抗恐怖主义

基于以上原因，恐怖主义行动，尤其是像"9·11"事件这样大规模的行为，代表着对国家政权的严峻挑战。正如前面所提到的，因为政府在保障其公民安全方面的信誉受到了直接的挑战，这种几乎无法避免的趋势将还原成一种现实主义逻辑。政府被迫对强大的公众压力进行回应，并立即采取行动来平息公众对复仇的热情，以及给予恐怖袭击的始作俑者正义的制裁。另外，极大的压力也逼迫着他们去减少甚至根除未来出现这种袭击的可能性。衡量恐怖组织是否取得成功，真正的检验标准在于看其是否有能力发动一场持续的运动，来表明其具有摧毁人民意志的能力，从而向普通民众表明国家威信的无效性。在这样一种抗争中，国家的合法性便岌岌可危。

结果，战争似乎是对这种斗争自然的称呼（Lesser，1998a：94-6）。特别是像"9·11"这样的事件过后，对战争的这种认知似乎迎合了这个时代对紧急性的要求。另外，国际恐怖主义经常从其他国家寻求保护和支持，例如在阿富汗地区，塔利班政府对"基地"组织的支持。考虑到国际合法程序的限制，在那里军事干预似乎成了唯一的现实选择。恐怖组织有能力获得法律和民主社会规范的保护，同时又想摧毁这些——运用战争手段的另一个更深层次的益处在于成功地消除了恐怖组织的这种关键性的战略优势。这种军事主导的方法意味着与在法庭上要求的法律相比，可能并不是那么对证据吹毛求疵。考虑到嫌犯属于敌方势力一派，他们将会被直接消灭，而不是被逮捕。而且相比平常或者"安全"的环境来说，针对拘留和审讯这种行为的规则会更加具有灵活性。

即使这样，采用这种方法仍然具有明显的弊端。在很早时候发表的一篇对"反恐战争"概念的批评文章中，迈克尔·霍华德（Michael Howard）指出，宗教扮演的角色是把人们的暴力欲望和社会间的疏离转变成其他形式，通过这种仪式性的牺牲来平息人们对复仇的渴望（2002：8-9）。"反恐战争"的宣布可能使恐怖分子成为战争中的战士或是因犯，而不是作恶者。使用战争语言也给了军队过度的压力去使用军事手段以快速得到结果，然而现实是，最为成功的反恐阵营是警察和情报人员进行国际协同合作；最成功的反恐行动通常是国际性的、相互协调的、缓慢和艰苦的警察和情报行动努力的结果（Andreani，2004：36-8）。从更深层次上来说，战争意味着达到最终胜利的目的，但是当战争的对象是一种如恐怖主义这种方式时，战争不仅是不现实的，而且最终是无意义的。如果不想让公众遭受既无休止也无胜算的战争所带来的焦急和迷茫，那么一个关键的目标就是对胜利有一个更为实际和现实的理解（A. Roberts，2005：121-124）。

211　　尽管采用一个战争范式确实具有明显的弊端，但是，单纯地在犯罪学案例范围中着手研究反恐也确实存在一些问题。正如迈克尔·伊格纳季耶夫（Michael Ignatieff）所说，当和恐怖主义交涉时，政府所面对的是极其险峻的道德困境，另外，有时政府为保护民众免受由恐怖主义计划的"大恶之害"，不得不做出"小的恶行"。因此他写道：

> 对公民自由的压制、对个体的监视、有目标性暗杀、施虐，以及先发制人的战争将使自由主义对人的尊严的承诺置于如此明显的压力之下，它们承担的伤害如此严重，以至于尽管被不可侵犯的大多数人的利益所要求，它们只能以道德之恶的话语来谈论。（Ignatieff，2004：18）

民主国家在与恐怖主义对峙过程中不得不采取一些与自由主义法律和公约相悖的行动，这就是在所有反恐阵营内普遍认同的妥协与牺牲（见Wilkinson，2001）。当武装组织不加选择地进行杀戮和破坏时，相比于在受威胁较少的年代维护公民的自由权以及实施社会保障制度，国家首先要履行在保障其公民安全方面的职责。但是这种平衡如何持续下去，以及如何确保"非常措施"不会被正常化和常规化？这两个问题也许是流行和理性辩论的焦点（关于折磨的问题，见 Lukes，2005；Bellamy，2006）。总而言之，关键的目的是无论组织什么样的行动，必须确保大众认识到我们的回应是合适且有效的（English，2010；Jackson & Sinclair，2011）。

在这个方面，重要的是要意识到有两个受众群体需要被说服并再次给予保证，他们分别是国内受众群体，以及那些有可能对恐怖主义目的持同情心态的受众群体。对国内受众群体来说，进攻和防守策略双管齐下是很有必要的。进攻策略的关注点主要在于将那些企图袭击自己的个体与群体锁定为目标，并采取一些必要的举措预先阻止这些袭击。先发制人，更确切地来说是一种预防措施，是进攻策略中合法的方面（Freedman，2004：84-108）。但是，它不应该掩盖继续实施威慑和牵制的重要性，因为后两者是反恐至关重要的方式。恐怖主义行为中的许多方面，以及恐怖组织得到的广泛支持，能够有效地被遏制（见 Stevenson，2004；Trager & Zagorcheva，2005-6）。另外，防守策略是对进攻策略的关键性补充。恐怖组织成功打击其预期目标的能力应该尽可能地被限制，毋庸置疑这是至关重要的一点。民防、国土安全以及关键的基础设施维护，这些是防守策略中的关键因素（见 Howitt & Pangi，2003）。

但是这种防守策略和进攻策略的混合物，是对国内受众群体的关注和恐惧做出的重要回应，所以需要加以谨慎地调整，从而不至于疏远那些可能对恐怖主义者动机报以同情，但还没有明确表达支持态度的群体。反恐的一个重要目标是通过消解恐怖组织战术的合法性，以及显示有合法的方式解决大众与政府的疏离问题和消除不满的内部根源，来渐渐破坏这种支持。正如克洛宁（Cronin，2011）所指出的，当本地支持逐渐减少甚至完全消失时，恐怖主义阵营就走到了尽头。在探索反恐战略的其他方面时，其中存在的危险在于这种战略中关键性的第三部分并没有得到足够的关注。在北爱尔兰地区，英国军方从其残酷的经历中了解到，"如果杀死了一个爱尔兰共和军的恐怖分子，那么之后将至少有五个新兵加入进来"。因此，特别重要的是，反恐行动进行的方式要巩固而非离间那些恐怖组织赖以生存和发展的更为广大的群体。

在实践中的"反恐战争"

正是在这个反恐战略的第三个方面，即寻求切断恐怖组织与支持它们的群体之间的联系上，美国领导"反恐战争"最为不力。尽管如此，应该明白的是反恐策略的其他两个方面，也就是进攻策略和防守策略，这两者均取得了很好的成效甚至是巨大的成功。从进攻方面来说，最初在阿富汗地区的塔利班政权被推翻，"基地"组织的核心领导人，例如奥萨马·本·拉登，已被逮捕或消灭，而且，最关键的一点可能是，在 20 世纪 90 年代曾培训出数以千计"圣战主义者"的训练营已被强制关闭。从防守方面来说，美国国内安全措施不断增加，例如航空安全方面，以及将政策制定集中于国土安全部，这些均为避免在美国本土发动袭击做出了巨大贡献。正如先前所提到的，一个成功的恐怖行动的客观目的在于通过发动一场持久战，以显得国家没有能力保护它的公民。在这一点上，"基地"组织和跨国的"圣战主义者"都非常失败，特别是面对美国时。

我们在这些方面的成功需要与下面这种相对的失败相平衡，即在说服外界，特别是穆斯林团体还有欧洲那些传统的同盟国去相信"反恐战争"成功消除了异化和怨恨的根源上相对失败的问题，而异化与怨恨正是极端伊斯兰教徒和传统"圣战分子"获得支持的主要因素。毫无疑问，这些关键败笔的原因与美国主导的"反恐战争"和对伊拉克、阿富汗地区的占领有很大关系，而前者是最有分裂性的战争。在伊拉克，傲慢自大的态度和判断失误的混合导致了战争的发动和进行，这已在其他地方详尽描述（见Clarke，2004；J. Mann，2004；L. Diamond，2005；Phillips，2005）。但是伊拉克战争本身就是两种更为根本且从根本上有错的基本假设的症状，这两个假设是美国从对"9·11"事件的最初回应中获得的。只有在奥巴马政府时期，上述假设才在美国内部被严厉批判，人们认为它们更应被称为后"9·11"时期的"两种谬论"：第一种是美国遭受恐怖打击的原因主要是对美国本身以及其价值观念的深刻憎恨；第二种是美国认为自己被不合理地约束着，从而变得很脆弱，所以现在很有必要重申美国的优势和霸权地位。

"他们憎恨我们"的方法

对于想要理解"9·11"事件的美国人来说，认为这些事件是由对美国本能的憎恨所驱使这一论点，具有直接的感染力。这个解释赋予"9·11"事件形而上学的意义，否则它就似乎是种令人费解的随机性的群体暴力行动。2001年9月21日，美国总统布什在国会发言中指出："他们憎恨我们的宗教自由、言论自由、投票自由以及集会自由……这些恐怖主义者不单单是在结束一些生命，而且是在中断，甚至结束一种生活方式"（引自Byman，2003：143）。通过将"9·11"事件归为美国人民自由斗争的一部分，"反恐战争"被融入美国在20世纪同法西斯主义以及共产主义"史诗般"斗争的伟大篇章叙事中。在这个方面，正如保罗·伯曼（Paul Berman）所论述的，伊斯兰主义和复兴主义（伊拉克和叙利亚政权所主张的意识形态）

应该被视作对自由主义的极权主义式的反抗的最新体现及其在中东的变体，自由主义"试图鼓励个人自由、使政权和政府处于分权状态以及鼓励公开辩论，以这几种方式培养理性决策的公众习惯"（2003：xii-xiii）。

美国所坚持的价值观和自由主义正处于"9·11"事件背后的敌人威胁之中，这种意识激起了对果断和彻底行动强烈的集体性呼吁。而且它有一种看似直言不讳的优点，还能抵制意图姑息的喧嚣。正如琼·贝斯克·埃尔希泰恩（Jean Bethke Elshtain）所论述的，如果说"他们之所以讨厌我们是因为我们的身份以及我们的社会所代表的形象"（2003：3），那么美国并不打算通过改变其政策来保护自己。因此，伊斯兰恐怖主义的根源并不在于美国在沙特阿拉伯地区的军事存在，或者是美国和以色列之间密切的战略关系。相反，它的根源在于中东地区自身存在的内战问题，在那个地区存在的法西斯主义式的伊斯兰意识形态滋生了极端主义、偏狭和压迫，除此，还用暴力手段将自我的意志强加给他人（见 Pipes，2002；Berman，2003）。在伯纳德·李维斯（Bernard Lewis）有影响力的解释中可以看出，纳入更长时间的历史叙述中，我们可以发现这种现象的根源，相对于欧洲和西方的强大，伊斯兰世界始终无法适应自我的衰落（Lewis，2002，2003）。在这个更宏大的视角下，激进的伊斯兰是对自身情况不满的最新体现，其并不愿意承认主要是自身政治和文化导致了区域和总体发展趋势衰落，反而责难西方世界及其价值观以及帝国主义。就此而论，如果"9·11"事件被视作中东极权主义运动所导致的危险后果，而这种极权主义运动仇视西方以及西方的价值观，那么在此之后美国为其强制性干涉找到了明确的战略性理由，从而试图去支持那些赞成多元主义、自由价值观和人权的当地力量（Gordon，2003；Daalder & Lindsay，2003）。

但是"他们"真的憎恨我们吗？

不过，在应对伊斯兰极端主义时，这种"他们憎恨我们"的方法有些问题。首先，它夸大了伊斯兰主义者，更普遍地说是中东的政客对"我们"实际感兴趣的程度。西方的确是令人着迷的，但令人着迷的并不是构成西方核心的政治辩论或是人权保护的这种西方文化，抑或对女性或是同性恋的道德态度。确切地说，西方在中东或者伊斯兰世界中被感知到的行动方式是主要目标。是西方的政策，而不是它的道德和政治体系，成了怨恨的主要源头，而且，正如我们下面将要讨论的，将这些视为引起焦虑不安的原因是合理的。

但是，除此之外，将伊斯兰政治力量的崛起看作对西方的回应，或是将内部问题转移到西方的邪恶上也是不正确的。中东国家在经济、社会和政治上的失败被认为是暴怒和疏离感产生的真正原因。不是对西方的反动，而是这些失败所体现的现代性的挑战，驱使伊斯兰政治力量的崛起。因此，伊斯兰主义者想要重建原初形态的伊斯兰团体，这个团体使自己独立于西方而存在，而且并不只是停留在表面价值上。它兴起的原因在于中东世俗政权在带来安全、公正、繁荣上的失败，同时也是对其意识形态的回应。正是这种失败，还有其他多元复杂的起因，有必要成为理解激进伊斯兰政治力量兴起的焦点，而不是单纯地关注它的意识形态中反西方和反自由的成分（见如 Zubaida, 1993：ch. 6; Halliday, 1996：ch. 4; Tripp, 2000b）。

不从神学角度出发，这种从社会学角度出发的方式提供了一种具有细微差异的对激进伊斯兰的理解视角。和"他们憎恨我们"这种方法相关联的一个问题在于，在支持西方民主主义者以及极权主义的伊斯兰主义者之间的这场"善与恶"的较量中，它有意简单地区分穆斯林中喜欢我们的（温和派）和不喜欢我们的（极端派）。这对多种类型的伊斯兰主义的现实来说并不公平，这些伊斯兰主义包含了接受民主游戏规则的温和派（例如，土耳其的正义与发展党），以及激进的反体系的超国界恐怖组织（见 Eickelman & Piscatori, 1996; Mandaville, 2007）。在 20 世纪 90 年代，那些政治上的激进主义者受到伊朗革命的启发，在这之后出现了对外更为保守的新激进主义者，他们和塔利班政权以及"基地"组织紧密相关，更具有区分度的解释将在这两者之间做一个决定性的划分。正如奥利弗·罗伊（Olivier Roy）所说，早期受到伊朗人启发的伊斯兰主义浪潮逐渐忘记了它对革命和国际恐怖主义的激进的超国界性质的承诺，日益收敛了它对某些特定的民族领土的政治野心（Roy, 1999）。伊朗本身也存在这种现象，政权巩固的需要要比全球化的乌玛（穆斯林共同体）的声明更为重要（Zubaida, 1997; Ansari, 2003）。在黎巴嫩、巴勒斯坦和土耳其这些地区，可以看到一种相似的国内化和区域化，而且真主党、伊斯兰抵抗运动以及福利党这些伊斯兰激进组织逐渐融入国内政治场景中。从这些情况来看，如果处于一个合适的区域和国际环境中，希望伊斯兰主义能够为多元化的民主政治发展做出贡献并不是一种空想（见 Kramer, 1997; Ehteshami, 1999）。在如埃及和突尼斯这样的国家，这种情况正在被直接进行检验，这些国家在 2011 年的民主改革之后，被伊斯兰主义政党所控制。

但是伊斯兰的政治力量的国内化和可能的世俗化不可避免地意味着革命热情的消散。新激进主义者的出现填补了这一真空，并维持着统一伊斯兰世界的梦想。这种伊斯兰主义的新变体已经受到伊斯兰复兴运动和引入的更为严格的伊斯兰教道德行为准则的强烈影响，在 1980 年之后实际上出现在了所有（甚至最世俗化的）阿拉伯国家（O. Roy，2004：92-7）。它的灵感来自保守的伊斯兰教中的逊尼派，例如沙特阿拉伯地区的瓦哈比教派，以及南非地区的迪欧班德学派，相比于伊朗地区的伊斯兰政治力量，他们更加排斥女性，并且对什叶派穆斯林、基督教徒和犹太教徒存在着更加极端的偏见（O. Roy，1994；Kepel，2004）。正如罗伊所说，从中产生的新激进主义者意识形态的政治色彩并不明显，对伊斯兰国家的概念也不感兴趣，反而强烈主张严格遵循伊斯兰教教义中那些不太重要的细节（O. Roy，2004：97-9）。在这方面它和其他地区的激进主义运动具有一定的相似性，在那些地区，它们更关注的是个体救赎，即一个人完全跳出之前的社会环境并在一个未受污染的新环境中获得重生。

这些新激进主义者中的大多数是寂静主义者，他们对政治漠不关心，而且他们希望推行超国界的哈里发政权来逃避日常生活的陈腐和异化。但是其中的少数人已经成为政治上的激进分子，并且易受"基地"组织的意识形态影响，而在"基地"组织中，"圣战"被升格为个人践行伊斯兰教政治理念的义务。但是从社会学角度来讲，重要的是典型的"基地"组织招募的新人并不必然与特定的国家或地区甚至与中东地区相连。对于生活在中东的大多数穆斯林来说，"通过袭击其'远方敌人'美国，就会使他们为了自由而发起的抗争获得成功"这种言论并不可信。它确实能在移居和离散的人群中引发一定的共鸣，据估计，目前有八成的"圣战"分子依然存活，游荡在主流社会的边缘，彼此孤立（Atran，2006：135；亦见 Sageman，2004，2008）。吸引这些追随者们的不是特殊的民族主义战争，而是能明显感觉到的国际不公和政治镇压，这些反映了他们自身所感受到的疏离和背叛，以及对人类予以暴力报复的可能性。如今其受众在欧洲的郊外的穆斯林中出现的和中东一样多，他们的呼吁和发生在 20 世纪六七十年代的极端民粹运动相似。

"他们"不应该憎恨我们吗（哪怕一点儿）?

源于"他们憎恨我们"的更深层次问题是，它将所有的问题归咎于伊斯兰世界的"内战"。然而这里存在的一个问题就是，通过采取一些必要的调整来保证中东为自身存在的症结担负更多的责任，外部力量的消极影响将会被最小化甚至被忽略掉。但是，正如伊斯兰主义者所宣称的西方应该为这个地区所遭受的所有苦难负起责任这种观点一样，其也是片面的，甚至对政治现实置若罔闻。正如先前所提到的，反西方主义的主要根源原则上并不关乎文化而是关乎政治，以及对西方政策和政治遗产的强烈觉醒。关键是要能够认清欧美的行动和遗产在很多方面都加剧了中东的危机，在中东地区对西方的这种条件反射式的怀疑是有基础的，而且这并不能被简单归为深切的嫉恨。

重要的是，西方已经深深地卷入中东的战略动态以及中东的经济和政治之中，以至于它几乎无法从这场政治危机的内外部因素中抽离出来。欧洲帝国主义力量，通过它们人为划分的边界、复杂的种族差异和教派的不同，也渗入这一地区大多数政权的产生过程。要受大英帝国控制的战略要求意味着最初建立民主制的试验是被战略需要操纵的，是为了保护一群亲英的寡头政治精英，因此摧毁了中东对民主制的信仰。冷战的战略需要是用多至泛滥的军队和医疗援助，来维护亲西方独裁主义政权（见 Halliday，2005：ch.4）。对能源安全的需求高于一切，抑制了西方对经济和政治改革的要求，而这些改革也许能潜在性地摧毁大多数中东国家的掠夺性以及新世袭制度"食利国家"的实践，正如在第七章所讨论的。在这种背景下，不奇怪的是，西方对人权和民主价值观的宣言似乎是矛盾的，这在西方对"阿拉伯之春"的反应中变得很明显。

这种复杂且高度相互渗透的方式从内外部同时加剧了中东地区危机，这种方式在"基地"组织的崛起过程中表现得最为清楚。"基地"组织的产生根源在于冷战时期发生在阿富汗地区的超级大国争霸，当时美国支持阿富汗游击队，同时鼓励激进的伊斯兰教组织在反苏斗争中支持阿富汗（Kepel，2002；Burke，2003）。之后迫于受占主导地位的伊朗激进派的威胁，美国转而支持由其主要盟国如沙特阿拉伯、巴基斯坦推动的更保守的新激进主义者团体。在20世纪90年代后期，塔利班的崛起，以及军事胜利使其控制了超过八成国土范围，这对沙特阿拉伯以及巴基斯坦来说，是一次战略成功，而美国对此最初也是持支持态度的。只是到了后来，确切地说是在"9·11"事件之后，美国才终于明白最初它表面上亲切鼓励的保守的宗教势力已经转变为西方最危险的敌人。

"他们憎恨我们"方法的战略影响

采取"他们憎恨我们"方法的第一个主要后果是，过于高估以"基地"组织为代表的极端伊斯兰势力派的政治力量和它的可信度。诚然，因为忽略了阿富汗地区局势发展那个时期，以及随后在阿富汗集训营中招募的数以千计的"圣战主义"者，这给国际安全造成了不容小觑的威胁。但是，法瓦兹·吉尔格斯（Fawaz Gerges）曾令人信服地证明，伊斯兰主义者的斗争应该将目标从伊斯兰国家当政者这样的"近敌"上移开，转向美国这样的"远敌"——这种意识形态方面的言论主要是被政治失败驱使，最值得注意的是埃及、叙利亚以及约旦这些中东国家对激进"圣战主义"者群体的成功镇压（Gerges，2005：ch.4；2011）。对中东大多数人来说，通过忽视那些专制国家内部的政治斗争，将美国设为新的标靶来解决政治危机是一种幻想且政治上不切实际。美方最开始在阿富汗地区取得的胜利、训练营以及"基地"运作能力的结束，这些应该都只是印证了这种说法。如果这些行动能积极地推动该地区一些核心冲突的调停，例如重振阿以和平进程，那么在广泛的穆斯林以及中东团体中，对超国界的"圣战主义"意识形态的支持将有望比预期更快地减少。

这一点导致了"他们憎恨我们"的第二个主要的后果。美国实施了最终只能印证美国帝国主义野心嫌疑的更为宏大的战略，而不是推行政治军事战略，这种战略将有效的军事干预和旨在削弱中东地区及伊斯兰世界超国界"圣战主义"的吸引力的外交和政治战略联系在一起。一旦这种问题被定义为自由主义和极权主义在"善与恶"之间全面性的意识形态斗争，而不是为了孤立一个极端主义的和不具代表性的伊斯兰激进主义的版本，那么人们会认为有必要对中东的政治秩序进行彻底的变革。新保守主义对中东问题的看法中明确细述了这种解决途径，但其在"9·11"事件之前不被重视，之后却获得了布什政府的支持，这在很大程度上是因为它似乎为"他们憎恨我们"这一问题提供了有力的回答（一个极端却典型的例子，见Frum & Perle，2003）。

和所有传统的智慧相反，这种观点的核心在于，将伊拉克从反自由主义和极权主义力量之中解放出来是一种快刀斩乱麻的做法，并且带来对更广泛中东危机的解决。萨达姆·侯赛因的政权被推翻，温和的伊拉克反对派被准许重建这个国家并在这个地区创立第一个阿拉伯民主政权，反西方主义和反锡安主义将逐渐消失，伊斯兰极端势力和国际恐怖主义势力的潜在性根源将被彻底消灭。但是这种说法有意地忽略了伊拉克内部深层次的结构性问题，这种问题无法通过自由主义和独裁政治之间的较量来解决，却反映了新世袭制"影子政府"治下政治经济领域所存在的种族斗争与教派纷争，而在这种"影子政府"中，国家统一的基础和国家与社会的良好关系需要自下而上地重新构建（Tripp，2000a：ch.6；2002-3）。因为美国不可避免地陷入复杂的伊拉克内战之中，所以美国被认为是中东问题恶化的加速者，而不是中东问题的解决者，这使反西方观点和伊斯兰激进势力以及恐怖行为获得更多支持。只是到了 2008 年奥巴马当选总统和大力倡导重新定义和规划美国在中东的政策之时，美国才恢复了一部分声誉。

219

美国"挣脱枷锁"

美国后"9·11"战略的第二个主要的谬误是推动了更为激进和极端的战略回应，这一点和"他们憎恨我们"方式是紧密相连的。就"9·11"事件起因于他人的嫉恨这样的信念而言，"美国被不合理地束缚着"这种说法为美国的脆弱感提供了一种解释。"一个被束缚着的美国"代表着一种消极、散漫的，而不是积极、广受瞩目的国家形象，它太过于关注其他人的利益，而不是美国平民的利益，背负着"全球领袖"的身份，受制于多重的国际义务而不够关注美国的国家利益。依这种观点来看，这种多重的束缚阻止了美国对那些企图摧毁美国的势力做出充分的回应，而那些势力甚至愿意尝试任何不管多么罪恶的手段，只求摧毁美国的传统优势。

因此，美国的这种形象堪比被小人国国民束缚着的格列佛。"9·11"事件之后的战略任务正是要打破这些束缚，重申美国的力量和其领袖地位。美国不再是那个在 20 世纪 90 年代被称作的"不情愿的警官"（Haas，1997），而是以一种先发制人的干涉主义者姿态示人，并且是"被逼迫着去领导"的（Nye，1991）。美国 2002 年出台的《国家安全战略报告》从原则上了巩固了这种新型角色。在后冷战时代早期，美国的安全战略中，因为担心被贴上"傲慢自大"的标签，美国抵抗住了维护其大国地位的诱惑。然而 2002 年出台的《国家安全战略报告》并没有展现出类似的良心上的不适，相反，在这份报告中，表现出了对 "美国展现出前所未有的军事实力" 这一事实的自豪感，这一事实被认为是打造 "利于自由的力量平衡" 的方式（White House，2002：iv）。在新出台的后 "9·11" 战略背景下，这被表达成来自 "被占领国家的威胁比失败国家的威胁更小"（White House，2002：1），这种战略内容同样要求完全不同的姿态，从而放松了更早的冷战时期对美国行动自由的限制。特别是为了战略稳定而牺牲了对公民予以保护的（冷战时的）威慑架构，二者不再相关。如今，美国的主导地位意味着国家对任何有损国家利益的威胁应该先发制人而不是被动阻遏。这个逻辑的极端之处在于，美利坚帝国不再是个诱惑，而是一种战略需要（Boot，2004；Ferguson，2004，对 "帝国" 争论的评论，见 M. Cox，2004）。

　　为美国 "挣脱" 对其力量所上的枷锁而做的假定的战略需求不仅推动了彻底重建中东的进程，而且重新定义了美国对全球治理问题的态度。国际政权和国际机构在传统意义上被美国视作多边主义、自由主义国际秩序中的组成成分，如今，这两者被严格地按照其效用来评判。这些机构中支持并对保障美国利益有帮助的部分将会被重视并被利用。对于被视为不利于这些利益达成的部分，美国会倾向于独自行动或者用 "意愿联盟" 的方式行动。因此任何对美国直接行动自由有限制的地方都会遭到美国的怀疑和无节制的敌意，如通过联合国机构和国际刑事法院。还有一个根本的怀疑：美国容易受到那些无道德原则国家的攻击，这些国家是国际政权和国际机构中的正式成员，但是它们通过在必须遵守的行为准则方面作弊来获取战略优势。如果的确是这样的话，美国同样需要从这种制度约束中解脱出来。一种相似的逻辑被应用在国际法的运行过程中。"非常规引渡" 的实施意味着世界上那些被怀疑是恐怖分子的人将会被关押审讯，在监狱中甚至会被刑讯逼供。在关塔那摩湾和伊拉克的阿布格莱布监狱，很多人曾担忧，布什政府对关于拘留和拷问的法律和公约的解释方式剥夺了这些条文的保护功能（见 Danner，2004；Levinson，2004；Amnesty International，2005）。

美国 "挣脱枷锁" 的战略影响

　　美国 "挣脱枷锁" 过程的主要影响在于其国际权威、声誉大为下降，而奥巴马政府曾努力尝试去恢复。这种 "挣脱枷锁" 方法的效力基于一种假说，即通过优势力量和意志的显现，核心利益得到最高效且最有效的维护。问题在于，从相对弱势一方的角度看，对不平等的国际力量进行如此明目张胆的使用并使其合法化看起来很傲慢，并留下非法性和帝国主义的污名。而最终结果可能是强制权（硬实力）的有效展示和关系型实力（软实力）的遗失（Nye，2004；对权力本质的更一般评论，见 M. Barnett & Duvall，2005）。反过来说，那些通过说服的方式来引导和约束力量的地区，以及那些要通过努力才能够获得其他人支持的地区，也许需要妥协，但是会获得合法性和更为长久的持续性（见 Deudney & Ikenberry，1999；Ikenberry，2001，2011a）。

将 1991 年和 2003 年的伊拉克战争做个比较，是可以说明一些问题的。在 1991 年，美国利用联合国的平台来建立一个国际联盟，这不仅包括跨大西洋联盟，还包括苏联、中国、阿拉伯世界特别是一些关键的伊斯兰国家。这些国家达成了全球共识，一致同意进行有限战争，旨在为科威特争取和平，而不是要直接推翻萨达姆·侯赛因治下的伊拉克政权（见 Dannreuther，221 1992；Freedman & Karsh，1994）。后来尽管萨达姆·侯赛因仍掌握权力，美国国际声誉仍得到极大的提高，并且给美国提供了机会，有史以来其最为持久地引导着中东的和平进程。相反，在 2003 年，美国自顾自地撇开了联合国，未经联合国授权，同时在为数不多的同盟国支持下，私自开始了对伊拉克的干涉。大多数欧洲和中东地区的盟友被直接忽略，或者是被排除在外。这种情况导致了萨达姆政权被彻底地颠覆，但是美国对伊拉克的干涉并不长久，同时也是不合法的。最关键的是，这种带有帝国主义野心的"挣脱枷锁"方法忽略了两个事实，传统意义上的帝国构建如今已被视作非法行为，而且其结果是在战略方面，人们往往支持那些抵抗外国侵略的政权力量（这就是为什么民主国家会在小规模战争中失败，见 Merom，2003）。

总之，对民心的道德争夺是"反恐战争"的关键组成部分，而美国"挣脱枷锁"的形象对此却有着不利的影响。正如先前所提到的，反恐的关键目的在于说服那些可能对恐怖组织目标抱有同情心的广泛社群中的成员，告诉他们恐怖分子使用的方法是非法的，是具有犯罪性质的。在这场人心之争中，好战恐怖分子的行为将不可避免地处于密切的监视之下。无论美国怎么对国内受众进行保证，美国的"挣脱枷锁"形象对那些一般的外部群体而言，已经不那么有震慑力。美国对于多边治理以及国际机制和组织的支持度大幅度减退，这种态度使得其传统欧洲盟友渐渐疏远了它。如今美国希望不再依靠盟友的建议和支持，而是通过直接干预的方式来推翻中东现有的秩序，类似地重新引发了人们对美国帝国主义的恐惧。而且在关塔那摩湾以及阿布格莱布监狱对法治的一些关键原则的忽视，包括一些离奇的引渡逃犯行为，已经对美国的声誉以及其道德声望带来了致命的影响。如今美国要想使人相信自己并没有擅自做决定、没有模仿恐怖主义者的方式是相当困难的。而这些方式使美国降到和恐怖主义者同一个道德水平上。正像在第十一章中更为详尽论述的，使用无人机来继续攻击恐怖主义疑犯，表明了美国在"反恐战争"行动中的挑战和困境持续到奥巴马政府时期。

结　论

总而言之，美国"9·11"事件以及随后发生的"反恐战争"对安全分析者提出了严峻挑战。国际安全被这些恐怖袭击彻底地改变了，而且新的 222 安全环境要求新的分析框架和原则。在这个新的环境中，有非常吸引人的地方，即恢复冷战时那种令人安心的现实主义模式，在这种模式中，国家安全是至高无上的，不过是国际恐怖主义代替了苏联的"侵略"，成了新的威胁。但是这会是不幸的。反现实主义的、替代性的理论传统提供了很多有用的深刻见解，以及关于"9·11"事件之后安全环境的不同角度分析。例如，建构主义方法强调了国际恐怖主义威胁在主体间建构和安全化方面的多种复杂方式。这种"批判安全"方法提出了激进的反国家主义的观点，其中北方国家所声称的"善与恶"的斗争遭到质疑和挑战。然而，人的安全的方法作为重要提醒，不断使人们回想起那段充斥着贫穷和苦难的经年累月的动荡时期，而非仅仅是"反恐战争"带来的煎熬（Jackson et al.，2011；Jackson & Sinclair，2012）。

然而，超国界的"圣战主义"者对国际安全的威胁是真实存在的，尤其是其的确造成了普遍的心理冲击，而且国家在保护其公民不受大规模恐怖袭击方面扮演着至关重要的角色。对这种威胁以及它可能的结果作出评估，对安全分析者来说是项关键的义务。如先前所述，这需要安全分析者扮演三种不同的角色：科学家、国际主义者以及道德家。对于科学家来说，主要的挑战是判定国际恐怖主义威胁的严重性。这一章所得出的结论是，超国界的"圣战主义"者所带来的威胁，例如"基地"组织，在阿富汗地区早期的一系列军事运动中逐渐被削弱。从那之后，"基地"组织以及它的从属机构开始筹划进行偶尔的军事进攻，但是它们并没有证明自己具备发动一场足以对西方利益构成真正战略威胁的持久战的能力。就事实本身而言，在阿富汗地区的暴乱达到高潮之后，随之发生的伊拉克战争非但没有减少对超国界"圣战主义"者激进势力的支持，反而使之再次复兴，同时又赋予其新的特点，这种支持的根基如今已经不仅仅存在于中东其他地区移居的穆斯林群体之间，而且扩散到欧洲的郊区。但是，随着2014年计划从阿富汗撤军，以及2011年的"阿拉伯之春"显示出的一些迹象，伊斯兰极端势力或其他更为保守的伊斯兰政治势力在伊斯兰世界的政治影响力将逐渐被削弱。

安全分析者作为国际主义者的主要职责在于抵制将"反恐战争"视为一场简单的"善与恶"之间的道德较量的想法。这并不意味着道德相对论的立场，但是它的确拒绝接受本质主义的文化的"普世化"，而后者断定伊斯兰教和西方之间存在无法调和的文化冲突。实际上，这个章节讨论的超国界"圣战主义"的社会学根源比起"反恐战争"的大众印象要更为狭窄，正如在第三章所陈述的，这些危机的产生大多不是源于宗教目的，而是源于南方国家的失败。甚至在国际恐怖主义占据安全问题话语权的时期，我们仍需全面分析和看待这些安全问题深层次的原因以及广义安全议程的主题。

最后，安全分析者扮演好道德家这一角色，也许是在后"9·11"环境中最具有挑战性的任务。本书的论点在于，安全问题有着极其重要的实践价值，而且，国家的首要任务是保障其公民的安全。鉴于"9·11"事件的规模及其破坏力，安全问题自然而然地成了新时代的重头戏，而且国家将转向更加现实主义以及更加社群主义的道德立场，同时在其他的核心社会价值，例如自由、繁荣和正义方面将造成不利影响。但是，"反恐战争"朝着这个方向越走越远，对绝对安全状态的追求极大地损害了公民自由、经济自由以及国际正义传统。关塔那摩湾和伊拉克阿布格莱布监狱是这种现象的典型。"反恐战争"突出了安全和自由之间复杂的关系。安全最终并非来自绝对自由，而是来自受法律和正义限制的自由。这种对被法律约束着的自由的捍卫，否定了恐怖的绝对自由，这才是"反恐战争"的合适战场。

扩展阅读

关于国际恐怖主义写得最好的综合性著作，可参见 Bruce Hoffmann 所著的 *Inside Terrorism* （2006）、Martha Crenshaw 所著的 *Explaining Terrorism* （2010），以及 Walter Laqueur 所著的 *A History of Terrorism* （2001）。关于如何应对恐怖主义的问题，可以参考 Richard English 的 *Terrorism：How to Respond* （2010），以及 Paul Wilkinson 的 *Terrorism versus Democracy：The Liberal State Response* （2001）。如果想了解对"新恐怖主义"的分析，可以参考 Peter Newman 的 *Old and New Terrorism* （2009）、Ian Lesser 的 *Countering the New Terrorism* （1998），以及 David Benjamin & Steve Simon 所著的 *The Age of Sacred Terror* （2002）。如果想了解更多关于当代恐怖主义的宗教根源，可以参考 Marc Juergensmeyer 的 *Terror in the Mind of God* （2000）；如果想了解对于大规模杀伤性武器恐怖主义悲观性的预期，可以参考 Jessica Stern 的 *The Ultimate Terrorists* （1999）；如果想了解自杀式炸弹袭击现象，可以参考 Diego Gambetta 主编的 *Making Sense of Suicide Missions* （2005）、Robert Pape 的 *Dying to Win* （2005），以及 Robert Pape & James K. Feldman 合著的 *Cutting the Fuse* （2010）。

如果想了解关于"9·11"事件和"反恐战争"意义的道德争论，可以参考 Jean Bethke Elshtain 的 *Just War against Terror* （2003）一书中充满好斗性的言论，还有 Paul Berman 的 *Terror and Liberalism* （2003）。Michael Ignatieff 的 *The Lesser Evil：Political Ethics in the Age of Terror* （2004）一书揭示了自由主义困境。而更为激进的批评参见 Terry Eagleton 所著的 *Holy Terror* （2005）和 John Gray 所著的 *Black Mass* （2008）。

中东危机发生的根源也是催生"基地"组织和超国界"圣战主义"的原因，如果想对其有一个大致的了解，那么 Fred Halliday 的 *The Middle East in International Relations* （2005）可为读者提供一个再好不过的概括性总结；同时也可参考 Raymond Hinnebusch 的 *The International Politics of the Middle East* （2003）以及 Barry Rubin 的 *The Tragedy of the Middle East* （2002）。如果想对激进的伊斯兰主义有个更专业的理解，最具有挑衅性言论的著作是 Olivier Roy 的 *Globalized Islam* （2004），以及他早期所著的 *The Failure of Political Islam* （1994）。其他重要的文献包括 Gilles Kepel 的 *Jihad：The Trail of Political Islam* （2002）、Fawaz Gerges 的 *The Far Enemy* （2005）和 *The Rise and Fall of al-Qaeda*（2011），以及 Marc Sageman 的 *Understanding Terror Networks*（2004）以及 *Leaderless Jihad*（2008）。

最后，如果想了解导致"反恐战争"和对伊拉克和阿富汗干预的美国对外政策改革，可以参考 Jason Burke 的 *The 9/11 Wars*（2011）、Jim Mann 的 *Rise of the Vulcans*（2004），以及 David Frum & Richard Perle 合著的 *An End to Evil：How to Win the War on Terror*（2003）一书中对新保守主义性质的批评。如果想了解对阿富汗战争的批评性描述，可以参考 Sherard Cowper-Coles 的 *Cables from Kabul*（2011）。如果想将之置于宽泛的历史性背景之中，可以参考 John Lewis Gaddis 的 *Surprise，Security and the American Experience*（2004），以及 John Ikenberry 的 *Liberal Leviathan*（2011a）。在布什政府统治时期，对美国政府的对外政策的多重批判中，一个虽好但不完全的阅读选择包括：David Calleo 的 *Follies of Power*（2009）、Richard Clarke 的 *Against All Enemies*（2004）、Larry Diamond 的 *Squandering Victory*（2005）、Mark Danner 的 *Torture and Truth*（2004）以及 Michael Mann 的 *Incoherent Empire*（2003）。

研究和讨论问题

1. 对恐怖主义的定义或内涵为什么存在如此多的争议？尽管如此，是否可以就恐怖主义形成一个比较恰当的定义？

2. 自冷战结束以来，国际恐怖主义是以何种方式逐步发展的？

3. 针对"9·11"恐怖袭击事件，美国是如何回应的？这些回应的效果如何？

网　站

www. rand. org/topics/terrorism-and-homeland-security. html。兰德公司在研究恐怖主义、反恐、反叛乱和国土安全方面处于世界领先地位。在该网站上可以找到所有的报告和出版物。

http：//cpost. uchicago. edu。芝加哥安全和恐怖主义项目（CPOST）提225 供了关于自杀式袭击和攻击者、殉教者的视频以及恐怖组织情况的完整全球知识库。

第十章 大规模杀伤性武器扩散

大规模杀伤性武器（WMD）和恐怖之间有着密切的关联。冷战期间，沃尔斯泰特（Wohlstetter）的"脆弱的恐怖平衡"一词恰如其分地点明了这层关系（Wohlstetter，1959）。奥威尔式的现实是和平已经和大规模的恐怖威胁等同起来。这里的悖论是，相比于更早的时期，它似乎成了更具有韧性的稳定的基础。正如第一章所述，自从核武器大幅度改变了为实现政治目的而发动战争的手段，大国战争威胁的减少就成了核时代的影响之一。至少部分地是核革命战略逻辑的展开，带来了东-西核驱动的对抗的和平结束。核武库的减少以及从20世纪80年代中期开始的大规模裁军过程是这种竭尽全力的意识形态冲突终结的关键标志和催化剂。

冷战结束之后，出现了关于核武器和其他大规模杀伤性武器继续存在的目的以及作用的两种说法。第一种说法表示，超级大国竞争的结束以及国际关系中信任和亲善的新程度预示着核武器的战略贬值。后冷战时期的战略任务是维持撤军以及军备控制的势头，进而日益减少、最终消灭它们的战略作用。虽然废除这类武器很难，甚至并不顺利，但至少限制它们的实质作用还是可行的目标。这种后冷战时期相对乐观的说法借由《不扩散核武器条约》（NPT）在1995年达至顶点，那个时候，核国家决意开始一场阶段性的核裁军，同时非核国家也决意放弃核计划。

尽管如此，还有一种关于后冷战相对来说很不乐观的说法。在1990～1991年的第一次海湾战争后，有研究称伊拉克拥有比预期更先进的核计划，同时还拥有宏大的化学和生物武器计划，这项发现是这种说法强有力的刺激因素。相比于冷战时期，这些发现不仅聚焦了更多对化学和生物武器的关注，同时也暴露出令人担忧的迹象，一些国家，尤其是一些典型的"无赖国家"，它们乐意背叛或假装遵守防止大规模杀伤性武器的体系，尤其是和《不扩散核武器条约》相关的那些合法承诺，从而获取保护及提升它们的国际地位。"9·11"之后，这种更为悲观的"无赖国家"说法变得更阴暗，因为"9·11"事件使得非国家组织更愿意考虑使用大规模杀伤性武器这种说法更直观可信。在先前的章节中曾提到，尤其是对美国来说，这种恐怖主义和大规模杀伤性武器扩散之间的合流，似乎要求来一场能够推翻冷战设想和实践的战略革命。从这种更为迫切的角度来看，这种替代性的"边缘主义"叙事描述中，善意的后冷战世界不再存在，它也促进不再具有相关性的冷战思维和做法的延续。

从这些相互竞争的叙述中可以看出，安全分析者的角色充满了挑战，尤其是在寻求科学家、国际主义者以及道德家这三重身份的平衡过程中。对作为科学家的安全分析者来说，他们所面临的问题就是如何对大规模杀伤性武器扩散所带来的威胁进行判定，尽管在一些地区使用这些武器的可能性很低，但是一旦使用，却必然会带来灾难性的后果。而且还有一些关于如何理解扩散动力的基本问题，这给理性、文化、身份以及规范赋予了各自的相对重要性，而这反过来又反映了实质性的国际关系理论争论。作为国际主义者，安全分析者必然受到核秩序（问题）的挑战，核秩序具有结构上的不公正性，且这个不公正具有南北维度。按照 T. V. 保罗（Paul, 1999）的观点，核武器是"强大的平衡器"，当发展中国家由于被认为缺乏理性和成熟度而不被允许拥有核武器时，我们应该如何论证这种不公正的合法性，但同时这又不被认为是"战略东方主义"？这种"主义"认为南方国家是非理性和不成熟的，因而不能拥有核武器。在这个方面，关键是在北方与南方之间构建平等的协议。作为道德家，安全分析者需要时刻意识到核武战略的那种不道德性，因为无区别的屠杀是它的作用核心。这里的问题在于，是否存在谨慎的"现实主义"思维来维护这些本质上不道德的行为，从而保护那些无法通过其他渠道充分提供的国际公共产品，例如秩序、稳定性。

这一章试图对这些主要话题做一个批评性的概述。第一部分论述了扩散问题的理论性与概念性问题。这部分认为一部分基础的假设和观点决定性地影响了问题被感知和建构的方式，尤其是存在的关于在保障战略稳定性过程中赋予威慑的价值，以及关于在冷战时期，防御和干涉应该发挥作用的最基本的争论。第二部分对后冷战战略的演变做了详细的解释，同时也有对"边缘主义"论向"无赖国家"论转变的关注。第三部分对当下大规模杀伤性武器扩散所导致的威胁做出评判，在这一点上，尽管没有理由感到自满，但这些威胁中有许多还是被夸大了。

实际上，这一章主要的观点是，对于诸如大规模杀伤性武器扩散这样发生率较低的事件的过度关注，最终会产生相反的效果。如果为了减少拥有和使用大规模杀伤性武器的动机，并因随之产生的政策就去摧毁一系列复杂的协定和双方已经认可的安排，那么就会出现相反效果。就像在第一章所论述的，冷战时期依赖核武器的关键后果之一就是赋予防御一方以优势，在某种程度上使得大国战争越来越难以想象（见 Jervis，1989）。后冷战时期对核武器以及大规模杀伤性武器战略修订的危险在于，它将使人们认为侵略行动有优势，从而先发制人以弱化"无赖国家"以及恐怖组织的危险。这里的危险在于生成了可能会将国际安全毁于一旦的"进攻型意识形态"。美国或者以色列可能会单方面进攻伊朗来防止伊朗实施核武器计划，这是这种潜在威胁可能会对国际安全造成影响的重要例子。

理论中的扩散

核武器是冷战的核心。从很多方面来讲，核武器是冷战的执念，也是双方的对峙有军事上的和独有的事关人的存在的一个主要原因。蘑菇云所带来的阴影、公民自身承担冲突所带来风险的威胁，为冷战时期的政治现实提供了恒定的背景（Schell，1982；Sagan，1983-4）。核武器的中心性同时彰显于它们改变了军事战略的性质。伯纳德·布罗迪（Bernard Brodie）在 1946 年写道："迄今为止，我们建立军队的主要目的一直是赢得战争，从现在开始，它的主要目的变成了防止战争"（1946：69）。

核武器扩散带来的根本性革命性的影响并没有立刻进入战略思考之中。对于核武器可以维持军事优势，以及它们将始终具有实战用途的信念一直未完全消失。对核武器已经改变了战争本质的克劳塞维茨式的特征这种说法，一些战略家始终拒绝接受，而且他们认为，相信这种说法的人太过天真（见如 Kissinger，1957；Gray，1976）。但是，一旦美国不再具备其早期的垄断地位，并可能会遭受苏联的核武器攻击，坚信核战争具有不可估量破坏性的说法就日益具有了说服力。至少在将会使用核武器的地区，战争预防成为核心的战略目标。

那些从学术界，或者从诸如兰德公司、国际战略研究所（IISS）这样的研究机构中选拔出来的平民战略家引领了能够彻底搞清这种预防战争策略内

涵 的 方 式 （Brodie， 1959； Schelling， 1960； Bull， 1961； Schelling & Halperin， 1961）。他们的工作基于两种关键性的假定，首先，使用核武器最终将会自食其果，因为每次核武器的使用都可能演变成灾难性的核战争；其次，核武器的扩散本身就是危险的，除非是被谨慎管理，否则将会加剧战争所带来的威胁。战略家与早期学者的不同之处在于他们不认为可以通过裁军以及禁止使用核武器的方式来解决问题。如果两个意识形态对立的敌对超级大国的军械库中已经存有这种武器，那么上述的解决方式完全就是不现实的。相反，他们提出了另一种观点：避免核战争的方法要基于更现实的目标，即在两个强国之间引入平等感和实力相当感，使双方保证自己将以同样的方式回应来自对方的挑衅。建立双方相互遏制的稳定系统是关键目的，这要求就核武器控制（所谓的军备控制）机制问题达成双边共识，而不是处理简单的裁军问题。军备控制机制的核心基础，也是最具有争议性的地方在于，保证双方在大规模核武器袭击中受到相同程度伤害的约定制度化——也就是所谓的 MAD 原则，或是"相互确保摧毁"。

MAD 原则表明相互确保摧毁是核武器时代最激进也是违反常理的创新举措（见 Freedman， 2003：232-242）。支持这一理论的一个重要的协议是 1972 年的《限制反弹道导弹系统条约》，该条约禁止了用来对抗来自美国或者苏联洲际远程核武器袭击的防御系统的建设。这份条约保证双方不会遭受成功的先发制人式的攻击，用官方术语来说，也就是双方可以保留一次用来对抗原始打击的"二次打击"机会。相互确保摧毁战略同样是企图限制苏联和美国军械库中核武器"纵向"扩散的机制。直到 20 世纪 80 年代中期，尽管存在着各种战略性的军备控制条约，成果依然很有限，因为双方仍然大幅度地增加了各自拥有的核武器数量。20 世纪 80 年代后期，在苏联和美国之间，戈尔巴乔夫总统和里根总统发起了一场更加激进的核裁军运动，而相互确保摧毁战略的逻辑为其提供了智识上的保证，这种逻辑表明，只要双方相互遏制的原则还在，通过大幅度减少武器的数量，战略稳定性同样是可以获取的。作为东西核武器关系核心的组成部分，相互确保摧毁战略最终在裁军过程中发挥了至关重要的作用。

冷战核秩序存在关键的第二支柱。这个支柱涉及其他可能的核扩散动态机制，即在国际系统内面向其他国家的"横向"扩散。1968 年的《不扩散核武器条约》为这种现象作了官方表述，把允许拥有核能力的国家限制为美国、苏联、英国、法国和中国（Shaker， 1980）。因此，这个条约在核国家和非核国家之间做了明确的划分。这份协议本身所具有的不公正性导致如印度、巴基斯坦、以色列以及法国这些国家拒绝签署（尽管法国在1992 年加入了该条约）。但是，对大多数非核国家来说，这个条约提供了一种途径来避免走上昂贵且不稳定的获取核武器的道路。除此之外，核国家向非核国家做出了一系列本身就很有吸引力的保证：首先，核国家决意开启核裁军进程；其次，非核国家可以依赖"消极安全"保证，即有核国家不得对无核国家使用核武器；最后，允许无核国家获取民事使用核能的科学技术，尤其是在发展核能方面。

扩散：更多会更好吗？

在冷战期间，按照威廉·沃克（William Walker）的观点，以相互确保摧毁战略中的威慑政策以及《不扩散核武器条约》中的遏制政策这两大支柱为基础的核秩序拥有相当程度的国际合法性（Walker，2004：28）。但是这两大支柱在内部逻辑上似乎存在一定的矛盾性。关于核秩序，正如相互确保摧毁战略中提到的，如果威慑在避免东西方发生战争方面起了作用，并最终带来了和平，那么《不扩散核武器条约》不会给其他存在冲突的国家或地区带来这些益处的理由又是什么呢？如果威慑在一种环境下发挥了它的作用，那么为什么不能期待它在其他环境中也发挥作用呢？

肯尼思·沃尔兹（Kenneth Waltz）也许是研究这种内在矛盾的最有名的学者（同时也见 Bueno de Mesquita & Riker，1990；Lavoy，1995）。实际上，他始终认为，核武器面向其他国家的扩散将会是有益的，而且可以促进稳定。1981 年他在一篇原创文章中写到，核武器扩散越多越好（Waltz，1981；亦见 Waltz，1990）。对沃尔兹来说，核扩散的好处来自新现实主义逻辑。在一个无政府的"自助"体系中，对一个国家来说，阻止侵略者发动袭击的最好的方法是对其进行有效的威慑，而核武器恰好能够起到这种威慑效果。而且，它们所带来的威慑效果还很持久，仅仅是拥有核武器就能带来极度的谨慎以及与他国避战的意愿。对沃尔兹以及其他的思想者，如马丁·范·克里费德（Martin Van Creveld，1993）来说，恰恰是这种由核武器引起的谨慎成为理解大国和平根源的关键。

沃尔兹更深刻地指出，核克制所带来的好处应该向其他国家和地区推广。他指出，正如威慑避免了美国和苏联这两个不共戴天的敌人之间的战争，那么它在其他的敌对环境下比如印度和巴基斯坦之间，也能够发挥缓

230

和冲突的作用（Sagan & Waltz，2003：109 - 124）。与这种逻辑相同的是，米尔斯海默在 1991 年和 1992 年指出，在苏联解体之后乌克兰应该保留其领土内的核武器（Mearsheimer，1993）。对像沃尔兹以及米尔斯海默这样的现实主义者来说，将核武器限制在北方国家范围内，而且不允许南方其他存在冲突的国家从中受益，这只是种族中心主义的偏见而已。

但是，几乎没有分析家或是领导者认为这种"扩散乐观论"从根本上令人信服。怀疑论主要关注新现实主义对国家的基本假设，即国家是不复杂的理性行动者，总是为了使其利益最大化。经常和沃尔兹进行论辩的斯科特·萨根（Scott Sagan）曾经指出，那些有野心的核国家根本不会按照理性主义者的假定行事（Sagan & Waltz，2003：ch. 2）。与沃尔兹将国家比作遵循效用最大化原则的理性行为者的设想相对，萨根将其看作复杂的官僚制组织，经常不合逻辑地开展行动，而且其拥有一套属于自己的有缺陷、"有界限"的理性概念，在不同的利益群体之间始终存在竞争关系，这些群体狭隘的利益对政策制定产生不成比例的影响，在这方面军方对核政策的影响尤为显著。

鉴于"理性"的这些局限性，对所有国家，尤其是那些政治文化具有显著差异的国家是否能够始终采纳一些微妙的、谨慎协调的政策和一种有弹性且有效力的核威慑结构的怀疑是合理的。实际上，冷战的真实历史并不能给人带来多少信心，毕竟目前的证据表明古巴导弹危机时期核战争只是勉强被避免了（May & Zelikow，1997）。萨根和其他的作者还记录了在冷战期间由核武器导致的多起差点就要发生的事件和一些事故（Blair，1993；Sagan，1993；Busch，2004）。因此，历史记录显示，好运和深思熟虑的决策一起，对成功的威慑做出了显著的贡献，从而终结了冷战。对于像萨根这样的核悲观主义者来说，去相信那些冷战时期的威慑体系将对其他境况、结构以及文化不同的冲突起到一定的制止作用，是毫无根据的。怀疑论者指出，出于谨慎考虑的缘故要推动针对扩散的限制性政策产生。

规范和文明层面

理性行为体模型的假定支撑了核扩散乐观者们的立场，但这种假定也被建构主义学者所质疑。在扩散机制上，他们提供了另一种更深层次的视角。正如在第二章所提到的，建构主义质疑了由理性动机所驱动的强调战略互动的理论的解释能力，其中"理性威慑理论"是最典型的例子。从建构主义学者的角度来看，充斥着理性主义理论的问题在于它忽略了复杂的社会历史进程。在这个发展进程中，大规模杀伤性武器被剥夺了其合法性，而且被排斥在文明冲突之外。理查德·普莱斯（Richard Price）和尼娜·坦嫩瓦尔德（Nina Tannenwald）对化学武器以及核武器的案例研究表明，这种现象并不是自然产生的，也不是没有异议的（Price，1995；Tannenwald，1999；亦见 Paul，2009）。相比于将大规模杀伤性武器视作"既定事实"的新现实主义理论，这种解释指出，只是在确定给予这些武器对其他人而言并非显而易见的"禁忌"地位之后，才能指称其为大规模杀伤性武器。例如，在当时而言，在日本投掷核弹与对东京、德累斯顿以及德国其他城市的传统轰炸之间并没有本质区别。甚至对很多 20 世纪早期的军事家来说，化学武器比起常规武器，更具有人道主义，同时也更有威力（Price & Tannenwald，1996：127-128）。

因此，对建构主义者来说，在国际关系中，核武器以及其他大规模杀伤性武器的作用并不单单在于阻止行动者做他们想要做的事情；从社会角度来说，同样在于他们如何能够代表定义国家的身份和其切身利益的那些强有力的规范。将一些武器定义为"大规模杀伤性"，自动地限制了对它们的使用，因为国家间已经达成了这些武器是任何国家都不得使用的"禁忌武器"的相互协议。从这种角度来说，现代战争的产生并不能仅被理性的私利所约束，它同样被一定的行为准则所束缚，这种行为准则在某些情况下，杜绝了可能是最有效的那些理性的行为过程。这被纳入那些反对生化以及核武器的准则中，这些武器潜在的军事用途被内化的禁用准则所禁止。从这种意义上说，这些准则是对现实主义的霍布斯式自然状态的一个抗衡，因为它们"限制了国际-国家体系中的自助行为"（Price & Tannenwald，1996：145）。

建构主义者在其政策建议中往往推行能够强化以及巩固这些国际行为准则的自由国际主义议程。军备控制协议、核裁军行动以及类似于《不扩散核武器条约》这样的巩固性条约被给予普遍的正面评价。对"道德开创家"也有比较积极的评价，强调了公众意见以及非政府行为体在国家向更基于规范、更合法的国际秩序转变过程中的重要巩固作用，在这个国际秩序中，战争以及野蛮行为如果没有被完全消除，也要被适当削弱（参见 Keck & Sikkink，1998）。从这个意义上来说，地雷战促成了 1997 年《渥太华条约》的产生，并且还代表着由建构主义者支持的从禁止生化武器到推动核裁军的连续性（Price，1998）。对许多军事战略家来说，地雷具有很强的军事功能，但是建构主义者的目的是将地雷像大规模杀伤性武器一样列入"禁用武器"行列，使得没有任何文明国家会考虑使用它。

但这些规范是普遍的吗？

但是，这些建构主义和自由国际主义的行动主义有一个隐含的区分，即区分出尊重并遵守这些阶段性准则的"文明人"和那些拒绝或者无法遵守这些准则的"野蛮人"。如果最初没有那些需要被转变的"野蛮人"，那么就不需要推行这些准则。尽管如此，对这种区分好与坏或者文明与否的做法潜在地有两种批评：首先，对自由主义者假定的使那些恶人改变其邪恶处事方式的能力存在保守性的质疑；其次，对拒绝这种文明话语的新帝国主义意涵作批判性回应，特别是因为它主要源自北方国家的自由主义观点。

第一种保守的怀疑性批判强调了准则无法等同于法律，同时也强调了只有一些弱机制在支撑这些准则的执行，而且这种问题主要发生在国际领域中。而内在的限制因素在于，这类国际准则普遍为那些"好人"或是乐意接受改变的人所遵守，但是也始终存在轻视这些准则的人。同时我们能预想到，甚至会有一些人表面上假装遵守准则，比如不试图发展大规模杀伤性武器，但私下里进行密谋，披着遵守准则的外衣来谋取战略优势。

本质上，这是对军备控制的经典保守主义批判（见 Gray，1992）。从这个角度来讲，遵守军备控制合约以及自愿约束自己军备能力的那些"好的"国家，例如民主国家，在和那些表面上遵守相同的合约，背地里却违背自己承诺的"坏的"国家相比较时，可能处于劣势地位。尤其是这是 20 世纪 30 年代得出的教训，那时军备控制和裁军可以说比较弱，这导致了民主国家面对纳粹德国的进攻威胁时，没能做好万全的准备。保守的怀疑论者指出，此处存在的风险在于存在这么一个信念：一旦谴责大规模杀伤性武器的准则被普遍确立，那么这项准则就会被人遵守。实际上，对于国家尤其是在军事需求方面，为什么要试图拥有、威胁去使用，或是已经使用这种"不合法的"武器，已经有了很多可以解释的原因。从这种角度来讲，军备控制的结构性问题在于，它反而有利于那些"邪恶"国家同遵守规则的"模范"国家相抗衡。在冷战时期，对于支持军备控制的"鹰派"人士来说，这种在相互确保摧毁战略结构中滋生的、美国和苏联之间的道德上同等的隐含假设被认为是非常危险的，因为它为苏联背信弃义从而获取战略优势提供了机会（Goure，Kohler & Harvey，1974；Gray，1976；Whetten，1976）。

本质上这种质疑逻辑引起了另一种"无赖国家"论，在这种说法中，在大规模杀伤性武器扩散方面，主要的风险来自那些通过背叛自己的国际义务从而获取战略优势的"邪恶"国家。在这种环境中，相互确保摧毁战略所基于的对威慑的单纯信赖注定是不适当的，因为它约束了"好的国家"的选择权，将它们和那些不合法的"无赖国家"置于同一环境和同等道德标准下。对于那些有明确修正主义政策的国家而言，以及那些始终拒绝遵守国际行为规范的国家而言，威慑需要同时伴有干涉性能力，这种干涉性能力允许守法的国家适当采取行动来削弱它们发展大规模杀伤性武器的野心。用于限制"好的国家"回应这种威胁的战略能力的军备控制合约应被重新修订或忽略。对那些推动这种更具干涉性政策的人而言，相互确保摧毁战略反对建立保护西方国家不为某些国家所攻击的反导系统，而这是个关于军备控制如何吊诡地增强了"流氓国家"能力，却削弱了那些守法国家回应能力的经典例子（Gaffney，2001：31-32）。

但是谁来决定谁"好"谁"坏"？

关键性的问题在于，是谁定义了事物或人好坏与否、文明与否呢？对南方的大多数人来说，这种情绪化的道德论述将带来新帝国主义的回声，它将理性和战略责任归于北方，将非理性、文化落后以及非战略责任归于南方（见 Krause & Latham，1999）。例如像"无赖国家"和"邪恶轴心"这样的概念，连同它要改变未开化人群的野蛮行为的文明任务，均近似地复制了帝国主义的形象和用语（Gong，1984；Ayoob & Zierler，2005）。对那些有过被殖民经历的国家来说，如今以规则和国际法的形式表达出来的文明语言的回声能够被轻易地解释为维持体系不平等结构的花招，尤其是在核秩序方面存在的不公正性（Mutimer，2000：151）。印度是南方一个关键国家，它先是以拒签《不扩散核武器条约》的方式，后是以擅自发展核武器的方式，始终和这种内在的不公正性相对抗（Walker，1998：512）。伊朗也经常指出西方宽容以色列提升核能力却严酷压制它的核抱负是双重标准（Khan，2010）。

而这导致了关于好坏与否或是文明与否之间的区别的更深层次的问题。

很多国家并不是简单地适用非黑即白这种方式的划分。从《不扩散核武器条约》来看，其中包括巴西、阿根廷、埃及、土耳其以及韩国这样的国家，这些国家全心全意遵守《不扩散核武器条约》中的条款，但是，它们曾受到过诱惑而发展了各自的自主能力，而且如果周遭环境改变，也许它们还会重复这样的行为（K. Campbell, Einhorn & Reiss, 2004）。对这些国家来说，《不扩散核武器条约》所带来的利益不仅在于限制它们的周边国家存在的核扩散现象，还在于限制包括美国在内的有核大国的战略优势。而危险在于为了对抗感知到的"无赖国家"威胁，由美国和其他有核国家认可了其合法性的这些新的核力量之间的协议也可能会破坏与更广泛的无核国家间的协议，从而放大它们感受到的威胁以及发展它们自己的核能力的诱惑。甚至在现存有核国家之间，也弥漫着这种恐惧，因为它们（本身不容易以好坏区分）担忧美国对"无赖国家"的战略性改变也许是因为美国要重申对它们的战略主导，因此，由相互确保摧毁战略明确表达的双方约束原则的崩溃是不可避免的（存在符合这些恐惧的迹象并不是毫无根据的，见Lieber & Press, 2006）。

现实中的扩散

自冷战结束以来，在对大规模杀伤性武器扩散的处理方式中，所有的这些论辩和观点都十分明显。正如先前所提到的，最明显的转变是"边缘"论主导的叙事已经转向"无赖国家"的反叙事。

对那些支持"边缘"论观点的人而言，从1986年到1995年，对军备控制的支持者们来说，可以被视作"黄金十年"。关键性的转折点在于戈尔巴乔夫和里根签署了《中导条约》（INF）。这个条约所具有的特别和激进之处在于：首先，它销毁了一整个类别的武器，并且推动早先的美苏协议里没有考虑到的武器大幅度减少；其次，它包含了制度化的核查过程和核查机制，且比预期的更宽泛，也更深入。真正的裁军计划，以及对透明度和核查的强调作为两点主要的革新，成为建立下个十年中军备控制机制的原则。

235 这个"黄金十年"所产生的结果令人印象深刻。在欧洲，效果最为引人注目。欧洲从代表了一个武装阵营，拥有大规模的常规武力和核力量，随时准备应对来自东西边界任一边攻击的状态，转变成实际上的无核区，大范围的常规军被削减，并引进了高度精细的方式来保证双向透明和遵循互信原则。美国和苏联（俄罗斯）之间的关系也以相似的方式被改变，各种战略性的军备控制协议（《第一阶段削减战略武器条约》、《第二阶段削减战略武器条约》、2003 年的《莫斯科条约》，以及 2011 年生效的《新削减战略武器条约》）承诺削减部署在任何一方的武器数目，数量的峰值（约30000 枚）在 2018 年降至 1500 枚。对"相互保障安全"战略的关注比起"相互确保摧毁"战略来说，成为它们关系中更为明显的核心点，以紧密的联合性合作消除或妥善维护由苏联积聚起来的武器（Krepon，2001，2003）。《纳恩－卢格合作减少威胁计划》（The Nunn-Lugar Cooperative Threat Reduction Programme）中，美国为俄罗斯在这些方面的努力提供了重大的财政支持。

在其他领域，核查和裁军手段也很受重视（有关概述见 Andemicael & Mathiason，2005）。国际原子能机构（IAEA）作为核监察方，在 1997 年通过《附加议定书（范本）》增强了自己的核查能力。1993 年签署了《禁止化学武器公约》，这份公约包含了恒定的核查和安全监测主体。军备控制（协议）的那段高产时期的标志性顶峰是 1995 年《不扩散核武器条约》的无限期延长，另外包括中国、法国等一些国家最终也签订了这份条约。除此之外，对进一步裁军工作的承诺看似被各种合约所证实：通过《全面禁止核试验条约》（CTBT）的签订从而终结核试验，通过《禁止生产核武器用裂变材料条约》（FMCT）的签订从而停止对武器级别的可裂变材料做进一步保护。

这个关于军备控制和裁军的重要记录为"边缘"论在后冷战时代居于主导地位提供了背景。随着冷战的结束，大多数分析家认为核武器已经失去它们的战略中心地位。在国际安全并没有受到太大威胁时，相应来说核武器的威慑作用也减轻了一些。为适应这种变化着的战略环境，"边缘"论者认为核力量不仅仅应该被削弱，而且要使其脱离警戒状态，增加其被使用的困难度。因此迈克尔·马萨尔（Michael Mazarr）提出，应该只允许"虚体的"核工厂存在，因之而减少的准备意味着在考虑使用它时，需要下更多功夫，也即需要做更多的工作（Mazarr，1995；亦见 Feiverson，2000）。2008 年出现了争取全面、完全的核裁军的运动，其被命名为"全球零核倡议运动"（见图 10.1 中持续到 2030 年的全球核裁军计划），而且，其中包含了一些不太可能会出现的名字，例如亨利·基辛格、乔治·舒尔茨、萨姆·纳恩以及比尔·佩里（Perkovich & Acton，2008；Cortright & Vayrynen，

236 2010）。尽管大多数核国家认为这项提议太过于激进，但越来越多的人认为核武器的用途已经大不如前，而且它们应该主要被理解为"最后的武器"（Quinlan, 1993）。

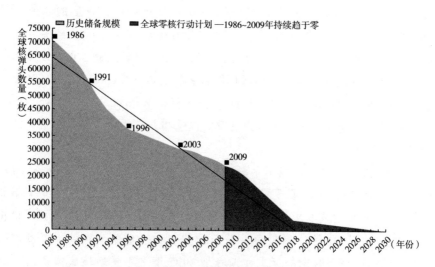

图 10.1 全球核弹头储备和全球零核行动计划

来源：Global Zero, Global Zero Action Plan, February 2010。

"边缘"论的叙事推动了三种关键的不扩散政策原则。首先是发展和升级核查体制的需要，从而增加透明度，使欺瞒不那么容易发生，此外还有重申军备控制体制已处在有效监管之下的需要。其次不扩散准则需要被制度化，而且需要通过多边条约以及国际体制来巩固。"边缘"论者的逻辑在于，被多边承诺束缚的国家越多，对不扩散和国际安全越好。最后一个特征是我们不应否定所有冷战时期的机构和实践，各国尤其是美俄之间需要共同维护相互确保摧毁战略的基本原则，即通过相同规模的削减以保证双方处于同等和相互脆弱的地位，以此来保证各自的信任。

"无赖国家"反叙事

237 然而，这种"边缘"论叙事的替代叙事最为反对这种对冷战东-西范式的持续屈服。从这个另类的角度来看，对大规模杀伤性武器扩散的战略关注，以及它和冷战相关的行动，需要从"东-西"转变为"南-北"轴心，而且在大部分评论家看来，目前已经进入完全不同于第一个核时代的"第二个核时代"（Payne, 1996; Gray, 1999）。对伊拉克核计划以及化学武器和生物武器的发现向这些批评家表明：很多国家仍关注大规模杀伤性武器的战略用途。这表明，对其战略回应需要更新、更强硬的反扩散方式，例如，由联合国伊拉克问题特别委员会（UNSCOM）主导的严格的审查机制，用来核验国家全面裁减大规模杀伤性武器的计划，以及最终而言的使用军事力量的权利，从而确保伊拉克信守承诺。继伊拉克问题之后是对伊朗的核扩散问题的关注，伊朗在 2002 年被发现违背了《不扩散核武器条约》规定的需要遵守的原则，秘密地致力于核浓缩项目。此外，还有朝鲜问题，朝鲜在 2003 年从《不扩散核武器条约》中退出，之后宣布了本国的拥核国家地位。印度和巴基斯坦一致宣布将不加入《不扩散核武器条约》缔约国行列，并且在 1998 年开始了核试验，表明它们进入核时代，而这都加强了《不扩散核武器条约》处于终结性危机中的感知。

　　在美国，"无赖国家"反叙事的政策意义被最有力地推行（Roberts，1993；Litwak，2000）。美国战略思维的转变同样反映出，在乔治·W. 布什执政期间，美国政府对于军备控制政策持续增加的敌意。这些人推行了一种更有力量的美国反扩散政策，同时还有关于美国核威慑角色性质和内容上显著的改变，奥巴马政府曾想完全改变这一状态，但实际行动起来相当有困难。2001 年出台的《核态势评估报告》清楚地陈述了美国已经发现对核武器的持续性战略需要：首先，核武器拥有回击生化袭击的能力，美国在条约中的义务阻止它以牙还牙；其次，能够提供一种可以摧毁存储大规模杀伤性武器深层掩体的能力，这种深层掩体靠常规武器是无法被摧毁的。这份报告同样确认了美国需要对将来进行核武器试验的可能性保持开放态度，因此阻止了美国签署《全面禁止核试验条约》（Gabel，2004 - 5；Payne，2005）。

　　这种反叙事同时发起了对"边缘"论彻底的挑战，它并不信任多边协议，也不信任核查与监管的独立国际体制。布什政府因其对传统军备控制的质疑和敌意而著称。政府行为的假定似乎按照"军备控制悖论"展开，这个悖论认为军备控制要么是没有必要的，因为你信任你的伙伴；要么是不会发生的，因为你并不信任它们。因此政府认为传统的东-西向军备控制在美国和苏联解体后的俄罗斯之间是没有任何存在必要的，因为双方都很信任彼此。2003 年出台的《莫斯科条约》和早期的战略性军备控制协议从根本上而言是不同的，这份协议并不要求核查和消除任何武器。相似的是，美国认为其单方面从《反弹道导弹条约》中退出是合法的，因为这部分地反映了已经发生改变的、双方更加互信的美俄关系。对俄罗斯来说，完全没有必要感知来自导弹防御系统的威胁，因为这个防御系统用来对抗新兴的核武器国家所造成的威胁。

在追求针对"无赖国家"的反扩散政策时，布什政府决意使其战略观点开放且灵活，即使这破坏了传统军备控制行动。因此反叙事表明，不仅仅是美国威慑结构需要改进，国家导弹防御系统的防御手段同样需要被进一步发展，且这种先发制人的或者预防性的战争能够把潜在的扩散扼杀在萌芽之中，因此这一选项值得被保留。从这个角度来讲，相互确保摧毁战略是没有任何相关性的冷战残余，而且人们不应让它阻碍美国建立所需要的防御。相似的是，传统军备控制中对核查和透明度的规定被这些更为强硬的要素所怀疑，导致布什政府拒绝考虑关于生化武器或可裂变材料的核查体制。令人恐惧的是，这种方式很可能增强了那些违反而不是遵守规则的人的影响力。布什政府更倾向于选择像"防扩散安全倡议"那样旨在强化国家能力以确保反扩散义务被遵守的措施，而不是依靠那些不负责任的国际机构（Valencia，2005；亦见 Joseph，2005）。

在前一章写到，"反恐战争"已经在美国国内导致了可见的将自己从束缚以及国际义务中"解放"出来的需要，美国的担心在于这些束缚和国际义务使其成为受伤害的那一方。"挣脱枷锁"的野心在美国的不扩散政策中昭然若揭。对很多评论家，尤其是那些坚持"边缘主义"理论框架的评论家来说，正是这种"挣脱枷锁"的逻辑，使得美国斩断了束缚自我的绳索，这是对不扩散政策最大的威胁。对一些评论家来说，美国才真正应该被称为"无赖国家"，因为美国始终在摧毁能够建立信任和双边合作的不扩散体制，而且美国进一步发展了自己庞大的核战略，在很多国家引发了与日俱增的恐惧和疑虑。

但是美国的核战略并不是不变的，奥巴马政府重新确认了更传统的多边方式，这种方式包括"重新定位"美国和俄罗斯的关系，还有《新削减战略武器条约》的成功议定并在 2011 年生效。美国不是唯一修订其核战略的核国家。例如，法国已经将它的战略应用在维护其使用核武器的权利上以对抗其他国家或恐怖组织使用的生化武器（见 Yost，2005）。除此，将美国的做法视作其他国家发展大规模杀伤性武器的唯一甚至是最重要的原因，这种看法是错误的。这样的做法属于上一章提到的"他们憎恨我们"这种谬误，从这一点来说，对国际安全而言，最具有威胁性的便是对美国的过度关注。实际上，一些国家考虑扩散大规模杀伤性武器和美国并没有什么直接关系；同样的，这些国家决定不发展大规模杀伤性武器在很大程度上和美国的政策也没有什么相关性。我们现在需要关注的就是扩散的核心根源。

评估威胁的性质

第一个要提出的观点是，持续对核扩散所作的不乐观预测还都没有实现。有种较为流行的关于核武器的新马尔萨斯主义变体（见第六章），这种说法与环境方面的新马尔萨斯主义一样，都是没有史料支持的。正如图10.2 显示的，自 20 世纪 60 年代以来，拥有核武器计划的国家数量已经呈现稳步下降的趋势。例如，在 20 世纪 60 年代早期，约翰·F. 肯尼迪表达的对核武器迅速横向扩散的担忧根本没有成真。

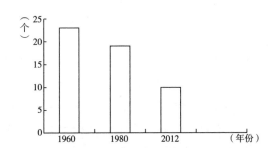

图 10.2　拥有核武器或核武项目的国家 （项目数量）

来源：Cirincione，Wolfstal and Rajkumar （2005：20；更新至 2012 年）。

在 20 世纪 60 年代，有 23 个国家和地区拥有核武器或是进行核武器相关研究，或者讨论获得核武器，具体包括阿根廷、澳大利亚、巴西、加拿大、中国、埃及、法国、印度、以色列、意大利、日本、挪威、罗马尼亚、南非、西班牙、瑞典、瑞士、中国台湾、英国、美国、苏联、西德以及南斯拉夫。20 世纪 80 年代，19 个国家和地区拥有核武器或进行核武器相关研究，包括澳大利亚、巴西、加拿大、中华人民共和国、法国、印度、伊朗、伊拉克、以色列、利比亚、朝鲜、巴基斯坦、南非、韩国、中国台湾、英国、美国、苏联以及南斯拉夫。2012 年除了 8 个拥有核武器的国家外，只有伊朗和朝鲜疑似有积极开展核武器研发的计划。

因此，扩散受到约束的历史最具有解释的必要性。有些特征十分明显。

首先，有种说法认为发展核武器是件很容易的事情，这是一种谬见。实际上，发展核武器需要面临相当严峻和复杂的工程技术挑战，而且花费昂贵，并需要一定水平的技术性和科学性的专业知识，以及精密复杂的工业基础设施。而公众普遍认为，只有国家可以满足这些基本的需求，对一些非国家行为体如"基地"组织来说，发展核武器相当困难。另外，尽管对巴基斯坦科学家可汗（A. Q. Khan）的核武黑市的发现增加了人们对非法获得核武原料的途径的恐惧，但这种黑市一般仅限于提供技术或知识，而不是直接提供现成的核武器或武器级别的浓缩铀（Cirincione, Wolfstal & Rajkumar, 2005：247-9）。甚至对像伊朗以及朝鲜这些工业结构相对复杂的国家来说，尽管它们很愿意付出最大限度的努力，发展核武器也绝非易事（Montgomery, 2005：157-63）。

那些反对持有和使用核武器的准则所获得的突出成就及其执行力度是抑制未来核扩散的重要因素。在这里建构主义方法特别相关。《不扩散核武器条约》因其几乎包括所有国家而受瞩目。目前这项条约只有印度、巴基斯坦和以色列这些国家没有签署，这也使得其成为历史上最多国家遵守的一项条约。《不扩散核武器条约》主要的国际性作用是消除发展核武器的合法性，或者至少要使发展核武器的代价最大化。1960 年法国的首次核武器试验成了公开性的国家庆典，但与之相比，在 1974 年和 1998 年印度核武器试验是秘密进行的，并招致了国际谴责。正如伊朗和朝鲜付出了代价之后才发现的，私自发展核武器，而且想最终不被发现是相当有难度的。在国际上，这种"作弊行为"一旦被发现，后果是相当严重的——大多数国家要么不考虑这样做，要么推断获得的收益会远小于所付出的代价。劳伦斯·弗里德曼（Lawrence Freedman）在谈论核武器的内在矛盾时有个非常到位的表述，他说，核武器"增强了国家的自主权，但是，它们同时又淋漓尽致地体现了国家间最终相互依赖的关系"（Freedman, 2003：464）。大多数国家，并不想因为它们没有履行《不扩散核武器条约》的义务而得到负的相互依赖。

作为约束核扩散的一个关键成员，美国的角色同样需要得到公众的认可。签署《不扩散核武器条约》本身就是美苏解决核扩散问题的一种方法。这种方法被认为可能会损害它们的共同利益（Jones, 2006：12）。劝告德国和日本这样的关键盟国不要发展自己的核武器的机制之一就是提供一种扩展威慑的"积极安全"承诺，在这种机制中，美国的核保护完全可以覆盖到这些国家。在后冷战时期的单极体系中，美国对其同盟国在战略上重新给予保证，这种作用对阻止其同盟国发展自己的核力量至关重要。如果像日本、韩国、沙特阿拉伯以及土耳其这样的国家对美国的战略保证并没有什么安全感，那么这将是它们重新定位其核武器立场的重要因素（K. Campbell, Einhorn & Reiss, 2004：321-3）。

为何扩散充满诱惑？

这就衍生出一个问题：为什么一些国家不顾多种多样的限制因素和障碍，仍然执意发展核能力。简单来说，只有当国家感受到严重的不安全时，它们才会考虑这么做的代价。在那些安全系数相当高的地区（至少是国家之间），例如拉丁美洲、非洲和南太平洋地区，正式化的无核区有一定存在的可能性。正如之前提到的，冷战之后平静的欧洲实现完全无核化。但是，在全球不扩散地图中的主要区域性差异表现在中东、南亚以及东亚地区，这些地区的不安全感为核扩散提供了宽容的环境（Solignen, 2007）。

对印度、以色列以及巴基斯坦来说，它们参与严重地区冲突的角色使得核武器对其国家利益来说十分重要。对伊朗和朝鲜来说，强烈的地区不安全感是它们开展自己的核武器计划最根本的驱动力。对伊朗来说，在20世纪80年代后期伊拉克使用化学武器进行袭击，这种在两伊战争中最刻骨铭心的经历，是个最主要的因素（Takeyh, 2004-5：53；Khan, 2010）。尽管如此，显而易见，对伊朗和朝鲜来说，来自美国的威胁加剧了它们的不安全感，使其产生了发展核武器的想法。实际上，正是这些核计划以及被中止的可能性成为这些国家原本不会有的用于与美国直接讨价还价的筹码。

毋庸置疑，国家地位和声誉同样是促使这些国家获得核武器的深层次因素。甚至对更加弱势的国家来讲，在国际体系中，核武器是一种"强大的均衡器"，拥有核武器意味着能够在强势群体的攻击下获得一定的保护，[242] 且这种保护只能由核武器来提供（Paul, 1999）。在后冷战时期的单极体系中，美国传统的军事具有压倒性的优势，在抵消这种高压垄断的过程中，从战略上来说，核武器具有一定的诱惑性。据报道一个印度将军曾得出结论，在第一次海湾战争中得到的一个教训是："除非你拥有核武器，否则你最好不要招惹美国。"印度同时也成了最直言不讳的国家，它曾发表意见说《不扩散核武器条约》的秩序从本质上来说是不合法的，因为它冻结了国际现状并向印度和其他的一些新兴国家投了否决票，否认了它们作为一种重要的区域力量应获得的合法的国际认可。成为有核国家无疑象征了一定的国际地位，因此对英法这种衰落的大国也有价值。但是基于同样的原因，对很多正在崛起的力量来说，这种秩序似乎专断地维持着 1968 年的力量分配格局，而且这种秩序也在进一步使北方更加恒久地控制南方。

有效的不扩散需要什么？

因此，《不扩散核武器条约》代表了一种有问题并受到质疑的国际秩序。对作为国际主义者的安全分析者来说，这种结构上的不平等和南-北之间的影响是很明显的。但是，甚至是印度也并未要求废除《不扩散核武器条约》，而且大多数国家认为，尽管《不扩散核武器条约》不完美，但它对国际稳定也起到了一定作用。

尽管如此，关键的挑战在于，如何划定一条"红线"来明确两个问题：在不破坏秩序的前提下我们能接受什么样的改变；因不想整个秩序被破坏，那么不能允许什么样的改变。这个事实因另一个问题而加重，即现存的核国家很难达成一致的政策。以色列秘密开展的核武器计划以及它的生化武器计划将永远不会受到来自美国的挑战。与之相似的是，根据 2005 年签署的美印核协议，美国已经暗地里承认印度进入核国家行列，并且取消了迄今为止用来表达自己对印度进行核扩散的反对态度而实施的制裁（Potter，2005；Thyagaraj & Thomas，2006）。

就实际的政治而言，那些有野心的核国家可以分为两个层面。第一层面是印度、巴基斯坦和以色列，这些国家已经出现核扩散现象，而且国际行动很可能并不能阻止这些国家发展它们的核能力。对这一层面的国家来说，对它们任意忽视《不扩散核武器条约》的方式，要持续不断地表达反对态度，以及确保它们实际上完全遵循被公认的核国家所采取的不扩散措施，两者之间保持一种微妙的平衡是必需的。第二个层面的国家包括朝鲜和伊朗，即使不能肯定，国际社会也会有更大的可能在未来形成共识采取果断的方式加以应对。这需要划定一条和这些国家相关的不扩散红线，因为如果朝鲜和伊朗成功地跻身于核国家行列，或者至少是成为核国家却没有遇到相当的国际反对和遭遇严重的长期后果，《不扩散核武器条约》将会面临危险。

即使有很高的风险，军事行动也不能被排除在外。但是，2003 年针对伊拉克的反扩散战争表明，这种军事行动所带来的意想不到的结果具有相

当的影响力。针对伊朗和朝鲜的这种相似军事行动普遍被认为是相当有问
题的。而且，像之前提到过的，唯一一种长期可持续劝阻这些国家（以及
未来其他一些国家）的方式是削弱扩散发生的主要根源，也就是减轻这些
国家潜意识中的不安全感。这种减轻不安全感的战略最终在 2003 年成功瓦
解了利比亚发展大规模杀伤性武器的野心。尤其是在奥巴马执政时期，美
国已经将欧洲三国（德国、法国和英国）打造的伊朗多边机制，以及旨在
解决朝鲜核问题的六方会谈这种多边外交途径看作解决这些危机的主要途
径——如果不是唯一途径的话。然而，西方因伊朗不妥协的态度以及迟迟
不肯妥协而带来的挫败感，导致了与日俱增的对军事选项的呼吁，特别是
来自以色列的呼吁。

　　在这些迫在眉睫的挑战之外，存在着其他一些更具预防性的方式，这
种方式有利于实现不扩散的目标。降低核扩散风险的关键因素之一在于提
高获得可裂变材料的难度，在这个方面，已经有很多旨在增加国际合作的
建议——尽可能使全部核武器级别的材料拥有像"诺克斯堡"中的黄金一
样的安全系数（Allison，2004a：64；United Nations，2004；Perkovich et
al.，2005）。俄罗斯的"合作减少威胁计划"（CTR）已经被视作这种做法
中的关键部分，而且已经存在将这种计划和实践扩展至世界其他一些区域
的提议（Krepon，2003；Gottemoeller，2005）。

　　引起全球关注的一个关键性问题也在于《不扩散核武器条约》主要的
结构性弱点，其中为了增加民用核能的使用，允许无核国家进行铀浓缩，
而这很容易变为一项武器计划。如果只有核大国才能进行铀浓缩且无核国
家的燃料来源可以获得供应，那么在核能日益风靡的同时，这个世界会变
得更加安全。但是，要想在国际上达成这样的共识，需要无核国家的同意，
反过来说，这也需要核国家履行它们在《不扩散核武器条约》中的义务。
对核国家并没有把自己要实现全方位综合性的核裁军这种条约义务放在心
上的合理怀疑是实现不扩散目标的一种难以跨越的障碍。认识到这一点催 244
生了 2008 年令人震惊的"全球零核倡议运动"，这场运动呼吁建立一个完
全无核的世界（见图 10.1）。甚至一些传统的军备控制怀疑论者也同意这场
运动中的那些激进要求（例见 O'Hanlon，2010）。

大规模杀伤性武器的恐怖主义威胁

　　到目前为止的分析关注那些被称作军备控制的传统议题，这种关注的

核心在于国家和核武器的扩散。不过，对一些人来说，这是一种对大规模杀伤性武器威胁动态特征过时的甚至是危险的自满或理解。甚至在"9·11"恐怖主义袭击事件之前，我们已经在关注为达到自己的目的使用大规模杀伤性武器的恐怖组织（见如 Betts，1998；Falkenrath et al.，1998；Stern，1999；Lavoy，Sagan & Wirtz，2000）。它们使用的武器尽管没有什么技术含量，而且也不属于大规模杀伤性武器的范畴，"9·11"事件仍导致对人为使用大规模杀伤性武器的恐怖主义的恐惧，将来还会进一步发展。生物科技的进步同样加剧了这种恐惧，生化武器所需的材料很容易得到，而且已经具有了战略用途和破坏性（Dando，2001；Koblentz，2003）。乔治·W. 布什捕捉到了这种急速变化的战略威胁，如今"装一小瓶生物药剂，或是一种简单的核武器，为数不多的狂热分子或那些失败的国家就获得了威胁那些强大民族、威胁世界和平的力量"（引自 Joseph，2005：377）。

评估这种威胁的严重性，以及相应地搞清什么资源应该被分配来应对这一问题，对任何一个安全分析者来说，都是最困难的挑战之一。从某种程度上说，显而易见，威胁是非常严峻的。在上个章节我们已经提到，"9·11"事件已经表明，某些恐怖组织团体希望发动一场能够带来大规模伤亡的袭击。特别是日本的奥姆真理教和"基地"组织这些恐怖团体同时还表达了对发展大规模杀伤性武器的兴趣。除此之外，拥有大规模杀伤性武器的恐怖组织给国家增加了可能的伤害，因为用来回应大规模杀伤性武器袭击的那些常规威慑性武器并无太大的效果，而且防御行动并不都能保证起到作用。我们将不可避免地发现，普通民众不得不让自己强大以应对这些未来可能发生的袭击（Betts，1998：36-41）。对政府领导者以及安全部门来说，以生化武器或核武器进行"9·11"式袭击的可能性自然且正当地带来深切的关注和忧虑（Garrett，2001）。

但是，为了更好地掌握这种威胁的性质和范围，我们需要在恐怖组织
245 对大规模杀伤性武器表达出兴趣以及它们实际发展和运用这些武器的能力之间做个明确的划分（Tucker，2000a；Parachini，2003）。恐怖组织对大规模杀伤性武器表达出兴趣本身并不能转变为它们的能力或者决心。而且，这种兴趣逐渐被限制在那些有着强烈宗教或天启信念的人身上。这些人并不关心无差别的大规模屠杀造成的伤亡所带来的消极影响。在麻原彰晃这个精神错乱的领袖的领导下，痴迷于大规模杀伤性武器并把它奉为战略目

标的奥姆真理教是天启论狂热崇拜者的一个典型。"基地"组织是另一个重要的大规模杀伤性武器的可能使用者,体现在它们在开展"9·11"行动时,考虑过使用农业施肥机来喷洒生物制剂。但是"基地"组织的政治目标与前者受宗教启发的最高纲领目标相比更加狭隘,具有更高的识别度,这可能使大规模杀伤性武器的使用同常规的攻击方式相比不那么具有吸引力,尤其是这些常规的进攻方式也能够产生造成大范围的伤亡和引发广泛的恐惧的效果。对一些更加保守的民族主义的恐怖组织来说,大规模杀伤性武器并不具有什么吸引力,因为暗中使用这些大规模杀伤性武器有损其政治目标在国内外的合法性,以至于很难论证开发和使用这些武器的合理性。

尽管如此,将对大规模杀伤性武器的兴趣转变为开发和实际使用其的能力是最困难的。后冷战时期将核武器、生化武器以及放射性武器合并归入"大规模杀伤性武器"这一独立的类别,这种合并方式需要被谨慎地解构(参见 Cirincione,Wolfstal & Rajkumar,2005:3-4)。只有核武器和生化武器具有大规模的破坏力,同时能够引起数以千计的伤亡。幸运的是,这些武器的开发具有最高的难度系数。正如之前所提到的,公众普遍认为,发展核武器是非国家行为体力不能及的事情,而且,接触必要的裂变材料的途径受到了严格的限制(Frost,2005:9)。而对生化武器来说,获得基本的致病菌相对容易一些,但是发展强毒菌株并且完全掌握它们绝非易事,因为它们普遍不具有稳定性。而且,传播这些致病菌以引起大范围的伤亡会更加困难。尤其是,雾化传播所需要的技术极为复杂而难以掌握(Leitenberg,2005:viii)。奥姆真理教尽管能够获得大量的资金支持、高度自由的环境以及拥有由 20 个受过高等教育且在高配实验室中工作的微生物专家支撑的丰富专业知识,也无法"获得致病菌的强毒菌株,或者提取之后成功地运用它们"(Leitenberg,2004:28)。

结果奥姆真理教开始将注意力转向更容易传播的化学神经性毒剂,并于 1994 年在对日本松本的袭击和 1995 年制造的东京地铁沙林毒气事件中使用了化学神经性毒剂。化学武器是战术武器的首选,而不是战略性的武器,而且化学武器并不会引发大规模的伤亡。况且,奥姆真理教的袭击方式和其他使用生化制剂的恐怖分子相似,传播途径也并没有什么技术含量,只是将塑料袋子放置在东京的地铁上。这种比较原始的传播方式可以影响到几十或是几百个人,但是并不能产生所预言的那种骇人的大规模伤亡效果。

放射性导弹或是"脏弹"同样仅可能导致有限的伤亡率，这种武器需要使用常规武器来传播放射材料，因为除非是以常规炸药的形态，否则这种炸弹并不能立刻置人于死地，长远看，仅仅可能是略微增加了受感染人群死于癌症的概率（Frost，2005：77）。

我们应该从恐怖组织使用大规模杀伤性武器造成的一般而言被夸大的恐惧中得出什么样的结论呢？首先，不能简单地忽略这种威胁，因为恐怖组织中的一些极端势力希望获得使用大规模杀伤性武器的能力。同时，任何一场使用大规模杀伤性武器的恐怖袭击，无论它所造成的伤亡有多轻微，都会存在不成比例的心理层面的影响——这在任何情况下都是恐怖组织的主要目标。但是拥有大规模杀伤性武器的恐怖主义需要被理性看待（Kamp，1996；Tucker，2000a；Parachini，2003）。我们应该意识到对大规模杀伤性武器向非国家行为体扩散的关注是非常危险的，因为它扭曲了这类扩散主要来自国家的事实，而正是这些国家才拥有资源来研发大规模杀伤性武器，而且也正是它们更有可能对所拥有武器的战略用途深信不疑。将源自恐怖主义的威胁和由国家主导的大规模杀伤性武器的扩散混为一谈也有一定的风险，而这一直以来都是从理论上论证美国主导的"反恐战争"、2003年入侵伊拉克以及潜在的对伊朗军事攻击合理性的核心。实际上，这是两个分离和单独的关注领域，因为寻求发展本国的大规模杀伤性武器的国家不太可能会愿意把它们辛苦得到的"皇冠上的明珠"交给它们不确定能够控制的恐怖组织。

除此，有一种说法是，在面对恐怖组织的时候，威慑起到的作用不是很大，这一事实不应该让我们采取更大代价的替代措施，尤其是这种替代措施会让人无意识地忽视防扩散和更广泛安全政策的一些方面。威慑对拥有大规模杀伤性武器的恐怖主义者来说并没有那么重要，但是要相信恐怖组织并未持有它们不愿意放弃的宝贵资产这种说法是错误的（Trager & Zagorcheva，2005-6）。针对核武器国家的预防性战略，尤其是旨在让国家和非国家行为体意识到拥有和使用核武器是违法的这种更广的文明目标，与针对如"基地"组织那样的恐怖组织的预防性战略相比是类似的。而且说到保护全体居民不受恐怖袭击这个方面，这应该和排除其他一系列可能的安全隐患的方式结合起来。例如，生物恐怖主义袭击的影响和流感大流行——比如禽流感——相当类似，而且后者发生的可能性远远大于一场相当致命的生物恐怖袭击发生的可能性。在2006年美国财政年度，美国曾计划斥资 17.6 亿美元来支持生物防御研究，同时，却仅仅计划在流感防治工作上花费 1200 万美元，这表明在"9·11"事件之后，存在威胁评估扭曲的危险（Leitenberg，2005：7）。

结 论

总而言之，安全分析者在处理大规模杀伤性武器扩散所带来的感知到的和实际的威胁时要面对大量的挑战。但是起点是伯纳德·布罗迪在核时代开始的时候所说的："原子弹不仅存在，而且具有极为强大的破坏力，在这两种事实面前，有关原子弹的一切与之相比都微不足道"（Brodie，1946：52）。其拥有能够造成瞬时破坏的能力，要想规避这种破坏，就要考虑人类的脆弱性，人类过去在使用能得到的破坏性力量上毫无节制，这也使得这一问题更加紧迫。核武器的威胁在于，走错了一步就会带来一种难以名状的新的悲剧现实。生化武器的战略用途因为其不可靠性被不断地削弱，它们所造成的威胁最终不敌核武器。使用这种武器的任何一场大范围作战都将不可避免地招致一场火力全开的核反击。

因此，对如何保证这些武器不再被使用的探索应是所有安全分析者的中心关注。一个错误可能会带来灾难性的影响、一个错误就可能是一场灾难这个事实突出了这个努力的严肃性。但是，这并不意味着安全分析者应该放弃他作为科学家、国际主义者以及道德家的角色。就作为科学家的安全分析者来说，需要拒绝夸大来自国家和非国家行为体两方核扩散的威胁的诱惑。正如之前所得到的结论显示的那样，实际的记录表明，在国家之间横向的扩散并不像大多数人所预期的那样广泛。而且至今，并没有太多的证据显示恐怖组织已获得了有效发展大规模杀伤性武器的能力。但是我们需要意识到，裁军的"黄金十年"和军备控制早在 20 世纪 90 年代末期就已结束，而目前无疑有种悲观的态度。这部分是由于更加肆无忌惮的突破扩散障碍的行为，例如印度、巴基斯坦、朝鲜以及伊朗的行为。部分也是因为那些公认的核国家有意重申核武器的战略用途，以及它们对军备控制方式的不信任，而军备控制也许会限制核武器的潜在使用。 248

对作为国际主义者的安全分析者来说，在国家之间签署协议对于限制核扩散有一定帮助，它们需要被认同和肯定。这些协议从本质上来说包括两个部分。首先，在公认的核国家间存在一种契约，它们认为在冷战超级大国核对峙的背景下，国际安全取决于没有国家取得支配或者主导的地位。

这仍是相互确保摧毁战略的持久价值。但是现在的危险是，美国极力在核问题上追求一种相对于如俄罗斯、中国这样的主要同级竞争者的霸权国家地位，因此相互确保摧毁战略中暗含的带来稳定性的协议存在危险（Lieber & Press，2006）。其次，也即存在于核国家与无核国家之间的第二个协议的本质在于无核国家一致同意只要核国家承诺核裁军，而且保证不会获取核武器的非军事利益，那么它们就不会发展这种武器。布什政府采纳了对多边军备控制条约存在怀疑的鹰派的论点，而这种怀疑论代表着对支撑国际核秩序的其他主要协议的挑战和威胁，尽管奥巴马政府已提供了一些支持基本传统军备控制的暂时保证。但是，中东和南亚的地区安全问题是引起核扩散的主要原因。核不扩散的规范和国际机制之间相互支持的双向连锁网络同样代表一种无价的工具，它有利于减少获取大规模杀伤性武器的诱惑。如果没有它们的话，支持核不扩散的这种国际环境就会严重受损。

最后，作为道德家，安全分析者需要对使用核武器或是其他大规模杀伤性武器所产生的威胁的不道德性时刻保持警醒。对核威慑价值所作的谨慎的现实主义承诺和自由国际主义者以及建构主义者剥夺使用这些武器的合法性目标之间并非不相容。正是核不扩散原则和反恐原则之间有着合流，提供了本章开头所注意到的大规模杀伤性武器和恐怖主义之间相反的联系的图景。就像恐怖主义一样，大规模杀伤性武器一旦出现就不能被消除。但是，两种政治方法的最终目标仍是充满道德含义的——巩固这样一种文明规范，即威胁使用大规模杀伤性武器是错误的和不道德的，就像威胁进行恐怖主义行动一样在道德上可憎的。

扩展阅读

如果想对核扩散的现状有个综合性理解，可参考 Joseph Cirincione, Jon B. Wolfstal & Miriam Rajkumar 的 *Deadly Arsenals: Nuclear, Biological and Chemical Threats*（2005）。如果想要了解后冷战时期的发展，可以参考 William Walker 的 *Weapons of Mass Destruction and International Order*（2004）。如果想从实践者的角度来看待这些问题，可参考 Richard Butler 的 *Fatal Choice: Nuclear Weapons and the Illusion of Missile Defence*（2001）。如果想查找关于核扩散的关键文献和论文的合集，可以参考 Michael E. Brown 等人的 *Going Nuclear*（2010），以及 Harsh V. Pant 的 *Handbook of Nuclear Proliferation*

（2012）。

如果想对历史背景作一定的了解，可以参考才华横溢的 Lawrence Freedman 的 *The Evolution of Nuclear Strategy*（2003），以及 Edward Spiers 的 *A History of Chemical and Biological Weapons*（2010）。如果想对核武器的战略影响有个比较系统的了解，可参考 Robert Jervis 的 *The Meaning of the Nuclear Revolution*（1989）。

关于核扩散这个话题，"乐观主义者"和"悲观主义者"之间的争论被 Scott D. Sagan 和 Kenneth N. Waltz 所著的 *The Spread of Nuclear Weapons*（2003）一书涵盖。如果想从建构主义者的角度理解这个问题，可参考 Richard Price 和 Nina Tannenwald 所著的 *Norms and Deterrence*：*The Nuclear and Chemical Weapons Taboos*（1996）。如果想了解鹰派人士对军备控制强有力的批判，可参考 Colin S. Gray 的 *House of Cards*：*Why Arms Control Must Fail*（1992）。如果想了解反"无赖国家"论的兴起，可参考 Robert Litwak 的 *Rogue States and US Foreign Policy*（2000），以及 Keith B. Payne 的 *Deterrence in the Second Nuclear Age*（1996）。如果想了解对这种言论的激进批判，可参考 David Mutimer 的 *The Weapons State*：*Proliferation and the Framing of Security*（2000）。如果想对"全球零核倡议运动"和无核化世界作一定的了解，可参考 George Perkovich 和 James Acton 的 *Abolishing Nuclear Weapons*（2008）。

Kurt M. Campbell、Robert J. Einhorn 和 Mitchell B. Reiss 主编的 *The Nuclear Tipping Point*（2004）一书中，详细讨论了国家依赖或者戒绝核武器的原因。T. V. Paul 的 *Power versus Prudence*（2000），*The Tradition of Non-Use of Nuclear Weapons*（2009），William E. Potter 和 Gaukhar Mukhatzhanova 主编的 *Forecasting Nuclear Proliferation in the 21st Century*（2010），系统地表达了对当代军备控制的政策性建议；还可参考 James M. Acton 的 *Deterrence during Disarmament*（2011），Michael A. Levi 和 Michael E. O'Hanlon 的 *The Future of Arms Control*（2005），Michael Krepon 的 *Cooperative Threat Reduction*，*Missile Defence and the Nuclear Future*（2003），以及 Graham Allison 的 *Nuclear Terrorism*：*The Ultimate Preventable Catastrophe*（2004）。围绕对大规模杀伤性武器、恐怖主义的恐惧和关注，可参考 Richard K. Betts 的 The New Threat of Mass Destruction，发表在《外交事务》（*Foreign Affairs*，1998）上；还有 Jessica Stern 的 *The Ultimate Terrorists*（1999）。如果想了解一些更具证据性并更温和的解释，可参考 Michael A. Levi 的 *On Nuclear Terrorism*（2007），

Jonathan Tucker 编写的 *Toxic Terror*：*Assessing the Terrorist Use of Chemical and Biological Weapons*（2000），以及 John Parachini 编写的 *Motives*，*Means and Mayhem*：*Assessing Terrorist Use of Chemical and Biological Weapons*（2005）。

研究与讨论问题

1. 沃尔兹的观点"核武器越多越好"有多大的说服力？

2. 在 1945 年以后核武器没有再投入实战是有关不使用核武器的国际规范带来的结果吗？

3. 横向核扩散对国际安全造成了怎样的威胁？对此最好的应对是什么？

4. 我们应该在多大程度上担心大规模杀伤性恐怖主义所造成的威胁？

网　站

www. wilsoncenter. org/program/npihp。核扩散国际历史项目，一个通过档案文件、口述历史访谈和其他经验材料来研究国际核历史的项目。

www. carnegieendowment. org/programs。卡内基核政策项目，是关于核工业、防扩散、安全和裁军的专业知识和政策的主要来源。

www. iaea. org：国际原子能机构的官方网站，在此可以查阅和访问更多专业图书、新闻、公告和链接。

www. globalzero. org：全球零核官网，一个旨在打造没有核武器的世界并提供政策简报和多媒体资源的非政府组织的网站。

第十一章　网络战与新安全空间

在广阔的社会世界中，战争、安全与变革密切地关联在一起，这是贯穿本书的一个主题。第二章的历史社会学分析展现了国家建设如何给北方与南方国家带来不同的战争与安全轨迹。上一章讨论了核武器的发展——至少对拥有核武器的大国而言——改变了战场、战略和战术的性质。技术、社会变革、战争与安全相互交织，并成为安全研究的一个核心议题。无需多言，上述任何一个因素都不是静态不变的。国际安全（也是政治科学和广义的社会科学）中的新兴研究领域所关心的是，我们当下是否见证了一个划时代的转变，如同 20 世纪的电报、坦克、飞机或者早些时候火药、印刷术和远海航行所带来的转变一样。这些技术变革与战争、整个社会组织的深远、广泛转型关联在一起。

21 世纪的到来意味着这种转型的开始吗？彼特·辛格（Peter Singer, 2009）等人认为，源自 20 世纪下半叶的一系列技术开始给社会、战争和安全带来根本性的变革。这些技术的中心是互联网和相互关联的社交媒体网络如脸书（Facebook）、推特（Twitter），以及所谓的军事变革——不但融合了信息技术还融合了改变战士、战场和战时的机器人学。这些变革在以下事件中得到展现：网络战的发展，美国领导的伊拉克、阿富汗战争以及开始于 2011 年初期的"阿拉伯之春"的中东革命事件。本章将考查这些观点并探寻真实变革的大小。

变化中的冲突和技术

技术和社会变革会改变战略环境进而改变作战的方式，这种观点既不新颖也不鲜为人知。英国历史学家泰勒（A. J. P. Taylor）曾提出一个非常有名的观点——第一次世界大战是一场"时刻表的战争"，即德国之所以采取迅速进击法国的战略是因为俄国的铁路建设相对缓慢，它必须取道比利时来先发制人进攻动员速度更快的法军。技术变革给一国带来优势时，对战略家的思想影响也是巨大的。冷战末期，特别是 1991 年海湾战争之后，一些美国战略家开始相信，制导武器系统、机器人学以及更为重要的互联网领域的新技术给美国带来巨大优势，美国必须追求并维持该优势。这些变革被美国战略家称为军事革命，可以解决美国在冷战后的世界里遇到的许多战略困境（Metz & Kievit, 1995：2；Der Derian, 2009：28；Singer, 2009：180-1）。不过，这一想法并非来源于美国的军事信条，而是源于其已经消失的对手即苏联的军事信条。

"军事技术革命"与军事革命的苏联起源

苏联战略家以马克思主义理论为分析前提，其所受训诫是根据技术和社会变革来进行军事调整。在 20 世纪 70～80 年代，苏联军事理论家开始谈论"军事技术革命"，认为它将在未来冲突中给美国以优势（Krepinevich, 2002：16）。可能受到辩证唯物主义中朴素的技术决定论影响，苏联这些理论家认为，"先进技术，尤其是与信息学、远程精确制导武器相关的技术将有助于'质量远胜数量'时代的到来，并带来战争性质的革命"。苏联人相信，这种"军事技术革命"将完全改变战略环境，与原来所谓的时序作战（sequential operation）和清晰的战线不同，整个国家将变为战场，打击目标将被精确选择并迅速摧毁。建立在这些技术之上的侦察与打击甚至将会取代核武器的作用（Krepinevich, 2002：6）

在苏联军事理论家及继其衣钵的美国分析人士看来，这种"军事技术革命"或者军事革命代表了战争范式的改变，就像过去的时代曾经出现的那样。的确，苏联人最初谈论"军事技术革命"时指的就是那些一战时期出现并在二战中带来毁灭性后果的一系列装备，包括坦克、飞机、航空炸弹、潜艇和无线电（Der Derian, 2009：28-9）。安德鲁·克雷皮内维奇（Andrew Krepinevich）是军事革命思想的倡导者，他认为"当在军事系统中应用这些新技术并辅以作战观念创新和组织调整，继而从根本上改变军事行动的特征与行为时，军事革命就出现了"（2002：3）。20 世纪末期与 21 世纪初期的军事革命是交织产生的革命性技术与全面社会变革的一部分，只有少数大国才有能力控制这种变革并因此获得持久优势，这在军事史上曾经出现过。

军事革命理论家指出，在 15~17 世纪现代欧洲国家的兴起中（这在第三章讨论过，并与查尔斯·梯利宣称的"战争造就国家"相关），这种划时代的变化发挥了核心作用，诸如火药和远海航行一样的技术革新促进了单一国家的建立和扩张。然而，这些都不是自然发展而来的——中国已经掌握该进程中的多项技术几个世纪了（Wallerstein，1974b：63）。因此，军事革命观点的倡导者认为，不断调整以适应新技术是变革之必需（Krepinevich，2002：3）。火药和大炮的应用逐渐破坏了早期现代军队中专门设置的装甲骑兵，继而促进了封建贵族阶层的权力瓦解进程：由于远洋航行技术，针对非欧洲社会使用这些火药技术成为可能，并最终使得英国崛起为统治性海洋强国（Singer，2009：183）。

军事革命之间的时间间隔变短，同样军事革命的影响完全显现的时间也变短了（Singer，2009：183）。军事革命理论家经常提到，有两个或几个重要的军事技术革命时刻对过去两个世纪的国际体系至关重要。第一个（在某种程度上也意味着现代国家早期发展阶段的结束）发生在 19 世纪上半叶，它与发生在法国大革命与美国内战之间的变化相关联。此次军事革命主要体现为铁路、电报、铁甲舰和来复枪的出现。简言之，这是工业化战争的开始（Krepinevich，2002：4）。因而，此次军事革命包括武器技术创新、战场通信速度提升以及反映广泛的社会变革而来的战略变革（通过铁路运送部队）。未能适应这些变革的国家则被打败，拿破仑战争还是依靠后膛装填的滑膛枪和调遣位于空旷地域的军队进行的，在变化了的环境中依然坚持这些战术的国家则被迅速毁灭。不过，19 世纪中期的军事技术革命改进了前几个时代的创新，而不是简单地否决，例如法国大革命时期"全民皆兵"，这种被国家使命感唤起的庞大军队转型为巨大的征召部队，而后者许多时候造就了来自不同省份却同一的身份意识。

不过，最为军事革命理论家所关注的是两次世界大战之间发生的军事革命（Der Derian，2009：28-29）。从某些方面而言，一战是一个转折点：美国内战后期的一些战斗已经和一战相类似，如堑壕、取决于铁路和电报的军队调动，以及依靠重炮和机枪的消耗战（Krepinevich，2002：4）。但是，一战中还出现了一些技术装备，如坦克、飞机、无线电和电话，它们直到 20 世纪 20~30 年代才完全成熟。感受到这些变革性技术能力的人与执着于以陈旧方式来应用新兴技术（如果不是陈旧技术的话）的人之间的斗争给两次大战之间的这段时间增添了一种事后回看的感伤。在英法两国的将军们忽视或轻视新技术的时候，德国将军们却正在酝酿将会席卷整个欧洲的闪电战（Der Derian，2009：27）。20 世纪 30 年代新时代战争的信徒对新战争既感恐怖又为之着迷，特别是被有关空中力量和"轰炸机总会攻无不克"的思想所统治（Betz & Stevens，2011：83）。也许正因如此，20 世纪末 21 世纪初的新军事革命支持者总是以两次大战之间这一时期作为例子（Der Derian，2009：27）。

新技术和与其相适应的指挥结构的结合对未能适应这些新技术的国家带来毁灭性影响，这在二战中得到展现。由于过去几十年的技术创新，德国的闪电战成为可能并轻易击败准备阵地战而非运动战的法军（Krepinevich，2002：3）。不过，闪电战的例子可能会让人反思简单意义上的军事革命：毕竟德国在拥有更多人力（苏联）和更多工业资源（美国）的对手面前因军力消耗殆尽而输掉了战争。再者，二战在可被视为更新也可能更为重大的军事革命——核武器开发——中结束。前面几章已经指出，核武器的巨大破坏力似乎改变了战争的性质。针对实力相当的对手所设计的常规战争战术系统和武器看起来毫无用处：如果相互确保摧毁理论真实存在，那么只有核武器在彼此竞争中能起作用，只有那些在首次打击之前作的决策才是重要决策。超级大国针对其势力范围之内不听话的国家——如阿富汗与越南，经常发起（但失败了）的非对称战争并没那么重要，但这似乎突出了"大规模战争的决定性作用逐步减小"的趋势（Betz & Stevens，2011：76）。新军事革命的吸引人之处——至少对美国新军事革命支持者而言——在于它可能会重构这种决定性作用，尤其是巩固美国霸权（Singer，2009：185）。

255

冷战后的军事革命及其倡导者

新军事革命思想在 20 世纪 80 年代后期的美国首次被粗略提出，那时五角大楼的战略家们正开始吸收他们苏联同行的思想（Metz & Kievit，1995：5）。不过，这一概念开始赢得广泛认可是在 1991 年海湾战争之后。经过此次战争，军事革命的支持者们相信"各种系统和网络开始激发联合行动的巨大潜力"（Krepinevich，2002：8）。按照军事革命理论家的说法，海湾战争指明了未来之路。军事革命理论家指出，依靠新的信息技术和精确制导武器如所谓的智能炸弹，美国迅速、决定性地赢得了这场冲突的胜利。但是，美国胜利在多大程度上依赖这种武器（美国在海湾战争中投出的 93%

的炸弹并非智能炸弹），在多大程度上是因为敌人在近十年的两伊战争中军力损耗殆尽并失去了苏联这个超级大国的支持，这需要作谨慎判断（Singer，2009：58）。不过，海湾战争的确是美国首场军事后勤计算机化的战争。该做法发挥了作用，正如美军司令诺曼·施瓦茨科夫（Norman Schwarzkopf）相信并指出的那样："如果没有计算机，我不可能完成任务。"（Singer，2009：58）

　　计算机特别是互联网的广泛应用引起了巨大的社会变革并反映在战略战术中，这是军事革命理论的中心思想。五角大楼的军事理论家是一种奇怪的人员组合，他们包括后马克思主义激进社会变革理论家如曼纽尔·卡斯特尔（Manuel Castells，2009）、迈克尔·哈尔特（Michael Hardt）和安东尼奥·内格里（Antonio Negri，2001）。这些理论家的基本思想是，以科层制组织、主权国家以及基于劳动与资本明确存在利益冲突的政治为特征的工业现代性时代已经结束了。我们现在生活在"网络社会"。在一大堆诸如根茎、横截性、游牧的词语背后，哈尔特和内格里所讲的是同样的事情。这种网络社会是个扁平化社会，各个信息节点能够与其他节点直接交流，从而消除了对基于领土的庞大科层制的需求。对那些接受这种观点的人而言，变革具有深远意义：准确适应变革的大国可以获得相对于那些未能适应变革的大国的优势，美国恰好可以利用其在信息技术方面的领先地位来获得霸权（Singer，2009：185）。詹姆斯·德·代元（James Der Derian）曾提到美军参谋长的演讲，"我们现在的军队非常适应工业时代末期的战争并取得胜利……我们已开始迎来第三波战争，开始为新的世纪逐步打造新的部队"（引自 Der Derian，2009：16）。不过，"网络中心战"概念并不仅仅出现在美国，中国人民解放军两位战略家乔良和王湘穗所著的《超限战》就是类似作品之一（Betz & Stevens，2011：76）。

　　在海湾战争与苏联解体之后，关于国际安全的讨论充斥着美国胜利主义。在这种氛围中，五角大楼严肃对待军事革命思想。海军战争学院和战略与预算评估办公室的一组分析师开始提议把该思想作为美国新战略的基础。这些分析人士包括海军中将阿瑟·塞布罗斯基（Arthur Cebrowski）、安德鲁·克雷皮内维奇（Andrew Krepinevich），杰弗里·库珀（Jeffrey Cooper）以及被军事革命迷们奉为权威的安德鲁·马歇尔（Andrew Marshall）（Der Derian，2009：27）。自 20 世纪 70 年代起，马歇尔似乎就一直关注这种思想——微处理能力的增强将显著地改变战争，尽管他反对把它贴上"革命"

256

的标签，认为这个标签只是策略性的夸张。

人们宣称的军事革命的内容是什么？首先是远程精确轰炸带来的优势：智能炸弹和巡航导弹。大致说来，常规战斗仍然依靠向敌人身体插入致命物体来杀死他们。自投射物——它使一方在威胁敌人的同时可以依靠距离来减少自身风险——被发明以来，精确性与距离二者之间大致平衡（Metz & Kievit, 1995：4）。在肉搏战中，使用刀剑可以给对方致命一击，人们对这一点几乎是确信无疑的，使用弓箭（一举杀死对方）则没那么确定，使用火器的确定性则更差。在 20 世纪 80 年代以前，航空炸弹能否造成大规模杀伤多少会依赖飞机能否飞到目标的正上方以获得精确度。传统导弹——从纳粹的 V-2 到伊拉克的飞毛腿——的精确性差得离谱。计算机精确制导武器如巡航导弹已经发展得非常精确，它使这种武器的持有者（基本是美国）在给对方带来大规模杀伤威胁的同时避免自身受到伤害，因而有些分析人士指出这些武器已经完全取代了近距离战斗。

这里还需要做一点谨慎的说明。在 2003 年入侵伊拉克之初，美国在"震慑与威吓"行动中使用了大量的智能武器。然而，下文将会提到，很难将后续战争的结果称为美国的胜利。至少部分上讲，这是因为打仗与占领存在不同：一方可以通过计算机控制的武器打败对方并迫使其投降，但难以以此进行日常统治（尽管下面将提到，人们尝试使用无人机来负责此事）。再者，我们可以把这些技术看作"西方战争方式"的延续：利用优势技术躲在战场远处，以此保护西方士兵的生命——他们在种族生命等级中被认为居于更高位置。这是精确制导武器发展背后的重要政治逻辑。自从越南战争给美国带来巨大人员伤亡后，美国战略家一直努力寻找可以避免巨大伤亡的办法（Singer, 2009：60）。精确制导武器正好满足了这种政治需求。

这些所谓的精确、远程常规打击成了军事革命更为可见和经常的一面（Metz & Kievit, 1995：4）。像马歇尔和塞布罗斯基这样的战略家很关心如何在网络中心战中控制信息技术以使美国获得相对于其竞争对手的决定性优势（Singer, 2009：180）。塞布罗斯基在解释这一术语时指出，该词经常使人想起而非被人定义为三种"主题"：一是由"平台"向"网络"的变化；二是从"独立行为体"向"处于持续改变中的生态系统"组成部分的变化；三是做出战略选择以适应这种变化中的生态系统并生存下来，这非常重要（Cebrowski & Garstka, 1998：1）。和很多军事革命文献一样，塞布罗斯基借用商业新闻的语言更像是模糊了而不是解释了军事革命的本质，但是这一概念的实质似乎从生产产品的事务（或使用武器的士兵）转变为关于战场"内容"或信息的网络（Cebrowski & Garstka，1998：2）。"锁定"效应使某些技术公司获得长达一代的优势；美国战略也应当在网络中心战中做到这样（Cebrowski & Garstka，1998：3）。

军事革命理论与实践：阿富汗与伊拉克

网络中心战背后的梦想是，新兴的信息网络将会吹散克劳塞维茨所说的"战争迷雾"（Singer，2009：185）。知悉正在发生的事并确保每个人都获得同样的信息，这是战斗中难以超越的障碍。网络中心战的支持者设想，随着每名战士都能像个"节点"一样通过在线系统传送和交换信息，战争将变成非常平顺的工程学演练。这将给予美国"指挥速度"方面的优势，能使"军队自下而上组织起来或者说实现自我同步以按照指挥官的意图行事"，因而"对冲了数量、技术或位置上的劣势"（Cebrowski & Garstka，1998：5）。

回过来看，很想把网络中心战思想当作 20 世纪末期互联网泡沫的例子，因为当时人们认为 20 世纪 90 年代的美国经济和社会发生了划时代变革，战争也必须紧随其后（Cebrowski & Garstka，1998：2）。塞布罗斯基的一些断言，看上去已经完全过时，如 Windows 将把 Apple 降格为小众产品生产商，以及美国经济正走在"稳定增长的路上"，这也是人们应该避免过多地从可能是暂时的现象中得出结论的很好例证。不过，在美国入侵伊拉克前夕，军事革命理论家的确获得一个重要的国防部听证机会。布什总统身边的新保守主义顾问团队将信息技术创新看作扩大和维持美国霸权的一个因素，而且完全接受了军事革命和网络中心战的理论假设，从而在上台之后给这些技术增加了 20 亿美元的资助（Singer，2009：187）。

在网络中心战中，"速度和机敏能取代数量"（唐纳德·拉姆斯菲尔德语，引自 Singer，2009：187）的观点对美国侵入伊拉克后的作战规划产生了重大影响。拉姆斯菲尔德成立了"军队转型办公室"，并任命塞布罗斯基来管理它。受入侵和占领阿富汗初期获得胜利的鼓舞，军事革命的支持者认为用远比 1991 年海湾战争（680000 人）少的军人就可以打败伊拉克，他们最初建议派出 20000 人，在经验丰富的将军们的坚持下才把数量上调为 135000 名。他们宣称，"震慑行动"将是信息时代的闪电战，它将利用军事

258

革命的优势迅速击败敌人（Singer，2009：188）。

为人们所普遍认可的军事革命对入侵和占领伊拉克、阿富汗产生了什么实际影响？两次行动都非常迅速地击溃了目标国的初期抵抗——在伊拉克用了三周多一点，在阿富汗也没用太久。考虑到敌对双方的巨大实力差距，很难说这种网络中心战学说发挥了多大程度的作用。很难想象美国——一个军事实力比其所有最强大的竞争对手加起来还要强大的国家——会在开放战场败给被年复一年战争和制裁所打击的南方国家拼凑的军队。可能还存在一种"力量放大"效应：入侵伊拉克只用了1991年海湾战争五分之一数量的部队，通过与反塔利班政府的阿富汗武装分子合作，起初征服阿富汗时只用了很少的美国特种兵。

赢得入侵战仅仅是个序曲，要达到战略目标，后续的美军占领行动是更艰难的任务。当美军从伊拉克撤出并计划从阿富汗撤出的时候，奥巴马总统有意避免使用"胜利"一词（McGreal，2011）。在阿富汗，被推翻的塔利班正受邀参加后占领阶段的阿政府，而对于伊拉克，伊朗被普遍认为是真正的获胜方。几千名美国人和更多的伊拉克人与阿富汗人在这一阶段死去。

所以，能否说所谓的军事革命失败了，或者说并不像以前宣传的那样厉害？驻伊拉克和阿富汗的美军及联军装备了精良的信息技术，每个部队都拥有"蓝军跟踪系统"，借此可以知道其他部队的位置。报告通过大量的邮件得以传送，也正是这些报告成为二等兵布拉德利·曼宁（Bradley Manning）向维基解密爆料的重要来源。爆料材料中显示的大量"蓝蓝事件"（即友军间相互开火）说明，军事网络没能显著驱散美国这边的战争迷雾。随着计算机系统发生故障或电池电量耗尽，摩擦时常发生（Singer，2009：180）。不过，也许军事革命支持者的根本失误在于，他们相信网络能把战争变为工程学演练，而没有理解战争背后的根本政治性质以及战争至少包括两方的事实。毫不奇怪，占领行动的反抗者不会向美军网络提供他们的信息。最终，美国开始部分地做出政治决策，通过减少损失并与反抗者——包括转而反对与原"基地"组织联盟的逊尼派民兵组织"伊拉克之子"和最终组建政府的亲伊朗什叶派政治家与民兵——合作来稳定伊拉克局势。在这样做的过程中，美国背离了军事革命概念，（也可能同样错误地）转向殖民式的反叛乱理论。

后人类战争？美国战略与无人机、机器人的兴起

如果说在对伊拉克和阿富汗的占领中并没有出现军事革命理论家预言的划时代变革的话，战争中的人员的确出现了变化。美军开始在战斗及支援中大量使用各式无人机和陆上无人设备。截至 2008 年，驻伊拉克美军中有 22 种不同类型的机器人系统在运行。在美国第一次入侵该国时，尚无机器人系统，到 2004 年已有 150 个机器人系统，2008 年据推断达到 12000 个（Singer，2009：32）。

这些机器人处理各种各样的事务：在地面，它们被用来运送材料、清理炸弹甚至投入战斗。在空中，它们被用来搜集情报、投弹和刺杀敌人。有一款路上箱型履带机器人"帕克波特"（Packbot），它装有照相机和清理炸弹设备（Singer，2009：23）。与之类似的是驻伊美军使用的"魔爪"（Talons）系统。"魔爪"的制造者还制作了一款叫作"剑"的机器人，它是"魔爪"的另一版本，只是增加了可被远程控制的武器装备。其中三台被送到伊拉克并投入战斗，但其武器都没有开火，因为美军没有给予开火许可。美军还使用机器人组装了一款远程控制汽车"马克波特"（Marcbot），有时还绑上地雷来攻击反叛武装。大多数机器人的开发受到了像狗、蛇这样的动物的启发，它们开发出来首先为美军服务。不过，它们在战斗中尚未使用武器，可能是因为美军担心它们会指错枪口。的确，在 2007 年南非的一场军事演习中，一门半自动加农炮就出现故障，杀死了 9 名士兵（Lin，2011）。

尽管指挥官们对使用陆上无人或远程控制武器系统存在保留态度，但是他们对于在空中应用这些武器则并不这样。毫无疑问，无人军事技术方面的最重要应用体现在无人机开发方面。最为臭名昭著的是"掠夺者"无人机。"掠夺者"是一款与双翼机大小类似的大个头设备，由美国本土或其他 60 个基地的"飞行员"远程控制，同时参与其运作的还包括当地如阿富汗的技术员（Turse，2011）。自 2003 年入侵伊拉克以来，无人机的使用大幅增加：美国 2002 年在无人机上投入的费用是 5.5 亿美元，该数目在 2011年上升到 50 亿美元（Lorenz，von Mittelstaedt & Schmitz，2011）。截至 2008年，美军（包括表面上作为民事部门、负责监管巴基斯坦境内无人机袭击的中央情报局）一共拥有 5331 架这种无人机（Singer，2009：57）。

无人机最初是用于侦察和定位目标的，但它在阿富汗很快改为攻击用

途（Singer，2009：34）。整个无人机体系——从由士兵手持发射的小个头"渡鸦"（Ravens）到可对整个国家进行制图的大个头间谍无人机"全球鹰"（Hawk）——占据了巴格达的天空（Singer，2009：37）。与前任布什相比，奥巴马总统更愿意使用无人机发动攻击，比如，在也门刺杀美国人安瓦尔·奥拉基（Anwar Al-Awlaki）。平均来看，布什总统每隔47天批准一次无人机打击，而奥巴马总统每四天就批准一次（Lorenz，von Mittelstaedt & Schmitz，2011）。自2004年以来的308次无人机打击中，256次发生在奥巴马任期内（Rushing，2011）。据报道，到目前为止，美国无人机已经杀死了2300人，有些报告称其中20%是平民（Lorenz，von Mittelstaedt & Schmitz，2011）。很多无人机打击发生在也门和巴基斯坦，使用无人机的优势在于它可以在美国没有正式介入也没有派出地面部队的地区执行刺杀任务。五角大楼开始重新调整其海外基地（多数在阿拉伯半岛和东非地区）以更有效地使用无人机。

无人机战争的最大优势可能在于其廉价性。制造和运营无人机的成本远远小于载人飞机：一项24小时的人工侦探任务需要8架F-15战机、15名飞行员和96名修理工，而一项类似的无人机任务仅仅需要3架无人机、4名操作员和35名修理工（Santamaria，2011）。一架"收割者"号无人机所需花费不到F-22"猛禽"战机的十分之一（Lorenz，von Mittelstaedt & Schmitz，2011）。无人机的性价比如此之高，以至于美国参议院武装力量委员会在2006年发现没有关于无人机技术的花费时，要求对费用做出特别调整（Singer，2009：65）。美国计划到2020年在无人机方面投入300亿美元（Rushing，2011）。

无人武器系统应用的增加有哪些启示？它支持了这种信念，即无人机和地面机器人的应用，以及人类士兵力量的"增强"和"壮大"，将会改写战争的游戏规则（Singer，2009：376）。这种观点令人想起电影《终结者》的场景——机器人武器系统之间相互作战，或者向倒霉的人类开战。当然，未来难以预测。不过，关于无人武器系统的一个中心论题是是否应该让计算程序来自主决定是否取人性命（其实其中一部分已经获得这种自主权）（Lin，2011）。尽管远程控制武器实际上已经存在很长时间了（苏联和纳粹德国在二战时期都用过），但是自动杀人武器的出现将开创一个新时代。

这确实是个麻烦问题，不过该问题又一次从技术而非政治假设出发，从而有可能使人误读这些技术的影响。无人机特别是美国无人机的一个显著特征是，其应用局限于拉蕾·哈里里（Laleh Khalili）所讲的自由反叛行动（liberal counter-insurgency）（Khalili，2012：5）。保护执行占领任务的士兵的政治要求——并由此避开那种牵制越战的国内反对声音，促进了这些"能够使我们的儿女从危险中脱离出来"的技术的发展（Rushing，2011）。不过，尽管杀戮可以变得自动进行，死亡却不由自己选择：技术爱好者杂志《连线》（Wired）在一篇关于无人机的报告中写道："中央情报局在不知道目标是谁的情况下杀害了大量人员。"（Ackerman，2011）不无巧合的是，以色列已经成为无人机技术的主要开发者和使用者（Lorenz，von Mittelstaedt & Schmitz，2011），土耳其成为继美国和以色列之后第三个开始发展自己的无人机以打击库尔德地区游击军的国家。在某种程度上说，无人机和无人地面系统是非对称战争中镇压叛乱一方的空中技术优势的延伸。

　　同级竞争者（peer competitors）之间的机器人之战是否会出现并进而改变战争与战略的性质？除去真主党和在 2011 年推翻卡扎菲政权的利比亚叛军之外，还有大约 40 个国家正在寻求这种技术（Rushing，2011）。美国强烈反对把其无人机技术出口到除亲密盟友以外的国家，但是这未能阻止其他国家购买或发展自己的技术。尤其是中国，已经开发出 25 种新型无人机。伊朗也开发出自己的无人机，不过其有效性备受质疑（Lorenz，von Mittelstaedt & Schmitz，2011）。还需再说一遍，很难确定这些变化的影响，尽管无人设备的应用将会增多的趋势已很明晰。一种可能是，这会加剧而 262 非中止这种自进入核武器时代以来已经出现的、同级竞争者之间大规模地面战斗的有用性下降的趋势（Betz & Stevens，2011：76）。本章接下来将讨论国际安全中出现的可能成为时代变革标志的新变化，即人们讲的网络战。

网络战与网络战场

　　网络战概念与网络中心战或军事革命密切相关。根据有关该概念的一些版本，的确很难将二者区分开来。不过，我们可以大致做出区分，把网络战思想界定为对虚拟空间的改造转化，在这一空间中，由机器中转的通讯交流进入战斗区域（Betz & Stevens，2011：13）。该空间主要指的是互联网、运行于互联网上的万维网以及互动所依赖的物理设备。网络空间是冲突发生的又一空间（从空、陆、海以及某些文献提到的太空意义上讲），这已经成为美军习以为常的观念，以至于美军在 2010 年建立了网络司令部（Lynn，2010：101）。受美军网络司令部指挥的网络与基础设施非常广泛，包括 15000 个网络、700 个设备和 90000 名操作员（Lynn，2010：100）。

把网络空间变为新的作战领域、各式黑客入侵变为新的战术，这些想法引起人们关于恐怖分子、犯罪分子和所谓的流氓国家实施网络攻击的大量推测。这些说法逐渐变为一种令人窒息的想象——由在线网络控制的现代基础设施因未知实体破坏造成混乱（例见 Betz & Stevens，2011：91-93）。这些设想的情景所主要强调的是大多数社会对网络空间的依赖及其导致的脆弱性。发起攻击所需的技术廉价而又普遍，因而非国家行为体广泛具有发起攻击的能力。网络攻击可以以匿名的形式实施（因此威慑难以发挥作用）。美国对这种攻击如此恐惧，以至于国防部官员威胁说在遭受攻击时将使用常规武器进行报复。用国防部的一位发言人的话说，"如果你关掉我们的电力网，我们可能会用导弹捣毁你的工厂"（引自 Lin，2011）。

263

然而，什么是网络攻击，网络空间对战争和战略的影响有多大？由于已经谈过网络中心战，我们在这里集中探讨网络攻击的方法。也许最广为人知的是分布式拒绝服务攻击（DDOS）。这种攻击会导致特定机构的服务器阻塞，它类似于下载速度因许多用户同时使用无线网络而减缓，只不过其规模更大。具体方法——如向服务器发送大量邮件或用尽带宽，可能会有所不同，但是很难将这些攻击归罪于特定机构，因为它更像是很多个体行为共同作用的结果（Klimburg，2011：41）。比较容易找到来源的（至少可以认定来源是存在的）是依赖数据下载的病毒扩散，它可以控制受感染的系统或获取情报，就像记录下主要的笔画一样。被这种病毒控制的一组计算机被称为"僵尸网络"，它是网络黑帮比较喜欢用的伎俩。

那些针对国家而非仅仅出于诈骗目的进行的攻击又如何呢？黑客团伙如"匿名者"曾针对国家和团体目标发起过拒绝服务攻击，也曾经在联邦调查局等机构采取措施应对破坏互联网自由的行为时入侵过它们（Williams，2012）。一位美国防务分析师宣称，有 100 多个情报机构曾试图入侵美军计算机网络（Lynn，2010：107）。尽管没有证据证实这种说法，但如果这种活动停下来或者美国没有做出回应，那将非常令人惊奇。

俄罗斯发起过的网络战最为有名。俄罗斯在处理与原苏联其他加盟共和国关系方面，有两个例子至少因为受到国家暗中支持而广为人知。2007年，爱沙尼亚遭到大规模的拒绝服务攻击，其银行系统和议会受到影响。在 2008 年 8 月俄格战争前夜，格鲁吉亚政府网站和国家路由器遭到拒绝服务攻击，而关于如何应对攻击的信息则出现在多个俄罗斯网站上（Betz &

Stevens，2011：30）。这种"善恶"之战是否造成了像爱沙尼亚总理所认为的那样大的损失？（Klimburg，2011：55）。爱沙尼亚的确曾试图诉诸北约宪章并要求盟国参与防卫（Farwell & Rohozinski，2011：32）。毫无疑问，对爱沙尼亚和格鲁吉亚的网络攻击是恶意、有害的，然而如果将其后果称为"瘫痪性的"或者视之为网络战时代的前兆，则稍显夸张（Farwell & Rohozinski，2011：32）。爱沙尼亚银行在 2007 年 5 月 9 日被迫关闭一个半小时，5 月 10 日关闭 2 个小时，爱沙尼亚国会议员数日无法发送邮件。格鲁吉亚似乎受网络攻击损失很小，甚至从网络公共舆论战中有所获益（Betz & Stevens，2011：32）。

西方大国对这些技术并不陌生。在披露了大量外交和军事电报内容之后，维基解密网站遭到严重的拒绝服务攻击，这些攻击显然来自亲美国政府立场的黑客，并导致商用运营商交出该网站的托管权（Arthur & Halliday，2010）。针对美国空军和其他机构的指控，它们注册了线上"马甲"——一种自动账号，用来引导博客或聊天室里的评论（Monbiot，2011）。事实上，据称两次最为成功的网络战都是美国发起的。第一个——1982 年跨西伯利亚天然气管道爆炸事件，是很老的例子了。围绕该事件充满争论，一名前美国国家安全官员声称，为控制管道泵，中央情报局向加拿大软件植入了缺陷，导致其运转失灵并发生巨大爆炸（Safire，2004）。不过，原克格勃的情报否认了上述人为干预的说法（Medetsky，2004）。更近一段时间，同时也被相关方含糊否认的是所谓的 2010 年震网事件。震网是一款计算机病毒，一种把伊朗纳坦兹核设施系统感染的蠕虫（Farwell & Rohozinski，2011：23）。该病毒一共感染了 60000 台电脑，不过只有一半在伊朗境内。无人宣称对此次攻击负责，不过，广泛认为美国和以色列负有责任。

震网事件意味着网络战的未来吗？如果是的话，未来并不像人们想象的那样令人惊恐。尽管关于蠕虫病毒有效性的评估存在差异，但从最高程度说，它似乎仅仅导致纳坦兹核活动减缓了 23%，而非使其全部关闭（Farwell & Rohozinski，2011：29）。当伊朗诉诸互联网来公开寻求应对思路时，震网病毒被迅速且有效地清除（Farwell & Rohozinski，2011：27）。再者，震网受物理隔离网闸限制，它必须（可能通过 U 盘）被移植入系统中，而不是直接在互联网上运行（Farwell & Rohozinski，2011：24）。尽管很难弄清病毒是如何被植入的，但如果它必须依靠物理植入的话，那么这意味着存在内部特工，他更像是依靠长期情报从事传统的、高难度的破坏行动，而不是搞突袭捣毁。

当然，在国家间发生冲突时，为达到目的，比震网病毒更高效的病毒很有可能被开发出来并投入使用。然而，使用震网病毒时所有意表现出来的模糊性（Farwell & Rohozinski，2011：27）说明，网络战是有一些限制的。本领域的分析人员经常表达对网络攻击是否构成战争行为的关切，在尚无交恶发生的时候，美国对该关切的答复是肯定的（Lin，2011）。这改变安全战略的本质了吗？如果我们同意克劳塞维茨所说的战争是政治的延续的话，该问题的答案很可能是否定的（Betz & stevens，2011：93）。任何针对民用基础设施的严重网络攻击都肯定会造成大量人员死亡（飞机撞在跑道上，汽车在交通指示灯处撞在一起等），因而这将引起报复行为，而且其实施是有目的的。如果是这样的话，不明确声明（报复行为是由自己实施的）的效果将是适得其反的：如果对自己和自己的欲求一无所知，怎会迫使敌人让步？（Betz & Stevens，2011：95）。与主流观点不一样，甚至"基地"组织都以此战略逻辑行事。也许只有精神错乱的虚无主义者才会发动完全难以溯源的网络攻击，不过，就像有人毫无目的地向水里投毒一样，266 这仍然存在可能。如果网络攻击是军械库里的一种新增的工具的话，也许我们更应称其为网络争端（cyber-skirmish）而非网络战争（Betz & Stevens，2011：97）。

社交网络、网络革命和安全

网络攻击和网络中心战代表了新技术影响全球政治的一个方面——国家间冲突，另一方面则体现在我们讲的"政治革命"中。至少从21世纪头些年开始，分析人士就宣称，在线网络、移动电话，尤其是社交媒体导致了一系列平民起义、暴动和革命——从前东方阵营中所谓的"颜色革命"，到"阿拉伯之春"，再到全球反资本主义的"占领"运动。这种观点的一部分认为，上述技术和网络从本质上讲与自由民主兼容，因而有利于扩大美国影响（Bremmer，2010；Shirky，2011）。另一部分则认为，这些事件代表了"新型社会形态"的到来：没有未来却可以接触社会媒体的毕业生能够借此把其愤懑转化为非科层化组织的运动。

社交媒体的影响，特别是它对推翻威权主义政权的影响受到激烈争论。克莱顿·舍基（Clayton Shirky）认为，使用社交媒体工具——发送短信、电子邮件、图片分享、社会网络等——的结果并不是唯一、注定的，"这些工具在短期内可能不会具有伤害性，而且在长期内可能有所裨益"，"它们在公共领域已经约束了政府行为的国家，发挥的影响最明显"（Shirky，2011：29）。"阿拉伯之春"发生前，在美国国务院的内部辩论中，舍基显然改变了他的看法：不能简单地利用社交媒体促进美国目的（一般认为是民主化）的达成，自由媒体环境的缓慢发展才最有利于美国目的的实现（Shirky，2011：40）。不过，我们从网络中心战、手机短信、互联网服务等概念中看到一条共同线索，它使更大也更松散的团体可以协调行事，如开展抗议活动、公共媒体活动，而这些活动在以前仅有正式组织（通过"军队所讲的'共有意识'"）才能推动（Shirky，2011：35）。像"占领"抗议这样的活动已经呈现一种常识，即正式的、基于共识的决策结构应无等级之分，这是上述看法的一个反映。

在这方面一个令人印象深刻的观点是由保罗·梅森（Paul Mason）提出的，他反对其他美国学者在该议题上持有的非批判性信念（Shirky，2011：29；Bremmer，2010：87）。他认为，2008 年开始的经济危机制造了可比肩 19 世纪末期的易燃的社会状态：大量且极端的知识分子、通过大众文化发出声音的贫民窟阶层、虚弱但仍执着于 20 年前的组织与传统的无产阶级（Mason，2012）。社交媒体对 2011 年诸多动荡的影响是信息技术在上个十年对商业、文化和其他产业产生影响的延续。这些媒体的一个主要特点在于，它们组成一个这样的网络：使用者越多，该网络的有用性越大。移动电话的发展比电脑更能促进这种网络形成、一整套应用程序的启用：脸书用于公开或隐蔽地组建团队，从而建立强大且灵活的联络；推特绕开主流媒体，用于实时组织和散播新闻；Youtube 视频网站和与推特关联的图片网站为一些主张提供即时证据（Mason，2012）。梅森指出，这些技术激发了一大波类似于街头抗议"文化基因"的全球民众抗议，并促其通过在新网络中散播消息来占领公共空间（Mason，2012）。

上述这些观点大致从同情抗议者所追求目标的角度出发。即便政府和评论员们反对一波波的集体行动，他们指责的仍是新网络技术的影响。例如，在 2011 年夏季英国城市骚乱期间的共同论调是，一群滋事的年轻人利用黑莓手机的即时短信服务（比一般短信更为安全）来相互协作发动骚乱（Halliday，2008）。在西方刚刚对中东国家设法限制或关闭相关通信服务表示谴责之后，有人考虑接受一些英国媒体和政府官员关于限制或关闭类似服务的呼吁，这显得非常具有讽刺性（Bremmer，2010：91）。然而，伦敦经济学院的一项研究发现，尽管黑莓手机的确是骚乱期间的发声通信手段，但骚乱背后的原因似乎大致相似：贫穷、疏离感以及对警察的厌恶（Lewis et al., 2011）。

叶夫根尼·莫洛佐夫（Evegeny Morozov）等学者指出，互联网及相关技术甚至可能有利于威权主义管控。媒体倾向于将挑逗、琐事和色情内容置于严肃的公共会话之上，因而可能分散而非增强市民力量（Morozov, 2011）。这可能产生懒人行动主义，人们会觉得加入脸书里的团体或者签署在线请愿书就算履行政治承诺了。再者，像脸书和推特这样的网站事实上为秘密警察和各种安全机构提供了大量的信息，有利于其跟踪和镇压异议者，这里既是监控之地也是自由世界。埃及革命中的博主和激进分子们不太热衷于"脸书革命"概念。胡塞姆·哈马拉维（Hossam el-Hamalawy）是一位革命派记者，还是著名博客"3arabawy"的撰稿人，他讲到，在穆巴拉克统治时期，像博客这样的独立媒体确实成为无审查信息的重要来源（el-Hamalawy, 2011）。他认为，互联网的确有用，但它最为突出的作用在于向海外支持者传递革命动态。始于埃及（只有25%的人可上网）的更为重要的抗议浪潮是由工人发起的，而他们大多数没有推特和脸书账号。当穆巴拉克政权在2011年1月28日切断互联网后，通过小传单或者直接依靠人们奔走相告而组织起来的后续抗议更为猛烈。卫星电视同样发挥了作用：激进分子可以在卡塔尔半岛电视台发表声明，公布将进行示威游行的地点。

那么，新网络的作用是什么？其褒贬者都同意"说人们因为社交媒体而想要一场革命"就像说人们因为电话而想要一场革命一样（Morozov, 2011）。不过，电话也并非无关紧要，就像在俄国革命时，甚至只有少数人才能用到电话一样，新型社会网络的作用可能同样如此。它们可能表现得像网络战一样只是技术层面的变化。推特经常用来传递如下信息——游行示威在哪里进行、如何骗过警察等，从而给抗议活动更大的灵活性和流动性。如果只是为此目的，那移动电话的分布更为广泛。不过，人们在散布这些信息时必须相互信任、相互尊重，而这更可能是耐心的政治工作和意识形态认同建构而非仅仅线上邂逅的结果。这些网络可能正在改变这种带有争议性的街头政治的发生方式——甚至在它已经很容易发生的情况下，但没有改变其背后的动因。

结　论

列宁把 20 世纪初称为"战争与革命的时代"。进入 21 世纪是否标志着网络战和信息革命时代的到来？根据本章的考察，要正确回答这一问题，我们至少要区分不同技术的影响及影响被感知的程度。

军事革命及其对冷战后美国战略的影响已经受到广泛重视。比较确定的是，关于远程控制和自动武器的思想，以及通过各种信息网络整合战场信息，对伊拉克和阿富汗战争的规划产生了重大影响。美国在这些战争中未能实现战略目标，这可以作为对那些夸大网络中心战作用观点的"判决"。在美国使用机器人系统攻打伊拉克、阿富汗等地的战争中，一种持续的变化已经显现。机器人系统显著增多，并且的确影响着战略决策——如基地的部署，以及应对处于像巴基斯坦和也门等国偏远地区的伊斯兰团体的威胁。不过，这种技术能否从其特别适用的自由主义反叛乱领域，扩展运用到同等级对手的地缘政治竞争中，仍有待观察。

网络空间变成战场或作为战术的潜在可能有多大？如我们所见，由于各国社会大都依赖这种基础设施，受到网络攻击的脆弱性是真实存在的。不过，至少从近期在波罗的海、2008 年俄格战争中发生的网络攻击以及震网病毒来看，影响并没有达到毁灭性程度。网络战似乎更像是战术而非战略创新。对于在线网络引起或受其影响的政治革命思想而言，这种判断同样说得通。这些社交媒体当然对激进分子很重要，但是，进入社交媒体的方式（依靠个人信任和意识形态亲近）和他们所能动员的力量（街头抗争、抗议、罢工）与前互联网时代并无二致。当然，任何事情都可能出现变化，不过从当前看，20 世纪末 21 世纪初出现的这种新技术可能改变了战争和革命发生的方式，却没有改变它们发生的原因。

扩展阅读

关于技术变革、国际安全和社会的话题天然地吸引着人们去撰写一些较具推测性的作品，网络战和社会网络则尤为如此。彼特·辛格（Peter Singer）的 *Wired for War*（2009）涉及本章探讨的多数议题，该书令人激动不已但又缺乏批判性。作者坚定地认为，机器人技术已经不可挽回地改变了战争的本质。与之类似，James Der Derian 在 *Virtuous War：Mapping the*

Military-Industrial-Media-Entertainment Complex（2009）一书中提供了非常好的军事革命方面的材料，展现了类似于两次世界大战期间的人们对空中力量和闪电战的迷恋。不过，该书更像是游记而非传统意义上的社会科学著作，而且有些读者可能并不熟悉作者提到的思想家如 Walter Benjamin 和 Paul Virilio。

关于网络中心战和军事变革方面公开的、可在线阅读的主要政策文件有：阿瑟·塞布罗斯基（Arthur Cebrowski）与约翰·加尔斯特卡（John Garstka）的 "Nefwork-centric Warfare: Its Origin and Future"，该文刊载于 1998 年的 *Procoedings of the US Naval Institute* 中；Steven Metz 和 James Kievit 写的小册子 *Strategy and the Revolution in Military Affairs*（1995）；安德鲁·克雷皮内维奇（Andrew Krepinevich）所著的 *The Military-Technical Revolution*（2002）。Richard A. Clark 和 Robert Knate 在 *Cyberwar*（2010）中认为网络战已经迫在眉睫，但 David Betz 和 Tim Stevens 在其撰写给国际战略研究所的 *Cyberspace and the State*（2010）一书中，观点较为乐观。很多关于无人武器系统的书主要关注的是其技术特点，不过美国国会报告 *Rise of the Drones: Unmanned Systems and the Future of War*（2010）简单描述了无人机在当代美国战略中的地位，Medea Benjamin 的 *Drone Warfare*（2012）则从受害者视角更为批判性地看待无人机技术。围绕无人机的很多辩论所关注的是伦理和合法性问题，在这方面，*Patrick Lin* 发表于 2011 年 *The Atlantic* 杂志上的 "Drone-ethics Briefing" 一文做了很好的介绍。

关于社交媒体对政治影响的讨论存在尖锐分歧。克莱顿·舍基（Clay Shirky）的 *Here Comes Everybody: The Power of Organizing Without Organizations*（2008）认为社交媒体颠覆了现有的社会模式，但 Evegeny Morozov 在 *The Net Delusion: The Dark Side of Internet Freedom*（2012）一书中反对这种观点。在 *Why It's Kicking off Everywhere: The New Global Revolutions*（2012）一书中，保罗·梅森（Paul Mason）提供了一个关于 2011 年全球民众大反叛（popular unrest）——包括"阿拉伯之春"——的网络版本。不过，Miriyam Aouragh 和 Anne Alexander 发表于 *International Journal of Communication* 的特刊 *Arab Revolution and New Media*（2011）上的 "Sense and Nonsense of Facebook Revolutions" 一文则质疑了保罗·梅森的结论。

研究和讨论问题

1. 所谓的军事革命是否真的改变了冷战后的战争方式？
2. 从多大程度上可以说，网络战是国际安全的新的、严峻威胁？
3. 互联网和社交媒体增进了世界各地的自由了吗？

网　站

www. rand. org/topics/cyber-warfare. html。兰德公司在这方面的研究为军方及民事决策者提供建议，以防止网络战的破坏性后果。

www. wired. con/dangerroom/。《连线》杂志的"危险空间"博客收录了 271 关于国家安全与网络战的当代发展。

http：//droneswatch. org/。无人机观察，是个对使用无人机进行监控和管理的活动组织。

www. arabawy. org/：3arabawy 博客，其博主是一名非常有名、影响广泛 272 的埃及激进分子。

结论 未来的挑战

　　本书为人们理解冷战后国际安全的复杂现实提供了一个独特视角。在广义的安全议题上，本书赞同思想开放，把非传统但日益凸显的议题如移民、资源稀缺、环境安全纳入探讨范围之内。国际安全现象的内在复杂性得到越来越多的承认，这在本书中也得到反映。诸如，在处理安全问题方面，一国如何像面对已知问题一样对待未知问题，如何像面对客观现实一样来面对主观认识，如何处理那些政策手段通常不明确、不确定的问题。此外，还有如何处理利害攸关的问题，如涉及（被相关方视为其利益关切的）价值观保护的议题。这些不可避免地对安全分析者提出了挑战，也提出了很高的要求。

　　贯穿全书的一个主题是，安全分析者需要在三个不同但相互关联的角色——科学家、国际主义者和道德家——中进行权衡。其中，科学家角色可以说是最关键的，它要求依据可获得的最佳资料，对国家安全面临的最主要危险和威胁进行严格评估。在本书很多部分，这种科学分析推翻了一些较为悲观、令人沮丧的关于未来的设想以及威胁评估。根据本书的分析，很多恐惧——如对即将到来的环境灾难、迫近的资源匮乏、移民引发的冲突、恐怖分子获得大规模杀伤性武器的恐惧——经常被夸大了。更为客观、基于证据的分析会限制并对冲这些夸大威胁的观点。

　　尽管关注的是当前的威胁，本书还是承认冷战结束给国际安全带来好处：大国和平得到巩固，东西方意识形态隔阂终结、核武器库得以削减、联合国重新焕发生机以及人道主义关切在解决内战问题和镇压内乱方面的分量与日俱增。尽管安全研究注定是个"阴郁的学问"，但没有理由忽视已经取得的进步，或者高估当前面临的危险。

　　安全研究学者的第二个角色是国际主义者，它要求在国际安全问题上超越狭隘的文化或民族视角。在安全研究领域存在一个自然的，可能也是不可避免的倾向，即认为特定民族或西方关于主要安全挑战的观点具有优 273 先性。这种倾向本身谈不上不合理。正如本书许多部分指出的，各国以强烈的现实主义和社群主义来应对直接危及其公民的变动，正如因为害怕不受控制的移民、国际恐怖主义增长、大规模杀伤性武器扩散而采取措施一样。但是，本书一贯认为，要在国际安全问题上形成更全面的观点，我们需要更开阔的视野，它根植于对全球历史进程的理解，对国家间关系发展的多种方式及其遗产的理解，对冲突和不安全的地区、区域和国际根源的混杂性理解。一个重要主题是，东西方冷战的分析框架如何转移到南北关系背景中，在这一背景中，核心议题是财富、政治地位的不平等及其引发的不满。许多最为严峻的安全威胁来源于南方，特别是所谓的"动荡之弧"，即从东北亚到中东再到撒哈拉以南的非洲。应对这些威胁和冲突的可持续方案需要考虑多维路径，通过更为明确地阐述相互关系的复杂性和不同视角，安全分析者对此可以有所贡献。

扮演道德家角色的安全分析者则提供了一个更广泛的、全面的规范语境。本书的另一个重要主题是，拒绝认为安全是一种超越政治、无关道德的特殊状态。相反，安全是政治不可分割的一部分。政治可以被理解为各种价值观相互竞争的过程。不管安全本身有多重要，它与自由、繁荣和正义一样，只是价值观的一种。因而，安全分析者不可能在关于国际安全政治学的价值观辩论中置身事外。例如，发生在最不发达国家或地区的冲突给赤贫民众带来磨难，这就使得国际正义问题不可被忽视。由于需要经济成本，安全措施的实施就对繁荣形成威胁，而繁荣正是安全的重要基础。自由与安全不可分割，对二者进行权衡是安全分析者首先需要牢记的。各国对安全的追求既为自由提供了可能，也为压制提供了条件，我们需要长期面对这种悖论。

在平衡安全分析者这三种角色的过程中，本书寻求在主要国际关系理论传统之间开展建设性对话。当然，本书无意强加理论枷锁。人们把不同理论看作彼此竞争又时常互补的分析透镜，它们有利于研究者在复杂变化的国际形势中找到秩序的特征。理论能多大程度地解释研究对象，它就有 274 多大用处。本书正是采取务实的做法来避开既定理论偏好。

不过，本书大致认同冷战后理性主义主导的理论（其中最有名的是新现实主义）向建构主义理论的转移，从而更充分地将当代国际安全的主体间性和规范维度纳入进来。尽管新现实主义仍然具有解释力，但建构主义理论提供了新的也更为丰富的见解。如安全化理论对安全问题的主体间建构给出了新的理解；"人的安全"观的提出有助于我们重视穷人、被剥夺财产者的不安全感以及他们所受到的磨难，当然这些磨难不仅仅来源于本应保护他们的政府。各种版本的批判安全观强调大多数主流安全话语是由北方（发达国家）、男性所主导的。如本书所指出的，建构主义的这些贡献重新激发了自由国际主义传统，该传统认为更为世界主义的、基于法律的国际秩序是国际安全的先决条件。

在赞同上述发展、拒绝严格的新自由主义视角的同时，本书从两大方面做出限定。首先，历史社会学传统补充了建构主义论述。历史社会学的贡献体现在，它在解释规范和价值如何被工具性地操作时呈现较强的物质主义，这纠正了一些建构主义文献中的理念主义倾向。该传统还为理解社会权力以其多种不平等与分裂在历史长河中如何呈现，以及这如何导致了当前的权力分配提供了历史深度。再者，历史社会学对国家的界定更加成熟，既不像新自由主义那样对其不加细化，也不像一些自由国际主义那样将之分解。然而，就如本书所述，最好一分为二地理解国家，它既是当代暴力和侵略行为的根源，也是孕育共同身份、使其他社会行为体文明化和规范化的重要力量。历史社会学指出战略需求增强国家角色、赋予国家权力，而不是寻求分解或削弱国家，以此建立基础性权力来促进国家-社会关系协同，并增强政治和平与经济交往。

其次，也即第二条限定体现在恢复古典现实主义思想传统的提议中。本书认为，该传统与自由社群主义思想密切相关，它强调国际行为在本质上是不完美的、棘手的。根据该传统，"普世性"道义诉求与各国的政治利益现实、各异的文化与价值共同体的现实、历史遗产和仇恨记忆复杂的流动方式现实发生持久冲突。现实主义传统的价值在于，它教导人们不要盲目期待激进的规范变革，倡导"道义审慎主义"即承认国际同情心存在限度，承认作为体系最强大行为体的国家优先顾及本国公民而非外国公民。它还警告说，需要谨慎管理关于国际变革的宏伟蓝图，否则将造成大量非故意后果并损及国际安全。

对未来的忧虑

在这种更加重视历史、更具批判色彩理论的影响下，本书避免对国际安全的预期过于乐观。如上所述，冷战的结束从多方面增强了国际安全，冷战后出现的很多忧虑被证明是扩大和歪曲了事实的。但是，在避免过度安全化时，很重要的事情是不能自满、低估当前的危险威胁。本书的一个观察和结论是，冷战后的发展也是国际安全环境恶化的重要原因。冷战后初期的乐观主义——最显著的是联合国重新焕发生机，因许多棘手难题而破灭。这些难题包括族群冲突的泛滥，如在南斯拉夫、撒哈拉以南非洲、阿富汗，以不加区别的屠杀为特征的跨国恐怖主义的兴起，以及对大规模杀伤性武器扩散的防控努力受损。作为国际安全重要黏合剂的国际信任也日益受到考验、面临困境。

然而，安全分析者并不善于盯住水晶球并预测未来。这并不奇怪，因为国际体系是复杂的，世界上某一地区发生的一起似乎无关紧要的事件可能会导致整个国际体系面临史无前例的危机。这方面的一个例子是，20 世纪 90 年代在战略上被遗忘的阿富汗变成迄今最为严峻的恐怖主义温床。2002 年美国对阿富汗的武装干涉在一开始貌似取得成功，塔利班好像被打败，但同样是这些塔利班武装再次掀起旷日持久的叛乱。当然，承认未来存在不确定性并不意味着安全分析者无需对当代发展趋势表示关切，而这些趋势似乎预示了未来的危险。两大关切常使笔者夜不能寐：第一，在未来几十年，国际体系尤其是更为强大的发达国家是否有能力对从“北方”向“南方”的权力转移加以管理；第二，冷战后特别是“9·11”事件之后，冷战时期注重防御平衡的传统明显地转为“进攻优先”，这在安全层面产生影响。

国际安全与权力转移

权力大幅从北方转移到南方是 20 世纪的一大特征。随着欧洲帝国的终结和去殖民化进程，许多新的国家获得政治主权和领土完整。1945 年，《联合国宪章》签字国只有区区 51 个，而到 2012 年，联合国拥有 193 个成员国。这一非凡的政治解放进程是非常大的进步，它巩固了强烈的反帝国主义规范。但是，形式上的政治平等与大量的经济与政治不平等同时存在，北方国家仍然控制着经济和政治权力，未能消除南北方的政治与经济权力鸿沟是过去一个世纪的最大失败。事实上，全球不平等面临扩大而非减小之势，尽管东亚取得一些进展。在过去一个世纪，只有日本一个国家成功步入北方发达国家行列。尽管中印在 21 世纪发展迅速，这两个充满活力的经济体仍然拥有大量贫困人口，它们在未来几十年中将仍然是发展中国家。

让 21 世纪的国际体系在促进全球繁荣、财富分配平等方面做得更好，既是安全挑战也是发展挑战。人口数量是衡量这项挑战大小的一个指标。第八章提到过，世界人口总量预计将从今天的 70 亿持续增长到 2050 年的 90 亿，然后才会趋于稳定。几乎所有的人口增长将发生在南方国家。对南方国家而言，这将极大地增加它们管理复杂的经济发展进程的难度。对北方国家，诱惑将是维持当前的政治和经济主导地位，强化已经存在的不平等，尽管它们从人口数量来看将更为边缘化。南北鸿沟的凸显将只会加剧国际紧张局势。因而，未来四五十年是个十分重要的时期。

确保快速发展中的国家发展过程得到良好管理，进而不会威胁广义的国际安全，是尤为严峻的挑战。这是因为快速发展将不可避免地带来严重紊乱、公众的疏离感和社会动荡。只有通过良好地管理发展过程、深入的南北合作，才能应对本书提及的核心安全威胁。就像我们在中印转向大众汽车社会的过程中所看到的那样，在经济权力向南方发展中国家转移的过程中，诸如气候变化这样的全球环境挑战只会增加。全球移民压力，特别是北方繁荣国家的压力，将不可避免地增加。诸如石油和水资源这样的重要资源压力也将加大。更一般而言，由全球不公正产生的愤恨、由地区发展产生的文化与疏离感助长着极端主义意识形态，这种作为潜在冲突原因的危险将会持续。由先进武器扩散特别是大规模杀伤性武器扩散导致的权力转移会提高所面临挑战的量级。

因为国家经济、政治和军事能力较强，北方发达国家自然也理应对管理这种复杂的转移过程负有特殊责任。但困难在于南方国家的发展需求各不相同。表 3.1 做了一个分类，把南方国家分为全球化进程国家、"执政官"国家、失败国家三类。这种划分难免粗略，但对于识别和区分主要挑战非常有用。对那些已经取得重大进展的全球化进程中的国家，如中国、印度、巴西，北方国家的主要任务是欢迎和鼓励其崛起，把它们的经济发展当作机遇而非挑战，满足其合理诉求以更全面地将它们纳入全球治理机制中，当然，这样做并不容易。

对于所谓的"执政官"国家，它们的现政权是发展进步的主要障碍，它们的挑战是找到推动进行经济和政治改革的最有效方式。第七章已经讲到一点，即许多此类国家依靠其丰富的资源，经常使进口依赖型国家牺牲它们的政治和经济改革要求，来换取自身能源安全。由于缺乏促进改革的有利条件，外部行为体如主要的国际金融和发展机构，在鼓励此类国家做出切实改革方面也是失败的。不幸的是，在发展方面没有什么计划或蓝图是容易实现的。矛盾在于主要障碍之一也是历史上权力转移进程所产生的 278 后果，主权国家因该进程而建立，但其统治精英毫无兴趣去推进经济和政治发展。不过，中东地区的"阿拉伯之春"——长期受威权主义政权统治和剥削的公众因感到屈辱而做出反应——表明，公众有能力颠覆和挑战不公正的权力结构。摆在国际社会其他国家面前的挑战是如何为这种政治民主化的新生力量提供支持。

对第三类国家即失败国家而言，这些困境更为突出。当然，这里的图景并非全部黯淡。第四章已经谈到在恢复联合国与其他机构的活力，使其接管失败国家并将它们重组为更有效、可持续的国家方面，国际社会取得了一定进展。但是，如前面所注意到的，冷战后的历程是复杂的，既有成功也有失败。此处的挑战是，在确保干涉奏效的同时，防止形成依附性文化并再次引起对帝国主义的恐惧。更加重要的是，确保富有、强大国家内部对此类行动的支持是持久的，确保"关照穷人"的人的安全需求得到维护。西方计划在 2014 年从阿富汗撤军，这带来的危险是该国将再次陷入 20 世纪 90 年代的无政府状态，而且被外部世界遗忘。

从本质上讲，北方国家面临的挑战是不要在上述复杂挑战面前退缩，这对未来国际安全至关重要。主要的危险在于，期望中的权力转移被当成对现行价值观和权力关系的威胁，进而促成一种内向的、保护主义的倾向。自 2008 年以来席卷整个发达世界的经济衰退只是增加了各国转而采取"以邻为壑"路径的危险。如果该路径真的变为现实，20 世纪 30 年代的国际环境将再次出现，并造成悲惨后果。

从防御优先到进攻优先

回头来看，冷战体系是个相对静态和保守的秩序，尽管对峙双方充斥着革命性的辞令，彼此表达着敌意。双方军事僵局因核均势而更为巩固，如第十章所提到的，它形成一个建立在相互平衡原则、保持现状、战略防御优先于进攻基础之上的体系。

当然，这种主导性的东西方安全管理体制也受到其他进程和动态的影 279 响。去殖民化、权力南移催生了新的行为体，它们寻求瓦解霸权格局。然而，比较有趣的是，该体制最终反而得到巩固，因为新成立国家比那些最初给予它们政治独立的国家更热衷于维护领土完整、边界不可侵犯的原则。全球化可以说是一支更加强大的破坏性力量，它增强了那些超越或忽略国家边界的行为体的力量，威胁着它们曾隶属的国家的合法性。许多跨国进程是非常有益的，最突出的就是它带来经济一体化。但是，有些如跨国恐怖主义和全球犯罪是对国际秩序的严峻威胁。

不过，整体看来，日益有效、貌似可持续的东西方管理体制是冷战时期的一个特征。该体制的成功也的确对化解冲突根源、大幅降低东西方武装对抗级别并最后终结苏联帝国发挥了作用。当然，在实践中，冷战体系的瓦解并没有（至少没有立即）终结其管理体制背后的做法与规范。相反，为了增强国际合作以解决冷战遗留的安全问题、应对新兴挑战，这些原则与规范得到巩固。冷战时期的制度网络，如联合国与北约，被赋予新的权力和更强的合法性，旨在继续发挥安全管理的作用。冷战时期的安全机制，如《不扩散核武器条约》和其他军备控制机制以及各种负责监督各国履约的机构，也得到加强。即便在更加复杂、棘手的问题上，如应对环境变化或尊重神圣至今的主权豁免原则上，各国也加强协作，通过构建合作机制来促进相互尊重和共赢。

然而，在20世纪90年代和21世纪，这种熟悉的、保守的、基于平衡和防御优先原则的冷战秩序引起越来越多的争论。由于背后存在许多影响因素，很难找到精确的因果关系。该秩序受到削弱的部分原因在于，由于失去了苏联这个竞争对手，美国获得独一无二的权力，没有任何一个权力中心能够比肩或者制衡美国的军事、经济和政治权力。"9·11"事件之后，由于感到自由行动不便，美国寻求挣脱国际承诺和规范的束缚。在这一时期，受到削弱的俄罗斯更加"愤恨不满"，因为它在国际事务中的声音常被忽视，冷战后的发展似乎是在削弱而非增强其地位。俄罗斯发现自己越来越成为国际安全行动——在20世纪90年代的波斯尼亚、科索沃和2011~2012年的利比亚、叙利亚——中的反对者而非合作伙伴。即便是自冷战时起就是美国忠诚盟友的欧盟，也发现它的影响和倡议越来越小或无效，2003年美国在未得到欧盟赞同的情况下决定入侵伊拉克就是最直接的表现。

"9·11"事件之后，凭借军事优势向战略进攻战略转变的过程达到顶点，并在2002年美国《国家安全战略报告》中得到正式确定。该文件指出，"美国当今面临的失败国家威胁大于征服性国家的威胁。少数怨愤者掌握灾难性技术比战舰与军队对我们的威胁更大"（White house，2002：1）。

美国独自提出，对恐怖团伙以及公开蔑视和挑战普遍的国际秩序合法性原则的"流氓国家"进行先发制人式的打击在战略上是迫在眉睫的。2003年占领伊拉克之后带来的灾难性后果明显地动摇了美国傲慢自大的过度扩张政策。巴拉克·奥巴马在2008年当选美国总统，开启了美国对外政策的重大调整，它有助于重塑（至少最初是）美国与俄罗斯、中国和欧洲盟国的关系。得益于美国支持的"阿拉伯之春"以及中东本土政治变革的开启，中东地区对美国的怀疑也有所减少。

在2006年写作本书第一版时，伊拉克内战正酣，以色列和黎巴嫩陷入流血战争，"基地"组织的威胁依然严峻，中东地区的威权主义权力结构似乎牢不可破。今天，局势已经显著改善。不过，在2012年下半年，国际紧张局势、安全关切依然存在。经济衰退削弱了西方，但没有削弱其干涉主义倾向。北约在2011年的军事行动似乎重新唤起了西方人道主义干涉的欲望。由于伊朗在核问题上坚持立场、毫不妥协，人们担忧西方可能领导并发起针对伊朗的先发制人式打击。与此同时，俄罗斯不仅在经济和军事上变得更加强大，而且坚持政治威权主义，强烈反对西方国家倡导的人道主义军事干预。

主要大国的战略分歧反映了它们在意识形态、对国际关系理解上存在 281根本差异。对俄罗斯和中国以及大量新兴国家而言，主权和互不干涉原则是至高无上的，即便一国政权不符合西方的民主、人权规范，该原则也应该得到尊重。美国及西方其他国家则坚信，借用雷蒙·阿隆的术语，国际秩序应该是"同质"而非"异质"的，民主和资本主义的意识形态更高一筹。一旦这些价值受到严重威胁，西方坚持认为外部干预不但是合理的而且是出于道义责任。然而，当西方不再有能力完全坚持其战略偏好时，就会出现这种危险，即上述意识形态的根本差异将导致国际紊乱并加剧国际紧张。如果大国不能在应对伊朗、朝鲜、巴以和其他冲突方面有效开展合作，后果将像1914年一样令人担忧。找到并清晰阐明新的国际共识，以支持建设能够带来真正稳定、安全和繁荣的秩序，对安全分析者而言，这既是希望也是挑战。

研究和讨论问题

1. 未来主要的国际安全挑战有哪些？
2. 在未来几十年，西方的衰落如何影响国际安全？

网　站

www. dni. gov/nic/NIC_2025_project. html：国家情报委员会官网，它出版了一份颇具影响的报告《全球大趋势：2050》。

www. acus. org/program/strategic-foresight-initiative。大西洋理事会战略前瞻计划（strategic foresight initiative），它寻求更深入地理解全球长远趋势、破坏性变革、战略巨变的潜在影响和政策意义，也发表了许多有用的研究成果。

282

参考文献

Acharya, A. (2001) *Constructing a Security Community in Southeast Asia: ASEAN and the Problem of Regional Order*. London: Routledge.

Acharya, A. (2003–4) 'Will Asia's past be its future?', *International Security*, 28(3): 165–80.

Acharya, A. (2004) 'How ideas spread: whose norms matter? Norm localization and institutional change in Asian regionalism', *International Organization*, 58(2): 239–76.

Acharya, A. (2009) *Whose Ideas Matter? Agency and Power in Asian Regionalism*. Ithaca, NY: Cornell University Press.

Ackerman, S. (2011) 'CIA drones kill large groups without knowing who they are', *Wired.com*, 4 November, at www.wired.com/dangerroom/2011/11/cia-drones-marked-for-death/#more-62270 (accessed 10 April 2012).

Acton, J. M. (2011) *Deterrence during Disarmament*. London: Routledge.

Adebajo, A. (2002) *Building Peace in West Africa: Liberia, Sierra Leone, and Guinea-Bissau*. Boulder, CO: Lynne Rienner.

Adler, E., and Barnett, M. N. (eds) (1998) *Security Communities*. Cambridge: Cambridge University Press.

Adler, E., and Greve, P. (2009) 'When security community meets balance of power: overlapping regional mechanisms of security governance', *Review of International Studies*, 35: 59–84.

Agamben, G. (1998) *Homo Sacer: Sovereign Power and Bare Life*. Stanford, CA: Stanford University Press.

Agamben, G. (2005) *States of Exception*. Chicago: University of Chicago Press.

Ajami, F. (1991) *The Arab Predicament: Arab Political Thought and Practice since 1967*. Cambridge: Cambridge University Press.

Ajami, F. (1998) *Dream Palaces of the Arabs: A Generation's Odyssey*. New York: Pantheon.

Aleklett, K., and Campbell, C. J. (2003) 'The peak and decline of world oil and gas production', *Minerals and Energy: Raw Materials Report*, 18(1): 5–20.

Allan, T. (2011) *Virtual Water: Tackling the Threat to our Planet's most Valuable Resource*. London: I. B. Tauris.

Allen, C. (1995) 'Understanding African politics', *Review of African Political Economy*, 22(65): 301–20.

Allen, C. (1999) 'Warfare, endemic violence and state collapse', *Review of African Political Economy*, 26(81): 367–84.

Allison, G. (2004a) 'How to stop nuclear terror', *Foreign Affairs*, 83(1): 64–74.

Allison, G. (2004b) *Nuclear Terrorism: The Ultimate Preventable Catastrophe*. New York: Times Books.

Amery, H. (2002) 'Water wars in the Middle East: a looming threat', *Geographical Journal*, 168(4): 313–23.

Amnesty International (2005) *Guantánamo and Beyond: The Continuing Pursuit of Unchecked Executive Power*. London: Amnesty International (also at www.amnesty.org).

Anand, M. (2010) 'Empowering paradise? The ESDP at ten', *International Affairs*, 85(2): 227–46.

Anand, M. (2011) 'European defence policy from Lisbon to Libya', *Survival*, 53(3): 75–90.

Andemicael, B., and Mathiason, J. (2005) *Eliminating Weapons of Mass Destruction: Prospects for Effective International Verification*. Basingstoke: Palgrave.

Anderson, B. (1991) *Imagined Communities: Reflections on the Origins and Spread of Nationalism*. London: Verso.

Anderson, L. (2004) 'Antiquated before they can ossify: states that fail before they form', *Journal of International Affairs*, 58(1): 1–16.

Anderson, M. (1996) *Frontiers: Territory and State Formation in the Modern World*. Cambridge: Polity.

Anderson, M. B. (1999) *Do No Harm: How Aid Can Support Peace – Or War*. Boulder, CO: Lynne Rienner.

Anderson, T. L., and Leal, D. R. (1991) *Free Market Environmentalism*. Boulder, CO: Westview Press.

Andreani, G. (2004) 'The "war on terror": good cause, wrong concept', *Survival*, 46(4): 31–50.

Andrews-Speed, P. (2004) 'A European approach to energy security', in F. Godemont, F. Nicolas and T. Yakushiji (eds), *Asia and Europe: Cooperating for Energy Security*. Paris: Institut Français des Relations Internationales.

Andrews-Speed, P., and Dannreuther, R. (2011) *China, Oil and Global Politics*. London: Routledge.

Andrews-Speed, P., Liao, X. J., and Dannreuther, R. (2002) *The Strategic Implications of China's Energy Needs*, Adelphi Paper 346. Oxford: Oxford University Press.

Angell, N. (1912) *The Great Illusion*. London: Heinemann.

Annan, K. (1999) *Facing the Humanitarian Challenge: Towards a Culture of Prevention*. New York: United Nations.

Annan, K. (2000) *'We the Peoples': The Role of the United Nations in the 21st Century*, at www.un.org/millennium/sg/report (accessed October 2006).

Ansari, A. L. (2003) *Iran, Islam and Democracy: The Politics of Managing Change*. London: Royal Institute of International Affairs.

Aouragh, M., and Alexander, A. (2011) 'Sense and nonsense of Facebook revolutions', *International Journal of Communication*, 5 [special issue].

Aradau, C. (2004) 'Security and the democratic scene', *Journal of International Relations and Development*, 7(4): 388–413.

Aris, S. (2009a) 'A new model of Asian regionalism: does the Shanghai Cooperation Organisation have more potential than ASEAN?', *Cambridge Review of International Affairs*, 22(3): 451–67.

Aris, S. (2009b) 'Tackling the "three evils": Shanghai Cooperation Organisation (SCO) – a regional response to non-traditional transnational security challenges in Central Asia', *Europe–Asia Studies*, 61(5): 457–82.

Aron, R. (1966) *Peace and War: A Theory of International Relations*. London: Weidenfeld & Nicolson.

Arquilla, J., and Ronfeldt, D. (eds) (1997) *In Athena's Camp: Preparing for Conflict in the Information Age*. Santa Monica, CA: RAND.

Art, R. J., and Jervis, R. (eds) (2000) *International Politics: Enduring Concepts and Contemporary Issues*. Harlow: Longman.

Arthur, C., and Halliday, J. (2010) 'WikiLeaks fights to stay online after US company withdraws domain name', *The Guardian*, 3 December, at www.guardian.co.uk/media/blog/2010/dec/03/wikileaks-knocked-off-net-dns-everydns (accessed 10 April 2012).

Ashley, R. K. (1998) 'Untying the sovereign state: a double reading of the anarchy problematique', *Millennium*, 17(2): 227–62.

Asmus, R. D. (2010) *A Little War that Shook the World: Georgia, Russia and the Future of the West*. Basingstoke, Palgrave Macmillan.

Atran, S. (2006) 'The moral logic and growth of suicide terrorism', *Washington Quarterly*, 29(2): 127–47.

Austin, J. L. (1962) *Sense and Sensibilia*. Oxford: Clarendon Press.

Ausubel, J. H. (1996) 'The liberation of the environment', *Daedalus*, 125(3): 1–18.

Auty, R. M. (1993) *Sustaining Development in the Mineral Economies: The Resource Curse Thesis*. London: Routledge.

Auty, R. M. (2001) *Resource Abundance and Economic Development*. Oxford: Oxford University Press.

Axworthy, L. (2001) 'Human security and global governance: putting people first', *Global Governance*, 7(1): 19–23.

Ayoob, M. (1995) *The Third World Security Predicament: State Making, Regional Conflict and the International System*. Boulder, CO: Praeger.

Ayoob, M. (2002) 'Humanitarian intervention and state sovereignty', *International Journal of Human Rights*, 6(1): 81–102.

Ayoob, M. (2004) 'Third world perspectives on humanitarian intervention and international administration', *Global Governance*, 10(1): 99–118.

Ayoob, M., and Zierler, M. (2005) 'The unipolar concert: the North–South divide trumps transatlantic differences', *World Policy Journal*, 22(1): 31–42.

Baaz, M. E., and Stern, M. (2009) 'Why do soldiers rape? Masculinity, violence, and sexuality in the armed forces in the Congo (DRC)', *International Studies Quarterly*, 53(2): 495–518.

Baechler, G. (1999) *Violence through Environmental Discrimination: Causes, Rwanda Arena and Conflict Model*. Dordrecht: Kluwer Academic Press.

Baldwin, D. (1989) *Paradoxes of Power*. Oxford: Blackwell.

Baldwin, D. (ed.) (1993) *Neorealism and Neoliberalism: The Contemporary Debate*. New York: Columbia University Press.

Baldwin, D. (1997) 'The concept of security', *Review of International Studies*, 23(1): 5–26.

Ballentine, K., and Sherman, J. (eds) (2003) *The Political Economy of Armed Conflict: Beyond Greed and Grievance*. Boulder, CO: Lynne Rienner.

Bannon, I., and Collier, P. (eds) (2003) *Natural Resources and Violent Conflict: Options and Actions*. Washington, DC: World Bank.

Barkawi, T., and Laffey, M. (1999) 'The imperial peace: democracy, force and globalization', *European Journal of International Relations*, 5(4): 403–34.

Barkin, S. (1998) 'The evolution of the constitution of sovereignty and the emergence of human rights norms', *Millennium*, 27(2): 229–52.

Barnett, H., and Morse, C. (1963) *Scarcity and Growth: The Economics of Natural Resource Availability*. Baltimore: Johns Hopkins University Press for Resources for the Future.

Barnett, J. (2001) *The Meaning of Environmental Security*. London, Zed Books.

Barnett, J., and Adger, W. N. (2007) 'Climate change, human security and violent conflict', *Political Geography*, 26(8): 639–55.

Barnett, M. (1995) 'The new UN politics of peace: from juridical sovereignty to empirical sovereignty', *Global Governance*, 1(1): 79–97.

Barnett, M. (1997) 'Bringing in the New World Order: liberalism, legitimacy and the United Nations', *World Politics*, 49(4): 526–51.

Barnett, M. (2001) 'Humanitarianism with a sovereign face: UNHCR in the global undertow', *International Migration Review*, 35(1): 244–77.

Barnett, M. (2002) *Eyewitness to a Genocide: The United Nations and Rwanda*. Ithaca, NY: Cornell University Press.

Barnett, M. (2003) 'What is the future of humanitarianism', *Global Governance*, 9(3): 401–16.

Barnett, M., and Duvall, R. (2005) 'Power in international politics', *International Organization*, 59(1): 39–75.

Barnett, M., and Weiss, T. J. (eds) (2008) *Humanitarianism in Question: Politics, Power and Ethics*. Ithaca, NY: Cornell University Press.

Barton, B., Redgewell, C., Ronnie, A., and Zilman, D. N. (eds) (2004) *Energy Security: Managing Risk in a Dynamic Legal and Regulatory Environment.* Oxford: Oxford University Press.

Barutciski, M. (1998) 'Involuntary repatriation when refugee protection is no longer necessary', *International Journal of Refugee Law*, 10(1–2): 236–55.

Bauboeck, R. (1994) *Transnational Citizenship: Membership and Rights in International Migration.* Aldershot: Edward Elgar.

Baudrillard, J. (2003) *Spirit of Terrorism and Other Essays.* London: Verso.

Bauman, Z. (1998) *Globalization: The Human Consequences.* Cambridge: Polity.

Beck, U. (1992) *Risk Society: Towards a New Modernity.* London: Sage.

Beck, U. (1999) *The World Risk Society.* Cambridge: Polity.

Beckerman, W. (1995) *Small is Stupid: Blowing the Whistle on the Greens.* London: Duckworth.

Behlawi, H., and Luciani, G. (eds) (1987) *The Rentier State.* London: Croom Helm.

Beitz, C. R. (1979) *Political Theory and International Relations.* Princeton, NJ: Princeton University Press.

Belin, J. (1956) *La Suisse et les Nations Unies.* New York: Carnegie Endowment.

Bellamy, A. J. (2006) 'No pain, no gain? Torture and ethics in the war on terror', *International Affairs*, 82(1): 121–48.

Bellamy, A. J. (2008) *Responsibility to Protect.* Cambridge: Polity.

Bellamy, A. J., Williams, P., and Griffin, S. (2010) *Understanding Peacekeeping.* Cambridge: Polity.

Benjamin, D., and Simon, S. (2002) *The Age of Sacred Terror.* New York: Random House.

Benjamin, M. (2012) *Drone Warfare.* New York: OR Books.

Berdal, M. (1993) *Whither UN peacekeeping?*, Adelphi Paper 281. London: Brassey's for the International Institute for Strategic Studies.

Berdal, M. (1994) 'Fateful encounter: the United States and UN peacekeeping', *Survival*, 36(1): 30–50.

Berdal, M. (2003) 'How "new" are the "new wars"? Global economic change and the study of civil war', *Global Governance*, 9(4): 477–502.

Berdal, M. (2005) 'The UN's unnecessary crisis', *Survival*, 47(3): 7–32.

Berdal, M., and Leifer, M. (1996) 'Cambodia', in J. Mayall (ed.), *The New Interventionism 1991–1994: United Nations Experience in Cambodia, Former Yugoslavia, and Somalia.* Cambridge: Cambridge University Press, pp. 25–58.

Berdal, M., and Malone, D. (eds) (2000) *Greed and Grievance: Economic Agendas in Civil Wars.* Boulder, CO: Lynne Rienner.

Berger, T. U. (1998) *Cultures of Anti-Militarism: National Security in Germany and Japan.* Baltimore: Johns Hopkins University Press.

Bergeson, H., Haugland, T., and Lundre, L. (2000) *Petro-States: Predatory or Developmental?* Oslo: ECON and Fridtjof Nansen Institute.

Berman, P. (2003) *Terror and Liberalism*. New York: W. W. Norton.

Betts, R. K. (1998) 'The new threat of mass destruction', *Foreign Affairs*, 77(1): 26–41.

Betz, D. J., and Stevens, T. (2011) *Cyberspace and the State: Toward a Strategy for Cyber-Power*, Adelphi Paper 424. London: Routledge for the International Institute for Strategic Studies.

Bhagwati, J. (2003) 'Borders beyond control', *Foreign Affairs*, 82(1): 98–104.

Bierstecker, T. J., and Weber, C. (eds) (1996) *State Sovereignty as Social Construct*. Cambridge: Cambridge University Press.

Bigo, D. (1996) *Polices en réseaux: l'experience européenne*. Paris: Presses de Sciences Po.

Bigo, D. (1997) 'Sécurité et immigration: vers une gouvernementalité par l'inquiétude', *Conflits et Cultures*, 31(2): 13–38.

Bigo, D. (2002) 'Security and immigration: toward a critique of the governmentality of unease', *Alternatives*, 27(1): 63–92.

Bildt, C. (1998) *Peace Journey: The Struggle for Peace in Bosnia*. London: Weidenfeld & Nicolson.

Biswas, A. K. (1992) 'Indus water treaty: the negotiating process', *Water International*, 17(4): 201–9.

Black, M., and King, J. (2009) *The Atlas of Water: Mapping the World's Most Critical Resource*. London: Routledge.

Blair, B. (1993) *The Logic of Accidental Nuclear War*. Washington, DC: Brookings Institution.

Bobbitt, P. (2002) *The Shield of Achilles: War, Peace and the Course of History*. London: Penguin.

Boot, M. (2004) *The Savage Wars of Peace: Small Wars and the Rise of America's Power*. New York: Basic Books.

Booth, K. (1991) 'Security and emancipation', *Review of International Studies*, 17(4): 313–26.

Booth, K. (2007) *Theory of World Security*. Cambridge: Cambridge University Press.

Boswell, C. (2003) 'The "external dimension" of EU immigration and asylum policy', *International Affairs*, 79(3): 619–38.

Boswell, C., and Geddes, A. (2010) *Migration and Mobility in the European Union*. Basingstoke: Palgrave Macmillan.

Boulden, J. (2004) *Dealing with Conflict in Africa: The United Nations and Regional Organizations*. Basingstoke: Macmillan.

Boutros-Ghali, B. (1992) *An Agenda for Peace: Preventive Diplomacy, Peacemaking and Peace-Keeping*. New York: United Nations.

Brannigan, T. (2010) 'Google to end censorship in China over cyber attacks', *The Guardian*, 13 January, at www.guardian.co.uk/technology/2010/jan/12/google-china-ends-censorship (accessed 10 April 2012).

Brauch, H. G. (2005) *Environment and Human Security: Towards Freedom from Hazard Impacts*. Bonn: United Nations Institute for Environment and Human Security Intersections.

Bremmer, I. (2010) 'Democracy in cyberspace', *Foreign Affairs*, 89(6): 86–92.

Bretherton, C., and Vogler, J. (1999) *The European Union as a Global Actor*. London: Routledge.

Brimley, S. (2010) 'Promoting security in common domains', *Washington Quarterly*, 33(3): 119–32.

Brodie, B. (1946) *The Absolute Weapon*. New York: Newcourt Brace.

Brodie, B. (1959) *Strategy in the Missile Age*. Princeton, NJ: Princeton University Press.

Brooks, S. G. (1997) 'Dueling realisms', *International Organization*, 51(3): 445–77.

Brooks, S. G., and Wohlforth, W. C. (2008) *World out of Balance: International Relations and the Challenge of American Primacy*. Princeton, NJ: Princeton University Press.

Brown, L. (1965) 'Population growth, food needs and production problems', in *World Population and Food Supplies 1980*. Madison, WI: American Society of Agronomy, pp. 17–20.

Brown, L. (1977) *Redefining National Security*. Washington, DC: Worldwatch.

Brown, L. (1995) *Who Will Feed China?: Wake-Up Call for a Small Planet*. London: Earthscan.

Brown, L., and Kane, H. (1994) *Full House: Reassessing the Earth's Population Carrying Capacity*. New York: W. W. Norton.

Brown, M. E. (1995) 'The flawed logic of NATO expansion', *Survival*, 37(1): 34–52.

Brown, M. E., Coté, O. R., Lynn-Jones, S. M., and Miller, S. E. (eds) (2000) *The Rise of China: An International Security Reader*. Cambridge, MA: MIT Press.

Brown M. E., Coté, O. R., Lynn-Jones, S. M., and Miller, S. E. (eds) (2009) *Primacy and its Discontents: American Power and International Stability*. Cambridge, MA: MIT Press.

Brown, M. E., Coté, O. R., Lynn-Jones, S. M., and Miller, S. E. (eds) (2010) *Going Nuclear: Nuclear Proliferation and International Security in the 21st Century (An International Security Reader)*. Cambridge, MA: MIT Press.

Brown, M. E., Lynn-Jones, S. M., and Miller S. E. (eds) (1996) *Debating the Democratic Peace*. Cambridge, MA: MIT Press.

Brown, O., Hammill, A., and McLeman, R. (2007) 'Climate change as the "new" security threat: implications for Africa', *International Affairs*, 83(6): 1141–54.

Brown, N. (1989) 'Climate, ecology and international security', *Survival*, 31(6): 519–32.

Brubaker, R. (1992) *Citizenship and Nationhood in France and Germany*. Cambridge, MA: Harvard University Press.

Brubaker, R., and Laitin, D. D. (1998) 'Ethnic and nationalist violence', *Annual Review of Sociology*. 24(1): 423–52.

Buchan, D. (2002) 'The threat within: deregulation and energy security', *Survival*, 44(3): 105–16.

Buckley, M. (2001) 'Russian perceptions', in M. Buckley and S. N. Cummings (eds), *Kosovo: Perceptions of War and its Aftermath*. London: Continuum, pp. 156–75.

Bueno de Mesquita, B., and Riker, W. H. (1990) 'An assessment of the merits of selective nuclear proliferation', *Journal of Conflict Studies*, 26(2): 283–306.

Bull, H. (1961) *The Control of the Arms Race*. London: Weidenfeld & Nicolson.

Bull, H. (1977) *The Anarchical Society*. London: Macmillan.

Bull, H. (1984a) *Intervention in World Politics*. Oxford: Oxford University Press.

Bull, H. (1984b) 'The emergence of a universal international society', in H. Bull and A. Watson (eds), *The Expansion of International Society*. Oxford: Oxford University Press, pp. 117–26.

Bulloch, J., and Darwish, A. (1993) *Water Wars: Coming Conflicts in the Middle East*. London: Victor Gollancz.

Burgess, J. P., and Owen, T. (eds) (2004) 'Symposium on human security', *Security Dialogue*, 35(3): 345–88.

Burke, J. (2003) *Al-Qaeda*. London: I. B. Tauris.

Burke, J. (2011) *The 9/11 Wars*. London: Allen Lane.

Busch, N. E. (2004) *No End in Sight: The Continuing Menace of Nuclear Proliferation*. Lexington: University Press of Kentucky.

Bush, G. (1991) 'A new world order?', speech to the House of Representatives, 6 March.

Butler, J. (2004) *Precarious Life: the Powers of Mourning and Violence*. London: Verso.

Butler, R. (2001) *Fatal Choice: Nuclear Weapons and the Illusion of Missile Defence*. Boulder, CO: Lynne Rienner.

Butts, K. (1999) 'The case for DoD involvement in environmental security', in D. Deudney and R. A. Matthew (eds), *Contested Grounds: Security and Conflict in the New Environmental Politics*. Albany: State University of New York Press.

Buzan, B. (1991) *People, States and Fear: An Agenda for International Security Studies in the Post-Cold War Era*. Hemel Hempstead: Wheatsheaf.

Buzan, B. (1997) 'Rethinking security after the Cold War', *Cooperation and Conflict*, 32(1): 5–28.

Buzan, B., and Waever, O. (2003) *Regions and Powers: The Structure of International Security*. Cambridge: Cambridge University Press.

Buzan, B., Waever, O., and de Wilde, J. (1998) *Security: A Framework for Analysis*. Boulder, CO: Lynne Rienner.

Byman, D. L. (2003) 'Al-Qaeda as an adversary: do we understand our enemy?', *World Politics*, 56(1): 139–63.

Calleo, D. (2009) *Follies of Power: America's Unipolar Fantasy*. Cambridge: Cambridge University Press.

Callinicos, A. (2007) 'Does capitalism need the state system?', *Cambridge Review of International Affairs*, 20(4): 533–49.

Campbell, C. (1997) *The Coming Oil Crisis*. Brentwood: Multi-Science.

Campbell, C., and Laherrère, J. (1998) 'The end of cheap oil?', *Scientific American*, 278(3): 78–84.

Campbell, D. (1992) *Writing Security: United States Foreign Policy and the Politics of Identity*. Minneapolis: University of Minnesota Press.

Campbell, D. (1998) *National Deconstruction: Violence, Identity and Justice in Bosnia*. Minneapolis: University of Minnesota Press.

Campbell, K. M., Einhorn, R. G., and Reiss, M. B. (eds) (2004) *The Nuclear Tipping Point: Why States Reconsider their Nuclear Choices*. Washington, DC: Brookings Institution.

Caplan, R. (2005) *International Governance of War-Torn Territories: Rule and Reconstruction*. Oxford: Oxford University Press.

Carens J. (1987) 'Aliens and citizens: the case for open borders', *Review of Politics*, 49(2): 251–73.

Carr, E. H. (1964) *The Twenty Years' Crisis, 1919–1939*. New York: Harper & Row.

Castells, M. (2009) *The Information Age: Economy, Society and Culture*, Vols 1–3. Oxford: Wiley-Blackwell.

Castles, S., and Miller, M. J. (2009) *The Age of Migration*. Basingstoke: Palgrave.

Cebrowski, A. K., and Garstka, J. J. (1998) 'Network-centric warfare: its origin and future', *Proceedings of the US Naval Institute*, January, at www.kinection.com/ncoic/ncw_origin_future.pdf (accessed 10 April 2012).

Centeno, M. A. (2003) *Blood and Debt: War and the Nation-State in Latin America*. Philadelphia: Pennsylvania State University Press.

Chabal, P., and Daloz, J. P. (1999) *Africa Works: Disorder as a Political Instrument*. Oxford: Currey.

Chalecki, E. L. (2012) *Environmental Security: A Guide to the Issues*. Santa Barbara, CA: Praeger.

Charles, C., and Varma, S. (2010) *Out of Water: From Abundance to Scarcity and How to Solve the World's Water Problems*. London: Financial Times and Prentice- Hall.

Chaudhry, K. A. (1994) 'Economic liberalization and the lineages of the rentier state', *Comparative Politics*, 27(1): 1–25.

Chesnais, J.-C. (1992) *The Demographic Transition: Stages, Patterns and Economic Implications*. Oxford: Oxford University Press.

Chesterman, S. (2001) *Just War or Just Peace? Humanitarian Intervention and International Law*. Oxford: Oxford University Press.

Chesterman, S. (2004) *You, the People: The United Nations, Transitional Administration, and State Building*. Oxford: Oxford University Press.

Child, J. (1992) *The Central American Peace Process, 1983–1991: Sheathing*

Swords, Building Confidence. Boulder, CO: Lynne Rienner.

Chomsky, N. (2000) *Rogue States*. London: Pluto Press.

Christensen, T., and Snyder, J. (1990) 'Chain gangs and passed bucks: predicting alliance patterns in multipolarity', *International Organization*, 44(2): 137–68.

Cirincione, J., Wolfstal, J. B., and Rajkumar, M. (2005) *Deadly Arsenals: Nuclear, Biological and Chemical Threats*. Washington, DC: Carnegie Endowment for International Peace.

Clapham, C. (1985) *Third World Politics: An Introduction*. London: Croom Helm.

Clarke, R. (2004) *Against All Enemies: Inside America's War on Terror*. New York: Free Press.

Clarke, R. A., and Knake, R. (2010) *Cyber War*. New York: Ecco.

Claude, I. L. (1956) *Swords into Ploughshares*. New York: Random House.

Claude, I. L. (1962) *Power and International Relations*. New York: Random House.

Clausewitz, C. von (1984 [1832]) *On War*. Princeton, NJ: Princeton University Press.

Cohn, C. (1987) 'Sex, death and the rational world of defense intellectuals', *Signs*, 12(4): 687–718.

Coker, C. (2001) *Humane War: The New Ethics of Postmodern War*. London: Routledge.

Cole, P. (2000) *Philosophies of Exclusion: Liberal Political Theory and Immigration*. Edinburgh: Edinburgh University Press.

Colley, L. (1992) *Britons: Forging the Nation, 1707–1837*. New Haven, CT: Yale University Press.

Collier, P. (2000) 'Doing well out of war: an economic perspective', in M. Berdal and D. Malone (eds), *Greed and Grievance: Economic Agendas in Civil Wars*. Boulder, CO: Lynne Rienner.

Collier, P. (2003) *Breaking the Conflict Trap: Civil War and Development Policy*. Washington, DC: World Bank.

Collier, P., and Hoeffler, A. (2001) *Greed and Grievance in Civil Wars*. Washington, DC: World Bank.

Collier, P., and Hoeffler, A. (2004) 'The challenge of reducing the global incidence of civil war', Copenhagen Consensus Paper, at www.copenhagenconsensus.com/Files/Filer/CC/Papers/Conflicts_230404.pdf (accessed October 2006).

Commission on Human Security (2003) *Human Security Now: Protecting and Empowering People*. New York: Commission on Human Security.

Conca, K. (1994) 'In the name of sustainability: peace studies and environmental discourse', *Peace and Change*, 19(2): 91–113.

Conca, K., and Dabelko, G. D. (eds) (2002) *Environmental Peacekeeping*. Washington and Baltimore: Woodrow Wilson Center Press and Johns Hopkins University Press.

Conca, K., and Dabelko, G. D. (eds) (2004) *Green Planet Blues: Environmental Politics from Stockholm to Johannesburg*. Boulder, CO: Westview Press.

Connelly, M., and Kennedy, P. (1994) 'Must it be the Rest against the West?', *Atlantic Monthly*, December: 61–9.

Cooley, J. (1984) 'The war over water', *Foreign Policy*, 54: 3–26.

Cooper, R. (1999) 'The long peace', *Prospect*, 40: 22–5.

Cooper, R. (2003) *The Breaking of Nations: Order and Chaos in the Twenty-First Century*, London: Atlantic Books.

Cornelius, W. A., Espenshade, T., and Salehyan, I. (2001) *The International Migration of the Highly Skilled*. La Jolla, CA: Center for Comparative Integration Studies.

Cortright, D., and Vayrynen R. (2010) *Towards Nuclear Zero*, Adelphi Paper 410. London: Routledge for the International Institute for Strategic Studies.

Cowper-Coles, S. (2011) *Cables from Kabul: The Inside Story of the West's Afghanistan Campaign*. London: HarperPress.

Cox, M. (2004) 'Empire, imperialism and the Bush Doctrine', *Review of International Studies*, 30(4): 585–608.

Cox, M. (2005) 'Beyond the West: terrors in Transatlantia', *European Journal of International Relations*, 11(2): 203–33.

Cox, R. (1986) 'Social forces, states and world orders: beyond international relations theory', in R. O. Keohane (ed.), *Neo-realism and its Critics*. New York: Columbia University Press.

Cramer, C. (2002) 'Homo economicus goes to war: methodological individualism, rational choice and the political economy of war', *World Development*, 30(11): 1845–64.

Crenshaw, M. (2010) *Explaining Terrorism: Causes, Processes and Consequences*. London: Routledge.

Crisp, J. (2000) *People on the Move: Security Challenges at the Turn of the Millennium*. Geneva: Geneva Centre for Security Policy.

Cronin, A. K. (2011) *How Terrorism Ends: Understanding the Decline and Demise of Terrorist Campaigns*. Princeton, NJ: Princeton University Press.

Daalder, I. H., and Lindsay, J. M. (2003) *America Unbound: The Bush Revolution in Foreign Policy*. Washington, DC: Brookings Institution.

Dabelko, G. D., Lonergan, S., and Matthew, R. A. (1999) 'State of the art review on environment, security and development cooperation', at www.eldis.org/static/Doc1676.htm (accessed October 2006).

Dalby, S. (1999) 'Threats from the south: geopolitics, equity and environmental security', in D. Deudney and R. A. Matthew (eds), *Contested Grounds: Security and Conflict in the New Environmental Politics*. Albany: State University of New York Press.

Dalby, S. (2002) *Environmental Security*. Minneapolis: University of Minnesota Press.

Dalby, S. (2009) *Security and Environmental Change*. Cambridge: Polity.

Dando, M. (2001) *The New Biological Weapons*. London: Lynne Rienner.

Danner, M. (ed.) (2004) *Torture and Truth: America, Abu Ghraib and the War on Terror*. New York: New York Review of Books.

Dannreuther, R. (1992) *The Gulf War: A Political and Strategic Analysis*, Adelphi Paper 264. London: Brassey's for the International Institute for Strategic Studies.

Dannreuther, R. (1999) 'The political dimension: authoritarianism and democratization', in L. Fawcett and Y. Sayegh (eds), *The Third World beyond the Cold War*. Oxford: Oxford University Press, pp. 34–55.

Dannreuther, R. (1999–2000) 'Escaping the enlargement trap in NATO–Russian relations', *Survival*, 41(4): 145–64.

Dannreuther, R. (2001) 'War in Kosovo: history, development and aftermath', in M. Buckley and S. N. Cummings (eds), *Kosovo: Perceptions of War and its Aftermath*. London: Continuum, pp. 12–29.

Dannreuther, R. (ed.) (2004) *European Union Foreign and Security Policy: Towards a Neighbourhood Strategy*. London: Routledge.

Dannreuther, R. (2010) 'Energy security', in J. P. Burgess (ed.), *The Routledge Handbook of New Security Studies*. London: Routledge.

Dannreuther, R., and Kennedy, J. (2007) 'Historical sociology in sociology: British decline and US hegemony with lessons for international relations', *International Politics*, 44(4): 369–89.

Dannreuther, R., and Peterson, J. (eds) (2006) *Security Strategy and Transatlantic Relations*. London: Routledge.

de Soysa, I. (2000) 'The resource curse: are civil wars driven by rapacity or paucity?', in M. Berdal and D. Malone (eds), *Greed and Grievance: Economic Agendas in Civil Wars*. Boulder, CO: Lynne Rienner.

de Villers, M. (1999) *Water Wars: Is the World's Water Running Out?*, London: Weidenfeld & Nicolson.

de Waal, A. (1989) *Famine that Kills: Darfur, Sudan, 1984–5*. Oxford: Clarendon Press.

de Waal, A. (2004) 'Darfur: counter-insurgency on the cheap', *London Review of Books*, 26(15): 25–8.

Delli Priscolli, J. (2000) 'Water and civilization: using history to reframe water policy debates and to build ecological realism', *Water Policy*, 1(6): 623–36.

Deng, Y. (2008) *China's Struggle for Status: The Realignment of International Relations*. Cambridge: Cambridge University Press.

Der Derian, J. (1990) 'The (s)pace of international relations: simulation, surveillance and speed', *International Studies Quarterly*, 34(4): 295–310.

Der Derian, J. (2009) *Virtuous War: Mapping the Military–Industrial–Media–Entertainment Complex*. London: Routledge.

Desch, M. C. (2003) 'It is kind to be cruel: the humanity of American realism', *Review of International Studies*, 29(3): 415–26.

Dessler, A. (2012) *Introduction to Modern Climate Change*. Cambridge: Cambridge University Press.

Dessler A., and Parson, E. A. (eds) (2010) *The Science and Politics of Global Climate Change: A Guide to the Debate*. Cambridge: Cambridge University Press.

Deudney, D. H. (1990) 'The case against linking environmental degradation with national security', *Millennium*, 19(3): 461–76.

Deudney, D. H. (1999) 'Bringing nature back in: geopolitical theory from the Greeks to the global era', in D. Deudney and R. A. Matthew (eds), *Contested Grounds: Security and Conflict in the New Environmental Politics*. Albany: State University of New York Press, pp. 25–60.

Deudney, D. H., and Ikenberry, G. J. (1999) 'The nature and sources of liberal international order', *Review of International Studies*, 25(2): 179–96.

Deudney, D. H., and Matthew, R. A. (eds) (1999) *Contested Grounds: Security and Conflict in the New Environmental Politics*. Albany: State University of New York Press.

Deutsch K. W., et al. (1957) *Political Community in the North Atlantic Area: International Organization in Light of Historical Experience*. Princeton, NJ: Princeton University Press.

Diamond, J. (2006) *Collapse: How Societies Choose to Fail or Survive*. London: Penguin.

Diamond, L. (2005) *Squandering Victory: The American Occupation and the Bungled Effort to Bring Democracy to Iraq*. New York: Holt.

Diamond, L., and Plattner, M. F. (eds) (1996) *The Global Resurgence of Democracy*. Baltimore: Johns Hopkins University Press.

Diehl, P., and Gleditsch, N. P. (eds) (2001) *Environmental Conflict*. Boulder, CO: Westview Press.

Dillon, M., and Lobo-Guerrero, L. (2008) 'Biopolitics of security in the 21st century: an introduction', *Review of International Studies*, 34(2): 265–92.

Dillon, M., and Neal, A. (eds) (2008) *Foucault on Politics, Security and War*. London: Palgrave Macmillan.

Downs, G. W. (ed.) (1994) *Collective Security beyond the Cold War*. Ann Arbor: University of Michigan Press.

Dowty, A., and Loescher, G. (1996) 'Refugee flows as grounds for international action', *International Security*, 21(1): 43–71.

Doyle, M. (1983a) 'Kant, liberal legacies and foreign affairs, part 1', *Philosophy and Public Affairs*, 12(3): 204–35.

Doyle, M. (1983b) 'Kant, liberal legacies and foreign affairs, part 2', *Philosophy and Public Affairs*, 12(4): 325–53.

Doyle, M. (1986) 'Liberalism and world politics', *American Political Science Review*, 80(4): 1151–61.

Doyle, M. (1997) *Ways of War and Peace*. New York: W. W. Norton.

Dryzek, J. S., and Schlosberg, D. (eds) (1998) *Debating the Earth: The*

Environmental Politics Reader. Oxford: Oxford University Press.

Duffield, J. S. (1994–5) 'NATO's functions after the Cold War', *Political Science Quarterly*, 109(5): 763–87.

Duffield, J. S. (1998) *World Power Forsaken: Political Culture, International Institutions, and German Security Policy after Unification*. Stanford, CA: Stanford University Press.

Duffield, M. (2001) *Global Governance and the New Wars: The Merging of Development and Security*. London: Zed Books.

Duffield, M. (2007) *Development, Security and Unending War*. Cambridge: Polity.

Dunne, T., and Wheeler, N. J. (2004) ' "We the peoples": contending discourses of security in human rights theory and practice', *International Relations*, 18(1): 9–23.

Durch, W. J. (ed.) (1993) *The Evolution of UN Peacekeeping: Case Studies and Comparative Analyses*. New York: St Martin's Press.

Eagleton, T. (2005) *Holy Terror*. Oxford: Oxford University Press.

Eberstadt, N. (1998) 'Demography and international relations', *Washington Quarterly*, 21(2): 33–52.

Eberstadt, N. (2010) 'The demographic future', *Foreign Affairs*, 89(6): 54–64.

Economy, E. (2010) *The River Runs Black: The Environmental Challenge to China's Future*. Ithaca, NY: Cornell University Press.

Ehrlich, P. (1968) *The Population Bomb*. New York: Ballantine.

Ehrlich, P., and Ehrlich, A. H. (1991) *The Population Explosion*. New York: Touchstone.

Ehteshami, A. (1999) 'Is the Middle East democratizing?', *British Journal of Middle East Studies*, 26(2): 199–218.

Eickelman, D. F., and Piscatori, J. P. (1996) *Muslim Politics*. Princeton, NJ: Princeton University Press.

Eizenstat, S. E., Porter, J. E., and Weinstein, J. M. (2005) 'Rebuilding weak states', *Foreign Affairs*, 84(1): 134–46.

Elhance, A. (1999) *Hydropolitics in the Third World: Conflict and Cooperation in International River Basins*. Washington, DC: US Institute of Peace Press.

Elshtain, J. B. (1987) *Women and War*. New York: Basic Books.

Elshtain, J. B. (2003) *Just War against Terror: The Burden of American Power in a Violent World*. New York: Basic Books.

English, R. (2010) *Terrorism: How to Respond*. Oxford: Oxford University Press.

Enloe, C. (1990) *Bananas, Beaches and Bases: Making Feminist Sense of International Politics*. Berkeley: University of California Press.

Enloe, C. (2004) *The Curious Feminist: Searching for Women in the New Age of Empire*. Berkeley: University of California Press.

Enzensberger, H. M. (1994) *Civil Wars: From L.A. to Bosnia*. New York:

Vintage.

Ericksonn, J. E. (ed.) (1999) 'Symposium: Observers or advocates: on the political role of the security analyst', *Cooperation and Conflict*, 34(3): 311–52.

Esty, D. C., Goldstone, J. A., Gurr, T. D., et al. (1995) *State Failure Task Force Report*. McLean, VA: Science Applications International Corporation.

Esty, D. C., Goldstone, J. A., Gurr, T. D., et al. (1998) *State Failure Task Force Report: Phase II Findings*. McLean, VA: Science Applications International Corporation.

Etzioni, A. (2004) 'A self-restrained approach to nation-building by foreign powers', *International Affairs*, 80(1): 1–17.

EU (2003) *A Secure World in a Better World: European Security Strategy*. Brussels: European Union.

European Commission (2000) *Communication from the Commission to the Council and the European Parliament on a Concerted Strategy for Immigration and Asylum*, COM (2000) 757 Final. Brussels: European Commission.

European Commission (2001) *Towards a European Strategy for the Security of Energy Supply*. Brussels: European Communities.

Evans, G. (2009) *Responsibility to Protect*. Washington DC: Brookings Institution.

Evans, P. (1995) *Embedded Autonomy: States and Industrial Transformation*. Princeton, NJ: Princeton University Press.

Evans, P. (ed.) (1997) *State–Society Synergy: Government and Social Capital in Development*. Berkeley: International and Area Studies, University of California.

Falk, R. (1971) *The Endangered Planet: Prospects and Proposals for Human Security*. New York: Random House.

Falkenmark, M. (1989) 'The massive water shortage in Africa: why isn't it being addressed?', *Ambio*, 18(2): 112–18.

Falkenrath, R. A., Newman, R. D., et al. (1998) *America's Achilles Heel: Nuclear, Biological and Chemical Terrorism and Covert Attack*. Cambridge, MA: MIT Press.

FAO (1978) *Systematic Index of International Water Resources Treaties, Declarations, Acts and Cases, by Basin*, Volume 1. Rome: Food and Agriculture Organization.

FAO (1984) *Systematic Index of International Water Resources Treaties, Declarations, Acts and Cases, by Basin*, Volume II. Rome: Food and Agriculture Organization.

Farber, H., and Gowa, J. (1995) 'Politics and peace', *International Security*, 20(2): 123–46.

Farer, T., Archibugi, D., Brown C., et al. (2005) 'Roundtable: Humanitarian intervention after 9/11', *International Relations*, 19(2): 211–50.

Farwell, J. P., and Rohozinski, R. (2011) 'Stuxnet and the future of cyberwar',

Survival, 53(1): 23–40.

Feil, S. R. (1998) *Preventing Genocide: How the Early Use of Force might have Succeeded in Rwanda*. New York: Carnegie Corporation.

Feitelson, E. (2002) 'Implications for shifts in the Israeli water discourse for Israeli–Palestinian water negotiations', *Political Geography*, 21(3): 293–318.

Feiverson, H. A. (ed.) (2000) *The Nuclear Turning Point: A Blueprint for Deep Cuts and De-alerting of Nuclear Weapons*. Washington, DC: Brookings Institution.

Ferguson, N. (2004) *Colossus: The Price of America's Empire*. New York: Penguin.

Fierke, K. M. (2007) *Critical Approaches to International Security*. Cambridge: Polity.

Finer, S. (1975) 'State- and nation-building in Europe: the role of the military', in C. Tilly (ed.), *The Formation of National States in Western Europe*. Princeton, NJ: Princeton University Press, pp. 84–163.

Finkel, S., and Rule, J. B. (1986) 'Relative deprivation and related theories of civil violence: a critical review', in K. Lang and G. Lang (eds), *Research in Social Movements*. Greenwich, CT: JAI Press.

Finkelstein, M. S., and Finkelstein L. S. (1966) *Collective Security*. San Francisco: Chandler.

Finnemore, M. (2003) *The Purpose of Intervention: Changing Beliefs about the Use of Force*. Ithaca, NY: Cornell University Press.

Fleming, D. (2000) 'After oil', *Prospect*, 57: 24–8.

Flint, J., and de Waal, A. (2005) *Darfur: A Short History of a Long War*. London: Zed Books.

Forsythe, D. (1989) *Human Rights in World Politics*. Lincoln: Nebraska University Press.

Frank, A. G. (1967) *Capitalism and Underdevelopment in Latin America*. New York: Monthly Review Press.

Freedman, L. (1989) *The Evolution of Nuclear Strategy*. London: International Institute for Strategic Studies.

Freedman, L. (1998) 'International security: changing targets', *Foreign Policy*, 110: 48–63.

Freedman, L. (2003) *The Evolution of Nuclear Strategy*. 3rd edn, Basingstoke: Palgrave.

Freedman, L. (2004) *Deterrence*. Cambridge: Polity.

Freedman, L. (2005) 'Strategic terror and amateur psychology', *Political Quarterly*, 76(2): 161–70.

Freedman, L., and Karsh, E. (1994) *The Gulf Conflict, 1990–1991: Diplomacy and War in the New World Order*. London: Faber.

Freeman, G. P. (1995) 'Modes of immigration politics in liberal democratic states', *International Migration Review*, 26(4): 881–913.

Friedberg, A. L. (1993–4) 'Ripe for rivalry: prospects for peace in multipolar Asia', *International Security*, 18(3): 5–33.

Friedberg, A. L. (2005) 'The future of US–China relations: is conflict inevitable?', *International Security*, 30(2): 7–45.

Frost, R. M. (2005) *Nuclear Terrorism after 9/11*, Adelphi Paper 378. London: Routledge for the International Institute for Strategic Studies.

Frum, D., and Perle R. (2003) *An End to Evil: How to Win the War on Terror.* New York: Random House.

Fukuyama, F. (1992) *The End of History and the Last Man.* London: Hamish Hamilton.

Fukuyama, F. (2004) *State-Building: Governance and World Order in the 21st Century.* Ithaca, NY: Cornell University Press.

Gabel, J. (2004–5) 'The role of US nuclear weapons after September 11', *Washington Quarterly*, 28(1): 181–95.

Gaddis, J. L. (1992–3) 'International relations theory and the end of the Cold War', *International Security*, 17(3): 5–58.

Gaddis, J. L. (2004) *Surprise, Security and the American Experience.* Cambridge, MA: Harvard University Press.

Gaffney, F. J. (2001) 'Bush, missile defence, and the critics', *Commentary*, May: 29–36.

Gambetta, D. (ed.) (2005) *Making Sense of Suicide Missions.* Oxford: Oxford University Press.

Garner-Outlaw, T., and Engelman, R. (1997) *Sustaining Water, Easing Scarcity: A Second Update.* Washington, DC: Population Action International.

Garrett, L. (2001) 'The nightmare of bioterrorism', *Foreign Affairs*, 80(1): 76–89.

Garthoff, R. (1985) *Detente and Confrontation: American–Soviet Relations from Nixon to Reagan.* Washington, DC: Brookings Institution.

Geddes, A. (2008) *Immigration and European Integration: Towards Fortress Europe.* Manchester: Manchester University Press.

Gellner, E. (1983) *Nations and Nationalism.* Oxford: Blackwell.

Gellner, E. (1994) *Conditions of Liberty: Civil Society and its Rivals.* London: Hamish Hamilton.

Gerges, F. (2005) *The Far Enemy: Why Jihad Went Global.* Cambridge: Cambridge University Press.

Gerges, F. (2011) *The Rise and fall of al-Qaeda.* Oxford: Oxford University Press.

Gever, J. (1986) *Beyond Oil: The Threat to Food and Fuel in the Coming Decades.* Cambridge, MA: Ballinger.

Giddens, A. (1997) *The Nation-State and Violence.* Berkeley: University of California Press.

Giddens, A. (1999) *Runaway World: How Globalization is Reshaping our Lives.* London: Profile.

Gilbert, M. (1983) *Winston S. Churchill*, Volume VI: *Finest Hour, 1938–1941*. London: Heinemann.

Gilpin, R. G. (1984) 'The richness of the tradition of political realism', *International Organization*, 53(4): 631–68.

Ginifer, J. (1996) 'Development within UN peace missions', *International Peacekeeping*, 3(2): 41–63.

Giordano, M. A., and Wolf, A. T. (2003) 'Sharing waters: post-Rio international water management', *Natural Resources Forum*, 27: 163–71.

Girard, R. (1977) *Violence and the Sacred*. Baltimore: Johns Hopkins University Press.

Glaser, C. (1997) 'The security dilemma revisited', *World Politics*, 50(1): 171–201.

Gleditsch, N. P. (2001) 'Armed conflict and the environment', *Journal of Peace Research*, 35(3): 381–400.

Gleick, P. (1993) 'Water and conflict: fresh water resources and international security', *International Security*, 18(1): 79–112.

Gleick, P., Wolff, G. H., Chalecki, E. L., and Reyes, R. (2002) 'The privatisation of water and water systems', in P. Gleick et al., *The World's Water*, Volume 3. Washington, DC: Island Press.

Gleick, P., et al. (2011) *The World's Water*, Volume 7. Washington DC: Island Press.

Goh, E. (2007–8) 'Great powers and hierarchical order in Southeast Asia', *International Security*, 32(3): 113–57.

Goldgeier, J. M., and McFaul, M. (1992) 'A tale of two worlds: core and periphery in the post-Cold War era', *International Organization*, 46(2): 467–91.

Goldsborough, J. (2000) 'Out-of-control immigration', *Foreign Affairs*, 79(5): 89–101.

Goldstone, J. A. (1991) *Revolution and Rebellion in the Early Modern World*. Berkeley: University of California Press.

Goldstone, J. A. (2002) 'Population and security: how demographic change can lead to violent conflict', *Journal of International Affairs*, 56(1): 3–21.

Goldstone, J. A. (2010) 'The new population bomb', *Foreign Affairs*, 89(1): 31–43.

Goldthau, A., and Witte, J. M. (eds) (2009a) *Global Energy Governance: The New Rules of the Game*. Washington DC: Brookings Institution.

Goldthau, A., and Witte, J. M. (2009b) 'Back to the future or forward to the past: strengthening markets and rules for effective global energy governance', *International Affairs*, 82(2): 373–90.

Gong, G. (1984) *The Standard of 'Civilization' in International Society*. Oxford: Clarendon Press.

Gordon, P. H. (2003) 'Bush's Middle East vision', *Survival*, 45(1): 155–66.

Gore, A. (1992) *Earth in the Balance: Ecology and the Human Spirit*. Boston:

Houghton Mifflin.

Gottemoeller, R. (2005) 'Cooperative threat reduction beyond Russia', *Washington Quarterly*, 28(2): 145–58.

Gouré, L., Kohler, F. D., and Harvey, M. L. (1974) *The Role of Nuclear Forces in Current Soviet Strategy*. Miami: Center for Advanced International Studies, University of Miami.

Gow, J. (1997) *Triumph of the Lack of Will: International Diplomacy and the Yugoslav War*. London: Hurst.

Gray, C. S. (1979) 'Nuclear strategy: the case for a theory of victory', *International Security*, 4(1): 54–87.

Gray, C. S. (1976) *The Soviet–American Arms Race*. Farnborough, Saxon House.

Gray, C. S. (1992) *House of Cards: Why Arms Control Must Fail*. Ithaca, NY: Cornell University Press.

Gray, C. S. (1997) *Post-Modern War: The New Politics of Conflict*. London: Routledge.

Gray, C. S. (1999) *The Second Nuclear Age*. Boulder, CO: Lynne Rienner.

Gray, J. (2008) *Black Mass: Apocalyptic Religion and the Death of Utopia*. London: Penguin.

Grayling, A. C. (2006) *Among the Dead Cities*. London: Bloomsbury.

Greenwood, C. (1993) 'Is there a right of humanitarian intervention?', *The World Today*, 49(2): 34–40.

Greider, W. (2000) 'Oil on political waters', *Nation*, 271(12): 5–6.

Gries, P. H. (2004) *China's New Nationalism: Pride, Politics and Diplomacy*. Berkeley: University of California Press.

Griffiths R., and Houston, W. (2008) *Water: The Final Resource: How the Politics of Water Will Affect the World*. Petersfield: Harriman House.

Guild, E. (2009) *Security and Migration in the 21st Century*. Cambridge: Polity.

Gurr, T. R. (1970) *Why Men Rebel*. Princeton, NJ: Princeton University Press.

Haas, E. B. (1953) 'The balance of power: prescription, concept or propaganda', *World Politics*, 5(4): 442–77.

Haas, E. B. (1958) *The Uniting of Europe: Political, Economic and Social Forces*. London: Stevens.

Haas, P. M. (1990) *Saving the Mediterranean: The Politics of International Environmental Cooperation*. New York: Columbia University Press.

Haas, R. (1997) *The Reluctant Sheriff: The United States after the Cold War*. New York: Council on Foreign Relations.

Habermas, J. (2000) 'Bestialität und Humanität', in R. Merkel (ed.), *Der Kosovo-Krieg und das Völkerrecht*. Frankfurt am Main: Suhrkamp, pp. 51–65.

Haftendorn, H. (1991) 'The security puzzle: theory-building and discipline-building in international security', *International Studies Quarterly*, 8(1): 129–53.

Hall, J. A. (1985) *Powers and Liberties: The Causes and Consequences of the Rise of the West*. Oxford: Blackwell.

Hall, J. A., and Zhao, D. X. (1994) 'State power and patterns of late development', in J. A. Hall (ed.), *Coercion and Consent: Studies in the Modern State*. Cambridge: Polity.

Halliday, F. (1994) *Rethinking International Relations*. Basingstoke: Macmillan.

Halliday, F. (1996) *Islam and the Myth of Confrontation: Religion and Politics in the Middle East*. London: I. B. Tauris.

Halliday, F. (2005) *The Middle East in International Relations: Power, Politics and Ideology*. Cambridge: Cambridge University Press.

Halliday, J. (2008) 'London riots: how blackberry messenger played a key role', *The Guardian*, 8 August, at www.guardian.co.uk/media/2011/aug/08/london-riots-facebook-twitter-blackberry (accessed 10 April 2012).

el-Hamalawy, H. (2011) 'Social media, workers and the Egyptian revolution', *3arabawy*, 2 October, at www.arabawy.org/2011/10/02/video-social-media-workers-and-the-egyptian-revolution (accessed 10 April 2012).

Hansen, L. (2000) 'The little mermaid's silent security dilemma and the absence of gender in the Copenhagen School', *Millennium*, 29(2): 285–306.

Hansen, L. (2006) *Security as Practice: Discourse Analysis and the Bosnian War*. London: Routledge.

Hardin, G. (1993) *Living within Limits: Ecology, Economics and Population*. Oxford: Oxford University Press.

Hardin, G. (1998 [1968]) 'The tragedy of the commons', *Science*, 162(1): 243–8; repr. in J. S. Dryzek and D. Schlosberg (eds), *Debating the Earth: The Environmental Politics Reader*. Oxford: Oxford University Press.

Hardt, M., and Negri, A. (2001) *Empire*. Cambridge, MA: Harvard University Press.

Hartmann, F. H. (1982) *The Conservation of Enemies: A Study in Enmity*. Westport, CT: Greenwood Press.

Hastings, B. (1999) *Bomber Command*. London: Pan.

Hauge, W., and Ellingsen, T. (2001) 'Causal pathways to conflict', in P. Diehl and N. P. Gleditsch (eds), *Environmental Conflict*. Boulder, CO: Westview Press, pp. 36–57.

Hegghammer, T. (2010) *Jihad in Saudi Arabia: Violence and Pan-Arabism*. Cambridge: Cambridge University Press.

Heilbroner, R. (1991) *An Inquiry into the Human Prospect: Looked at Again for the 1990s*. New York: W. W. Norton.

Helm, D., and Hepburn, C. (eds) (2009) *The Economics and Politics of Climate*

Change. Oxford: Oxford University Press.

Herbst, J. (1989) 'The creation and maintenance of national boundaries in Africa', *International Organization*, 43(4): 673–92.

Herbst, J. (1990) 'War and the state in Africa', *International Security*, 14(4): 117–39.

Herbst, J. (2000) *States and Power in Africa: Comparative Lessons in Authority and Control*. Princeton, NJ: Princeton University Press.

Heydemann, S. (ed.) (2000) *War, Institutions and Social Change in the Middle East*. Berkeley: University of California Press.

Hill, C. (1993) 'The capabilities–expectations gap, or conceptualizing Europe's international role', *Journal of Common Market Studies*, 31(3): 305–28.

Hillel, D. (1994) *Rivers of Eden: The Struggle for Water and the Quest for Peace in the Middle East*. Oxford: Oxford University Press.

Hinnebusch, R. (2003) *The International Politics of the Middle East*. Manchester: Manchester University Press.

Hironaka, A. (2005) *Neverending Wars: The International Community, Weak States and the Perpetuation of Civil War*. Cambridge, MA: Harvard University Press.

Hirst, P. (1997) 'The global economy: myths and realities', *International Affairs*, 73(3): 409–35.

Hobden, S., and Hobson, J. M. (eds) (2002) *Historical Sociology of International Relations*. Cambridge: Cambridge University Press.

Hobson, J. M. (2004) *The Eastern Origins of Western Civilization*. Cambridge: Cambridge University Press.

Hoffmann, B. (2006) *Inside Terrorism*. Rev. edn, New York: Columbia University Press.

Hoffmann, S. (1996) *The Ethics and Politics of Humanitarian Intervention*. Notre Dame, IN: University of Notre Dame Press.

Holbrooke, R. (1999) *To End a War*. New York: Modern Library.

Hollifield, J. F. (2000) 'Migration and the "new" international order: the missing regime', in B. Ghosh (ed.), *Managing Migration: Time for a New International Regime?*. Oxford: Oxford University Press.

Holzgrefe, J. L., and Keohane, R. O. (eds) (2003) *Humanitarian Intervention: Ethical, Legal and Political Dilemmas*. Cambridge: Cambridge University Press.

Home Office (2002) *Secure Borders, Safe Haven: Integration with Diversity in Modern Britain*. London: Stationery Office.

Homer-Dixon, T. (1991) 'On the threshold: environmental changes as causes of acute conflict', *International Security*, 16(2): 76–116.

Homer-Dixon, T. (1994) 'Environmental scarcities and violent conflict: evidence from cases', *International Security*, 19(1): 5–40.

Homer-Dixon, T. (1999) *Environment, Scarcity and Violence*. Princeton, NJ: Princeton University Press.

Homer-Dixon, T. (2001) *The Ingenuity Gap*. London: Vintage.

Homer-Dixon, T. (2002) 'The rise of complex terrorism', *Foreign Policy*, 128: 52–62.

Homer-Dixon, T. (ed.) (2009) *How the Twin Crises of Oil Depletion and Climate Change Will Define the Future*. Toronto: Random House.

Homer-Dixon, T., and Blitt, J. (eds) (1998) *Ecoviolence: Links among Environment, Population and Security*. Lanham, MD: Rowman & Littlefield.

Hooper, C. (2000) *Manly States: Masculinities, International Relations, and Gender Politics*. New York: Columbia University Press.

Horsnell, P. (2000) *The Probability of Oil Market Disruption: With an Emphasis on the Middle East*. Houston: James A Baker III Institute for Public Policy, Rice University.

Howard, M. (2002) 'What's in a name?', *Foreign Affairs*, 81(1): 8–13.

Howard, P., and Homer-Dixon, T. (1998) 'Environmental scarcity and violent conflict: the case of Chiapas', in T. Homer-Dixon and J. Blitt (eds), *Ecoviolence: Links among Environment, Population and Security*. Lanham, MD: Rowman & Littlefield.

Howitt, A. M., and Pangi, R. L. (eds) (2003) *Countering Terrorism: Dimensions of Preparedness*. Cambridge, MA: MIT Press.

Howorth, J. (2007) *Security and Defence Policy in the European Union*. Basingstoke: Palgrave.

Hunt, D. (1989) *Economic Theories of Development: An Analysis of Competing Paradigms*. New York: Harvester Wheatsheaf.

Huntington, S. P. (1968) *Political Order in Changing Societies*. New Haven, CT: Yale University Press.

Huntington, S. P. (1991) *The Third Wave: Democratization in the Late Twentieth Century*. Norman: University of Oklahoma Press.

Huntington, S. P. (1993) 'The clash of civilizations?', *Foreign Affairs*, 72(3): 22–49.

Huntington, S. P. (1996) 'The West unique, not universal', *Foreign Affairs*, 75(6): 28–46.

Huntington, S. P. (1997) 'The erosion of American national interests', *Foreign Affairs*, 76(5): 28–49.

Hurewitz, J. C. (1969) *Middle East Politics: The Military Dimension*. New York: Praeger.

Hurrell, A. (1992) 'Collective security and international order revisited', *International Relations*, 11(1): 37–55.

Hurrell, A. (1998) 'An emerging security community in South America', in E. Adler and M. Barnett (eds), *Security Communities*. Cambridge: Cambridge University Press, pp. 228–64.

Huth, P. K. (1996) *Standing your Ground: Territorial Disputes and International Conflict*. Ann Arbor: University of Michigan Press.

Huysmans, J. (1995) 'Migrants as a security problem: dangers of "securitizing" societal issues', in R. Miles and D. Thränhardt (eds), *Migration and European Integration: The Dynamics of Inclusion and Exclusion*. London: Pinter.

Huysmans, J. (2000) 'The European Union and the securitization of migration', *Journal of Common Market Studies*, 38(5): 751–77.

Huysmans, J. (2005) *The Politics of Insecurity: Fear, Migration and Asylum in the EU*. London: Routledge.

ICISS (2001a) *The Responsibility to Protect*. Ottawa: International Development Research Centre for the International Commission on Intervention and State Sovereignty.

ICISS (2001b) *The Responsibility to Protect: Research, Bibliography and Background*. Ottawa: International Development Research Centre for the International Commission on Intervention and State Sovereignty.

IEA (2012) *World Energy Outlook 2012*. Paris: International Energy Agency.

Ignatieff, M. (1998) *The Warrior's Honour: Ethnic War and the Modern Conscience*. New York: Henry Holt.

Ignatieff, M. (2000) *Virtual War: Kosovo and Beyond*. London: Chatto & Windus.

Ignatieff, M. (2004) *The Lesser Evil: Political Ethics in the Age of Terror*. Princeton, NJ: Princeton University Press.

IISS (International Institute for Strategic Studies) (2001) 'Defining terrorism', *Strategic Comments*, 7(9): 1–2.

Ikenberry, G. J. (2001) *After Victory: Institutions, Strategic Restraint, and the Rebuilding of Order after Major Wars*. Princeton, NJ: Princeton University Press.

Ikenberry, G. J. (2011a) *Liberal Leviathan: The Origins, Crisis and Transformation of the American World Order: The Rise, Decline and Renewal*. Princeton, NJ: Princeton University Press.

Ikenberry G. J. (2011b) 'The future of liberal world order', *Foreign Affairs*, 90(3): 56–68.

Ikenberry, G. J., and Tsuchiyama, J. (2002) 'Between balance of power and community: the future of multilateral security cooperation in the Asia-Pacific', *International Relations of the Asia-Pacific*, 2(1): 69–94.

Inkster, N. (2010) 'China in cyberspace', *Survival*, 52(4): 55–66.

Institute of International Studies (2005) *Small Arms Survey 2005: Weapons at War*. Oxford: Oxford University Press.

International Commission on Intervention in Kosovo (2000) *The Kosovo Report*. Oxford: Oxford University Press.

International Rescue Committee (2008) *Mortality in the Democratic Republic of Congo: An Ongoing Crisis*, at www.rescue.org/sites/default/files/migrated/resources/2007/2006-7_congomortalitysurvey.pdf (accessed 5 January 2011).

IOM (2003) *World Migration 2003: Managing Migration – Challenges and*

Responses for People on the Move. Geneva: International Organization for Migration.

IPCC (International Panel on Climate Change) (2007) *Climate Change: Synthesis Report*. Geneva: IPCC.

Jackson, R. (1990) *Quasi-States: Sovereignty, International Relations, and the Third World*. Cambridge: Cambridge University Press.

Jackson, R. (1993) 'The weight of ideas in decolonization: normative change in international relations', in J. Goldstein and R. O. Keohane (eds), *Ideas and Foreign Policy*. Ithaca, NY: Cornell University Press.

Jackson, R. (2000) *The Global Covenant: Human Conduct in a World of States*. Oxford: Oxford University Press.

Jackson, R., and Sinclair, S. J. (eds) (2012) *Contemporary Debates on Terrorism*. London: Routledge.

Jackson, R., Smith M. B., Gunning, P. J., and Jarin, L. (2011) *Terrorism: A Critical Introduction*. Basingstoke: Palgrave Macmillan.

Jackson, R. H., and Rosberg, C. G. (1982) 'Why Africa's weak states persist: the empirical and the juridical in statehood', *World Politics*, 35(1): 1–24.

Jacobsen, D. (1996) *Rights across Borders: Immigration and the Decline of Citizenship*. Baltimore: Johns Hopkins University Press.

James, A. (1990) *Peacekeeping in International Politics*. Basingstoke: Macmillan for the International Institute for Strategic Studies.

Jenkins, B. (1975) 'International terrorism: a new mode of conflict', in D. Carlton and C. Schearf (eds), *International Terrorism and World Security*. London: Croom Helm.

Jenkins, B. (1998) 'Foreword', in I. O. Lesser (ed.), *Countering the New Terrorism*. Santa Monica, CA: RAND, pp. iii–xiv.

Jervis, R. (1978) 'Cooperation under the security dilemma', *World Politics*, 30(2): 167–94.

Jervis, R. (1984) *The Illogic of American Nuclear Strategy*. Ithaca, NY: Cornell University Press.

Jervis, R. (1989) *The Meaning of the Nuclear Revolution: Statecraft and the Prospect of Armageddon*. Ithaca, NY: Cornell University Press.

Jervis, R. (1991–2) 'The future of world politics: will it resemble the past?', *International Security*, 16: 39–73.

Jervis, R. (2002) 'Theories of war in an era of leading-power peace', *American Political Science Review*, 96(1): 1–14.

Joffé, G. (1984) 'Europe's American pacifier', *Foreign Policy*, 58: 64–82.

Johnson, C. (2002) *Blowback: The Costs and Consequences of the American Empire*. London: Time Warner.

Johnson, C. (2004) *The Sorrows of Empire: Militarism, Secrecy, and the End of the Republic*. New York: Metropolitan Books.

Johnston, A. I. (1995) *Cultural Realism: Strategic Culture and Grand Strategy in Ming China*. Ithaca, NY: Cornell University Press.

Johnston, A. I. (2003a) 'Is China a status quo power?', *International Security*, 27(4): 5–56.

Johnston, A. I. (2003b) 'Socialization in international institutions: the ASEAN way and international relations theory', in G. J. Ikenberry and M. Mastanduno (eds), *International Relations Theory and the Asia-Pacific*. New York: Columbia University Press.

Johnston, A. I., and Evans, P. (1999) 'China's engagement with multilateral security institutions', in A. I. Johnston and R. S. Ross (eds), *Engaging China: The Management of an Emerging Power*. London: Routledge.

Jones, B. D. (2011) 'Libya and the responsibility to protect', *Survival*, 53(3): 51–60.

Jones, C. (2006) 'The axis of non-proliferation', *Problems of Post-Communism*, 53(2): 3–16.

Jones, D. M., and Smith, M. L. R. (2007) 'Making process, not progress: ASEAN and the problem of regional order', *International Security* 32(1): 148–84.

Jones, R. B. J. (1995) *Globalization and Interdependence in the International Political Economy*. London: Pinter.

Joppke, C. (1999) *Immigration and the Nation-State*. Oxford: Oxford University Press.

Joppke, C. (2007) 'Beyond national models: civic integration policies for immigrants in Western Europe', *West European Politics*, 30(1): 1–22.

Jordan, B., and Duevell, F. (2002) *Irregular Migration: The Dilemmas of Transnational Mobility*. Cheltenham: Edward Elgar.

Jordan, B., and Duevell, F. (2003) *Migration: The Boundaries of Equality and Justice*. Cambridge: Polity.

Joseph, J. (2005) 'The exercise of national sovereignty: the Bush administration's approach to combating weapons of mass destruction proliferation', *Nonproliferation Review*, 12(2): 373–87.

Juergensmeyer, M. (2000) *Terror in the Mind of God: The Global Rise of Religious Violence*. Berkeley: University of California Press.

Kagan, R. (2003) *Of Paradise and Power: America and Europe in the New World Order*. New York: Alfred A. Knopf.

Kagan, R. (2008) *The Return of History and the End of Dreams*. London: Atlantic Books.

Kahl, C. H. (1998–9) 'Constructing a separate peace: constructivism, collective liberal identity, and democratic peace', *Security Studies*, 8(2/3): 94–144.

Kaldor, M. (2012) *New and Old Wars: Organised Violence in a Global Era*. 3rd edn, Cambridge: Polity.

Kaldor, M., Karl, T. L., and Said, Y. (eds) (2007) *Oil Wars*. London: Pluto Press.

Kalicki, J. H., and Goldwyn, D. L. (eds) (2005) *Energy and Security: Toward a New Foreign Policy Strategy*. Washington, DC: Woodrow Wilson Center Press.

Kalyvas, S. N. (2001) ' "New" and "old" civil wars: a valid distinction?', *World*

Politics, 54(1): 99–118.

Kamp, K.-H. (1996) 'An overrated nightmare', *Bulletin of the Atomic Scientists*, 52(4): 30–5.

Kang D. C. (2007) *China Rising: Peace, Power and Order in East Asia*. New York: Columbia University Press.

Kaplan, R. D. (1994a) *Balkan Ghosts: A Journey through History*. New York: Vintage.

Kaplan, R. D. (1994b) 'The coming anarchy', *Atlantic Monthly*, 273(2): 44–76.

Kaplan, R. D. (1996) *The Ends of the Earth: A Journey at the Dawn of the 21st Century*. New York: Random House.

Kaplan, R. D. (2010) 'The geography of Chinese power', *Foreign Affairs*, 89(3): 22–41.

Kapur, D., and McHale, J. (2003) 'Migration's new payoff', *Foreign Policy*, 130: 49–57.

Karl, T. L. (1997) *The Paradox of Plenty: Oil Booms and Petro-States*. Berkeley: University of California Press.

Katsumata, H. (2006) 'Establishment of the ASEAN regional forum: constructing a "talking shop" or a "Norm Brewery"', *Pacific Review*, 19(2): 181–98.

Katzenstein, P. J. (ed.) (1996) *The Culture of National Security: Norms and Identity in World Politics*. New York: Columbia University Press.

Kaufman, S., Little, R., and Wohlforth W. C. (eds) (2007) *The Balance of Power in World History*. Basingstoke: Macmillan.

Kaufmann, C. (1996) 'Possible and impossible solutions to ethnic civil wars', *International Security*, 20(4): 136–75.

Keck, M., and Sikkink, K. (1998) *Activists beyond Borders: Advocacy Networks in International Politics*. Ithaca, NY: Cornell University Press.

Keeley, C. B. (2003) 'Globalization transforms trade–migration equation', *International Migration*, 41(1): 87–92.

Keen, D. (1998) *The Economic Functions of Violence in Civil Wars*, Adelphi Paper 320. Oxford: Oxford University Press.

Kelly, K., and Homer-Dixon, T. (1998) 'Environmental scarcity and violent conflict: the case of Gaza', in T. Homer-Dixon and J. Blitt (eds), *Ecoviolence: Links among Environment, Population and Security*. Lanham, MD: Rowman & Littlefield.

Kennedy, P. (1993) *Preparing for the Twenty-First Century*. New York: Vintage.

Keohane, R. O. (1984) *After Hegemony: Cooperation and Discord in the World Political Economy*. Princeton, NJ: Princeton University Press.

Keohane, R. O. (2002) 'Ironies of sovereignty: the European Union and the United States', *Journal of Common Market Studies*, 40(4): 743–65.

Keohane, R. O., and Nye, J. S. (2000) 'Globalization: What's new? What's not? (And so what?)', *Foreign Policy*, 118: 104–19.

Kepel, G. (2002) *Jihad: The Trail of Political Islam*. Cambridge, MA: Harvard

University Press.

Kepel, G. (2004) *The War for Muslim Minds: Islam and the West*. Cambridge, MA: Belknap Press.

Kerr, M. (1965) *The Arab Cold War: A Study of Ideology in Politics*. Oxford: Oxford University Press.

Khalili, L. (2011) 'Gendered practices of counter-insurgency', *Review of International Studies*, 37(4): 1471–91.

Khalili, L. (2012) *Time in the Shadows: Confinement in Counterinsurgencies*. Stanford, CA: Stanford University Press.

Khan, S. (2010) *Iran and Nuclear Weapons: Protracted Conflict and Proliferation*. London: Routledge.

Khong, Y. F. (2001) 'Human security: a shotgun approach to alleviating human misery?', *Global Governance*, 7(3): 231–7.

Kim, Y. (2003) *The Resource Curse in a Post-Communist Regime: Russia in Comparative Perspective*. Aldershot: Ashgate.

Kirchheimer, O. (1966) 'The transformation of the Western European party systems', in J. La Palombara and M. Weiner (eds), *Political Parties and Political Development*. Princeton, NJ: Princeton University Press.

Kissinger, H. (1957) *Nuclear Weapons and Foreign Policy*. New York: Harper.

Kissinger, H. (1965) *The Troubled Partnership: A Re-Appraisal of the Atlantic Alliance*. New York: McGraw Hill.

Kissinger, H. (1994) *Diplomacy*. New York: Simon & Schuster.

Klare, M. (2001) *Resource Wars: The New Landscape of Global Conflict*. New York: Henry Holt.

Klare, M. (2004) *Blood and Oil: The Dangers and Consequences of America's Growing Dependency on Imported Petroleum*. New York: Metropolitan Books.

Klimburg, A. (2011) 'Mobilising cyber power', *Survival* 53(1): 41–60.

Klotz, A. (1995) *Norms in International Relations: The Struggle against Apartheid*. Ithaca, NY: Cornell University Press.

Koblentz, G. D. (2003) 'Biological terrorism: understanding the threat and America's response', in A. M. Howitt and R. L. Pangi (eds), *Countering Terrorism: Dimensions of Preparedness*. Cambridge, MA: MIT Press.

Koslowski, R. (1999) 'A constructivist approach to understanding the European Union as a federal polity', *Journal of European Public Policy*, 6(4): 561–78.

Koslowski, R., and Kratochwil, F. (1995) 'Understanding change in international politics: the Soviet empire's demise and the international system', in R. N. Lebow and T. Risse-Kappen (eds), *International Relations Theory and the End of the Cold War*. New York: Columbia University Press, pp. 127–66.

Kramer, G. (1997) 'Islamist notions of democracy', in J. Beinin and J. Stork (eds), *Political Islam*. London: I. B. Tauris.

Kramer, M. (2009) 'The myth of no-NATO-enlargement pledge to Russia',

Washington Quarterly, 32(2): 39–61.

Krasner, S. D. (1995) *Sovereignty: Organized Hypocrisy*. Princeton, NJ: Princeton University Press.

Krause, K. (1996) 'Insecurity and state formation in the global military order: the Middle Eastern case', *European Journal of International Relations*, 2(3): 319–54.

Krause, K. (1998) 'Critical theory and security studies: the research programme of "Critical Security Studies" ', *Cooperation and Conflict*, 33(3): 298–333.

Krause, K. (2004) 'The key to a powerful agenda, if properly defined', *Security Dialogue*, 35(3): 367–8.

Krause, K., and Latham, A. (1999) 'Constructing non-proliferation and arms control: the norms of Western practice', in K. Krause (ed.), *Culture and Security: Multilateralism, Arms Control and Security Building*. London: Frank Cass, pp. 23–54.

Krause, K., and Williams, M. C. (1996a) 'Broadening the agenda of security studies: politics and methods', *Mershon International Studies Review*, 40(2): 229–54.

Krause, K., and Williams, M. C. (1996b) *Critical Security Studies: Concepts and Cases*. Boulder, CO: Lynne Rienner.

Krepinevich, A. F. (2002) *The Military-Technical Revolution: A Preliminary Assessment*. Washington, DC: Center for Strategic and Budgetary Assessments.

Krepon, M. (2001) 'Moving away from MAD', *Survival*, 43(2): 81–95.

Krepon, M. (2003) *Cooperative Threat Reduction, Missile Defence and the Nuclear Future*. Basingstoke: Palgrave.

Kupchan, C. (2002) *The End of the American Era: US Foreign Policy and the Geopolitics of the 21st Century*. New York: Alfred A. Knopf.

Kupchan, Charles A., and Kupchan, Clifford A. (1991) 'Concerts, collective security and the future of Europe', *International Security*, 16(1): 114–61.

Kupchan, Charles A., and Kupchan, Clifford A. (1995) 'The promise of collective security', *International Security*, 20(1): 52–61.

Kyle, D., and Koslowski, R. (2001) *Global Human Smuggling: Comparative Perspectives*. Baltimore: Johns Hopkins University Press.

Kynge, J. (2004) 'China is the workshop of the world, but it is becoming the rubbish tip too', *Financial Times*, 27 July, p. 15.

Labs, E. (1997) 'Offensive realism and why states expand their war aims', *Security Studies*, 6(4): 1–49.

Lake, D. (1992) 'Powerful pacifists: democratic states and war', *American Political Science Review*, 86(1): 24–37.

Lancaster, C. (2005) 'Development in Africa: the good, the bad, the ugly', *Current History*, 104(682): 222–7.

Lanteigne, M. (2008) 'China's maritime security and the "Malacca dilemma" ', *Asian Security*, 4(2): 143–61.

Laqueur, W. (1996) 'Post-modern terrorism', *Foreign Affairs*, 75(5): 24–36.

Laqueur, W. (2001) *A History of Terrorism*. New Brunswick, NJ: Transaction Books.

Laqueur, W. (2012) *After the Fall: The End of the European Dream and the Decline of a Continent*. New York: Thomas Dunne Books.

Lavenex, S. (2001) *The Europeanisation of Refugee Policies: Between Human Rights and Internal Security*. Aldershot: Ashgate.

Lavoy, P. R. (1995) 'The strategic consequences of nuclear proliferation', *Security Studies*, 4(4): 699–711.

Lavoy, P. R., Sagan, S. D., and Wirtz, J. J. (eds) (2000) *Planning the Unthinkable: How New Powers Will Use Nuclear, Chemical and Biological Weapons*. Ithaca, NY: Cornell University Press.

Lawson, L., and Rothchild, D. (2005) 'Sovereignty reconsidered', *Current History*, 104: 228–35.

Layne, C. (1994) 'Kant or cant: the myth of the democratic peace', *International Security*, 19(2): 5–49.

Le Billon, P. (2001a) 'Angola's political economy of war: the role of oil and diamonds, 1975–2000', *African Affairs*, 100(398): 55–80.

Le Billon, P. (2001b) 'The political ecology of war: natural resources and armed conflicts', *Political Geography*, 20(5): 561–84.

Le Billon, P. (2005) *Fuelling War: Natural Resources and Armed Conflict*, Adelphi Paper 373. London: Routledge for the International Institute for Strategic Studies.

Leitenberg, M. (2004) *The Problem of Biological Weapons*. Stockholm: Swedish National Defence College.

Leitenberg, M. (2005) *Assessing the Biological Weapons and Bioterrorism Threat*. Carlisle, PA: Strategic Studies Institute.

Lepgold, J. (1998) 'NATO's post-Cold War collective action problem', *International Security*, 23(1): 5–55.

Lesser, I. O. (1998a) 'Countering the new terrorism: implications for strategy', in I. O. Lesser (ed.), *Countering the New Terrorism*. Santa Monica, CA: RAND, pp. 85–144.

Lesser, I. O. (ed.) (1998b) *Countering the New Terrorism*. Santa Monica, CA: RAND.

Levi, M. (2007) *On Nuclear Terrorism*. Cambridge, MA: Harvard University Press.

Levi, M. A., and O'Hanlon, M. E. (2005) *The Future of Arms Control*. Washington, DC: Brookings Institution.

Levinson, S. (2004) 'Torture in Iraq and the rule of law in America', *Daedalus*, 133(3): 5–9.

Levy, M. A. (1995) 'Is the environment a national security issue?', *International Security*, 20(2): 35–62.

Lewis, B. (2002) *What Went Wrong? The Clash between Liberalism and Modernity in the Middle East.* London: Weidenfeld & Nicolson.

Lewis, B. (2003) *Crisis of Islam: Holy War and Unholy Terror.* London: Weidenfeld & Nicolson.

Lewis, P., Newburn, T., Taylor, M., and Ball. J. (2011) 'Rioters say anger with police fuelled summer unrest', *The Guardian*, 5 December, at www.guardian.co.uk/uk/2011/dec/05/anger-police-fuelled-riots-study (accessed 10 April 2012).

Libiszewski, S. (1995) *Water Disputes in the Jordan Basin Region and their Role in the Resolution of the Arab–Israeli Conflict.* Zurich: Center for Security Studies and Conflict Research.

Lieber, K. A., and Press, D. G. (2006) 'The end of MAD: the nuclear dimension of US primacy', *International Security*, 30(4): 7–44.

Liefer, M. (1989) *ASEAN and the Security of South-East Asia.* London: Routledge.

Lin, P. (2011) 'Drone-ethics briefing: what a leading robotics expert told the CIA', *The Atlantic*, 15 December, at www.theatlantic.com/technology/archive/2011/12/drone-ethics-briefing-what-a-leading-robot-expert-told-the-cia/250060/ (accessed 10 April 2012).

Little, R. (1981) 'Ideology and change', in B. Buzan and R. J. Barry Jones (eds), *Change and the Study of International Relations: The Evaded Dimension.* New York: Continuum, pp. 30–45.

Little, R. (2007) *The Balance of Power in International Relations: Metaphors, Myths and Models.* Cambridge: Cambridge University Press.

Litwak, R. (2000) *Rogue States and US Foreign Policy.* Washington, DC: Woodrow Wilson Center Press.

Loescher, G. (1992) *Refugee Movements and International Security.* London: Brassey's.

Loescher, G. (2001) *The UNHCR and World Politics: A Perilous Path.* Oxford: Oxford University Press.

Loescher, G., and Milner, J. (2003) 'The missing link: the need for comprehensive engagement in regions of refugee origin', *International Affairs*, 79(3): 595–617.

Lomborg, B. (2001) *The Skeptical Environmentalist: Measuring the Real State of the World.* Cambridge: Cambridge University Press.

Longman, P. (2004) 'The global baby bust', *Foreign Affairs*, 83(3): 64–79.

Lonsdale, J. (1981) 'States and social processes in Africa: a historiographical survey', *African Studies Review*, 24(2/3): 139–225.

Lorenz, A., von Mittelstaedt, J., and Schmitz, G. P. (2011) 'Messengers of death: are drones creating a new global arms race?', *Der Spiegel Online*, 21 October, at www.spiegel.de/international/world/0,1518,792590,00.html (accessed 10 April

2012).

Lowi, M. (1993) 'Bridging the divide: transboundary resource disputes and the case of West Bank water', *International Security*, 18(1): 113–38.

Lukes, S. (1974) *Power: A Radical View*. London: Macmillan.

Lukes, S. (2005) 'Liberal democratic torture', *British Journal of Political Science*, 36(1): 1–16.

Lundestad, G. (1998) *'Empire' by Integration: The United States and European Integration, 1945–1997*. Oxford: Oxford University Press.

Lustick, I. S. (1997) 'The absence of Middle Eastern great powers: political "backwardness" in historical perspective', *International Organization*, 51(4): 653–83.

Luttwak, E. N. (1999) 'Give war a chance', *Foreign Affairs*, 78(4): 36–44.

Lynch, M. C. (1996) 'The analysis and forecasting of petroleum supply: sources of error or bias', in D. H. El Mallakh (ed.), *Energy Watchers*, Volume VII. Boulder, CO: International Research Center for Energy and Economic Development.

Lynch, M. C. (2002) 'The new energy crisis: separating threats from hysteria', *Energy Policy*, 30(1): 1–2.

Lynch, M. C. (2003) 'The new pessimism about petroleum resources: debunking the Hubbert model', *Minerals and Energy: Raw Materials Report*, 18(1): 21–32.

Lynn, W. J. (2010) 'Defending a new domain', *Foreign Affairs*, 89(5): 97–108.

Lynn-Jones, S. (1995) 'Offense–defense theory and its critics', *Security Studies*, 4(1): 660–91.

McCalla, R. (1996) 'NATO's persistence after the Cold War', *International Organization*, 50(3): 445–75.

MacFarlane, N. S. (1985) *Intervention and Regional Security*, Adelphi Paper 196. London: Brassey's for the International Institute for Strategic Studies.

MacFarlane, N. S. (2002) *Intervention in Contemporary World Politics*. Oxford: Oxford University Press.

McGreal, C. (2011) 'Barack Obama declares Iraq war a success', *The Guardian*, 14 December, at www.guardian.co.uk/world/2011/dec/14/barack-obama-iraq-war-success (accessed 10 April 2012).

McInnes, C. (2002) *Spectator Sport War: The West and Contemporary Conflict*. Boulder, CO: Lynne Rienner.

Mackinlay, J., and Chopra, J. (1992) 'Second generation multinational operations', *Washington Quarterly*, 15(3): 113–21.

McMahon, P. C. (2004–5) 'Rebuilding Bosnia: a model to emulate or to avoid', *Political Science Quarterly*, 119(4): 569–93.

McNeill, J. R. (2000) *Something New under the Sun: An Environmental History of the Twentieth Century*. New York: W. W. Norton.

McNeill, W. H. (1983) *The Pursuit of Power: Technology, Armed Force and Society since AD 1000*. Oxford: Blackwell.

Mahbubani, K. (1992) 'The West and the Rest', *National Interest*, 28: 3–13.

Mahbubani, K. (2008) *The New Asian Hemisphere: The Irresistible Shift of Global Power to the East*. New York: PublicAffairs.

Mahdavy, H. (1970) 'The pattern and problems of economic development in rentier states: the case of Iran', in M. A. Cook (ed.), *Studies in Economic History of the Middle East*. Oxford: Oxford University Press.

Mahon, J. E. J. (1992) 'Was Latin America too rich to prosper?', *Journal of Development Studies*, 28(2): 241–64.

Makiya, K. (1998) *Republic of Fear: The Politics of Modern Iraq*. Berkeley: University of California Press.

Mandaville, P. (2007) *Global Political Islam*. London: Routledge.

Mandelbaum, M. (1998–9) 'Is major war obsolete?', *Survival*, 40(4): 20–38.

Mandelbaum, M. (1999) 'A perfect failure', *Foreign Affairs*, 78(5): 2–8.

Mandelbaum, M. (2010) *The Fragile Superpower: America's Global Leadership in a Cash-Strapped Era*. New York: PublicAffairs.

Mann, J. (2004) *Rise of the Vulcans: The History of Bush's War Cabinet*. New York: Viking.

Mann, M. (1986) *The Sources of Social Power*, Volume I: *A History of Power from the Beginning to AD 1760*. Cambridge: Cambridge University Press.

Mann, M. (1993) *The Sources of Social Power*, Volume II: *The Rise of Classes and Nation States, 1760–1914*. Cambridge: Cambridge University Press.

Mann, M. (1994) 'In praise of macro-sociology: a reply to Goldthorpe', *British Journal of Sociology*, 45(1): 37–54.

Mann, M. (2003) *Incoherent Empire*. New York: Verso.

Manning, R. A. (2000) 'The Asian energy predicament', *Survival*, 42(3): 73–88.

Marten, K. Z. (2004) *Enforcing the Peace: Learning from the Imperial Past*. New York: Columbia University Press.

Martin, P. (1993) *Trade and Migration: NAFTA and Agriculture*. Washington, DC: Institute for International Economics.

Martin, P. (2004) 'Migration', in B. Lomborg (ed.), *Global Crises, Global Solutions*. Cambridge: Cambridge University Press.

Martinez, L. (2000) *The Algerian Civil War: 1990–1998*. London: Hurst.

Mason, P. (2012a) 'Global unrest: how the revolution went viral', *The Guardian*, 3 January, at www.guardian.co.uk/world/2012/jan/03/how-the-revolution-went-viral (accessed 10 April 2012).

Mason, P. (2012b) *Why it's Kicking off Everywhere: The New Global Revolutions*. London: Verso.

Massey, D. S., Arango, J., Hugo, G., et al. (1998) *Worlds in Motion: Understanding International Migration at the End of the Millennium*. Oxford: Oxford University Press.

Mathews, J. T. (1989) 'Redefining security', *Foreign Affairs*, 62(2): 162–77.

Matthew, R. A. (2002) 'In defense of environment and security research',

Environmental Change and Security Project Report, 8: 109–24.

Maugeri, L. (2004) 'Oil: never cry wolf: why the petroleum age is far from over', *Science,* 304: 1114–15.

Maurseth, P. (1964) 'Balance-of-power thinking from the Renaissance to the French Revolution', *Journal of Peace Research*, 1(2): 120–36.

May, E. R., and Zelikow, P. D. (eds) (1997) *The Kennedy Tapes: Inside the White House during the Cuban Missile Crisis.* Cambridge, MA: Harvard University Press.

Mayall, J. (ed.) (1996) *The New Interventionism, 1991–1994: United Nations Experience in Cambodia, Yugoslavia and Somalia.* Cambridge: Cambridge University Press.

Mazarr, M. J. (1995) 'Virtual nuclear arsenals', *Survival*, 37(3): 7–26.

Mazower, M. (1999) *Dark Continent: Europe's Twentieth Century.* London: Penguin.

Meadows, D. A., Meadows, D. L., and Randers J. (1992) *Beyond the Limits: Confronting Global Collapse, Envisioning a Sustainable Future.* Post Mills, VT: Chelsea Green.

Meadows, D. A., Meadows, D. L., Randers, J., and Behrens, W. H. (1972) *The Limits to Growth.* New York: Universe Books.

Mearsheimer, J. J. (1990) 'Back to the future: instability in Europe after the end of the Cold War', *International Security*, 15(1): 5–56.

Mearsheimer, J. J. (1993) 'The case for a Ukrainian nuclear deterrent', *Foreign Affairs*, 72(3): 50–66.

Mearsheimer, J. J. (1994–5) 'The false promise of international institutions', *International Security*, 19(3): 5–49.

Mearsheimer, J. J. (2001) *The Tragedy of Great Power Politics.* New York: W. W. Norton.

Mearsheimer, J. J., and Walt, S. M. (2003) 'An unnecessary war', *Foreign Policy*, 134: 50–9.

Medeiros, E. S. (2009) *China's International Behaviour: Activism, Opportunism and Diversification.* Santa Monica, CA: RAND.

Medetsky, A. (2004) 'KGB veteran denies CIA caused '82 blast', *Moscow Times*, 18 March, at www.themoscowtimes.com/news/article/kgb-veteran-denies-cia-caused-82-blast/232261.html (accessed 10 April 2012).

Merom, G. (2003) *How Democracies Lose Small Wars.* Cambridge: Cambridge University Press.

Metz, S., and Kievit, J. (1995) *Strategy and the Revolution in Military Affairs.* Carlisle, PA: Strategic Studies Institute.

Migdal, J. S. (1988) *Strong Societies and Weak States: State–Society Relations and State Capabilities in the Third World.* Princeton, NJ: Princeton University Press.

Migdal, J. S., Kohli, A., and Shue, V. (eds) (1994) *State Power and Social*

Forces: Domination and Transformation in the Third World. Cambridge: Cambridge University Press.

Miller, D. (1995) *On Nationality.* Oxford: Clarendon Press.

Milliken, J. (ed.) (2003) *State Failure, Collapse and Reconstruction.* Princeton, NJ: Princeton University Press.

Mills, K. (1998) *Human Rights in the Emerging Global Order: A New Sovereignty?.* New York: St Martin's Press.

Milward, A. S. (2000) *The European Rescue of the Nation State.* London: Routledge.

Ministry of Defence (1995) *Wider Peacekeeping.* London: HMSO.

Minnear, L. (2002) *The Humanitarian Enterprise: Dilemmas and Discoveries.* Bloomfield, CT: Kumarian Press.

Mitchell, J. V. (2002) 'A new political economy of oil', *Quarterly Review of Economics and Finance*, 42(2): 251–72.

Mitchell. T. (2011) *Carbon Democracy: Political Power in the Age of Oil.* London: Verso.

Monbiot, G. (2011) 'The need to protect the internet from "astroturfing" grows ever more urgent', *The Guardian*, 23 February, at www.guardian.co.uk/environment/georgemonbiot/2011/feb/23/need-to-protect-internet-from-astroturfing (accessed 10 April 2012).

Monnet, J. (1978) *Memoirs.* London: Collins.

Montgomery, A. H. (2005) 'Ringing in proliferation: how to dismantle an atomic bomb network', *International Security*, 30(2): 153–87.

Morgenthau, H. J. (1975) 'The failings of foreign policy', *New Republic*, 11 October, pp. 16–21.

Morgenthau, H. J. (1993 [1948]) *Politics among Nations.* New York: Alfred A. Knopf.

Morozov, E. (2011) 'Picking a fight with Clay Shirky', *Net Effect (Foreign Policy)*, 15 January, at http://neteffect.foreignpolicy.com/posts/2011/01/15/picking_a_fight_with_clay_sh (accessed 10 April 2012).

Morozov, E. (2012) *The Net Delusion: the Dark Side of Internet Freedom,* London: Penguin.

Morse, E. L. (1999) 'The new political economy of oil?', *Journal of International Affairs*, 53(1): 1–29.

Morse, E. L. (2003) 'Personal commentary', *Oxford Energy Forum*, 54: 17–19.

Mortimer, E. (2004) 'International administration of war-torn territories', *Global Governance*, 10(1): 7–14.

Mueller, J. (1989) *Retreat from Doomsday: The Obsolescence of Major War.* New York: Basic Books.

Mueller, J. (2004) *The Remnants of War.* Ithaca, NY: Cornell University Press.

Münkler, H. (2005) *The New Wars.* Cambridge: Polity.

Munro, R. H. (1997) 'The coming conflict with China', *Foreign Affairs*, 76(2): 12–22.

Mutimer, D. (2000) *The Weapons State: Proliferation and the Framing of Security*. Boulder, CO: Lynne Rienner.

Myers, N. (1993) *Ultimate Security: The Environmental Basis of Political Stability*. New York: W. W. Norton.

Myers, N., and Simon, J. (1994) *Scarcity or Abundance? A Debate on the Environment*. New York: W. W. Norton.

Nacos, B. L. (2000) 'Accomplice or witness: the media's role in terrorism', *Current History*, 99: 174–8.

Nagel, T. (1986) *The View from Nowhere*. Oxford: Oxford University Press.

Naim, M. (2003) 'The five wars of globalization', *Foreign Policy*, 134: 28–37.

Narine, S. (2008) 'Forty years of ASEAN: a historical review', *Pacific Review* 21(4): 411–29.

NATO (1999) *Environment and Security in an International Context*. Brussels: North Atlantic Treaty Organization.

Neal, A. (2008) 'Goodbye war on terror? Foucault and Butler on discourses of law, war and exceptionalism', in M. Dillon and A. Neal (eds), *Foucault on Politics, Security and War*. London: Palgrave Macmillan.

Neal, A. (2009) 'Securitization and risk at the EU border: the origins of Frontex', *Journal of Common Market Studies*, 47(2): 333–56.

Newman, E., and Richmond, O. (2001) *The United Nations and Human Security*. London: Palgrave.

Newman, P. R. (2009) *Old and New Terrorism*. Cambridge: Polity.

Nickum, J. E. (2010) 'Hydraulic pressures', *International Security*, 89(5): 130–7.

Niebuhr, R. (1932) *Moral Man and Immoral Society: A Study in Ethics and Politics*. Louisville, KY: Westminster John Knox Press.

Noetzel, T., and Schreer, B. (2009) 'Does a multi-tier NATO matter? The Atlantic alliance and the process of strategic change', *International Affairs*, 85(2): 211–26.

Northedge, F. S. (1986) *The League of Nations: Its Life and Times, 1920–1946*. New York: Holmes & Meier.

Northrup, D. (2005) 'Globalization and the great convergence: rethinking world history in the long term', *Journal of World History*, 16(3): 249–67.

Nye, J. S. (1991) *Bound to Lead: The Changing Nature of American Power*. New York: Basic Books.

Nye, J. S. (2002) *The Paradox of American Power: Why the World's Superpower Can't Go it Alone*. New York: Oxford University Press.

Nye, J. S. (2004) *Soft Power: The Means to Success in World Politics*. New York: PublicAffairs.

Nye, J. S. (2011) *The Future of Power*. New York: PublicAffairs.

O'Hanlon, M. E. (2003) *Expanding Military Capacity for Humanitarian Intervention*. Washington, DC: Brookings Institution.

O'Hanlon, M. E. (2010) *A Skeptic's Case for Nuclear Disarmament*. Washington, DC: Brookings Institution.

O'Neill, O. (1996) *Towards Justice and Virtue*. Cambridge: Cambridge University Press.

Ó Tuathail, G., Dalby, S., and Routledge, P. (eds) (2006) *The Geopolitics Reader*. 2nd edn, London: Routledge.

Obershall, A. (2000) 'The manipulation of ethnicity: from ethnic cooperation to violence and war in Yugoslavia', *Ethnic and Racial Studies*, 23(6): 982–1001.

Oksenberg, M., and Economy, E. (eds) (1999) *China Joins the World: Progress and Prospects*. New York: Council on Foreign Relations.

Olson, M. and Zeckhauser, R. (1966) 'An economic theory of alliances', *Review of Economics and Statistics*, 48(3): 266–79.

Owen, T. (2004) 'Human security: conflict, critique and consensus: colloquium remarks and a proposal for a threshold-based definition', *Security Dialogue*, 35(3): 273–387.

Oye, K. A. (ed.) (1986) *Cooperation under Anarchy*. Princeton, NJ: Princeton University Press.

Pant, H. V. (2012) *Handbook of Nuclear Proliferation*. London: Routledge.

Pape, R. A. (2005a) *Dying to Win: The Strategic Logic of Suicide Terrorism*. New York: Random House.

Pape, R. A. (2005b) 'Soft balancing against the United States', *International Security*, 30(1): 7–45.

Pape, R. A., and Feldman, J. K. (2010) *Cutting the Fuse: the Explosion of Global Suicide Terrorism and How to Stop it*. Chicago: University of Chicago Press.

Parachini, J. (2003) 'Putting WMD terrorism into perspective', *Washington Quarterly*, 26(4): 37–50.

Parachini J. (ed.) (2005) *Motives, Means and Mayhem: Assessing Terrorist Use of Chemical and Biological Weapons*. Santa Monica, CA: RAND.

Paris, R. (2001) 'Human security: paradigm shift or hot air?', *International Security*, 26(2): 87–102.

Paris, R. (2004) *At War's End: Building Peace after Civil Conflict*. Cambridge: Cambridge University Press.

Parker, G. (1988) *The Military Revolution: Military Innovation and the Rise of the West, 1500–1800*. Cambridge: Cambridge University Press.

Paul, T. V. (1999) 'Great equalizers or agents of chaos? Weapons of mass destruction and the emerging international order', in J. A. Hall and T. V. Paul (eds), *International Order and the Future of World Politics*. Cambridge: Cambridge University Press.

Paul, T. V. (2000) *Power versus Prudence: Why Nations Forego Nuclear Weapons*. Montreal: McGill–Queen's University Press.

Paul, T. V. (2009) *The Tradition of Non-Use of Nuclear Weapons*. Stanford, CA: Stanford University Press.

Payne, K. B. (1996) *Deterrence in the Second Nuclear Age*. Lexington: University Press of Kentucky.

Payne, K. B. (2005) 'The nuclear posture review: setting the record straight', *Washington Quarterly*, 28(3): 131–51.

Peluso, N. L., and Watts, M. (2001) *Violent Environments*. Ithaca, NY: Cornell University Press.

Peoples, C. (2011) 'Security after emancipation? Critical theory, violence and resistance', *Review of International Studies*, 37(3): 1113–35.

Perkovich, G., and Acton, J. M. (2008) *Abolishing Nuclear Weapons*, Adelphi Paper 396. London: Routledge for the International Institute for Strategic Studies.

Perkovich, G., Mathews, J. T., Cirincione, J., Gottemoeller, R., and Wolfstahl, J. B. (2005) *Universal Compliance: A Strategy for Nuclear Security*. Washington, DC: Carnegie Endowment for Peace.

Perry, W. J. (2001) 'Preparing for the next attack', *Foreign Affairs*, 80(6): 31–47.

Phillips, D. L. (2005) *Losing Iraq: Inside the Postwar Reconstruction Fiasco*. New York: Basic Books.

Picard, E. (1988) 'Arab military in politics: from revolutionary plot to authoritarian state', in A. Dawisha and W. Zartman (eds), *Beyond Coercion: The Durability of the Arab State*. London: Croom Helm, pp. 116–46.

Pilger, J. (1999) 'Under the influence: the real reason for the United Nations' peacekeeping role in East Timor is to maintain Indonesian control', *The Guardian*, 21 September, at www.guardian.co.uk/politics/1999/sep/21/ethicalforeignpolicy.indonesia (accessed 10 October 2012).

Pipes, D. (2002) *Militant Islam Reaches America*. New York: W. W. Norton.

Pogge, T. W. (1992) 'Cosmopolitanism and sovereignty', *Ethics*, 103(1): 41–57.

Poggi, G. (1978) *The Development of the Modern State*. Stanford, CA: Stanford University Press.

Polanyi, K. (1944) *The Great Transformation*. New York: Octagon.

Politkovskaia, A. (2003) *A Small Corner of Hell: Dispatches from Chechnya*. Chicago: University of Chicago Press.

Posen, B. (1984) *The Sources of Military Doctrine: France, Britain and Germany between the World Wars*. Ithaca, NY: Cornell University Press.

Posen, B. (1993) 'The security dilemma and ethnic conflict', *Survival*, 35(1): 27–47.

Postel, S. (1999) *Pillar of Sand: Can the Irrigation Miracle Last?*. New York: W. W. Norton.

Potter, W. C. (2005) 'India and the new look of US nonproliferation policy', *Nonproliferation Review*, 12(2): 343–54.

Potter, W. E., and Mukhatzhanova, G. (eds) (2010) *Forecasting Nuclear Proliferation in the 21st Century*, 2 vols. Stanford, CA: Stanford University Press.

Powell, R. (1990) *Nuclear Deterrence Theory: The Search for Credibility*. Cambridge: Cambridge University Press.

Powell, R. (1991) 'Absolute and relative gains in international relations theory', *American Political Science Review*, 85(4): 1303–20.

Powell, R. (1999) *In the Shadow of Power: State and Strategies in International Politics*. Princeton, NJ: Princeton University Press.

Pozo-Martin, G. (2007) 'Autonomist or materialist geopolitics', *Cambridge Review of International Affairs*, 20(4): 551–63.

Price, R. M. (1995) 'A genealogy of the chemical weapons taboo', *International Organization*, 49(1): 73–103.

Price, R. M. (1998) 'Reversing the gun sights: transnational civil society targets land mines', *International Organization*, 52(3): 613–44.

Price, R. M., and Tannenwald, N. (1996) 'Norms and deterrence: the nuclear and chemical weapons taboos', in P. Katzenstein (ed.), *The Culture of National Security: Norms and Identity in World Politics*. New York: Columbia University Press, pp. 114–51.

Prins, G. (1990) 'Politics and the environment', *International Affairs*, 66(4): 711–30.

Quester, G. (1977) *Offense and Defense in the International System*. New York: John Wiley.

Quinlan, M. (1993) 'The future of nuclear weapons: policy for Western possessors', *International Affairs*, 69(3): 485–96.

Ramsbotham, O., and Woodhouse, T. (1996) *Humanitarian Intervention in Contemporary Conflict: A Reconceptualization*. Cambridge: Polity.

Ravenhill, J. (2009) 'East Asian regionalism: much ado about nothing?' *Review of International Studies*, 35(1): 215–35.

Rawls, J. (1993) 'The law of peoples', in S. Shute and S. Hurley (eds), *On Human Rights: The Oxford Amnesty Lectures 1993*. New York: Basic Books.

Ray, D. L. (1993) *Environmental Overkill: Whatever Happened to Common Sense?*. Washington, DC: Regnery Gateway.

Ray, J. L. (1995) *Democracy and International Politics: An Evaluation of the Democratic Peace Proposition*. Columbia: University of South Carolina Press.

Reed, P. L. (1996) 'The politics of reconciliation: the United Nations operation in Mozambique', in W. J. Durch (ed.), *UN Peacekeeping, American Politics, and Uncivil Wars of the 1990s*. New York: St Martin's Press, pp. 275–310.

Rees, W. E., and Wackernagel, M. (1994) *Ecological Footprints and Appropriated Carrying Capacity: Measuring the Natural Capital Requirements of the Human Economy*. Washington, DC: Island Press.

Reid, J. (2006) *The Biopolitics of the War on Terror*. Manchester: Manchester University Press.

Reiter, D., and Stamm, A. (1998) 'Democracy, war initiation and victory', *American Political Science Review*, 92(2): 377–90.

Rengger, N., and Jeffery, R. (2005) 'Moral evil and international relations', *SAIS Review*, 25(1): 3–16.

Renner, M. (1996) *Fighting for Survival: Environmental Decline, Social Conflict, and the New Age of Insecurity*. New York: W. W. Norton.

Renner, M. (2002) *The Anatomy of Resource Wars*. Washington, DC: Worldwatch Institute.

Reno, W. (1998) *Warlord Politics and African States*. Boulder, CO: Lynne Rienner.

Rieff, D. (2002) *A Bed for the Night: Humanitarianism in Crisis*. New York: Simon & Schuster.

Risse-Kappen, T. (1995) 'Democratic peace – warlike democracies? A social constructivist interpretation of the liberal argument', *European Journal of International Relations*, 1(4): 491–517.

Roberts, A. (1993) 'The UN and international security', *Survival*, 37(4): 7–28.

Roberts, A. (1999) 'NATO's "humanitarian war" over Kosovo', *Survival*, 41(3): 102–23.

Roberts, A. (2005) 'The "war on terror" in historical perspective', *Survival*, 17(2): 101–30.

Roberts, B. (1993) 'From nonproliferation to counterproliferation', *International Security*, 18(1): 139–79.

Roberts, P. (2004) *The End of Oil*. London: Bloomsbury.

Rosecrance, R. (1986) *The Rise of the Trading State*. New York: Basic Books.

Ross, M. L. (1999) 'The political economy of the resource curse', *World Politics*, 51(2): 297–322.

Ross, M. L. (2001) 'Does oil hinder democracy?', *World Politics*, 53(3): 325–61.

Ross, M. L. (2012) *The Oil Curse: How Petroleum Wealth Shapes the Development of Nations*. Princeton, NJ: Princeton University Press.

Rowthorn, B. (2003) 'Migration limits', *Prospect*, 83: 24–31.

Roy, D. (1996) 'The "China threat" issue: major arguments', *Asian Survey*, 37(8): 758–81.

Roy, O. (1994) *The Failure of Political Islam*. Cambridge, MA: Harvard University Press.

Roy, O. (1999) 'Changing patterns among radical Islamic movements', *Brown Journal of World Affairs*, 6(1): 109–20.

Roy, O. (2004) *Globalised Islam: The Search for a New Ummah*. London: Hurst.

Rubin, B. (2002) *The Tragedy of the Middle East*. Cambridge: Cambridge University Press.

Rudolph, C. (2003) 'Security and the political economy of international migration', *American Political Science Review*, 97(4): 603–20.

Rushing, J. (2011) 'Robot wars', *Al Jazeera English*, at www.aljazeera.com/programmes/faultlines/2011/12/2011122512243829505.html (accessed 10 April 2012).

Russett, B. (1993) *Grasping the Democratic Peace: Principles for a Post-Cold War World*. Princeton, NJ: Princeton University Press.

Russett, B., and Oneal, J. R. (2001) *Triangulating Peace: Democracy, Interdependence and International Organizations*. New York: W. W. Norton.

Sachs, J. D. (1999) 'Twentieth century political economy: a brief history of global capitalism', *Oxford Review of Economic Policy*, 15(4): 90–101.

Sachs, J. D., and Warner, A. M. (2000) 'Natural resource abundance and economic growth', in G. M. Meier and J. E. Rauch (eds), *Leading Issues in Economic Development*. Oxford: Oxford University Press.

Safire, W. (2004) 'The farewell dossier', *New York Times*, 2 February, at www.nytimes.com/2004/02/02/opinion/the-farewell-dossier.html (accessed 10 April 2012).

Sagan, C. (1983–4) 'Nuclear war and climate change', *Foreign Affairs*, 62(2): 257–92.

Sagan, S. D. (1993) *The Limits of Safety: Organizations, Accidents, and Nuclear Weapons*. Princeton, NJ: Princeton University Press.

Sagan, S. D., and Waltz, K. N. (2003) *The Spread of Nuclear Weapons: A Debate Renewed*. New York: W. W. Norton.

Sageman, M. (2004) *Understanding Terror Networks*. Philadelphia: University of Pennsylvania Press.

Sageman, M. (2008) *Leaderless Jihad: Terror Networks in the Twenty-First Century*. Philadelphia: University of Pennsylvania Press.

Saideman, S. M. (2001) *The Ties that Divide: Ethnic Politics, Foreign Policy and International Conflict*. New York: Columbia University Press.

Salameh, M. G. (2003) 'Quest for Middle East oil: the US versus the Asia-Pacific region', *Energy Policy*, 31(11): 1085–91.

Sangiovanni, M. E. (2003) 'Why a common security and defence policy is bad for Europe', *Survival*, 45(3): 193–206.

Santamaria, K. (2011) 'War by remote control? Counting the cost', *Al Jazeera English*, 24 December, at www.aljazeera.com/programmes/countingthecost/2011/12/2011121785524212676 (accessed 10 April 2012).

Sarotte, M. E. (2011) *1989: The Struggle to Create Post-Cold War Europe*. Princeton, NJ: Princeton University Press.

Sarrazin, T. (2010) *Deutschland schafft sich ab* [Germany does away with itself]. Munich: Deutsche Verlags-Anstalt.

Schell, J. (1982) *The Fate of the Earth*. London: Jonathan Cape.

Schelling, T. (1960) *The Strategy of Conflict*. Oxford: Oxford University Press.

Schelling, T., and Halperin, M. (1961) *Strategy and Arms Control*. New York: Twentieth Century Fund.

Schmitt, C. (1976) *The Concept of the Political*. New Brunswick, NJ: Rutgers University Press.

Schweller, R. L. (1994) 'Bandwagoning for profit: bringing the revisionist state back in', *International Security*, 19(1): 72–107.

Searle, J. R. (1995) *The Construction of Social Reality*. New York: Free Press.

Sen, G. (1984). *The Military Origins of Industrialisation and International Trade Rivalry*. London: Pinter.

Shaffer, B. (2009) *Energy Politics*. Philadelphia: University of Pennsylvania Press.

Shaker, M. (1980) *The Nuclear Non-Proliferation Treaty: Origins and Implementation, 1959–1979*. New York: Oceana.

Shambaugh, D. (2011) 'Coping with a conflicted China', *Washington Quarterly*, 34(1): 7–27.

Shawcross, W. (2000) *Deliver Us from Evil: Warlords and Peacekeepers in a World of Endless Conflict*. London: Bloomsbury.

Shaxson, N. (2009) *Nigeria's Extractive Industry Transparency Initiative: Just a Glorious Audit?*, Chatham House Programme Paper, at www.chathamhouse.org/publications/papers/view/109174 (accessed 10 April 2012).

Shirk, S. L. (2007) *China: Fragile Superpower*. Oxford: Oxford University Press.

Shirky, C. (2008) *Here Comes Everybody: The Power of Organizing without Organizations*. London: Allen Lane.

Shirky, C. (2011) 'The political power of social media', *Foreign Affairs*, 90(1): 28–41.

Simmons, S. (2005) *Twilight in the Desert: The Coming Saudi Oil Shock and the World Economy*. Hoboken, NJ: John Wiley.

Simon, J. (1981) *The Ultimate Resource*. Princeton, NJ: Princeton University Press.

Simon, J. (1989) *The Economic Consequences of Immigration*. Oxford: Blackwell.

Simon, J., and Kahn, H. (eds) (1984) *The Resourceful Earth: A Response to Global 2000*. Oxford: Blackwell.

Singer, M., and Wildavsky, A. (1993) *The Real World Order: Zones of Peace/Zones of Turmoil*. Chatham, NJ: Chatham House.

Singer, P. (2009) *Wired for War: The Robotics Revolution and Conflict in the Twenty-First Century*. London: Penguin.

Sjoberg, L. (2010) *Gender and International Security: Feminist Perspectives*. London: Routledge.

Skeldon, R. (1997) *Migration and Development*. Harlow: Longman.

Sloan, S. S. (2010) *Permanent Allliance? NATO and the Transatlantic Bargain from Truman to Obama*. New York: Continuum.

Smil, V. (1994) 'Some contrarian notes on environmental threats to national security', *Canadian Foreign Policy*, 2(2): 85–7.

Smil, V. (1997) 'China's environment and security: simple myths and complex realities', *SAIS Review*, 17(1): 107–26.

Smil, V. (2002) *The Earth's Biosphere: Evolution, Dynamics and Change*. Cambridge, MA: MIT Press.

Smith, A. D. (1995) *Nations and Nationalism in a Global Era*. Cambridge: Polity.

Smith, B. (2004) 'Oil wealth and regime survival in the developing world, 1960–1999', *American Journal of Political Science*, 48(2): 232–46.

Snidal, D. (1991) 'Relative gains and the pattern of international cooperation', *American Political Science Review*, 85(3): 387–402.

Snyder, G. (1984) 'The security dilemma in alliance politics', *World Politics*, 36(4): 461–95.

Snyder, G. (1997) *Alliance Politics*. Ithaca, NY: Cornell University Press.

Snyder, J. L. (1984) *The Ideology of the Offensive*. Ithaca, NY: Cornell University Press.

Snyder, J. L. (1991) *Myths of Empire: Domestic Politics and International Ambition*. Ithaca, NY: Cornell University Press.

Snyder, J. L. (2000) *From Voting to Violence: Democratization and Nationalist Conflict*. New York: W. W. Norton.

Snyder, J. L. (2004) 'One world, rival theories', *Foreign Policy*, 145: 53–62.

So, A. Y. (1990) *Social Change and Development: Modernization, Dependency and World Systems Theory*. London: Sage.

Solignen, E. (2007) *Nuclear Logics: Contrasting Patterns in East Asia and the Middle East*. Princeton, NJ: Princeton University Press.

Solomon, S. (2010) *Water: the Epic Struggle for Wealth, Power and Civilization*. New York: HarperCollins.

Souaidia, F. (2001) *La Sale Guerre*. Paris: La Découverte.

al-Sowayegh, A. (1984) *Arab Petropolitics*. London: Croom Helm.

Soysal, Y. N. (1994) *Limits of Citizenship: Migrants and Postnational Membership in Europe*. Chicago: University of Chicago Press.

Spiers, E. M. (2010) *A History of Chemical and Biological Weapons*. London: Reaktion Books.

Spruyt, H. (1994) *The Sovereign State and its Competitors*. Princeton, NJ: Princeton University Press.

Steans, J. (1998) *Gender and International Relations: An Introduction*. Cambridge: Polity.

Steffen, W., Crutzen, P., and McNeill, J. R. (2007) 'The anthropecene: are humans now overwhelming the great forces of nature?', *Ambio*, 36(8): 614–21.

Stern, J. (1999) *The Ultimate Terrorists*. Cambridge, MA: Harvard University Press.

Stevens, P. J. (2003) 'Resource impact – curse or blessing: a literature survey', *CEPMLP Internet Journal*, 13(14), at www.dundee.ac.uk/cepmlp/journal/html/Vol13/article13-14.pdf.

Stevenson, J. (2004) *Counter-Terrorism: Containment and Beyond*, Adelphi Paper 367. Oxford: Oxford University Press.

Stiglitz, J. E. (2002) *Globalization and its Discontents*. London: Penguin.

Stokes, D., and Raphael S. (2010) *Global Energy Security and American Hegemony*. Baltimore: John Hopkins University Press.

Straubhaar, T. (2000) 'Why do we need a general agreement on movements of people (GAMP)?', in B. Ghosh (ed.), *Managing Migration: Time for a New International Regime?*. Oxford: Oxford University Press.

Stubbs, R. (2008) 'The ASEAN alternative? Ideas, institutions and the challenge to "global" governance', *Pacific Review*, 21(4): 451–68.

Suhrke, A. (1999) 'Human security and the interest of states', *Security Dialogue*, 30(3): 256–76.

Swaine M. D., and Tellis, A. J. (2000) *Interpreting China's Grand Strategy: Past, Present and Future*. Santa Monica, CA: RAND.

Sylvester, C. (1994) *Feminist Theory and International Relations in a Postmodern Era*. Cambridge: Cambridge University Press.

Sylvester, C. (2002) *Feminist International Relations: An Unfinished Journey*. Cambridge: Cambridge University Press.

Takeyh, R. (2004–5) 'Iran builds the bomb', *Survival*, 46(4): 51–63.

Talbot, S. (1995) 'Why NATO should grow', *New York Review of Books*, 10 August.

Tannenwald, N. (1999) 'The nuclear taboo: the United States and the normative basis of nuclear non-use', *International Organization*, 53(3): 433–68.

Tehranien, M. (ed.) (1999) *Worlds Apart: Human Security and Global Governance*. London: I. B. Tauris.

Terry, F. (2002) *Condemned to Repeat? The Paradox of Humanitarian Action*. Ithaca, NY: Cornell University Press.

Teson, F. (1997) *Humanitarian Intervention: An Enquiry into Law and Morality*. Dobbs Ferry, NY: Transnational.

Tharoor, S. (1996) 'The changing face of peacekeeping', in B. Benton (ed.), *Soldiers for Peace: Fifty Years of United Nations Peacekeeping*. New York: Facts on File, pp. 208–23.

Thies, W. J. (2009) *Why NATO Endures*. Cambridge: Cambridge University Press.

Thomas, N., and Tow, W. T. (2002) 'The utility of human security: sovereignty and humanitarian intervention', *Security Dialogue*, 33(2): 177–92.

Thyagaraj, M., and Thomas, R. G. C. (2006) 'The US–Indian nuclear agreement: balancing energy needs and nonproliferation goals', *Orbis*, 50(2): 355–69.

Tickner, J. A. (1992) *Gender in International Relations: Feminist Perspectives on Achieving Global Security*. New York: Columbia University Press.

Tilly, C. (1975) *The Formation of National States in Western Europe*. Princeton, NJ: Princeton University Press.

Tilly, C. (1985) 'War-making and state-making as organised crime', in P. Evans, D. Rueschemeyer and T. Skocpol (eds), *Bringing the State Back In*. Cambridge: Cambridge University Press.

Tilly, C. (1990) *Coercion, Capital and European States, AD 990–1990*. Oxford: Blackwell.

Tishkov, V. (2004) *Chechnya: Life in a War-Torn Society*. Berkeley: University of California Press.

Toset, H. P., Gleditsch, N. P., and Hegre, H. (2000) 'Shared rivers and interstate conflict', *Political Geography*, 19(8): 971–96.

Trager, R. F., and Zagorcheva, D. P. (2005–6) 'Deterring terrorism: it can be done', *International Security*, 30(3): 87–123.

Tripp, C. (2000a) *A History of Iraq*. Cambridge: Cambridge University Press.

Tripp, C. (2000b) 'States, elites and the "management of change" ', in H. Hakimian and Z. Moshaver (eds), *The State and Global Change: The Political Economy of Transition in the Middle East and North Africa*. London: Curzon Press.

Tripp, C. (2002–3) 'After Saddam', *Survival*, 44(4): 22–36.

Tucker, J. B. (2000a) 'Chemical and biological terrorism: how real a threat?', *Current History*, 99: 147–53.

Tucker, J. B. (ed.) (2000b) *Toxic Terror: Assessing the Terrorist Use of Chemical and Biological Weapons*. Cambridge, MA: MIT Press.

Turse, N. (2011) 'Inside our drone base empire', *CBS News*, 17 October, at www.cbsnews.com/stories/2011/10/17/opinion/main20121271.shtml (accessed 10 April 2012).

UKERC (2009) *The Global Oil Depletion Report*. London: UK Energy Research Centre, at www.ukerc.ac.uk/support/Global%20oil%20depletion (accessed 10 April 2012).

Ullmann, R. H. (1983) 'Redefining security', *International Security*, 8(1): 129–53.

UN Commission on Global Governance (1995) *Our Global Neighbourhood*. Oxford: Oxford University Press.

UN World Water Assessment Programme (2012) *Managing Water under Uncertainty and Risk*. Paris: UNESCO.

UNDP (1994) *Human Development Report 1994*. Oxford: Oxford University Press.

UNDP (1999) *Human Development Report 1999.* Oxford: Oxford University Press.

UNEP (2007) *GEO4 Global Environmental Outlook: Environment for Development.* Nairobi: United Nations Environment Programme.

UNESCO (2003) *Water for People: Water for Life.* Barcelona: UNESCO.

UNESCO (2012) *Managing Water under Uncertainty and Risk.* Paris: UNESCO.

UNHCR (2000) *The State of the World's Refugees: Fifty Years of Humanitarian Action.* Oxford: Oxford University Press.

United Nations (2004) *A More Secure World: Our Shared Responsibility. Report of the Secretary-General's High-Level Panel on Threats, Challenges and Change,* at www.un.org/secureworld/report3.pdf (accessed October 2006).

UNPD (2000) *Replacement Migration: Is it a Solution to Declining and Ageing Populations?.* New York: United Nations Population Division.

US House of Representatives (2010) *Rise of the Drones: Unmanned Systems and the Future of War,* at www.fas.org/irp/congress/2010_hr/drones1.pdf (accessed 12 April 2012).

US State Department (2004) *Patterns of Global Terrorism 2003.* Washington, DC: State Department.

Vakil, S. (2004) 'Iran: the gridlock between demography and democracy', *SAIS Review,* 24(2): 45–53.

Valencia, M. A. (2005) *The Proliferation Security Initiative: Making Waves in Asia,* Adelphi Paper 376. London: Routledge for the International Institute for Strategic Studies.

Van Creveld, M. (1991a) *On Future War.* London: Free Press.

Van Creveld, M. (1991b) *The Transformation of War.* London: Free Press.

Van Creveld, M. (1993) *Nuclear Proliferation and the Future of Conflict.* New York: Free Press.

Van Evera, S. (1990–1) 'Primed for peace: Europe after the Cold War', *International Security,* 15(3): 7–57.

Van Evera, S. (1994) 'Hypotheses on nationalism and war', *International Security,* 18(4): 26–33.

Van Evera, S. (1999) *Causes of War: Power and the Roots of Conflict.* Ithaca: Cornell University Press.

Vasquez, J. A. (1993) *The War Puzzle.* Cambridge: Cambridge University Press.

Vincent, R. J. (1974) *Nonintervention and International Order.* Princeton, NJ: Princeton University Press.

Vincent, R. J. (1986) *Human Rights and International Relations.* Cambridge: Cambridge University Press.

Wade, R. (1992) 'East Asia's economic success: conflicting perspectives, partial insights, shaky evidence', *World Politics,* 44(2): 270–320.

Waever, O. (1989) *Security, the Speech Act: Analyzing the Politics of a Word.* Copenhagen: Centre for Peace and Conflict Research.

Waever, O. (1995) 'Securitization and desecuritization', in R. Lipschutz (ed.), *On Security*. New York: Columbia University Press, pp. 46–86.

Waever, O. (2004) 'Aberystwyth, Paris, Copenhagen: new "schools" in security theory and their origins between core and periphery', paper presented at the International Studies Association, 17–20 March.

Waever, O. (2006) 'Insecurity, security and asecurity in the West European non-war community', in J. Zielonka (ed.), *Europe as Empire: The Nature of the Enlarged Union*. Oxford: Oxford University Press.

Waever, O., Buzan, B., Kelstrup, M., and Lemaitre, P. (1993) *Identity, Migration and the New Security Agenda in Europe*. London: Pinter.

Walker, R. B. K. (1993) *Inside/Outside: International Relations as Political Theory*. Cambridge: Cambridge University Press.

Walker, W. (1998) 'International nuclear relations after the Indian and Pakistani test explosions', *International Affairs*, 74(3): 505–28.

Walker, W. (2004) *Weapons of Mass Destruction and International Order*, Adelphi Paper 370. Oxford: Oxford University Press.

Wallander, C. (2000) 'Institutional assets and adaptability: NATO after the Cold War', *International Security*, 54(4): 705–35.

Wallerstein, I. (1974a) 'The rise and future demise of the world capitalist system: concepts for comparative analysis', *Comparative Studies in Society and History*, 16(4): 387–415.

Wallerstein, I. (1974b) *The Modern World System: Capitalist Agriculture and the Origins of the European World-Economy in the Sixteenth Century*. New York: Academic Press.

Walt, S. M. (1987) *The Origins of Alliances*. Ithaca, NY: Cornell University Press.

Walt, S. M. (1991) 'The renaissance of security studies', *International Studies Quarterly*, 35(2): 211–39.

Walt, S. M. (1997) 'Why alliances endure or collapse', *Survival*, 39(1): 156–79.

Walt, S. M. (1998) 'International relations: one world, many theories', *Foreign Policy*, 110: 29–46.

Waltz, K. N. (1979) *Theory of International Politics*. New York: Random House.

Waltz, K. N. (1981) *The Spread of Nuclear Weapons: More May Be Better*, Adelphi Paper 171. London: International Institute for Strategic Studies.

Waltz, K. N. (1988) 'The origins of war in neorealist theory', *Journal of Interdisciplinary History*, 18(4): 615–28.

Waltz, K. N. (1990) 'Nuclear myths and political realities', *American Political Science Review*, 84(3): 731–45.

Waltz, K. N. (1993) 'The emerging structure of the international system', *International Security*, 18(2): 44–79.

Waltz, K. N. (1998) 'Interview with Ken Waltz', *Review of International Studies*. 24(3): 371–86.

Waltz, K. N. (2000) 'Structural realism after the Cold War', *International Security*, 25: 5–41.

Walzer, M. (1983) *Spheres of Justice: A Defence of Pluralism and Equality*. Oxford: Martin Robertson.

Weber, E. (1972) *Peasants into Frenchmen: The Modernization of Rural France*. London: Chatto & Windus.

Weber, M. (1947) *The Theory of Social and Economic Organization*. New York: Free Press.

Weiner, M. (1992) 'Security, stability, and international migration', *International Security*, 17(3): 91–126.

Weiner, M. (1995) *The Global Migration Crisis: Challenge to States and to Human Rights*. New York: HarperCollins.

Weiner, M. (1996) 'Bad neighbours, bad neighbourhoods', *International Security*, 21(1): 5–42.

Weiss, T. G. (2004) 'The sunset of humanitarian intervention? The responsibility to protect in a unipolar era', *Security Dialogue*, 35(2): 135–53.

Weiss, T. G. (2007) *Humanitarian Intervention*. Cambridge: Polity.

Weiss, T. G., and Collins, C. (2000) *Humanitarian Challenges and Intervention*. Boulder, CO: Westview Press.

Welzer, H. (2012) *Climate Wars: What People Will be Killed for in the 21st Century*. Cambridge: Polity.

Wendt, A. (1992) 'Anarchy is what states make of it: the social construction of power politics', *International Organization*, 42(2): 391–425.

Wendt, A. (1999) *Social Theory of International Politics*. Cambridge: Cambridge University Press.

Wendt, A., and Barnett, M. (1993) 'Dependent state formation and Third World militarization', *Review of International Studies*, 19(4): 321–48.

Wheeler, N. (2000) *Saving Strangers: Humanitarian Intervention in International Security*. Oxford: Oxford University Press.

Whetten, L. L. (ed.) (1976) *The Future of Soviet Military Power*. New York: Crane Rusack.

White House (2002) *The National Security Strategy of the United States of America*. Washington, DC: White House.

Whitworth, S. (2004) *Men, Militarism and UN Peacekeeping: A Gendered Analysis*. Boulder, CO: Lynne Rienner.

WHO/UNICEF (2000) *Global Water Supply and Sanitation Assessment 2000 Report*. Geneva: World Health Organization and UN Children's Fund.

Wilkinson, P. (2001) *Terrorism versus Democracy: The Liberal State Response*. London: Frank Cass.

Wilkinson, P. (2003) 'Why modern terrorism? Differentiating types and distinguishing ideological motivations', in C. W. Kegley (ed.), *The New Global Terrorism: Characteristics, Causes, Controls*. Upper Saddle River, NJ: Prentice-Hall, pp. 106–38.

Williams, C. (2012) 'Anonymous attacks FBI website over megaupload raids', *Daily Telegraph*, 20 January, at www.telegraph.co.uk/technology/news/9027246/Anonymous-attacks-FBI-website-over-Megaupload-raids.html (accessed 10 April 2012).

Williams, M. C. (2004) 'Why ideas matter in international relations: Hans Morgenthau, classical realism, and the moral construction of power politics', *International Organization*, 58(4): 633–65.

Williams, P. (1997) 'Transnational criminal organizations and international security', in J. Arquilla and D. Ronfeldt (eds), *Athena's Camp: Preparing for Conflict in the Information Age*. Santa Monica, CA: RAND.

Wittgenstein, L. (1953) *Philosophical Investigations*. Oxford: Blackwell.

Wohlforth, W. C. (1999) 'The stability of a unipolar world', *International Security*, 24(1): 5–41.

Wohlforth, W. C., and Brooks, S. G. (2000–1) 'Power, globalization and the end of the Cold War: reevaluating a landmark case for ideas', *International Security*, 25(3): 5–53.

Wohlstetter, A. (1959) 'The delicate balance of terror', *Foreign Affairs*, 37: 211–34.

Wolf, A. T. (1998) 'Conflict and cooperation along international waterways', *Water Policy*, 1(2): 251–65.

Wolf, A. T. (ed.) (2001) *Conflict Prevention and Resolution in Water Systems*. Cheltenham: Edward Elgar.

Wolf, A. T., Yoffe, S., and Giordano, M. (2003) 'International waters: identifying basins at risk', *Water Policy*, 5: 31–62.

Wolfers, A. (1952) ' "National security" as an ambiguous symbol', *Political Science Quarterly*, 67(4): 481–502.

Wolfers, A. (1959) 'Collective defence versus collective security', in A. Wolfers (ed.), *Alliance Policy During the Cold War*. Baltimore: Johns Hopkins University Press.

Wolff, G. H., and Gleick, P. (2002) 'The soft path for water', in P. H. Gleick et al. (eds), *The World's Water: The Biennial Report on Freshwater Resources, 2002–2003*. Washington, DC: Island Press.

Woodward, B. (2003) *Bush at War*. London: Pocket.

World Commission on Dams (2000) *Dams and Development: A New Framework for Decision-Making*. London: Earthscan.

World Economic Forum (2011) *Water Security: The Water–Food–Energy–Climate Nexus*. Washington DC: Island Press.

World Resources Institute (1998) *World Resources 1998–99: A Guide to the Global Environment*. Oxford: Oxford University Press.

Wucker, M. (2004) 'Remittances: the perpetual migration machine', *World Policy Journal*, 21(2): 37–46.

Wyn Jones, R. (1999) *Security, Strategy and Critical Theory*. Boulder, CO: Lynne Rienner.

Wyn Jones, R. (2001) 'Introduction: locating critical international relations theory', in R. Wyn Jones (ed.), *Critical Theory and World Politics*. Boulder, CO: Lynne Reiner.

Yates, D. A. (1996) *The Rentier State in Africa: Oil Rent Dependency and Neocolonialism in the Republic of Gabon*. Trenton, NJ: Africa World Press.

Yergin, D. H. (1991) *The Prize: The Epic Quest for Oil, Money and Power*. New York: Simon & Schuster.

Yergin, D. H. (2011) *The Quest: Energy, Security and the Remaking of the Modern World*. London: Allen Lane.

Yost, D. S. (2005) 'France's evolving nuclear strategy', *Survival*, 47(3): 117–46.

Yunling, Z. (2000) 'China: whither the world order after Kosovo?', in A. Schnabel and R. Thakur (eds), *Kosovo and the Challenge of Humanitarian Intervention*. Tokyo: United Nations University Press, pp. 117–27.

Zacher, M. W. (2001) 'The territorial integrity norm: international boundaries and the use of force', *International Organisation*, 55(2): 215–50.

Zakaria, F. (1998) *From Wealth to Power: The Unusual Origins of America's World Role*. Princeton, NJ: Princeton University Press.

Zakaria, F. (2002) *The Future of Freedom: Illiberal Democracy at Home and Abroad*. New York: W. W. Norton.

Zakaria, F. (2008) *The Post-American World*. New York: W. W. Norton.

Zartman, I. W. (ed.) (1995) *Collapsed States: The Disintegration and Restoration of Legitimate Authority*. Boulder, CO: Lynne Rienner.

Zeitun, M. (2011) *Power and Water in the Middle East: The Hidden Politics of the Palestinian–Israeli Conflict*. London: I. B. Tauris.

Zielonka, J. (2001) 'How new enlarged borders will reshape the European Union', *Journal of Common Market Studies*, 39(3): 507–36.

Žižek, S. (2008) *Violence: Six Sideways Reflections*. London: Profile Books.

Zolberg, A. R., Suhrke, A., and Aguayo, S. (1989) *Escape from Violence: Conflict and Refugee Crisis in the Developing World*. New York: Oxford University Press.

Zubaida, S. (1993) *Islam, the People and the State*. London: I. B. Tauris.

Zubaida, S. (1997) 'Is Iran an Islamic state?', in J. Beinin and J. Stork (eds), *Political Islam*. London: I. B. Tauris.

索 引

（本索引中的页码系原著页码，检索时请查阅本书正文页边码）

Human Security Gateway, 88
Human Security Research Group, 64
human trafficking, 192
humanitarian intervention *see*
    intervention, humanitarian
Huntington, Samuel, 28
Hurricane Katrina (2005), 56
Huysmans, Jeff, 195

IAEA *see* International Atomic Energy
    Agency
ICISS *see* International Commission
    on Intervention and State
    Sovereignty
ICRC *see* International Committee of
    the Red Cross
identity: as cause of new wars, 69, 70;
    constructivist approach, 46, 48;
    security as state identity
    construction, 57; state-based, 73;
    state reconstruction as, 105–9
Ignatieff, Michael, 211–12
IISS *see* International Institute for
    Strategic Studies
Ikenberry, John, 32–3, 34
immigration *see* migration and
    security
imperialism and colonialism: as cause
    of new wars, 76, 77; and Cold War,
    94; delegitimization, 46; and
    humanitarian intervention, 94,
    97–8; legacy, 29, 78, 80; and
    modern international power
    structures, 35–6; and wars of
    expansion, 44
India: and ASEAN, 129; and climate
    change, 146–7; comparative wealth,
    25; dams, 165; economic situation,
    277; in the future, 278; and
    humanitarian intervention, 89, 95;
    as international power, 31, 32, 34;
    and Libya, 91; and nuclear weapons,
    230, 231, 234, 238, 240, 241, 242,
    243; oil consumption, 169–70;
    population growth, 143; prospects
    for peace, 22; water policy, 166
Indonesia, 102
Indus Water Treaty (1960), 167
inequality, economic: comparative

wealth worldwide, 24, *25*; and
    globalization, 187–8; and
    international security, 24–7, 36–7;
    and migration, 181; and population
    growth, 141; *see also* North–South
    divide
ingenuity gap, 149
Institute for Environmental Security,
    158
integration, economic: differing forms
    in South, 82–3
Intermediate-Range Nuclear Forces
    (INF) Treaty, 235
International Atomic Energy Agency
    (IAEA), 236, 251
International Commission on
    Intervention and State Sovereignty
    (ICISS), 96, 97, 111
International Committee of the Red
    Cross (ICRC), 93, 112
International Criminal Court, 32, 221
International Crisis Group, 112
International Energy Agency, 179
International Institute for Strategic
    Studies (IISS), 229
International Migration Institute,
    199
International Organization for
    Migration, 199
International Relations and Security
    Network, 38
international relations theories,
    39–64; explanatory vs normative,
    39–40, 51–2
international security: future
    challenges, 276–82; and objectivity,
    7–8; origins of concept, 1; relativity,
    5–6; traditionalists vs wideners, 2
internet, and warfare, 256–60, 263–71
intervention, humanitarian: Cold War
    context, 92–4; as containment, 186;
    emergence of norm, as imperialism,
    35–6, 90; 185–6; 'just war' tradition,
    106; overview, 89–112;
    politicization, 91; post-Cold War
    context, 94–8; post-Cold War record,
    98–105, 281; securitization, 54;
    state reconstruction afterwards,
    105–9, 111–12; troops available for,

resource curse, 175
Lawson, L., 109
Le Billon, Philippe, 154
Lebanon, 78, 162, 166, 216
Leitenberg, M., 246
Lenin, Vladimir, 269
Lesotho, 162
Lewis, Bernard, 214–15
liberalism: attitude to economic
interdependence and peace, 19;
attitude to security threats, 6–7;
economic liberalization and peace,
10; neo-liberal critiques of neo-
realism, 44–5; realist attitude, 61;
see also neo-liberalism
Liberia, 102, 107, 108
Libya: new military technology used
by 'rebels', 262; and nuclear
weapons, 240; oil, 171; water
scarcity, 162; Western intervention,
35, 90–1, 96, 104, 105, 107, 125,
159, 281
Loescher, Gil, 193
London, 143
Lonsdale, J., 79
Lustick, Ian, 77
Lynch, Michael, 168

Macchiavelli, Niccolò, 60
Macfarlane, N. S., 89
McNeill, John, 147
MAD *see* mutually assured
destruction
Malawi, 162
Malthus, Thomas, 139, 140
Mann, Michael, 35, 71, 74
Manning, Bradley, 259–60
Marshall, Andrew, 257,
258
Marten, Kimberly Zisk, 108
Marxist theory, 55–6
Mason, Paul, 267–8
Mathews, Jessica, 137–8
Matsumoto, 246–7
Mazarr, Michael, 236
Mearsheimer, John: on Cold War's
end, 44; on collective security, 118,
119; on great power aggression, 43,
60; on NATO, 121; on nuclear

weapons as deterrents, 231; on
rising great powers, 126
Médecins Sans Frontières (MSF), 93,
101
Mexico, 193
Middle East: age and stability of state
borders, 77; attitude to the West,
214–18, 221–2; during Cold War,
93; corruption, 176–7; domestic
politics, 175–6; and globalization,
83; and humanitarian intervention,
97; military expenditure, 33; and
nuclear weapons, 242; oil and
power, 168, 170–1, 172–3, 174,
175–6; population growth, 188–9;
radical Islam's rise, 214–18, 225;
relative economic deprivation, 27;
rentier states, 80; *see also* Arab
world; war on terror
migration and security: assessing
threat, 182–3, 194–7; and Cold War,
184–6; and demographic trends,
188–90; and Europe, 184, 190–4; in
the future, 278; and globalization,
186–8; labour mobility, 187, 191;
migration as safety valve, 189–90;
migration statistics and dynamics,
183–90; origins of concept, 48;
origins of increased xenophobia, 48;
overview, 181–99
military: role in rentier states,
80
Milner, James, 193
mobile phones, 267, 268, 269
moral issues: general, 8–10, 49, 54,
274; and migration, 182; 9/11's
impact, 224; and nuclear weapons,
227, 234, 249; realist attitude, 60–2;
see also civil liberties; inequality,
economic; intervention,
humanitarian; North–South
divide
Morgenthau, Hans, 60–1, 118
Morocco, 162
Morozov, Evgeny, 268, 269
Mortimer, E., 98
Mozambique, 99, 107
MSF *see* Médecins Sans Frontières
Mueller, John, 18

作者简介

　　罗兰·丹罗伊特（Roland Dannreuther），英国威斯敏斯特大学（University of Westminster）政治与国际关系主任、教授。近期出版的著作有《国际安全的当代议程》（独著）、《俄罗斯与伊斯兰教：宗教、国家与激进主义》（合著）等。研究方向为俄罗斯、格鲁吉亚、高加索地区、中东的安全问题以及能源安全，并从事国际关系与历史社会学的交叉研究。

图书在版编目（CIP）数据

国际安全的当代议程：第二版／（英）罗兰·丹罗
伊特（Roland Dannreuther）著；陈波等译. -- 北京：
社会科学文献出版社，2021.1
　（战略与经济研究书系）
　书名原文：International Security：The
Contemporary Agenda（Second Edition）
　ISBN 978-7-5201-7605-7

　Ⅰ.①国⋯　Ⅱ.①罗⋯ ②陈⋯　Ⅲ.①国家安全-世
界-文集　Ⅳ.①D815.5-53

　中国版本图书馆 CIP 数据核字（2020）第 224508 号

·战略与经济研究书系·

国际安全的当代议程（第二版）

著　者／〔英〕罗兰·丹罗伊特（Roland Dannreuther）
译　者／陈　波　池志培　等
审　校／池志培　闫仲勇

出 版 人／王利民
组稿编辑／祝得彬
责任编辑／王小艳

出　　版／社会科学文献出版社·当代世界出版分社（010）59367004
　　　　　地址：北京市北三环中路甲 29 号院华龙大厦　邮编：100029
　　　　　网址：www. ssap. com. cn
发　　行／市场营销中心（010）59367081　59367083
印　　装／三河市东方印刷有限公司

规　　格／开　本：787mm×1092mm　1/16
　　　　　印　张：21.75　字　数：356 千字
版　　次／2021 年 1 月第 1 版　2021 年 1 月第 1 次印刷
书　　号／ISBN 978-7-5201-7605-7
著作权合同
登 记 号／图字 01-2016-3233 号
定　　价／98.00 元